八幡書店

高等催眠學講義録

古屋鐵石

催眠者の首は術者の手眞似にて左右さる

催眠者を強直せしめて其上に人を載せり

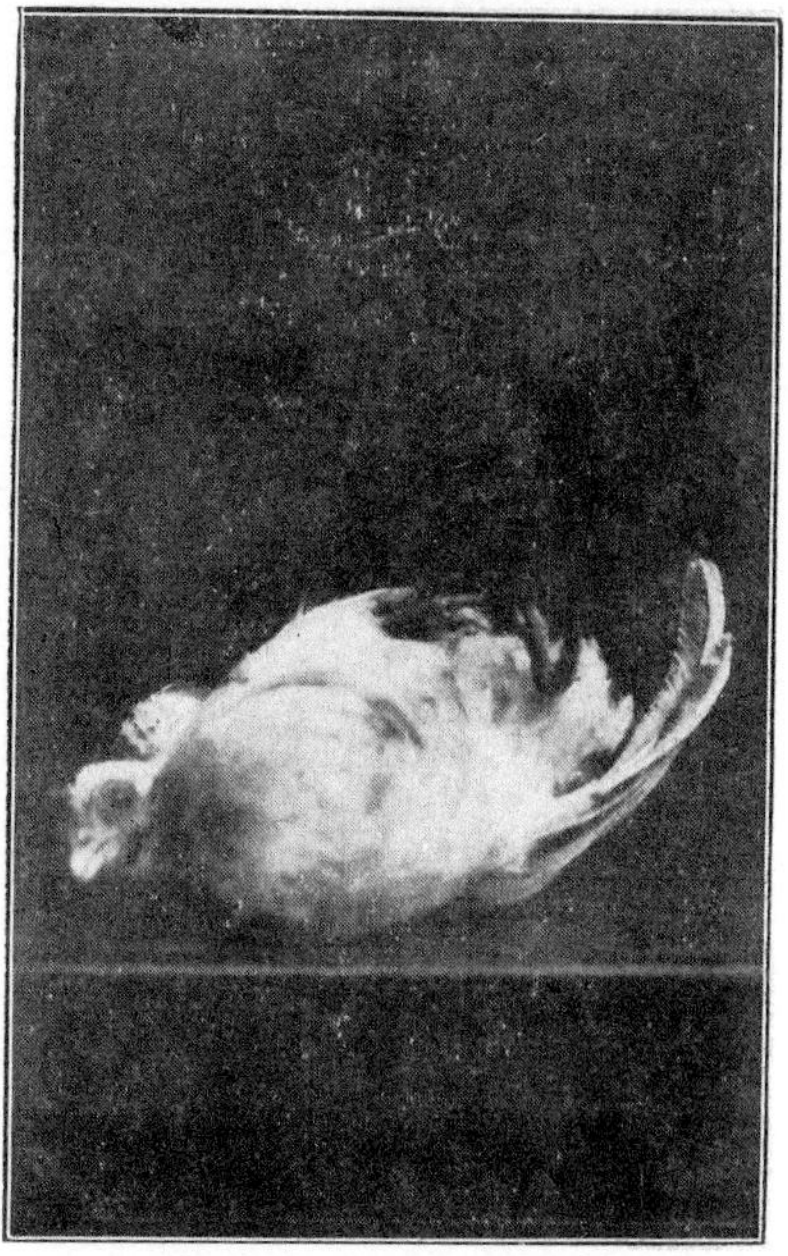

催眠せる鶏

催眠者の手は棒の如くなりて動かず

催眠者知らざるバイオリンを奏す

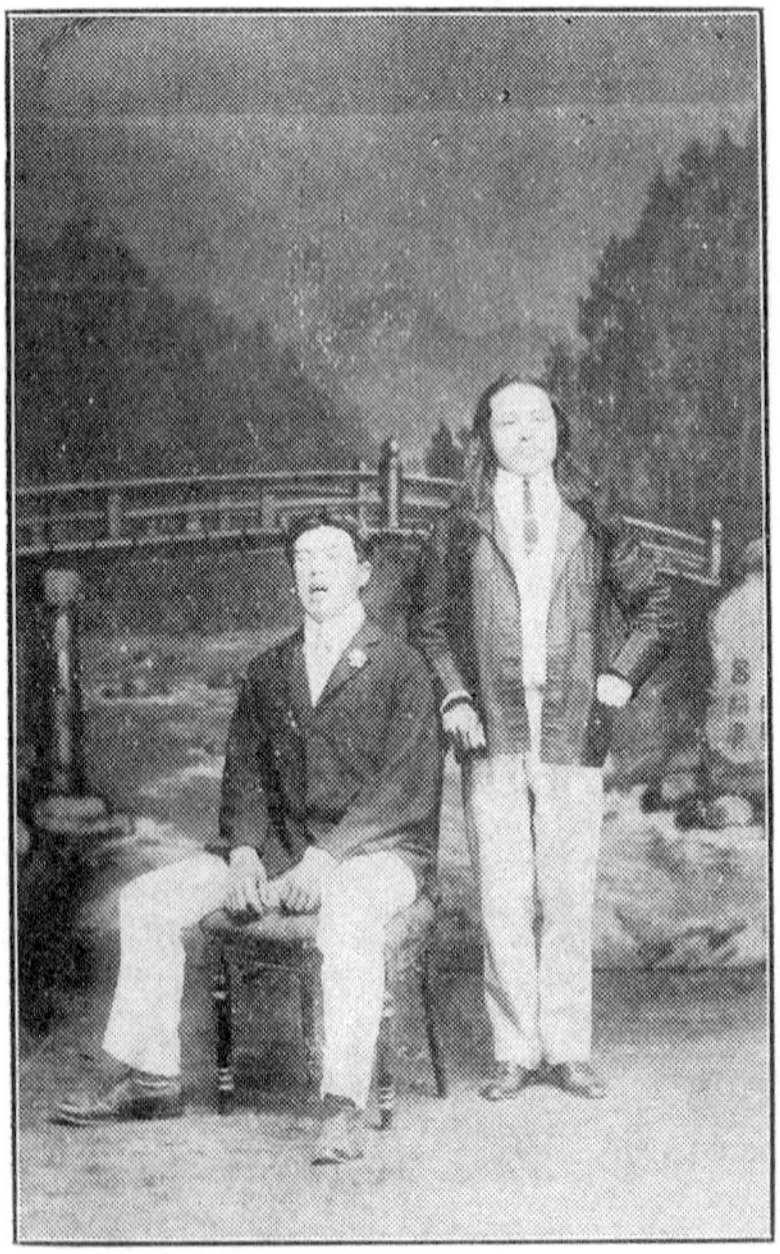

催眠者遠隔地の有様を語る

催眠者蠟燭を菓子の味にて食す

催眠者の手を精神力のみにて上下せしむ

催眠者綿を猫と錯覚す

自己催眠にて遠隔
地の模様を知る

數名を一度に催眠せしむ

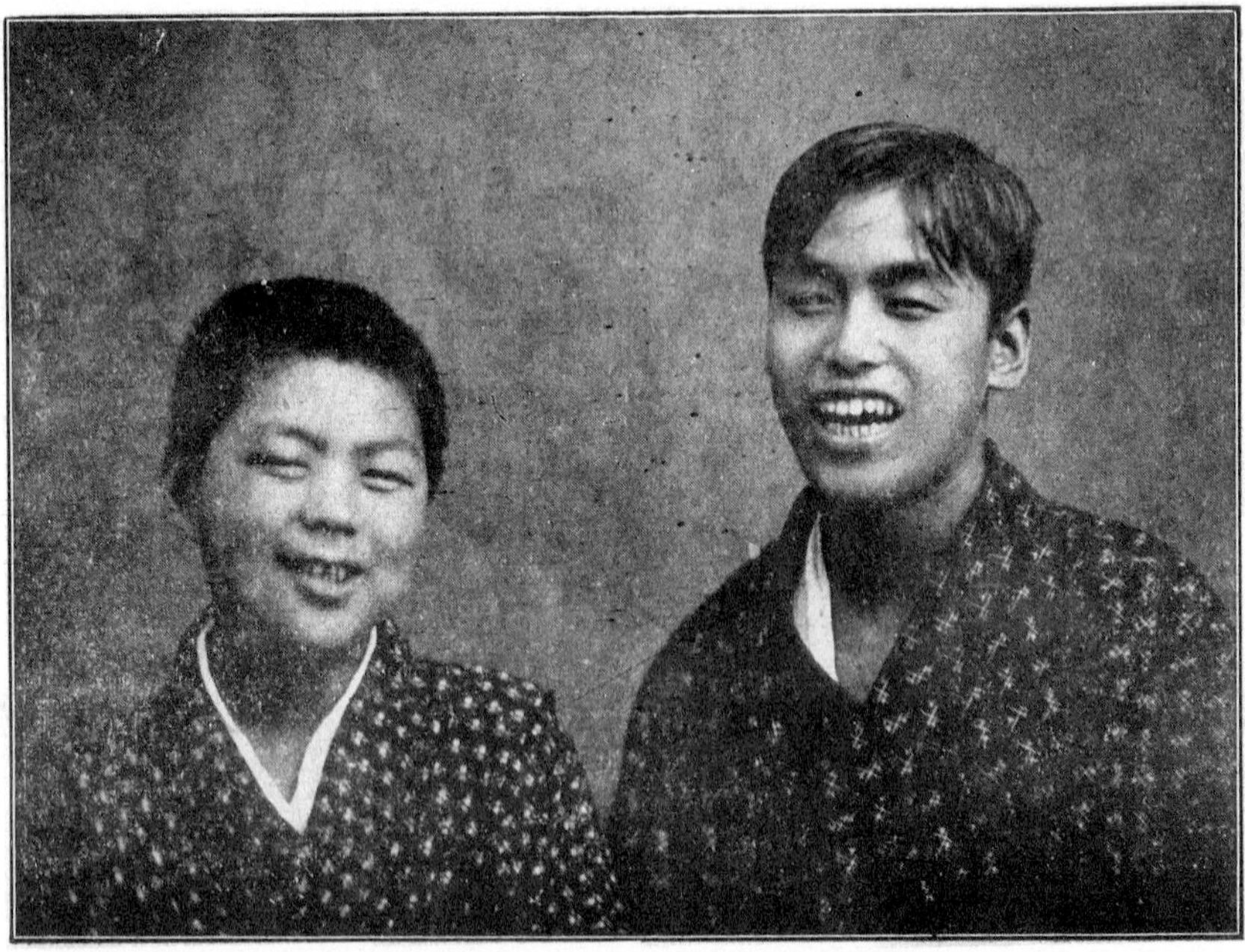

催眠者の笑ひ

催眠を應用して降神術を行ふ

催眠者冷水を麥酒の味に飲む

合氣催眠法を行ふ

忘肉催眠法を行ふ

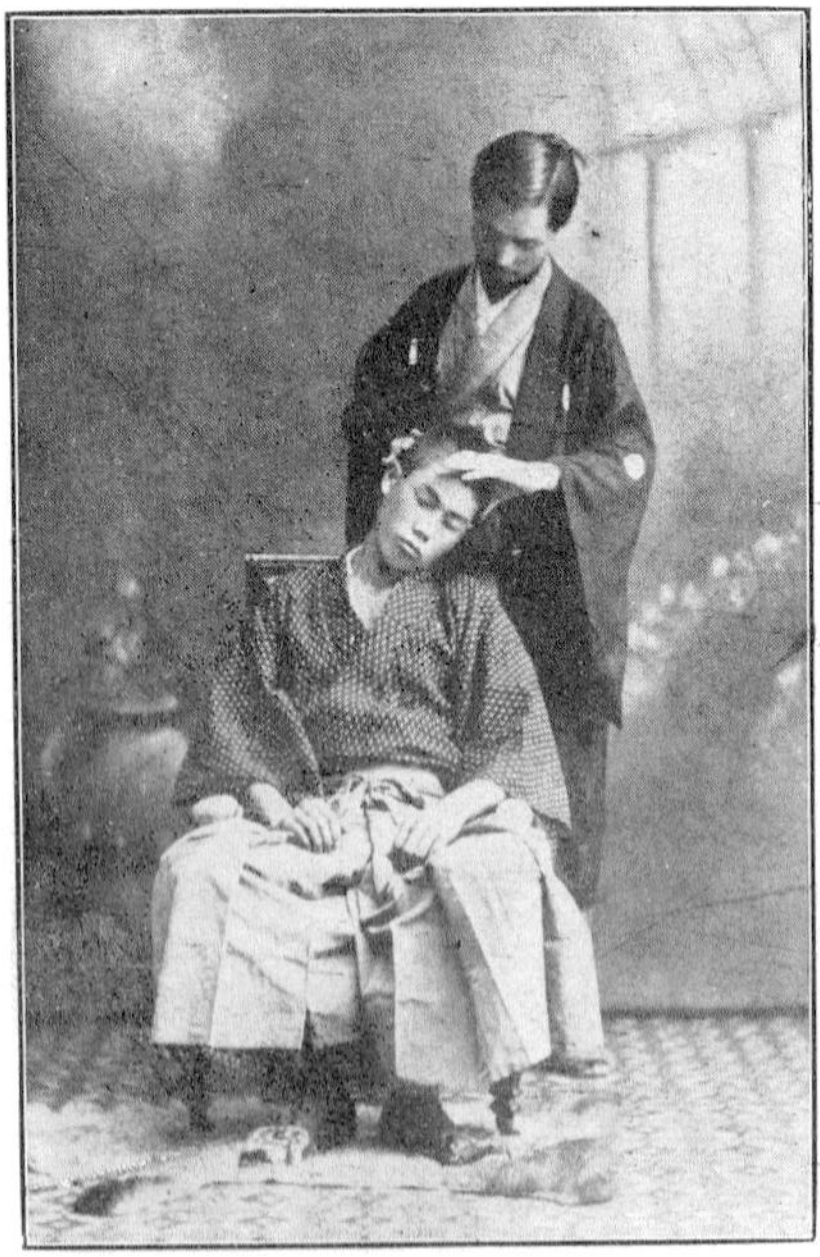

首廻催眠法を行ふ

強壓催眠法を行ふ

催眠者幻覚のバイオリンを奏し又は手踊をなす

催眠者剣舞をなし又は手踊をなす

催眠者滑稽踊をなし又は強直状態を呈す

催眠者即坐に數多の詩歌を作る

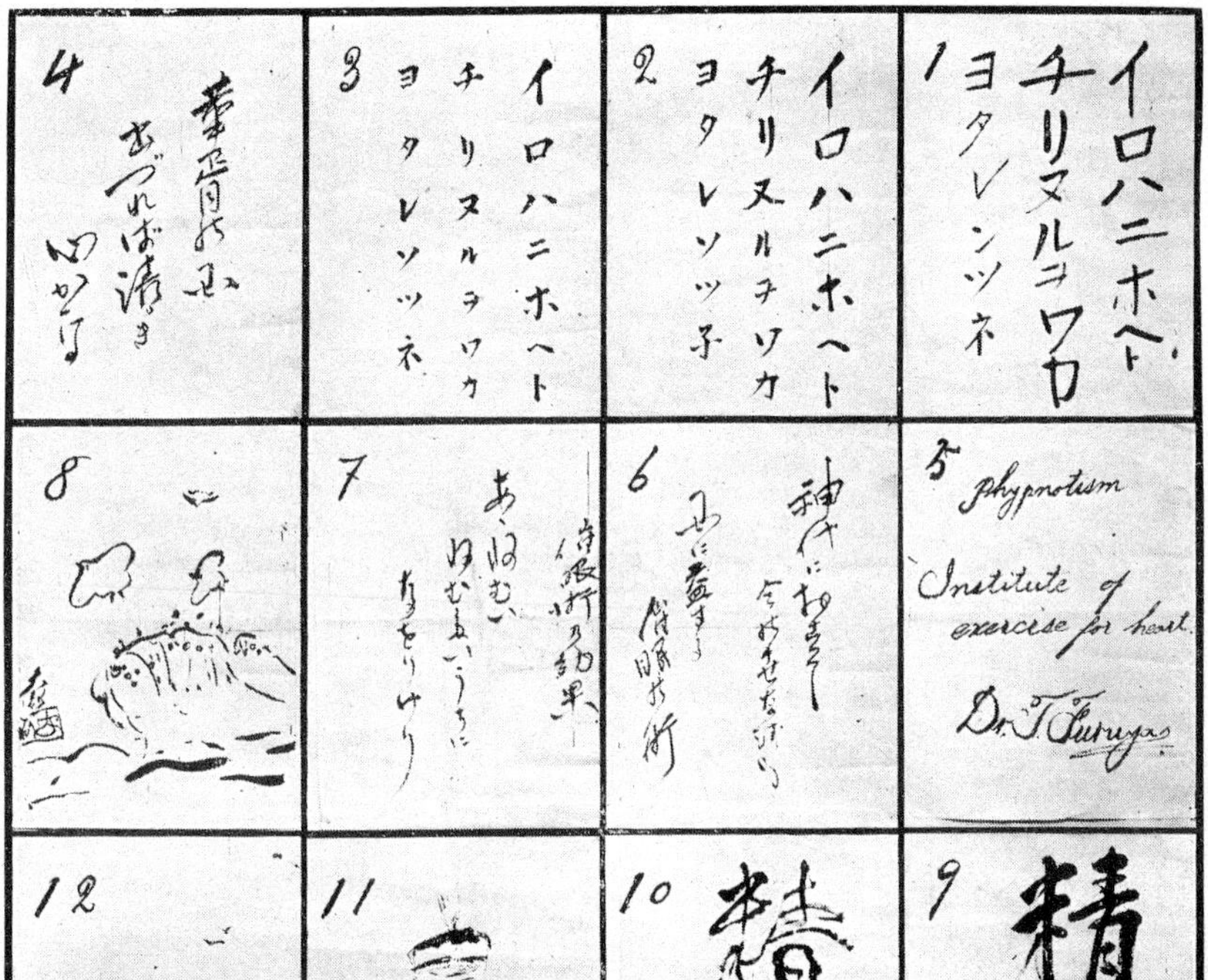

(1)より(8)迄は甲催眠者の筆(9)より(12)に至る四枚は乙催眠者の筆(13)より(16)に至る四枚は丙受驗者の筆而して(1)は小學校生徒に人格を變へて書かしめし者(2)は中學校生徒に(3)は大學校生徒に各人格を變へて書かしめし者(4)は人格を變へざる催眠者に催眠術と云ふ題にて發句を認めしめし者(5)は英國人に人格を變へて認めしめし者(6)(7)は文學者に人格を變へて催眠術と云ふ題で即問即答に書かしめし者(8)は畫家に人格を變へて書かしめし者(9)は單に催眠狀態に於て書きし者(10)は書痙の病人に人格を變へて書かしめし者(11)(12)は畫家に人格を變へて書かしめし者(13)は覺醒時に於て記せし書(14)は催眠時に於て記せし書(15)は催眠時に左手にて記せし書(16)は覺醒時に左手にて記せし書也。

催眠者の人格を浪花節語に變へて浪花節を上手に語らしむ

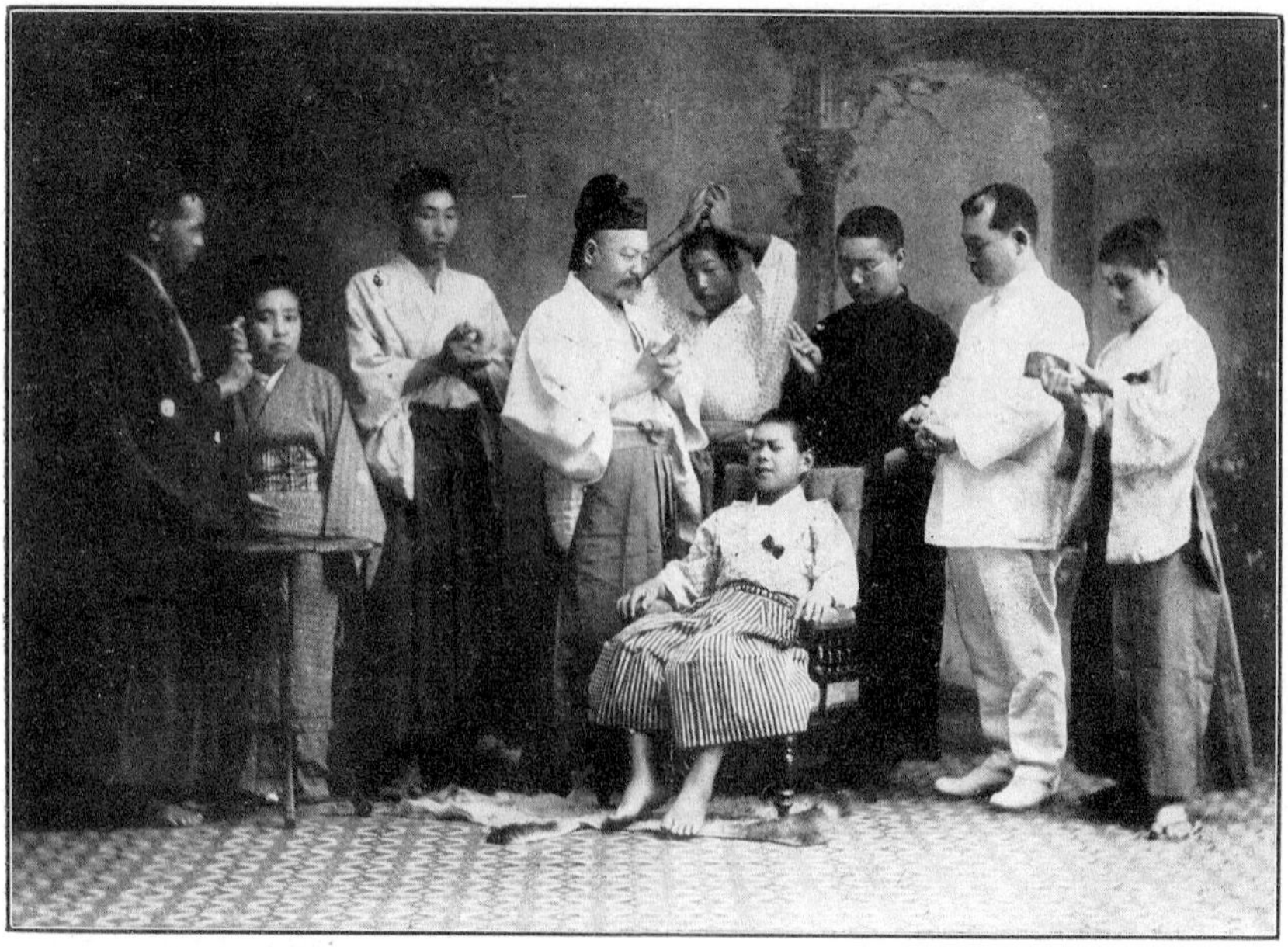

八名一度に精神を集注し言語暗示を用ひずして催眠者の表情を變換す

催眠者身體後に曲るとの暗示に感應せり

催眠者の身體を強直狀態となし其上に載れり

催眠者白刃にて斬込みたれば術者御酒の口にて受留めたり

古屋鐵石の著述せる催眠術寶典

催眠者鬼であるとの暗示に感應せり

三名の催眠者音樂の合奏をなす

催眠者を強直狀態となし圓椅子を身體の中央にのみ置きて支へ水平を保たしめたり

催眠者雉子を幽靈と錯覺せり

手の先に局部催眠法を行ひ手甲に大
なる灸を點ぜしに何等の感覺なし

八歳と五歳と二歳との三少女を
一度に催眠せしめて治療を行ふ

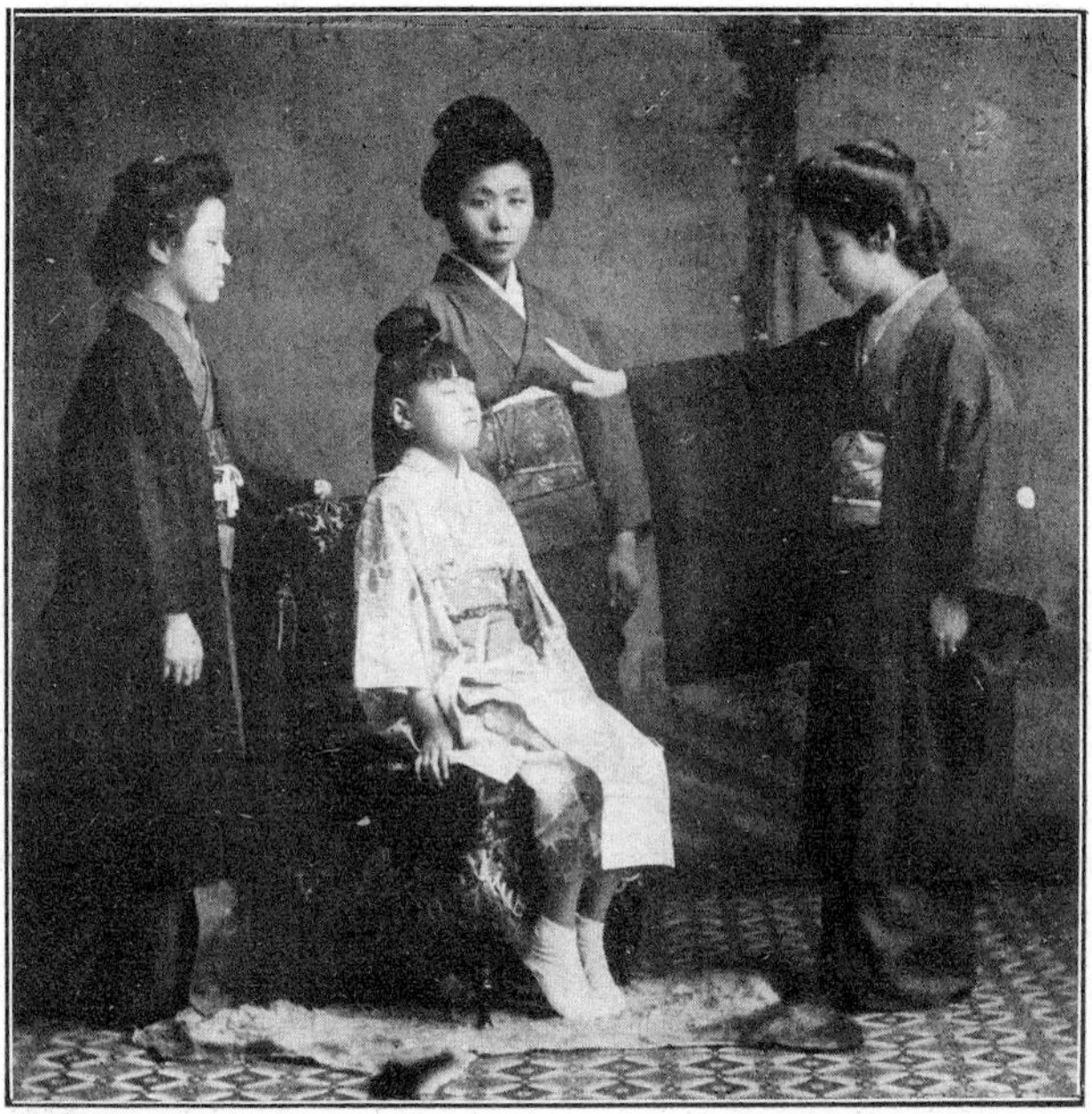

女催眠術者催眠術治療を行ふ

催眠者を仰臥せしめ眼を細くし今正に閉ぢんとする處にて胸上の
復式催眠球を眺めさせて催眠せしむ

華族會館に於て著者鐵石及び諸名士が精神學上の演説及び實驗をなしたる折參列せる一同

東京本郷中央會堂に於て著者鐵石及び諸名士がなせる大演説大實驗會の光景

第壹卷歷史篇

歷史篇目次終

第貳卷原理篇

第貳項　生理學上より見たる催眠狀態

第四章　精神と肉體との關係

原理篇目次終

第參卷準備篇

第參章　被術者に注意すべき必要條件

第一節　催眠術は無害有效なるを確信せしむる事

第四節　催眠に睡眠が混入せるとき睡眠を除去する法

準備篇目次(終)

第四巻施法篇上

施法篇上目次（終）

第五卷施法篇下

第二節　著者の實驗例

第四章　自己催眠術

施法篇下目次終

第六巻暗示篇

第一章　暗示とは何ぞや……四四五

暗示篇目次終

第七巻現象篇

第二章　催眠者の感覺を左右する法

第七章　催眠者を千里眼者とする方法

現象篇目次終

第八巻治療篇上

第三章　催眠術治療撿診法…………(六五六)

治療篇上目次終

第九巻治療篇下

第四節　脊髓癆治療の實例

第一項　脊髓癆檢診の實例

第二項　脊髓癆治療暗示の實例

第六節　遺尿治療の實例

第一項　遺尿檢診の實例

第二項　遺尿治療の暗示例

第七節　神經衰弱治療の實例

第一項　神經衰弱檢診の實例

第三章　催眠術治療成功の極意

治療篇下目次　終

高等催眠學

第壹卷　歴史篇

古屋鐵石著

第一章　緒言

（一）催眠術の定義

催眠術とは被術者の感受性を高めて暗示を感應せしむる方法なり、依て催眠術たるには二ヶの條件を具備するを要す、其一は感受性を高めることにして、其二は暗示を感應せしむることとなり。換言すれば催眠狀態と云ふ雜念の少ない狀態に導き置き、而して其者に暗示を感應せしむるなり。感受性を高める方法としては催眠せしむる形式を行ふを本則とするも、稀には其形式を要せずして單に術者の風貌を一見せしむるのみに

（二）催眠術と催眠術に非るものとの區別

て既に感性が充分に高まるものあり、從て暗示によく感應す。依之催眠術たるには催眠せしむる形式を行ふと否とに關せずして暗示を感應せしめたる以上は立派なる催眠術にして前記の定義に照して見るに少しも其條件に於て缺くる所なし。然るに此理を誤解し催眠術に非ずして何々術何々法と稱して暗示を感應せしめて病氣を治するものあり。病氣が治したるは暗示が感應したるなり、暗示が感應する以上は感受性が高まり居りし故なり、感受性の高まり居る狀態を催眠狀態と云ふ、催眠狀態にあらざれば暗示は充分に感應するものに非ず。催眠狀態に在る者は悉く皆無念無想にあらず、よく術者の云ふこと及び周圍の音が聞え居る程度のものもあり。故に催眠の形式を行ふと否とに關せず周圍の音が聞えて居ると否とに關せず、暗示がよく感應したる以上は確の催眠術なり。

併し感受性を高めしのみにて何等の暗示を感應せしめざれば催眠術た

るの條件缺け居りて完全の催眠術と云ふことを得ず、而して感受性を高めずして卽ち催眠せしめずして暗示を感應せしめたりとのことは道理に於ても事實に於てもなきことなり。

假令ば此に茶碗あり、此茶碗には水が一杯注ぎあり、然るに尙其上に水を注ぐも其水は溢れ出でゝ茶碗に少しも入らざるべし。茶碗に水が溜るには其茶碗には水を入るゝ丈の空虛が存せざればならず。此場合に於ける茶碗は精神なり、茶碗の中に一杯滿ちある水は卽ち雜念なり。感受性が高まると云ふは雜念がなくなる卽ち茶碗の水が減少し又は全く無くなることとなり。茶碗に水を注ぎて茶碗に水が溜りたるは卽ち暗示が感應したるなり。暗示が感應する卽ち茶碗に水が溜るには茶碗の水が減じ居りしか又は全く無かりし故なり。換言すれば感受性が高まり居りし故なり。茶碗の水が少しも無くなりしは精神が無念無想となりしと同樣にして、茶碗の水が少し減じたるに過ぎざるは精神が無想に近きたると同様なり。之れは唯程度上の問題にて茶碗の空虚が大なれば大なる程水は澤山入り、精神が無想なれば無想なる程よく暗示は感應す。依之感受性が高まらずして暗示が感應することなき道理を知るべし。感受性を高むる方法として有形上の形式を行ふと否とによりて區別すべきものにあらざることを知るべし。尚此事は後篇に述ぶる幾多の實驗と原理とに徴して講究すべき大問題なり。

（三）催眠術應用の範圍

催眠術應用の範圍は頗る廣し、百般の事業一として斯術の關係せざるものなし。催眠術は精神を左右する術なり、蓋し何事と雖も人爲的の事は精神の發動に依らざるものなし。然るを普通には某の手は能く働らき某の口は能く廻りて斯々の大業成就せりと云ふ。其れは單に其結果のみを見て其原因を見ざる處の普通の言葉なり。其人が手或は口を働かしたるは其人の心即ち精神なり。換言すれば精神の作用によりて手或は口が働らき、而して始めて其大事業が成就したるなり。

（四）催眠術の大特色

催眠術は精神を左右する術なるを以て、精神の作用を活潑となし或は遲鈍とすることも自在なり。從つて其人の行動をして善き方面に向つては普通人の幾倍も働かしめ、惡き方面に向つては其動作を止むることを意の儘になす事を得。之れが催眠術の大特色なり。

如斯催眠術は人爲的の事には何事にも應用する事を得るも、最も此術を應用して直接に效果著しきは治療矯癖にして、次で精神修養上に應用せば心身の健康を增進する唯一の良法となり。又宗敎及び敎育上に應用せば偉大の效果を著はす。其他哲學及び科學の研究方法として有力なる位置を占む。之れが爲め催眠術の硏究は日を追ふて益々盛となり、之れによりて千里眼の現象を呈せしものあり、宗敎上の奇蹟同樣の現象を現はしたるものありて世人の注意を惹くこと日一日に多し。

近來電氣應用の範圍益々擴まり、電氣が實用的に偉大なる效果を社會に呈するが如く、催眠術も亦電氣に似たる働きをなし、益々實用的效果を大ならしめつゝあり。催眠術は如何に不思議の現象を呈し如何に偉大の效果を現はし、尙將來に向て如何に發展する餘地あるか。之れ余が次章以下に詳說せんとする所なり。

第二章　催眠術の歴史

第一節　萬國に於ける催眠術の歴史

第一項　太古時代の催眠術

（一）催眠術の起原

催眠術の起原は漠として知るべからざるも、古代希臘に於ける神詫者、羅馬に於ける豫言者、及び我國の禪宗に於ける禪定、御嶽敎の降神《かみおろし》の如きは、自己催眠の現象なりと思はる。印度及び埃及に於ては、耶蘇紀元前千五百年の昔に於て、既に今日に於ける催眠術治療法と同樣のことを行ひし事蹟あり。「バビロン」「ペルシヤ」等の諸國に於ても、往古より僧侶にして催

(二)宗教上の奇蹟と催眠術との關係

眠現象と同樣の方術を行ひしものあり、其方術が布敎上に效力ありしことは疑ふべからざる事實なり。斯の如く太古に於ても既に催眠術を行へり、而し太古に於ては催眠術とは知らずして神佛の靈顯による現象と思ふて之れを行ひたるもの〻如し、此事は洋の東西を問はず到る處の諸國の史上に散見する所なり。彼の昔時に於ける宗敎上の奇蹟を今日催眠術上より見れば、催眠現象と一致す。卽ち耶蘇が十二年間血漏を患ひたる婦人に向ひ「女よ心安かれ、汝の信仰汝を癒せり」と一言云ひたれば忽ち健康體の人となりしと云ふが如きは、卽ち催眠術上の暗示療法と同一現象なり。又提婆が或る時釋迦を殺さんとして鐵棒を持ち釋迦に近づきしに、釋迦の威力の爲に立ちすくみたりと云ふが如きは、催眠術上の止動狀態と一致す。又佛敎の六神通力の中に天眼通と稱して、居ながらに遠方の出來事を知ることは催眠術上の千里眼の現象と合致し、神道に於ける降神術は催眠術上の人格變換と一致す。(尙宗敎上の奇蹟現象と催

（三）太古に行はれたる催眠術療法

（四）占星術とは何ぞや

眠術との關係に就ての詳細は拙著「宗教奇蹟研究」を參照せられたし）

西曆一千六百年の頃なりき、愛蘭土に「バレンタングレートレークス」と稱する學者あり、患者の患部へ手を當てゝ痛みを去らしめて大評判を博せり。其後瑞西人「ヂョンショセスカスネル」氏は曰く「病氣は惡魔の所爲なり、故に神の能力に依りて能く惡魔を去らしむれば以てよく治癒せしむるを得」と稱し、ヂ氏が重患者に向ひ奇怪の法を行ふと、重患者は夢中の狀態となりて言語を發し手足を動かす、然ると重患者は忽ちにして健康體となりしとて大に名高し。今日其療法を記錄によりて調ぶれば疑ひもなく催眠術療法の一種なり。

又醫士のパラセルサス氏が占星術の理によりて、天に輝く星が地球上に其働きを及ぼす如く、星が人間の身體に影響を及ぼし以て病氣を治す、其れと同じく、人も亦人に影響を及ぼすものなりと考へ、此理を應用して人の病氣を治療せり、此考へが後に述ぶる所の動物磁氣說の生れ出づる根源とはなれり。

第二項　メスメル時代の催眠術

(一)メスメル氏の履歴

(二)メスメリズムとは何ぞや

西暦一千七百六十六年獨逸國の一醫士メスメル氏は動物磁氣を大に研究して學理的説明を試みたり、其動物磁氣は今日吾人の所謂催眠術と進化したるなり。メ氏は歐洲來因河の上流なる一貧家の子なりしが、幼にして法律學天文學を修め且つ天性頗る哲學を好みたり、成人して後醫學を修め醫士となり、墺國瑞西等に遊學し醫業を營み傍ら天文星辰の學を究め晩年專ら動物磁氣を研究せり。動物磁氣説はメスメル氏が研究し出したるを以てメスメリズムの名あり。

最初メ氏はパラセルサス氏の主張せる占星術の理によりて動物磁氣を考へ出せり。即ち日月が汐の滿干に影響すること及び磁石と鐵との關係を考へて、磁石と鐵とを用ひて疾病の治療を試みたるに意外に効果を現はせり。よりて益々其療法を行ひ居る中に、治療の效果ありしは磁鐵の效力にあらずして、人體内に包臓せられ居る磁氣力が患者に傳りて、病氣が治するものなりと考へ。磁鐵を用ひずして患者に向ひ單に手を以て撫下したるに同じく治療の效を奏せり。其原理は術者の手より動物磁氣が患者に傳りて病氣が治するものなりと考へり。メ氏が此術を行ひて患者を治療し始むるや、忽ち大評判となりて患者は門前市をなすの盛況を呈せり。依之當時の醫學者は大に騒ぎ出して或は其療法を攻撃するものあり、或は贊成するものあり、紛々として歸する所を知らざる有様なりしも、奇を好むは人情の常なると、メ氏の治療法は實際に功顯著しきとに依りて、メ氏の門に集まる患者は益々夥だしく、一人々々に施術する遑なき故、一度に三十人宛施術し得る所の磁氣桶なるものを數多造りて使用したるも、尚不足を告ぐるの盛況を呈せり。終には一度に數千人を施術し得る裝置をなせり、即ち一の大樹に磁氣を通じ其れに繩を附し其繩を數千人に握らしめ、而して一度に磁氣を數千人の患者に移して病氣を治するなりとて其方法を行へり。メ氏の療法が斯く盛んなるに從つて、他の醫士に就き診察を乞ふ患者は日々に減ぜり。之れ等も原因の一となりて當時の醫士全體は同盟し、大にメ氏を攻撃したるを以て、流石のメ氏も一時は頗る困難に陷り他國へ遊學して攻撃を避けたり。而し醫士の中にても賢き者はメ氏の療法の效果の偉大なるを認め、メ氏に就て其療法を習得し、メスメリズムの療法を開業し大金儲をなしたるもの各所に現はれたり。斯くてメスメリズムは歐洲全體の評判とはなれり。

(三)動物磁氣の原理

然らば所謂メスメリズムの學理的說明は如何。其要に曰く、宇宙間にはエーテルよりも更に精微なる一種の瓦斯體の充滿せるあり、今術者が被術者の身上に心力を凝める時は、術者の體內より磁氣なるもの發生し、此れが件の精微なる瓦斯體に影響して一種の活動を惹き起し、該活動が被術者の體内に通じてこゝに感應の現象を呈す。そは恰も天體が吾人に一種の影響を及ぼすが如きものなり。斯くの如く人々相互の間に磁氣の感應あることは、恰も磁石と鐵とのそれに異ならず。吾人は此作用によりて能く他人の心身に影響を與へ、或は遠隔地に在る患者をも能く居ながらに治療することを得べし。と、今日哲學上より催眠術を解釋せんとする者は、其源をメ氏の解説に汲みたるものと見ることを得。

（四）眠遊狀態の發見

一千七百八十四年佛國にメスメル氏の弟子にてシャスツヌデヤブセジユーと云ふ學者あり。動物磁氣を傳へられたる人の中に目を開きて談話をなし、及び運動するもののあることを發見せり。之れ即ち今日吾人の所謂眠遊狀態の發見なり。其頃メ氏の高弟ラフアテル氏は獨逸に於て盛に動物磁氣説を主張し其施術法を多くの人に傳授したるを以て次第に擴まれり。

（五）止動狀態の發見

一千七百八十七年ヘテタン氏は動物磁氣を施されたる者の中に止動狀

態を呈するものあることを發見せり。此狀態は催眠者の手足が術者の暗示通りに不隨意となる、卽ち術者が催眠者に向ひ汝の手は堅く膝に着いて離れぬと暗示すれば其通りとなるが如き之れなり。今日にては催眠術上の現象として止動狀態は少しも珍らしき事にあらざるも、此現象を初めて發見したるは、ヘ氏なるを以て催眠術の歷史上には特筆すべき一事實なり。

一千八百十三年デリユーズ氏は動物磁氣の批評的歷史と云ふ書を公にせり。其書には曩にメスメル氏が博士論文として提出したる「人體に於ける遊星の影響に就きて」と題する論文、及びメ氏が當時有名なる各大學校に配付し批評を乞ひたる動物磁氣の議論を歸納したる、二十七ヶ條、及びメスメル術に關する佛國政府調査會の報告書等を詳記し細評を加へたり。

其後獨逸にて動物磁氣の現象を研究するもの多く出で、研究の結果動物磁氣なるものは天體と何等の關係なくして、唯々吾人が生得の有機的性質によるものなりとの説を主張するもの出でたり。然し當時一部の人士間には動物磁氣の效用を過信して動物磁氣によれば一室に居り乍ら遠方の有様を知ること、他人の心中を察知すること等の不思議なることが當然行はれ得るものゝ如く云ひなせり。

(六)無痛拔齒の濫觴

一千八百三十七年ウーデ氏は動物磁氣を應用して無痛拔齒を行ひて醫學界を驚かしたり。

(七)五官移轉の首唱

同年動物磁氣術者ペルナ氏は實驗の結果動物磁氣によれば、肉眼によらずして後頭部にて物を見得ることを發見し、此現象を稱して五官の移轉と云へり。即ち鼻で音を聽き分け、目で匂ひを嗅ぐ如き、五官本來の働きより變りし働きをなすなりと主張せり、而し今日吾人の實驗によれば其現象は千里眼の一種と思はる、其は兎に角初めて此現象を發見せるは實にペルナ氏なり。

當時獨逸の各醫學專門學校にては大に其現象を研究せんとし、肉眼によらずして物を見得るものあれば賞金を呈すとの懸賞をなして、其現象を呈するものを募集したりければ、應募者ありて實驗せられしもの數多ありしも、不幸にして懸賞を得たる者は一名もなかりき。

(一)動物磁氣說を打破したる豫期作用說の要旨

第三項　アッベファアリア時代の催眠術

一千八百五十三年のことなりき、巴里に於て著名なる哲學及び神學の大家アッベファアリヤ氏が十五ヶ年間實驗研究の結果、動物磁氣の學說に對して反對論を主張せり。其要旨に曰く動物磁氣と稱する現象は決してメスメル氏の云へる如き動物磁氣てふ不思議なる力の存在によるものにあらず、メスメル術を施されて眠れる如き狀態となる原因は豫期作用に基ける精神作用なり。解し易く云へば動物磁氣を施さるれば己れは眠れる如き狀態となるものと深く豫期して術を受くる故、豫期通りの結果を得るなりと云ふにあり。此學説は動物磁氣説を打破して科學的に催眠術を解説する所の一大創見なり。今日多くの催眠學者が主張する處の催眠術を科學的に説明する根底は此ファリア氏の所説に基づく所多し。

第四項　ブレード時代の催眠術

其後英國のマンチエスターの醫師ブレード氏は、メスメリズムに關する研究の結果、動物磁氣と稱する現象は全く主觀的のもの、換言すれば心理的のものに過ぎざることを斷定せり。初めブレード氏は動物磁氣なるものを信ぜず、之れ全く施術者の詐欺ならんと思ひ、其詐欺を發きて世人の迷霧を晴さんとの考へにて、一千八百四十一年十一月瑞西の人にしてメスメル氏の弟子なるラフオンテーン氏の行へる降神術會に出席して其顛末を實見し、初めて詐欺的のものにあらず確に不思議の事實なるこ

(一)凝視催眠の濫觴

とを悟れり。曩にブ氏はラフォンテーン氏の實驗に於て被術者の眼瞼が痙攣して閉づることに特に注意し。之れは眼の筋肉の疲勞より生ずる結果にして被術者の精神作用なりと思へり。ブ氏は此考が誤りなきか否かを試驗せんとして、その友人なるヲルカー氏を被術者として花瓶の頭を凝視せしめたるに、僅か三分間にしてヲルカー氏は眼を閉ぢ涙を流し其頭は前に垂れて遂に眠れり。更にブ氏は自分の妻及び下婢に對して同樣の試驗をなしたるに孰れも同一の結果を得たり。依之此の現象は身體を安靜にして視力を一點に集注し以て視神經を疲勞せしめし結果生じたる睡眠に外ならずと考へたり。

此說は進步せる今日の學說に照せば謬見なること明なり、被術者が單獨に或る光輝體を凝視して生ずる自己睡眠又は自己催眠と、術者が被術者に施したる所の催眠とは其結果に於て大に異る。即ち術者の行ひし催眠には術者と被術者との間にラポーの關係あること、及び凝視による催眠は眼筋の疲勞に基く結果と見たるは非常の誤なり。視力を光輝體に集注せしめて催眠の結果を得たるは、被術者の聯想作用を止めて催眠せしめたるものなることに考へ及ばざりしなり。且催眠と睡眠とは大に異るものなることに氣附かざりしは今より見れば誤謬も亦甚だし。乍去此實驗に依りて動物磁氣說の如き不稽の臆說を脫して、一層科學的に催眠術の現象を說明せんと試みたる進步的態度は、當時の學界に一頭地を拔けるものといふべし。要するにブ氏は催眠術を以て人爲的に生ぜらるゝ睡眠と解したるを以て、希臘語のヒヒノス即ち催眠といふ語を借り來たり、之れに名づくるにヒプノチズム即ち催眠術と云ふ名稱を以てせり、之れ實に今(明治四十五年)より約七十年前のことなりき。

（二）初めて催眠術の名稱を附せし人

尚ブレード氏は催眠者の姿勢が感情に關係することを發見せり。即ち催眠者に拳を握らしめ且口を結ばしめ憤怒の姿勢を執らすれば眞に憤怒し、兩手を開き口を明き喜悅の姿勢を執らすれば眞に喜悅する事を發

（三）姿勢と感情との關係の發見

（四）催眠術應用外科手術の元祖

（一）神經病的說

見せり。此發見は肉體が精神に影響を及ぼすことを證明するによき實驗法なり。

一千八百五十一年フローカとフォーランの兩氏は催眠術によれば感覺が脫失することより考へて、一婦人を催眠せしめ、肛門に出でたる大腫物を無痛にて手術せり。之れが卽ち催眠術應用外科手術の元祖なり。此事忽ち評判となり其當時の學者中催眠術を應用して、無痛手術を試み好成績を得たるもの少なからざりき。此に於て愈々催眠術は世人の注意を惹くに至れり。

第五項　シャルコー時代の催眠術

西曆一千八百七十八年佛國のシャルコー氏は積年硏究の結果催眠術の原因は神經病的なりと主張せり。此說は一名サルペートリエル學派と云ふ。又シャルコー氏初めて之れを主張したる故シャルコー學派とも云ふ。

(二)金屬板療法

之れより先き佛蘭西に於ては金屬板療法なるもの大に流行せり。即ち金屬の小板を患部へ當て居ると不思議に苦痛が去ることを發見し、其療法を行ふ者夥しかりしかば、政府はシャルコー博士及び其他二三の學者に命じて金屬板療法に就き學術上より根據あるものなるか否か、實際に效果あるものなるか否かに就きて研究せしめたり。斯くてシ氏等が研究したる結果によれば、金屬板が苦痛を去らしむる效果あるは豫期觀念の結果なり。即ち斯くすれば必ず病氣は治すと豫期して行ふ故豫期通りの結果を得るなり、彼の催眠術上の現象と同一理由に因るものなりと結論せり。此論によりて當時の學者は初めて精神作用が治療上に偉大なる效力あることを知り、催眠術の研究に志すもの多くなれり。而し今日其結論を見ると甚だ不完全なり、最近の研究によれば金屬板療法が效果あるは單に精神作用のみにあらず、金屬板其物に治療的効果あることを確めり。殊に金屬の性質が異るに從て治療的効果の上に、それ〴〵差異あることも今日にては明かとなれり。

（三）催眠治療具の發明

其後學界に名高きパーキンス博士は積年研究の結果、金屬板治療具を考案し作出せり。其具の名稱は考案者の名を採りて、パーキンスと云ふ。余は其パーキンスを模造して實驗すること數年にして「催眠治療具」なるものを製作せしに、大に學者の歡迎する處となれり。

（四）神經病的說の可否

當時シャルコー氏は長年月に渉りて神經病學を專攻しつゝありしが、催眠術と神經病學との關係を攻究し神經病的催眠說を主張せり。斯說の要旨は、催眠現象は神經病患者殊に歇私的里患者に見る所の病的現象と同一にして、其異る所は一は自動的にして他は他動的なるにあり。即ち或る神經病患者にありては自己の想像が其現象を呈する所の原因となり。催眠者にありては施術者の暗示が其現象を生ずる所の原因となる例へば術者が催眠者に向つて「汝の手は不隨となれり」と暗示すれば直に

（五）精神病者と催眠者との酷似點

不隨になる。然るに或る神經病者は何等の器質的疾患もなきに、唯手が不隨になると想像するによりて直に不隨となることあり。斯く同一の現象を呈するは、其素因が元來同一なる結果なり。之れによりて催眠現象は全く神經病的現象と同一なりと云ふにあり。此解釋は單に催眠現象の神經病と類似せる點のみに注意して直に臆斷を下したるものに過ぎずして穩當の說といふべからず。何となれば催眠現象を病的となす以上は、精神身體共に健康なる者にありては催眠せしむること能はざる筈なり。然るに却つて神經病患者よりは身心健康なる者の方が容易に催眠現象を呈し得るを以ても其說の不當なるを知るべし。或る精神病患者は自動的に催眠現象と同一の現象を呈す。例へば或る精神病者は止動狀態は勿論のこと幻覺錯覺をも生ずる者あるは必ずしも珍らしからぬ事實なり。由是觀之神經病者よりも精神病者の方が、却てよく催眠狀態に酷似せり。單に酷似せる丈にて同性質を以て律せんとするは大なる誤りなり。故に今日にては神經病的說を採る學者殆んどなし。

第六項　ナンシー時代の催眠術

(一)暗示說の首唱

西曆一千八百八十三年佛國ナンシーにベルンハイム及びリエーボールと稱する名高き催眠術者あり。催眠の原因は暗示なりと主張せり。此說を奉ぜる一派を或はナンシー學派と云ふ。之れは佛國のナンシーと云ふ處の醫師リエボー及びベルンハイムの二學者に依りて初めて主張せられし故なり。此說の根據は催眠現象は暗示に感じ易き狀態にあるものに對して暗示を與ふることによりて生ずる一種感應の現象なりと云ふにあり。換言すれば術者が被術者に向て「催眠する」と暗示を與へて催眠するは、卽ち該暗示が感應したるなり。術者が催眠者に向つて「痛みは取れた」と暗示し、眞に其痛みが取れたるは又之れ暗示の感應に他ならずと云ふにあり。此説は比較的妥當なる催眠説の一種なるを以て多くの學者の是認する所なり。但しひとり此説のみを以て總ての催眠現象を説明し去らんとするに至りては、甚だ多くの困難に逢着せざるを得ず

第七項　ビネー時代の催眠術

（一）第二自我説

（二）机轉術の原理

一千八百八十三年佛國のビネー氏は第二自我説を主張せり。此説の大要は我々の有する普通の意識を第一自我と云ひ。此普通の意識に上ぼらざる潜める意識を第二自我又は副意識と云ふ。催眠狀態となりたるものは第一自我沒して第二自我のみ働く、故に第一自我たる通常の意識にては何事も知らずに居り乍ら、第二自我たる別の意識によりて活動するなり。而して第二自我は第一自我にては到底なすこと能はざる微妙の働きをなすものなり。彼の机轉術を行ふ場合に當人は毫も机を動かさずと信じ居れど（第一自我にて）實は第一自我の關はらざる第二自我が

單獨に働きて机を動かし居るなり。 机の運動に就きて何等知るところなき常人(第一自我)は、此現象に接して大に驚駭の色あり。 されど實は自己の手足を用ゐて動かしたるに相違なけれど、唯其活動を意識し支配し居るものは第二自我のみなるを以て、第一自我に取りては甚だ不思議に感ぜらるゝのみ。 要するに此種の不可思議現象は、第二自我の働きに過ぎず、と此の解釋は科學的に机轉術を説明して妙なり。 彼は又プランセット及びクリスタルゲージング等の現象をも同一筆法によりて説明せり、然し此説明が眞理なりや否やは猶大に研究の餘地あり。 而して催眠狀態にある者の精神は常に必ず第二自我のみとなりて第一自我は全然沒了し去るものとは言ふべからず。 理想的の催眠狀態にありては然らんも、普通の催眠狀態にありては、ビ氏の所謂第一自我が相當に働くを常とす。 即ち第一第二兩自我の活動の相互に纏綿錯綜せるを見ることとなり。 余は或る程度迄はビ氏の第二自我説に組するものなりと雖も、未だ

(三)第一自我と第一人格との異同

全く之れに服するを得ず。 殊にビ氏は第一自我と第二自我との交代を以て人格の變換なりと稱すれども、人格の變換は我と云ふ觀念を全く異にせる別人格となることにして、第一自我と第二自我との相違の如く、單に同一人の觀念が現在に意識せられ居ると否との別あるが如きものにあらず。 殊にビ氏の所謂自我は、第一第二の二種に限るも、人格の變換は第一第二の二種に限らず、第三第四第五等數多の人格に分裂することあり、其作用たる又甚だ複雜多端なるものなり。 依之第一自我と第一人格とは別異の者なりとするを妥當と信ず。

(四)催眠學を講

其後獨逸のワゼルマルク氏和蘭のハンゼン氏普魯西のハイデンハイン氏等、大に催眠術の研究に力め其結果を著書として世に公にし、世人の注意を惹きしこと大なり。 後催眠學者の世に顯はるゝもの彬々として相繼ぎ、其研究は日を追ふて盛大となれり。

歐米の大學校に於ては催眠學の講座を有するもの少なからず。 就中著

義する歐米の大學校名

名なるは米國のハーバート大學にして、ミユンステルベルヒ氏其の講座を擔任し。獨逸にては伯林大學に於てプライエル氏、チエリッピ大學に於てフォレル氏、佛國にては巴里大學に於てベリリッヨン氏、丁抹にてはコッペンヘーゲン大學に於てレーマン氏、其の講座を擔任して孰づれも著名なり。而して催眠學の講堂には聽講生常に溢れ、非常の興味と熱心とを以て其講義を傾聽すといふ。

以上を以て歐米に於ける催眠術發達の過程を敍述し終れり。次には節を更めて我國に於ける催眠術の概歷を語らん。

第二節　日本に於ける催眠術の歷史

(一)日本の古代に行はれたる催眠術

日本に於ても古來より催眠術とは知らずして催眠術の現象を行ひたるもの少なからず。卽ち神佛の靈顯なりとか惡魔の所爲なりとか信じて之れを行ひたる者あることは、今日之れを高僧の傳記や英雄の物語り等によりて窺ひ知ることを得。又彼の俗間に行はれたるミコ、イチコの類も催眠現象と見ることを得。

（二）日本にて初めて催眠術を行ひし人

而して明治の初年頃に至りて幻術と稱して催眠術を行ひしものあり。眞に催眠術の名稱を附して之れを行ふに至れるは極めて最近のことなり。初めには香具師が催眠術なりと稱して僞りに止動狀態の眞似や眠遊狀態の眞似を演ぜしめて觀客に不思議の感を與へ、以て喝采を博せしことあり。故に世人の多くは催眠術を行ふ人と云へば直に香具師を聯想するに至れり。然し研究日に進み物々面目を一新せる今日に於ては、

（三）催眠術は公私大學校の教科目となれり

公私の大學校及び各醫學專門學校に於ける心理學或は生理學の教室に於ては催眠術を講義せられ、又福來友吉氏は殆ど此れが研究を以て文學博士の學位を得たり。而して明治三十九年九月より東京帝國大學哲學科に於ては變態心理學と云ふ教科目を設け、福來友吉氏之れが講義を擔任し專ら心理學上より催眠現象を講述せり。從つて世人は漸く催眠術

其者は神聖にして高尚の者なることを理會し斯術の研究者に對して多大の注意と尊敬とを拂ふに至れり。

（四）日本に於ける催眠術書の淵源

其は扨て置き我國に於て催眠術を學理上より解説せんと試みたるは、近近二十、有餘年前に初りたることにして、今日記錄となりて殘れる所のものを擧ぐれば、明治十八年に醫師鈴木萬次郞氏が「動物電氣論」と云ふ書を公にせり。翌十九年醫學博士大澤謙二氏が「魔睡術」と云ふ書を公にし、其頃醫師馬島東伯氏が催眠術を應用して疾病を治療せり。次で明治廿五年近藤嘉三氏が「魔術と催眠術」と云ふ書を著はせり。其後「精神靈動」の著者桑原俊朗氏を初めとして多くの催眠術家雜然として現はれたり。

（五）著者が催眠術專門家となりし動機

之れより先き余は斯術に興味を持ち、窃に之れを研究し居たりしに、偶々某男爵の令孃が重き僂痲質斯に罹り名醫と云ふ名醫の診察を受けたるも少しも快方に進まず、益々重態となり手足は不隨となれり。時に余は男爵の乞ひに應じ往いて令孃に催眠術を施し治療の暗示を與へたるに、幸に施術は效を奏し病氣は忽ち快方に向ひ、爾後施術の回を重ぬるに從ひ流石の重患も次第に治癒し遂に全く健康體に復せり。當時其令嬢の主治醫なりし某醫學博士は其成績の顯著なるに吃驚し、切に施術の實驗を希望す。依て余は同博士立會の上尙數多の患者につき數回の實驗をなせしに悉く快癒せり。由之其男爵と其博士とは余に進むるに催眠術治療の甚だ有望なるを以てす。然れ共當時余は法律學を專攻しつゝあり、法律學を以て身を立て國に報ぜんと思ひ居たりしが故に、催眠術の如きは唯僅に業餘の末技に止めたりき。然れ共追々研究の步を進め行くに從て趣味は愈々深く實效益々顯著となれり。依て竊に思へらく男子生を斯土に受け身を立て國に報ぜんとするには其法一途に限るべからず。政治家可なり、學者可なり、敎育家可なり、軍人可なり、實業家又可なり、而して催眠術家又大に可なり、催眠術家は以て偉大なる精神の作用を研究し神變不可思議の必ずしも神變不可思議ならざることを知らしむべく、又以てよく心身の悪疾を治療し健康と向上とを授くるを得べし。と憤然志を立て一切を擲つて一向専念之れが研究に從事し。聽て「大日本催眠術協會」なる看板を掲げしは明治三十六年七月のことなりき。當時催眠術と云へば頗る不思議のことが行はるゝものと誤信し、一片の好奇心を抱いて余の門に集りたるもの實に夥だしかりき。猶我國に於て初めて催眠術の通信教授をなしたるは余にして其結果は意外に良好なりき。爾來各地に催眠術教授治療の看板を擧げたるものあり、其れ相當に多くの講習生と患者との常に集まれるを見る。中には頗る隆盛を極めて堂々たる私塾の觀を呈し、又大醫の診察所をも凌駕するもの少なからざりき。

(六)催眠術通信教授の元祖

(七)催眠術弊害の有無講究

爰に於てか催眠術は大に學者の注意を惹き起せり。時に明治三十七年春のことなりき、東京帝國大學に醫學、文學、法學等各方面の博士學者數十名會すること數回にして催眠術の利弊を論じ催眠術治療を醫士以外の者に行はするの可否につき議したることあり、其結局は催眠術治療は誠意を以てすれば何等の害なきものにして醫士以外の者に行はするも可なりとの説多數を占むるに至れり。

然し一部人士の間には催眠術治療は醫士以外の者に行はすべからずとの説を主張して止まず。遂に國家醫學會に於ては醫士以外のものには催眠術治療を許すべからずとの建議書を内務大臣に捧呈せり。茲に於て余等も亦催眠術治療は催眠術を研究したる者に許すべきものにして醫士に限るべきものにあらずとの建議書を内務大臣に捧呈せり、斯くて一時は此問題の爲に騷然たりき。

依之當時内務省に於ても果して一部の人士が騷ぐ如く催眠術治療は弊害あるものなるか否かを研究し、且地方廳に移諜して實際に催眠術治療を行ひ居るものゝ樣子を探らしめ、其報告を徵集したることあり、其結果は一部人士が騷ぐ如き弊害を認めずとの結論を得て此問題は一時落着せり。

催眠術治療を醫士以外の者に許すべからずとの論を主張する者は、藥物治療にて治し得る疾患を催眠術治療にて治せんとするは醫士の仕事を醫士以外の者がなすこととなるとの點にのみ着目して論ぜり、然るに催眠術治療は藥物治療にて治すこと能はざる疾患をして治療することが其特色なり。試に見よ數學が下手な者を上手になすが如き、父兄に對して不柔順なるものを柔順になすが如き、全く藥物療法にては如何ともすることと能はざる者をして治することを得。此點に氣附かずして立論せしものにして誠に取るに足らざる片見なり、故に今日其論を顧みるもの更になし。

其當時警視廳に於ても、催眠術なるものは果して如何樣のものなるかを知らざりしが故に、催眠術士を警視廳に招聘して、其の學理を聽き實驗を見、而して催眠術の敎授治療に對して如何の方針を取る必要あるかを確めたることありき。後帝國議會に於ても催眠術の問題一二度起りしが結局議決に至らずして消滅せり。

明治四十三年一月のことなりき、大日本催眠術協會を精神研究會と改稱せり。而して從來は單に催眠術の教授治療をなし、及び催眠術に關する書籍を著述し發行し來りしも、爾後獨り催眠術に限らず精神に關する學術一切を研究し、且其應用を實驗して廣く實用的效果を擧げんことを期せり。爾來精神研究會に於て研究せる結果催眠術上の現象につき新發見をなしたること少なからず、其事は後篇に於て詳述する所あるべし。

（八）日本に於ける催眠術發達史上に特筆すべき大事實

且明治四十五年六月の調査によれば、精神研究會を卒業し催眠術を自在に行ひ得る者無慮數千人に達し、尚精神研究會より發行せる催眠術書にして百版以上に達せしものさへあり。由是觀之、精神研究會の事業は我國に於ける催眠術發達史上に特筆すべき一大事實なりと信ず。

近來は都鄙を問はず催眠術に關する大意を知らざる者は殆んど稀なる

（九）鐵石時代の催眠術

迄に普及せり。從て新聞雜誌上に於ても之れに關する記事を見る事甚だ多く、其意義と價値とは日を追ふて識者の間に認めらるゝに至れり。然らば斯の如き催眠術は如何の原理によりて行はるゝか、其哲學上の說明及び科學上の說明は如何。催眠術を哲學及び科學の兩方面より說明せる說は余が始めて主張せる所にして、後日鐵石時代の催眠術として特筆すべき一大事實なりと信ず。其學理的の說明は更に篇を改めて充分に攻究する所あるべし。

第二卷 原理篇

第一章 催眠術の原理

第一節 催眠術原理の分類

(一)催眠術の原理は如何に分類すべきか

催眠術を施す方法の原理及び催眠者の呈する現象は如何なる學理的根據を以て說明するを正當とするか。此れに關する學者の說古來區々として一定せず。今多くの學說に涉りて一々詳細の記述を試み嚴密なる論評を下すが如きは限りある本書の紙面を以ては到底盡し得る處にあらざると同時に、又初學者に取りてさまで必要のことにもあらざるが故に、今は唯著明なる學說の大要を摘み單評を附し、以て自己の立場を示すに止めん。今余の說かんとする學說を分類表として揭ぐれば正に左の如くなり。

催眠術の原理
- 哲學說…………一元二面論(並行的一元論)
- 科學說
  - 心理說
    - 潛在精神說
    - 聯想作用說
    - 暗示感應說
    - 豫期作用說
  - 生理說…腦少血說

余は此分類表に基きて不思議なる催眠術上の現象を悉く說明せんと欲す。此中心理說には四種の異說を含める觀あれど元來其は根本的に異なれるにはあらず、其四說共皆相互に關係せり。即ちそは心理作用上特に重きを置く點によりて區別せるものなり、故に各說皆一面の眞理を藏し各方面より催眠現象を說明し初めて其眞理を窺ふことを得と信じ、余は今其四說中孰づれをも捨てず、皆採つて以て說明の根據とせんと欲するものなり。

學者に依りて、或は哲學說の一面に傾くものあり、或は科學說の一方を固執するものあり、又同じく哲學說を採るものも同じく科學說を採るものも、其の奉ずる所の學說互に同じからず。されど多くは一部の偏見に陷れる者、余は敢て彼等の顰に習はず、出來得る限り諸說を包容し、以て穩健中正を期圖せり。

第二節　哲學說

第一項　一元二面論以外の學說

余が採りて以て催眠術上の現象を說明する根據となさんとする哲學說も、前節に表示せるが如く一元二面論なるが、之を述ぶるに先つて、余は爾餘の哲學說の一般を略說し、之に短評を加へて余が立脚の地を健實ならしめんとす。

第一款　二元論の哲學說

(一)二元論の要旨

二元論とは宇宙の現象を說明するに當つて、二種の實在(又は實體或は本體)を假定す。二種の實在とは何ぞや、曰く精神的のもの、曰く物質的のもの之れ也。つら〳〵宇宙間の現象を觀るに、全々其の性質を異にする二種の存在あるを見る。一つは目見る能はず耳聞く能はず、手觸るゝ能はざる無色無形の存在にして、一つは目以て見るべく、耳以て聞くべく、手以て觸るべき有象有形の存在なり。前者は即ち精神にして後者は即ち物質なり。而して此二者は全々其性質を異にし居るを以て、一を他の變形と見ること能はず、即ち精神は物質の變形或は發現なりと言ふこと能はざると同時に、又物質は精神の變形或は發現なりとも言ふこと能はず。何者形あるもの(即ち物質)は如何に之を變化せしむるも遂に形無きものと成ること能はざると同時に、形無きものは如何に此れを變化せしむるも遂に形有るものと成ること能はざるべければなり。蓋し有は無と成ること能はざるべく無は又有と成ること能はざるは科學上の方則なればなり。故に精神と物質とは全々獨立の實在にして、一は決して他に屬することと能はず。卽ち萬有は各々獨立せる之等二個の實在より成ると、之れ二元論の主張なり。彼の基督教の如く一方に神なるものを立て、又他方に神以外の物質(或は自然界)を置く教說も亦一種の二元論といふを得べし。

(二)二元論の缺點

さて然らば斯くの如き二元論は果して正當のものなるか。果して吾人の哲學的要求に適ふものなるか、精神と物質とを以て何等の關係も無き獨立の實在とするときは二者相關の事實は此れを如何にして說明し得べきぞ。今日科學の說明を待つ迄も無く精神と物質との間には離るべからざる深き關係ありて、一方の變化が他方に一定の影響を與ふることは爭ふべからざる事實なり。肉體の疾病は精神の衰弱を來たし、精神の滿足は肉體の健康を增し、又アルコールの飲用が精神の變化を來たし、深き精神の集注が錯覺或は幻覺等を惹起するは世人の熟知するところなり。若し精神と物質とが全く獨立のものならば如何にして斯の如き心身相關の事實存するぞ。二元論は到底此の難問に解決を與ふること能はず。加之、二元論は吾人の哲學的要求を滿足せしむること能はず。蓋し哲學は宇宙に對して統一的の解釋を與へんとするもの、而して之れ智識必然の要求なり。萬有に對して窮極的統一的解釋を與へ得ざるものは、未だ眞乎の哲學と稱するを得ざる感あればなり。

第二款　一元論の哲學說

(一)一元論の要旨

一元論は二元論の如く宇宙の實在を以て精神及び物質の二となさず。孰づれか其の一を取りて他を其作用又は結果と見る說なり。其中精神を以て唯一の實在と成すものを唯心論と言ひ、物質を以て唯一の實在と成すものを唯物論と稱す。

(二)唯物論の要旨

(一)唯物論　唯物論は專ら科學者の唱ふるところにて、今其の言ふところを聞くに大略次の如し。

宇宙間眞に實在するところのものは、唯物質と物質との運動あるのみ。萬有一切の事象は凡て物質より成り其變化活動は凡て物質の作用たる運動に基くものなり。吾人が呼んで意識と稱し精神と稱するところのものも、實は物質的活動の機微に過ぎず。而して物質の本體は原子なり。故に萬有は原子の聚成復合より成る。卽ち原子といふ實體が無數に集りて、構成せる一つの機械なり。人間の如きも畢竟は一の巧妙なる機械たるに過ぎず。故に身體破壞すれば精神の働きは忽ち消失して爰に死なる現象を呈するにあらずやと。

(三)唯物論の缺點

然れども少しく反省すれば、之れ決して妥當の說にあらず。科學者の金科玉條たるエネルギー不滅の法則に從へば、物質の形は如何に變化するも、物質の量は永久に増滅することなしと云ふ。果して然らば物質は如何にして非物質的のものと成るを得るか。精神にして若し物質の變化せるもの、即ち其の結果なりとせば、精神は一定量の物質が一方に消滅して、他方に精神といふ形を以て現はれたるものならざるべからず。精神は非空間的の働きなり、物質は空間的の存在なり、故に物質が精神となれりといふことは物質が消滅して非物質と成れりといふことにして、エネルギー不滅則に背反せざるを得ず。大さを有する物質は如何に變化したればとて大さを無くするものと成ること能はざるなり。且つ又原子を以て窮極の實體とするときは各原子は各々無關係的に獨立の活動を營むべき筈なるに、實際は各原子相互に相關係し相影響し、而して普遍齊一の法則によりて支配せられ居るに非ずや。原子にして若し眞に獨立自存の實體ならば各原子は各獨立の働きを成すべき筈なるに事實之に反するは原子の實體ならざる所以なり。更に事實は物質ありて精神ありといふよりも、寧ろ精神ありて物質は始めて其の存在を認めらるゝにあらずや。由之觀是唯物論は到底穩當の說と稱するを得ざるなり。

（四）唯心論の要旨

（二）唯心論　唯心論には絶對的唯心論と人格的唯心論とあり。

（五）絶對的唯心論の要旨

（イ）絶對的唯心論　絶對的唯心論の主張は次の如し。

宇宙の本體は精神なり、物質によりて精神を說明することは能はざれども、精神によりては能く物質を說明することを得。卽ち物質の物質として存し得る所以は畢竟精神が之を認むるに依つてなり。吾人が机ありと云ふは、實際机なるものが吾人の頭腦中に飛び込み來たるにはあらず、唯吾人は感覺其物を認めて机ありといふのみ。然るに感覺は之れ無形の象にして物質にはあらずして精神なり。故に吾人がこゝに机ありといふは、實は机なる精神以外の物體を認めていふにはあらずして、一定の場所に一定の机ありとの感覺其物を指していふなり。畢竟精神が或る精神的現象（机の感覺）を認めて机ありと稱するに外ならず、故に凡て存在するものは唯精神のみ、吾人は精神以外の何物をも認むること能はず、精神以外に物ありと思ふは誤れり。さて唯精神のみ存在するとしても、そは吾人の精神のみ存するとはいふこと能はず。精神は他人にもあり、動物にもあり、動植孰づれにも屬せざるプロテスタにもあり。斯くして精神の出で來たれる根源を飽く迄追究し行くときは窮極的根本的の精神あるを許さゞるべからず。之れ卽ち絶對的精神なり宇宙的精神なり。故に萬有は畢竟かゝる絶對的精神の發現に外ならずと、之れが卽ち絶對的唯心論の主張なり。

(六)絶對的唯心論の缺點

吾人は不幸にして此の説に賛同し得るものに非ず、吾人の認むるところは單に精神内のことのみと稱す。然らば吾人の感覺を惹き起すものは何ぞ。單に精神の醉狂に止まるか。何等かそこに精神以外の存在ありて吾人が感覺の原因と成れるにはあらざるか。若し吾人は自己心內のことの外一切分らずとせば、自己以外に他人の精神、動物の精神などの存在も分るべき筈なく、況して宇宙精神などいふが如きは猶更認知し得べき筈なきなり。若し又斯くの如き認識論上の根據を離れて唯冒頭より天地の根、底には普遍的の大意識あり、而して自然界は其の發現なりと說き來たるも猶首肯し得ざる處あり。即ち物質界(自然界)は如何にして精神的存在より生じ來たるか。換言すれば無形の精神は如何にして有形の物質となり得るかといふこと之なり。故に次に述ぶる人格的唯心論が生じ來たる。

（七）人格的唯心論の要旨

(ロ)人格的唯心論　人格的唯心論の特相は飽く迄吾人の意識其物を根本の出發點となし、吾人の直接に經驗し能はざる絕對的精神といふが如きものを排斥し去る點にあり。思ふに吾人が眞に知り得るところ、直接に感じ得る所のものは唯吾人自身の精神のみ、換言すれば自我それ自身のみ。吾人が自我以外のものとして感ずるところの一切の現象、即ち所謂客觀は之れたゞ吾人の精神に映じたるものとしてのみ存在の權利あるものなり。即ち吾人の精神を離れ吾人の精神以外に獨立せる客觀といふが如きものはつひにあり得べからず。認識又は經驗の主體たる自我(又は主觀)に獨立せる客觀といふが如きは畢竟意味なき空語のみ、客觀は唯主觀によりて認めらるゝときにのみ客觀たるを得べし、然るに客觀とは唯主觀の經驗的對象(即ち經驗せらるゝもの)といふ意味にて精神以外のものといふ意味にはあらず。

否吾人が經驗の對象は畢竟觀念のみ感覺のみ、吾人が呼んで以て物と言ひ客觀と稱する所のものは、實は物にあらずして物の感覺或は觀念のみ、決して精神圈外のものにあらず、故に吾人は自己以外の何物をも認むること能はず。又自己以外に何物も存在し得るものにあらずと稱するを得。故に天地は畢竟吾人の精神によりて生じたるものに過ぎず、即ち萬法は唯精神の所造のみ。故に曰く天地間實在するものは唯自己の精神のみ、絕體精神と呼び神と呼ぶ所のものも、實は理想的狀態として考へられたる自己其物のみ、此れ人格的唯心論の根本主張なり。

(八)人格的唯心論の缺點

先づ此論に就いて吾人の最も不滿に感ずる點は自己以外の一切の人格を否定し去る一事なり。此論の立場よりすれば、天上天下唯我一人の存在を許すのみにして、他人の存在は凡て此れを否定せざるを得ず。親も子も妻も兄弟も凡ては此れ幻影に過ぎずとするものなり。然らば吾人が國家社會と呼ぶ所のもの他人に對する義理と云ひ人情と名づくる所のもの、又遂に無意義に了らざるを得ず。よりて道德も政治も宗教も學術も何等の價値なきものたらざるを得ざることとなり、到底穩當の說と云ふことを得ず。

此に於てか人格的唯心論者は他の人格の存在といふこと丈けは根本の假定として之を許すに至れり。即ち曰く吾人は自己の人格以外に猶幾多の人格の存在することを許さゞるを得ず、と而して他の人格の存在てふことは之を類推によりて知るを得べしと。

然れども既に自己よりして他人を類推するを許さば何ぞ一歩を進めて其の類推を動植其の他一切萬物に及ぼさゞるぞ。吾人は自己より類推して他人に精神の存在することを知り得るとせば、更に其の類推論法を進めて犬にも猫にも精神のあることを知り得べく。更に進んではアメーバにもプロテスタにも精神のあることを知り得べく、斯くして植物に及び無機物に及び、遂には萬物に精神あることをも知り得べきにあらずや。本來自己の存在のみを許して其の他を許す可からざる人格的唯心論が自己以外の他の人格の存在を許すに至つては、最早根據の危くなれるものと言はざるを得ず。假りに他の人格の存在を認むるも、猶何故に各々異なれる各人格に對し客觀界は一樣平等の相を以て觀ぜらるゝかが又疑問なり。

客觀界にして若し吾人の意識が勝手に産み出せる所のものに過ぎずとせば、各人格は各々異なれる天地を觀ずべき筈なるに、何人に取りても卯は圓く感ぜられ豆腐は四角に觀ぜられ、火は熱く氷は冷く柳は綠り花は紅ゐに觀ぜらるゝは何の故ぞ。之を說明するに彼等の或者は習慣說社會說及び話說等を以てすれど、孰づれも缺點を免れず。今後は知らず兎に角現在にありては、人格的唯心論は難點多くして採用するを得ず。

第二項　一元二面論(平行的一元論)

(一)一元二面論の要旨

余は從來各種哲學說を略敍し短評を加へ來たれるが、孰づれにも多くの缺點が附き纏つて、充分吾人を滿足すること能はず。茲に於て乎余は其孰づれにも屬せざる一說を提出せんとす。そは何ぞ、曰く一元二面論之なり。

吾人は先に人格的唯心論の缺點を以て唯自己のみを實在とし、他の一切を擧げて夢幻視去る點にありと言へり。又類推論法によりて他の人格の存在を許すとせば、吾人の到達するところは遂に絕對的唯心論ならざるべからざるが如し。然れども先きにも言へるが如く全物質界を以て絶對的精神の發現せるものに外ならずと見る此の説は精神的のものより如何にして物質的のものが發生し得るかてふ難問に答ふるを得ず。精神的のものは飽くまで精神的のものたるべく、それが物質的のものと成り得ざることは、猶物質的のものが精神的のものと成り得ざると毫も異なることなし。卽ち吾人は精神を以て物質の原因となすこと能はず。又物質を以て精神の原因となすこと能はず。一言以て之を約すれば、物心二者の間に因果の關係を認むること能はざるなり。果して然らば物心二者の關係は之を如何に説明すべきか、玆に於て平行論起る。平行論に從へば物質的過程と精神的過程とは普遍的に平行して存在し、決して相互に制約するところ無きを主眼とす、換言すれば一切の精神的過程には必ず之に平行して伴起する物質的過程あり、一切の物質的過程には必ずこれに平行して伴起する精神的過程あり。然れども一が他の原因と成り、又他が一の結果と成るにはあらずといふこと之れ平行論の主張なり。假令ば今鐘より起り來る物質の運動卽ち空氣の波動の結果は唯神經の刺戟と腦髓に及ぼしたる物質的の變化のみ。決して感覺といふ心的過程を惹き起すこと能はず、感覺を惹起せしものは其腦髓に起りたる物質的變化に應じて卽ち平行して起りたる精神的過程なり、と故に物質的過程が精神的過程を惹起したるが如く見ゆるも、實は物質的過程は唯精神的過程の因と成りたるにはあらずして、其緣と成りたるのみ其關係は恰も植物の發生に於て日光は唯植物發生の緣となるのみにして、其因は飽くまで植物の種子其物なるが如し。精神的過程が物質的過程を伴起する場合も亦同樣にして、精神的過程、は唯物質的過程の緣と成るのみにして決して其原因と成らず。故に二過程の關係は飽く迄平行的相卽的にして因果的相制的に非ず、一方の過程あれば其れに卽して他の過程が伴生するものにて決して一方の過程先づ止みて然る後其の結果として他の過程が始まるには非ず。

然らば何故に精神的過程と物質的過程とは全々其性質を異にし、毫も二者の間に因果的關係の存せざるにも關はらず、相互に伴生的、平行的、相即的の關係は存し得るか。答へて曰く二者は畢竟一實體の兩面に過ぎざればなり。元來精神と言ひ物質といふ二者離れて存在するものにあらず、之れを離して考ふるは唯便宜上のことのみ、物のある所必ず心あるべく、心のある所必ず物あるべし、少くとも吾人は全然物質を離れたる精神の單獨的離在を考ふること能はず。精神は常に必ずや物質と纒綿して存在す、全々物質なき所に精神の存在することは吾人の未だ實驗せざるところなり、否吾人は全々物質の無き所といふが如き、もの其物をさへ實驗すること能はず。已に精神は物質を離れて存在せず、精神と物質とは常に一緒に存在することを知らず、二者を別々に離して考ふることの單に思考上の便宜都合に外ならざるを知るべし。

故に曰く精神と物質とは一實在の兩面に過ぎず、其關係は恰も一物の色を異にする表裏二面の如く、圓筒の内外兩側の如し。夫等はお互に何等因果的の關係をも有せざれども、一面の凸は他面の凹と成るが如く、平行的相卽的の關係を有す。試みに之を圖解すれば左の如し。

第一圖

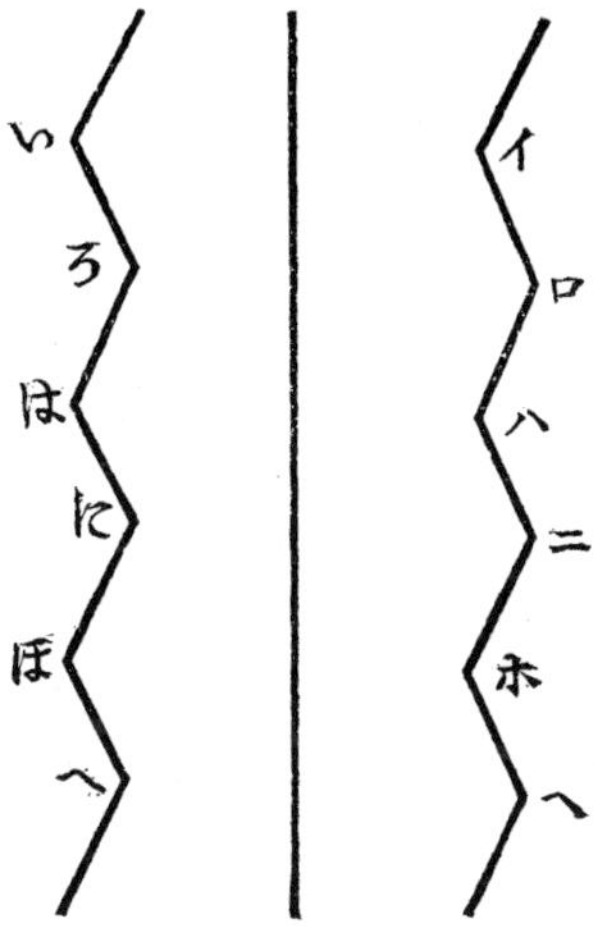

イロハニホヘは精神過程、いろはにほへは物質過程、精神と物質とは一實在の兩面に過ぎざることを示す

此圖に示すが如く物質的過程と精神的過程とは常に平行の關係にあり。物質的過程に於けるいは精神的過程に於けるイと成り、物質的過程に於けるろ其他はにほへは精神的過程に於けるロ其他ハニホヘとして現はるるも、そは一方が原因と成り他方が結果と成るには

あらずして、一方の過程いろはにほへは直に他方の過程イロハニホヘたるなり。畢竟は一實體の活動を異なれる方面より觀たるに過ぎず。扨て精神及び物質の二者は畢竟一實體の兩面に過ぎずとせば、其實體とは抑も何物ぞ。斯く問はゞ讀者は直に先づ一の疑問が念頭に浮ぶならん。凡ての存在は之を精神と物質との二者に歸せざるを得ず、宇宙間には精神にもあらざれば又物質にもあらざる第三のものあるを得ず。故に汝が言ふ所の實體も亦精神的のものなるか、物質的のものなるか、必ずや其の一に居らざるを得ず。然るに若しそを精神なりとせば唯心論と成るべく、若し又そを物質なりとせば唯物論となるべし。然るに汝は先きに唯心論をも唯物論をも斥けたり。然らば汝の所謂實體は此れ抑も如何なる怪物なるぞ。と此言理あり、精神的にも物質的にもあらざる存在といふが如きものは勿論之れ無し。然れども精神的にもあり又物質的にもあり或る物を認むること能はざるか、曰くあり宇宙間の凡てのもの、吾人の常に耳聞し目睹する所の凡てのものは卽ち其れなるにあらずや。

心を潛めて考ふれば吾人の實際に經驗する所のものは純精神にもあらず純物質にもあらず、精神と物質との結合せる具體的存在にあらずや。石は果して純物質なるか、其有するエネルギーと稱し力と稱するところのものは何ぞ。此れを物質の有するものと見んか、敢て妨げなし。然れ共之を物質其物といはゞ如何、寧ろ物質と共在する非物質的の或る物と見るを得ざるか。而して若し非物質的のものは精神なりと言はゞ、エネルギー又は力は又一種の精神にはあらざるか。余は今其れ等の問題を細論するの暇なし、兎に角實際在るものは精神と物體との結合せる具體的存在其物なることを云はんとす。此故に余は曰く實在は精神的のものにもあらず、又物質的のものにもあらず、此兩者を兼ね具へたる具體的存在其物なり、と故に其實體は之を唯實體又は實在と呼ぶの外なし。唯其性質を解けば一方には精神的過程を見他方には物質的過程を見るのみ。讀者よ實在てふ名の漠然たるを以て咎むること勿れ、凡て窮極的のものは之を明確なる概念として言明すること能はず。唯表號的に發表するより外無し、名は卽ち漠然たり然かも其指す所は吾人の常に經驗する事實其物なり。

以上は之れ余が所謂一元二面論(又は平行的一元論)の要旨なり。其說く所普通に所謂一元二面論とは多少異なれり、好んで異說を主張するにはあらずと雖も、他の凡ての說に不滿なる余は遂に斯くあらざるを得ざるなり。

第三項　催眠術の原理としての一元二面論の價値

(一)一元二面論と催眠現象との關係

一元二面論(物心平行論又は平行的一元論)が一種の哲學說として何れ程の價値を有するものなるかは前項の所述によりて略々明かならん。然し乍ら夫れが催眠術を說明する所の原理として幾何の價値を有するかは、更に研究する必要あり。されど之を爲すには先づ豫め催眠術の原理としての自餘の哲學說につき一言論及し且心理學にては說明する事能はざる現象あることを述べんとす。

(二)個體靈魂遊離說の要旨及び其駁論

個體靈魂遊離說　先づ第一に見んと欲する說は個體靈魂の遊離說なり。此說に從へば千里眼の如き精神移送の如きは畢竟吾等の靈魂が暫く其肉體を離れて空中に飛揚し、以て其れ自身單獨にいろ／＼の活動を營む結果なりと說明す。換言すれば我等の頭腦中には靈魂なる一物が宿り居りて之れが往々其巣を飛び出しふわ／＼と空中を飛び行きて、或は事物の觀察を試み、或は他人の靈魂と交通す、彼の靈夢の如きも斯かる靈魂活動の結果に外ならず、とする之れ實に個體靈魂遊離說の主張なり。

斯の如き靈魂說に就きて先づ吾人の不滿に思ふ所は、其二元論的傾向なり。此說に依れば凡ての物質的活動を離れて靈魂といふが如き純精神の塊りが存在し、それが自分單獨に隨意の活動を爲すものと見、腦髓の如きは單に其巢に過ぎざるものなるが故に、精神活動と物質活動との平行或は相關てふ事實を認めず、精神と肉體とは全々其の性質を異にする無關係的の存在なりとす。然し斯く物心を全く相離れたる二元として見るときは、靈魂が何故に物質的のものを認識し思想し、或は之れに一定の影響を與へ得るかゞ解し得られず。しかのみならず、靈魂が若し純精神的のものとすれば、そは全々無形のもの卽ち非空間的のものならざるべからず。

然るに靈魂なるものを以て一個體と見るは矛盾なり、何者、一個體と見ることは之れやがて有形のもの卽ち空間的のものと見る所以なればなり。次ぎに靈魂を以て一個體と見るときは之れが吾人の頭腦を全く離れて外出せる際の吾人は全く死し居るべき筈なり、靈魂の脫出せる肉體は無神無靈の一死肉に外ならざればなり。然るに催眠術によりて遠隔地の事物を觀察せしめつゝあるときの催眠者は潜在精神によりて自己の周圍の有樣を悉く知り居り暗示によりては相當の感覺を有す(此事は實驗上明なり)して見ると、靈魂外遊中の肉體にも尙靈魂が存在す。從て其實靈魂が脫出し居るものにあらざるとを知るを得、此等の理由によりて此說の甚だ不完全なるを知るを得。

(三)精神波動說の要旨及び其駁論

精神波動說 玆に於てか之れを說き改めて、精神波動說を唱ふる論者あり其要に曰く、精神が何等の媒介を借らずして遠方のとを感じ、遠方の人に通じ得るは靈魂といふ一靈魂が吾人の身體を脫出し去るが爲めにはあらずして、吾人の精神が肉體より延長して空間に波動を起して遠くに及ぶ結果なりと。

所謂精神の波動とは何ぞや。其は純精神的のものか、果た復た物質に卽したるものか、純精神的のものならば波動といふが如き空間的の活動を營み得ざるべく、又前說と同樣二元論的の弊に陷るべし。若し物質に卽したるものとせば之物心平行論の本旨に合するものとして、余の將に說かんと欲するところなり。されど其前に猶一二の說に就いて檢査するところなかるべからず。

(四)絕對靈魂說の要旨及び其駁論

絕對靈魂說　此說の要旨に曰く、吾等が宇宙の根底には絕對靈魂又は絕對精神なるものあり、此靈魂は天地に磅礴して何處にもあらざる所なく、何物にも宿らざるところなし、吾人が一切の雜念を排し妄想を去り無念無想の境遇卽ち催眠狀態となるときは、相對的なる個人の精神は沒して我は直ちに絕對精神と一致同化す。換言すれば吾人の精神が無念無想となりて我を忘るれば、最早我は我にあらずして絕對精神卽ち宇宙精神の中に同化融合す。爰に云ふ宇宙は單に空間を指すにあらずして如何に固き物の中は勿論、地球の中心點迄も貫きたる處のものなり。從て宇宙間のことは我精神內のこと故如何に遠きものも見えざることなく、如何に隱れたるものも知り得ざることなし、彼の千里眼の如き或は精神移送の現象の如き皆此の理に基くものなりと。

此說一見巧みなりと雖も然も甚だしき缺點あり、我が精神が絕對精神と同體になるといふ、然し我が觀じ居る此世界は我が精神によりて觀じたる世界なり。人は皆共通の精神作用を有すと雖も然かも各自によりて大に其觀ずるところを異にす。況して絕對精神といふが如き超越的精神の觀ずるところが(さういふことがあるとして)我々の相對精神の感ずるところと同一なりとは何うしても考ふること能はず。相對精神以上の存在として絕對精神といふが如きものが實際在るとしても、其性質は到底吾人の思量し想像し得るところにあらず。何者相對者は相對を絕したる超越的存在の性質を寫象し或は推度すること能はざればなり、絕對的精神といふが如きものは唯吾人が哲學的要件として無かるべからざることを唱へ得るのみ。其性質に就きては單に萬有に徹せる普遍的意識なりといふ漠たることを言ひ得る以上多くを語ること能はず、斯の如きもの〻觀ずるところが吾人の個人的精神と同樣の觀念作用認識作用を有するとは思はれず。故に縱令絕對精神は事物を觀念する働きを有するものなりとするも、其觀念するところは吾人の精神の觀念するところとは絕對に異ならざるを得ざるべし、從て此說の解釋は未だ至れるものに非ざるなり。假りに一步を讓つて、絕對精神は個人精神と同樣の觀念作用認識作用を有するものなりとするも、然らば吾人の精神が其れと同體と成れるとき何故に吾人は全宇宙を一度に見ること能はざるかの理由を解すべからず。絕對精神は宇宙精神なり、宇宙精神に同化沒了せる吾人の精神は、克く宇宙の全體を達觀し得べきにあらずや、少くとも月世界星世界位は分るべき筈なり。然るに勢々地球の表面に限られ、又自己の觀ぜんとする所のもの、或は他より暗示せられたるもののみを觀

（五）心理學を以て總ての催眠現象を說明せんとする說及び其駁論

じて止むは何の故ぞ。以て絕對精神といふが如き大袈裟なものを擔ぎ出すことの故なきを知るべし。

序に述べんとする學說あり、其は哲學によらざれば解說し能はざる所の現象迄も强て心理學によりて說明せんとする學說あることなり。先づ催眠現象中の十中七八は克く心理學上より說明し得べしと雖も、千里眼の現象及び精神移送の事實迄も强いて心理學を以て說明せんとするもののあり、今其說明を聞くに大要左の如し。

吾人の精神を或る一點に凝集するときは、吾人の感覺機關は異常に銳敏となり、以て常には感覺し得ざることをもよく感覺し得るに至る、千里眼の如きはその結果に外ならず。と去れど如何に感覺機關が銳敏に成れぱとて、幾重にも掩ふたる箱中の物體や幾百里を隔てたる異境の事件を看取し得べき筈なし、然か而已ならず精神移送の現象の如きは之れにより て首肯し得る樣說明すること能はず。或心理學者は精神移送の事實を説明して言ふ、之れ唯催眠狀態にありて著るしく暗示に感應し易き狀態にあるものが、何等かの徵候によりていち早く對手の精神を看取する結果に過ぎず、とされど事實は之れに反對す。被術者は眼を閉ぢ或は術者に對して背を向け、或は室を隔てゝ術者の態度につきて全く知ることを得ざる樣になさしめて尙よく感應す。爰に於て乎更に曰く、右樣の現象は畢竟精神の直覺作用に外ならずと、然れ共問題は何故に吾人は斯の如く驚くべき直覺を成し得るかにあるを以て、唯直覺作用に依ると言ひたるのみにては未だ充分の說明とは成らざるなり。

以上列擧せる二三の說は孰づれも種々の缺點ありて、充分に吾人の要求を充たすことと能はず。然らば余が先きに提出せる物心平行論は果して能く千里眼及び精神移送の事實を說明して遺憾なきを得るか、乞ふ、以下之れを說かん。

（六）物心平行說の要旨

物心平行說　吾人は先づ冒頭一番下の如く斷言せむと欲す曰く催眠現

象を充分に說明するには少く共二種の條件を設定するを要す。さて二種の條件とは何ぞや、一に曰く吾人には感覺機關を超越したる認識作用の存在すること、之れ事實上の條件なり、二に曰く精神活動は如何なる場合と雖も常に物質活動と平行(又は相卽)し居ること、之れ理論としての條件なり。

先づ前者よりして語らんに催眠者が幾重にも覆はれたる箱中の物品を看取するが如き、遠隔地に起れる有樣を感得するが如き、又は術者の思想を單に精神力のみにて催眠者に交通するが如き事は孰れも疑ふべからざる事實なるが、此事實を認むる以上は何うしても、普通の感覺機關に依る認識活動以上の認識活動が吾人に存在することも、亦之れを事實として承認せざるを得ざるなり。此事實だけは最早今日之れを疑はんとしても疑ふこと能はず。

次に精神活動は必ずや物質活動に伴ふべきことは今日一般科學の歸結

たるのみならず、又哲學上より言ひても當然斯く見ざるを得ざるなり。若し精神活動が物質活動を離れて單獨になし得るものと認むるときは、其結論は當然宇宙は精神及び物質と稱するところの全く其質を異にする二個の實體が、結合して生じたるものなりてふ誤まれる哲學說に墮せざるを得ず。（旣述せる二元論の條下參照）換言すれば精神活動と物質活動とが各々相離れて獨立の活動を營み得るものとすれば、兩者の關係は必然的のものにあらずして偶然的のものと成り、從て兩者各々單獨の實體と見らるゝに至り二元論となる。然るに二元論は誤れる哲學說にして吾人の採らざる所なり、故に精神活動は如何なる場合と雖も常に物質活動と平行し居ることとは、理論的條件として避くべからざるなり。さて第一の條件たる感覺機關を超越したる認識作用の存在を事實として認むる以上は、何うしても精神が吾人の肉體を離れて活動し得るものなることを認めざるを得ず。然るに個體靈魂遊離說の如く、靈魂と名づくる一個精神の塊りが、吾人の頭腦中に住居し居りて、時々外出し家を留守となして、一と働きを爲して歸宅するが如きものと考ふること能はず斯く考ふることの不條理なるは既述せるが如し。果して然らば吾人は吾人の精神が肉體以外に出で〻一種の働きを爲すといふことを解して精神の波動的活動に由るものと見ざるべからず。詳言すれば個體精神なるものが吾人の頭腦より遊離し去ると見ずに吾人の肉體内より精神は目的の方向に向て其働きを波動的に延長して目的物に影響を與ふる性質を有するものと見ることを得。

然るに精神活動は如何なる場合と雖も、常に物質活動と平行(相卽)し居るものなりとの理論的條件を許す以上は、斯る精神の波動を以て物質を全く離れたる純精神的のものと解すべからず。卽ち其波動たるや精神的なると同時に物質的なる物心並行的のものと見るべきものなり。之れ最も科學的合理的の解釋にして然かも正に物心平行論の歸結にあらずや。

(七)心身平行と物心平行との差異

以上は裏面よりして物心平行論を採るの止むを得ざることを述べたるものなるが、次には正面よりして其何物なるかを説明すべし。今日凡ての心理學者は心身平行てふ事實の上に立脚して、一切の現象を説明せんとす。然れども彼等が遠隔事物の認知、遠隔者に精神を感應せしむる處の玄妙なる事實を解明せんとして解明し能はざる所以は、單に彼等は心身平行を認むるのみにして物心平行の大事實を閑却せるが爲なり。蓋し心身平行丈けの事實を認めたるのみにては、精神が何等かの形に於て吾人の肉體を離れて活動する所の事實を承認することを能はざればなり。言ひ換ふれば心身平行の事實のみを許すものは、一方に於ては「精神活動は必ずや一定の肉體的活動を伴ふ、二者は必然的に平行の關係を保てり」と唱ふると同時に、又他方に於ては「故に精神活動は肉體的活動を離れては存在するを得ず」と唱ふるが故に、催眠現象の説明に缺くべからざる肉體を離れたる精神の活動といふ一大條件を拂拭し去るに至る、之れ千里眼の如き現象を說明すること能はざる所以なり。然るに心身平行の事實を推し擴めて物心平行てふ事實を認容するに至るときは、苦もなく此の難關を通過するを得べし。

物心平行論は身心平行論の如く單に吾人の腦髓又は肉體の上に於てのみ精神活動と物質活動との平行的なることを認むるに非ずして、廣く宇宙萬有の上に就きて精神活動と物質活動との平行的なることを認むるものなり。故に吾人の精神活動は物質活動(爰に云ふ物質は肉體に限るものにあらずして物質と稱するもの全體を云ふ)を離れては存在し得ざれども、物質活動だに存するところなれば例令肉體的活動無くとも能く存在するを得と云ふことを得べし。換言すれば吾人の精神活動はよく肉體を離るゝも、猶其他の物質を緣として存在することを得と言ひ得べし。

さて斯かる肉體を離れたる精神の活動を以て、波動的に働くものと見るときは、其波動は純精神的のものにあらずして物心二面のものなり。即ち其波動も亦一面物質にして他面精神なる一實體其物の波動なり、物質を離れたる純精神の波動などいふことは畢竟一つの矛盾語に過ぎず、何者純精神は全々無形のものにして波動は多少有形のものなるべければなり。

(八)術者の精神力の强弱が被術者に對する影響に多少ある理由

次に斯る物心二面の波動は常に吾人の精神的活動(實は物心的活動)に伴つて四方に波及しつゝあるものと見ることを得。而して其波動の强弱は精神集注の强弱に比例するものと見ることを得、此事實は次の事例によりて說明するを得。精神移送即ち傳想術の實驗に於て術者が一定の思想を被術者に傳へんとするときは、術者は其れが爲に大に心力を込めざるべからず、而して其奏效の良否は術者の心力集注の强弱に比例す。即ち術者が心力を込むること强ければ强き程奏效は著し、よりて一人の術者にて奏效せざる場合に數人の術者が同時に同一事に向つて精神を集注するとは驚くべき奇效を奏する事あり。

要するに此事實は精神集注の强弱と、其感通力とは比例することを示すものにして、歸するところは精神的波動(實は物心的波動なれど便宜上暫く此名を用ふ)の强弱は精神集注の强弱に比例することを語るものなり。扨て斯の如き精神的活動が吾人の精神集注によりて惹起せられ、波動を起して他の精神に微妙なる直覺を喚起するもの、之れ卽ち精神感應の事實なり。又此斯る波動が遠く波及して種々の事物より起るところの物心二面の波動(萬物有心なり、石の活動も木の活動も皆純物質の活動にあらず、エーテルの内にも空氣の中にも精神的方面あり、但し其精神は吾人の意識とは迥然として異なれり)に觸れて一種の感應を惹起す、之れ遠隔地の事物の認知も可能なる所以なり。然かし其波動が如何に働き如何に作用して、感應或は認識等の現象を惹起し得るかの詳細は、到底今日の人智を以てしては明瞭に解説すること能はず。そは感覺機關の刺戟が皮質細胞に及ぼす所の精神物理的變化が、何故に感覺又は知覺てふ認識作用を起し得るかゞ何うしても説明し得ざると同様に困難なる問題なり。此説明が附かぬの理由を以て余の提説を斥けんとするものあらば、彼は又一切の科學哲學の凡てを斥けざるべからず、豈無理ならずとせんや。

扨て吾人の精神活動卽ち心力集注に隨つて常に精神的波動が目的物に波及するものと見るときは、然らば何故に吾人は常に各人に對して自己の思想を感傳する能はざるかとの疑問生ずべし。答へて曰はん萬人の精神活動より發する所の精神的波動(物心的波動)は、相互に相觸れ相感じて混沌たる無差別と成る、無差別と成るが故に認識作用は消滅して、何にも感ぜぬ様に成るなり。之を譬ふるに恰も色彩の凡てを一所に集むるときは遂に白色(卽ち無色)と成りて色を認むること能はざるが如し、所有る感覺的刺戟が一所に集注し來たるときは其處に一切の差別は消滅して空々たる無刺戟に歸し了るなり。

然らば更に問はん、或る精神的波動にのみ感應し或は遠隔せる或る事物にのみ及び得るは何故ぞや。答へて曰はん激烈なる精神の集注によりて故意に惹起せられたる精神的波動は、普通の精神的波動に打ち勝つて其對象物に暴進する力あるが爲なり、卽ち或る強度の精神的波動は弱度の精神的波動を壓伏して目的地に達し得るなり。其狀恰も一騎當千の荒武者が千軍萬馬の間を切り拔けて能く目指す敵陣に乘り込むが如し、斯く考ふることは決して不合理なる妄想にあらず、理論と實際とに基きて確實に推論されたる結果なり。

以上の所述によりて、余は大略物心平行論の立場よりして如何に催眠現象を說明し得るかを說き得たりと信ず。勿論語りて盡さゞる點少なからずと雖も、そは他日改めて精論するの期あるべし。

第三節　科學說

第一項　心理說

第一款　潛在精神說

(一)潛在精神說の要旨

此說は米國心理學の泰斗ゼームス氏の專ら唱導せるところにしてビネー氏の主張せる第二自我說に近似せるところあり。今該說の要旨を語らんに、曰く吾人の精神活動には顯在的と潛在的との二種類あり、顯在的精神とは通常所謂覺醒狀態に活動せる精神を云ふ。卽ち吾人が現に感覺し、觀念し、思想し、判斷し、推理し居る所の一切の諸念は顯在的精神の活動なり。換言すれば吾人が自覺し居る所の精神活動は凡て之れ顯在的精神活動なり。然るに精神活動は單に吾人の自覺し居るもの丶みに止まらず、更に吾人の自覺に上らざる一種の精神活動あり、之れを潛在的精神と稱す。吾人は歩行する際歩行其物に就きては何事も意識せず、全々他の事を思想し居ることあり。然るに歩行は何等の差支へもなく、獨手に行はれて目的の地に到達す、之れ潛在的に(無自覺的に)活動する精神の結果なり。又彼の裁縫師を見よ、音樂師を見よ、彼等は他人と談話し乍ら活潑に其針を動かし、或は聽衆に眼を注ぎ乍ら其十指を自在に鍵板上に走らせて毫も誤まらず、之れ卽ち潛在精神の活動に外ならず。故に曰く吾人の自覺せる精神活動以外に吾人の自覺せざる精神活動あり、之れを潛在的精神の活動と云ふ。

(二)潛在精神と催眠現象との關係

深き催眠狀態にあるものは顯在的の精神は無念無想となりて潛在的の精神のみが暗示に感應して活潑に働く、故に深き催眠狀態にあるものは術者の意の儘に活動して不思議の狀態を演ず、而し覺醒せしむると潛在精神は潛んで顯在精神のみ活動す、故に覺醒後は催眠中の事を少しも知らずに居る、其の事を知らざるは顯在的精神のみにして潛在的精神はよく知り居る。故に其者を再び深き催眠狀態となし顯在的の精神をして無想となし、潛在的の精神のみが働く狀態となし置き以前の催眠中のことを尋ぬれば、一々明白に其の有樣を答ふるものなり。又催眠中のことを覺醒後によく知り居るものあり、其れは催眠中に未だ顯在的の精神が全く無念無想とならずして幾分か働き居りし故なり。即ち催眠中のことを覺醒後に覺え居るものと覺え居らざるものとの原理の說明としては此說が最も至當と信じ余は此說を採れり。獨り催眠術のみならず不可思議の現象を說明するに此潛在精神說を以てすれば容易に解說することを得。猶之が詳細は拙著「驚神的大魔術」に就きて見られんことを希望す。

潛在精神說のみにては、未だ以て催眠術上の現象を悉く說明すること能はずと雖も、催眠術上不思議とせる多くの現象は此說によりて立派に說明することを得。

第二款　聯想作用説

（一）聯想作用説の要旨

聯想作用に關しては、紀元前希臘に於て既に早くアリストートルの論及せるあり、爾來之に關する研究は暫く中絶の觀ありしが、近世期に入りて英國に於てホップスロック、ヒューム、アダムスミス、ハートレー等の學者相次いで起り、大に之れが研究を試み所謂聯想學派（アッソシエーショナル、スクール）なるもの起り、非常の勢力を得て最近の心理學研究上に對し至大の影響を與ふるに至れり。然れども此等聯想學派の所説は單に觀念相互間の聯合といふ一事に止まりしが、最近の心理説に於ては一層之れを擴張して、啻に觀念相互間のみの聯合に止まらず、感覺と觀念との聯合、感覺と運動との聯合、觀念或は感覺と感情との聯合、觀念或は感覺と欲望との聯合といふが如く、凡ての精神的或は精神物理的變化の上に聯合の事實を認むるに至れり。而して現下の狀勢は一切の精神的乃至精神物理的活動を說明するに全然此一事を以てせんとする傾きあり、今余が說かんとする聯想說は畢竟此意味の聯想を主張するものと解すべし然らば抑も聯想とは如何なることをかいふ乞ふ先づ之を說かん。

（二）感覺と運動との聯想

吾人の面前に火花の飛び來たるときは、吾人は無意識的に瞬目的作用を營むべし、又吾人の手が思はずも熱き物に觸るゝときは手は全く反射的に收縮す。之れ火花の感覺と瞬目的作用との間に强き聯想關係の成立し居るが爲にして、畢竟感覺と運動との聯想に外ならず。

（三）感覺と欲望との聯想

又飲酒家は酒を見るか酒家の前を通るかすると制し難き飲酒的欲望を生ずべし、又虛榮心强きものは美服を着し自働車に乘りて走る人を見ると自分もあゝいふ風にやつて見たいと思ふ、之れ感覺と欲望との聯想なり。

（四）感覺と感情との聯想

又吾人は月を眺め花に對するとき口にも筆にも盡せぬ美感を覺ゆべく、又芝居を見淨瑠璃を聽き居りて或時は喜びて精神恍惚とし、或時は涙を流して悲しむことあるべし、之れ感覺と感情との聯想なり。

(五)觀念と觀念との聯想

或は又親友數名と旅行をなしたることを追懷せんか。其折見たる靈岳を思ひ、幽谷を思ひ、飛瀑を思ひ、碧潭を思ひ、或は岩上に於て酒を飲み放吟せるときの情懷を思ひ、ゆくりなくも眼前に小鳥舞ひ來りしこと、珍らしき草花を採集したること、汽車にて歸る途中以外の舊友に會ひしこと、舊友の容貌が大に變りしこと、其折語りし舊友の言葉に痛く感激したることと等思ひは思ひを生み、夫れより其れへと縷々として盡くるところを知らず。之れ觀念と觀念との聯想に基くものなり。是等一切の現象は凡て之を聯想の一言に歸納せらる、扨此聯想が催眠的現象の說明に對して如何の效かある。

(六)聯想作用と催眠現象との關係

催眠狀態にある者の顯在的精神は此聯想作用を止めて無念無想となり、潛在的精神は催眠狀態となると共に聯想作用は活潑となるを本則とす。然し催眠の程度が淺ければ淺きに從つて顯在的精神の聯想作用が盛んとなり、催眠が深ければ、深き程潛在的精神の聯想作用が盛となるものなり。故に顯在精神の聯想作用を止むることが催眠法となるなり、催眠狀態中顯在的精神が働き居る場合は催眠中のことを覺醒後に於て記憶し居るなり。例へば深き催眠者に向つて「汝の手は動かぬ」との暗示を與ふると、全く動かなくなるは、催眠者の顯在的精神は聯想作用を止め潛在的精神は暗示せられし通りに而已聯想作用を起して以て暗示の通りに眞に其手が動かなくなるなり。元來腦の働きは一部に專らなれば、他部の働きは制止せらるゝものなり、例へば芝居を夢中になりて見て居ると、日頃の心配事を忘るゝ如く、一事に精神を集注し居れば其事柄だけは明かなるも他のことは知らずに居る、深き催眠者が暗示せられし通りとなるは、暗示せられしことにのみ潛在的精神の聯想作用が專ら働く故なり。又深き催眠狀態にあるときは潛在精神は何等の暗示なくとも働き居る故、催眠者は其周圍の音響人の動作はよく知り居るものなり、而して其こ

（七）催眠者は潛在精神にて如何に聯想作用をなすか

とを覺醒後に知らざるは覺醒中は催眠中無想にて何事も知らずに居りし顯在的精神の活動のみとなりて催眠中に働きし潛在的精神は覺醒時に於ては潛みて顯れざる故なり。依て二度び其者を催眠せしむれば、顯在的精神は隱れて潛在的精神のみとなる、前の催眠中働きしは此精神なるが故よく前の催眠中のことを知り居りて語るなり。

次に催眠者は潛在的精神にて聯想作用を如何に逞ふするかの例を擧げん。彼の催眠者に對して「爰は地獄である」との暗示を與へ彼に問ふに其狀況如何を以てせんか。彼は直ちに答へて、顏容火の如き閻魔王あり、恐ろしき角と牙とを有し、口裂けて耳に及べる赤鬼青鬼あり、一方には劍の山あり、他方には血の池地獄ありと答ふべし。彼は實に地獄なる一言の暗示によりて、常に自己の想像せる凡ての事柄を聯想し、以て之れを眼前にあり〳〵と幻覺せるなり。又催眠者に對して「汝の前に恐ろしき幽靈が立つて居る」と暗示すれば、彼は實際に顏色蒼白にして頭髮を振り亂し、筋骨あらはにして足部を見ざる一種物凄き幽靈を幻覺すべし、而して覺醒後に催眠中にありしことを尋ぬると何も知らずと答ふるものなり、之れ一方には幽靈の觀念によりて、凡て物凄き其容貌を聯想し、又一方に於ては觀念と感覺との聯合によりて、實際それを感覺的事實として幻覺するなり。斯る幻覺的の事實を起したるは潛在的精神の活動にあるを以て、其者を覺醒せしめ顯在精神のみとなせば顯在的精神は潛在的精神のことを知らざるを以て催眠中に起りしことは何事をも知らずに居るなり。

由是觀之、心理學上の現象を說明するに當つて聯想の法則を要すると同一の程度に於て、催眠術上の現象を說明するに當つても亦聯想の法則を要することを知るべし。此點に於て聯想作用說は甚だ重大の價値を有す、然れども催眠現象は唯此法則のみにて悉く說明し去る譯には行かず、更に諸多の法則に待たざるを得ざるなり。

第三款　暗示感應說

(一)暗示感應說の要旨

暗示感應說は前にも述べし如く、佛國ナンシー派のリエーボール、及びベルンハイムの二氏が專ら唱へしところなり、今左に其要を摘解せん。多數人が一室に會集せる折誰か其中の一人が欠伸を發すると忽ちそれが四方に傳染して、滿堂甚だしく醜狀を呈するに至ることあり。又吾人が道行く際など何人とも知らぬ人が突然我が前に來りて身を屈するや、吾人は唯反射的に答禮することあり。或は又芝居や相撲などを見物するに當つて、吾人は不知不識其身振態度を眞似し居ることあり。凡そ是等の現象は人類に共通の性質による者にして、畢竟は暗示感應の結果に外ならず、卽ち吾人は暗示に感應する通有性を有す。

(二)暗示感應と催眠現象との關係

扨て催眠術に於て被術者が術者の與ふる暗示通りに如何樣にも成るは唯暗示感應の結果に外ならず。假令へば術者が被術者に對して「之れから君は催眠する」「君の眼はもう明かぬ」等の暗示を與ふれば、其暗示通りとなりて被術者が催眠するが如き、或は又頭痛に苦しむ被術者に對して、「君の頭痛は取れた」「君の精神は爽快に成つた」と暗示を與ふれば其暗示の通りに被術者の頭痛癒え精神爽快になるが如き、皆之れ暗示の感應なり。彼の大聖基督が布敎の際簡短の語によりて或は跛者を起たしめ、或は熱病者の熱を去らしめたるが如き奇蹟を行ひしは、所詮は暗示感應の一事に基けるものならむ。果して然らば基督の奇蹟も廣義に於ける催眠現象と見ることを得ん。

以上はナンシー派の所説なるが、其說論じて未だ精なりといふを得ず。勿論催眠現象には暗示感應の事實之れありと雖も、猶何故に暗示感應の事實なるものありや、其心理如何を了知するにあらざれば吾人は充分に滿足すること能はず。依つて該說のみにて說明し盡せりと云ふこと能はざるを知り他に尙諸說を採用せざるを得ざる所以なり。

第四款　豫期作用說

（一）豫期作用說の要旨

豫期作用說は獨逸のモール氏を初めとして、多くの催眠學者の主張するところなり、豫期作用說とは如何。

秋の夜長に戀しき夫の今や歸ると待ち侘ぶる妻が身には、落葉踏む小犬の音をも良き人の足音と聞くなるべく、失ひし子の上のみをひたすらに思ひて、切々たる哀情に遣る瀨なき母が耳には、小笹吹く風の音も、我子の泣き慕ふとや聞ゆべし。之れ畢竟豫期作用の結果なり、卽ち我が夫の歸りを深く豫期することと我が子の死後も猶我れを慕ひ泣くらんと强く豫期することが、落葉の音や小笹の風を豫期の如く錯覺したるなり。之れは錯覺の場合なれど强度の豫期によりては隨分幻覺をも生ずることあり。ジャンタークの見神ルーテルの見魔等は其例なり。而して彼の一見不可思議なる催眠現象は總じて斯る豫期の作用に過ぎず。

(二)豫期作用と催眠象現との關係

催眠術を施されて催眠するは主として被術者の豫期作用による、即ち被術者が自分は催眠術を施さるれば屹度催眠狀態となる、催眠術の治療を受くれば屹度病氣は治すと確く信じて術を受くれば其信ぜし通りに催眠し且病氣は治するなり。之に反して若し其結果を惡く豫期すれば必ず惡き結果を得。例へば自分は催眠術を受くるも決して催眠狀態とはならず、催眠術にて病氣の癒る筈なしと豫期して施術を受くれば、豫期の通りに催眠もせず治癒もせざるものなり。試みに注意して見よ、被術者中自分は催眠術には感ぜぬやも知れずと云ふものは催眠せしむること困難にして又被術者中自分の病氣は催眠術にては全快せざるやも知れずと思ひ居る者は全治せしむること困難なるを普通とす。依て被術者をして良結果を豫期せしむると否とは成功不成功の分かゝる處なり。

三豫期と欲求の區別

豫期と欲求とは異る、欲求は催眠術によりて病氣を治したいと思ふことなり。豫期は屹度催眠する屹度病氣は治すと確信することとなり。豫期は催眠する原因となるも欲求は却て催眠を妨ぐ。此豫期を逞ふせしめんが爲めに、催眠術を行ふ前に當りて術者は被術者に向つて我には必ず君を催眠せしむる技倆あること、被術者の病氣と同樣の病人を幾人も容易に治したること等を噺して成功を豫期せしめ、而して其豫期通りの結果を得せしむるなり。

之れを豫期作用說の要旨とす。催眠現象の多くは此說によりて解明せらる、然れども、唯此說のみにて凡てを說明し去ること能はず。催眠術を施さるゝことを知らざる者を催眠せしむる場合、又は睡眠より催眠に移す場合の如く、豫期を離れたる催眠現象もあるべく。又透視或は遠隔物認知の如く、別段豫期作用に關係の無き催眠的現象もあり。又豫期作用に深き關係あるものと雖も、此說のみにては充分に說明し盡すこと能はず。

第二項　生理説

第一款　腦少血説

(一)腦少血説の要旨

此説はモッソー氏等の研究の結果によりて起れる説にして、催眠狀態を生理上より見れば腦の血液は少なくなり居る狀態なりと云ふにあり。此狀態を或學者は腦貧血と云ふ、而し腦貧血と云ふときは腦貧血と云ふ病名ある故其病氣(皮膚蒼白、冷汗、頭痛、耳鳴、眼火閃發、眩暈、搐搦、失神等)を聯想す。換言すれば催眠者は腦貧血の狀態にありと云はんか催眠術を受くると腦貧血の病體となるものと誤解し恐怖せしむる虞あり。然れ共學者が催眠者を腦貧血の狀態なりと云ふは、腦貧血病者の如く貧血程度の甚だしきものにあらず、覺醒狀態にあるものに比して腦の血液の量が少なくなり居ると云ふに外ならず。故に余は便宜上腦少血と云ふ文字を用ひたり。

(二)腦少血と催眠現象との關係

其は扨て置き、催眠者を生理上より研究したる結果を歸納すれば左の如し。

(イ)催眠者の腦髓の血量は醒覺時よりも少なし。

(ロ)催眠者の呼吸は覺醒時よりも靜にして長し。

(ハ)催眠者の脈搏は覺醒時よりも低くして靜かなり。

今其理由を說かんに、凡そ一定の精神的活動は腦髓に於ける一定の生理的活動を要する譯なり。一定の生理的活動は又た一定の血液を要する譯けなるが故に、催眠狀態の如く無念無想の狀態にありては腦髓の活動は夫れ丈け靜穩と成るべく、從て又腦の血量が減ずる譯なり。之れ催眠者の腦髓の血量は覺醒時よりも少なき所以なり。次に呼吸の靜にして長きも、脈搏の低くして靜かなるも、要するに催眠狀態に於ける精神は靜穩にして又血液循環の平調なる結果に外ならず。

前記の狀態は普通の原則を示せしものなるが故に、例外の場合も亦少なからず。卽ち暗示の如何によりては血液の循環なり呼吸なり脈搏なりをして大に活潑ならしめ或は大に遲滯せしむることも意の儘なり。此事の實驗的證明は次章に於て催眠狀態の性質を論ずる處に到りて詳述する積りなり。

第四節　上擧諸說の關係

（一）催眠現象を哲學及び科學の兩說を以て說明し撞着せざる所以

余は催眠術を解說せんが爲に哲學及び科學の兩說を藉り、尚科學の中にて心理及び生理の二學說を採り、尚又心理の中には潛在聯想暗示及び豫期の四說を採れり、（暗示說及び豫期作用說は聯相作用說中に含有するもの卽ち聯想說の現象と見ることを得るも便宜上斯く分類し說明せり）斯くの如く諸說を採て以て解說せんとするときは、撞着する事なきかの疑ひを起さるゝものあらんも決して然らずと信ず。唯一の物を見るに主觀的に見たり、客觀的に見たり總合的に見たり部分的に見たりするの差あるのみにして、畢竟は各方面より觀察するに外ならずと信ず。即ち其各說は各々事相の一面を捉へ居るもの、相互に有機的關係を保ち居るは事實なり。依之是等の各說を集めて始めて完全に催眠現象を說明し得るものなりと信ず。今其例を擧げて之れを明かにせん。

（二）催眠施法と原理との關係

術者が被術者に向つて精神力を凝めて「催眠する」と暗示しつゝ、頭部より下方に向つて輕く撫で下げたれば、忽ちにして深く催眠し暗示に感應して種々の動作をなし、而して覺醒後は催眠中の事を少しも知らざりし。此事實中術者が精神力を凝めしは哲學上の一元二面論の應用なり「催眠する」と言語にて暗示し催眠したるは心理學上の暗示感應說の應用なり被術者が斯く容易に催眠したるは被術者が催眠術を受くると自分は催眠するとの豫期作用の結果なり、頭部より下方に撫で下ぐると一種の快感を生じ考へ事を止めて無念無想となりしは顯在的精神の聯想作用を止めたるものなり。且つ撫で下ぐると頭部の血が下方に下りて腦の血は少なくなりて催眠したるは之れ卽ち生理的の條件に合致したるなり。而して其催眠者が催眠中暗示に感應して種々の動作をなし其の事を覺醒後に知らざるは催眠中は潛在的精神が働きたるものにて覺醒すると共に潛在精神は働を止めて顯在的精神の働きのみとなりし故なり。

(三)催眠現象と原理との關係

今度は催眠者に向つて一現象を生ずる場合を見んに、術者が催眠者に對し「此處は極樂である」と暗示すれば催眠者は忽ち該暗示に感應して、光輝赫燿たる極樂のパノラマを歷々と眼前に見る。此催眠的現象に就て先づ吾人の第一に氣付くことは暗示感應の事實なり、催眠者が極樂の光景を幻覺するに至れるは、畢竟術者の暗示に感應せる結果なり。次に「此處は極樂である」との暗示によりて極樂の模樣有樣を感じ得るは、聯想作用幷に豫期作用の結果なり。詳しく言へば、極樂といふ觀念によりて其觀念に關係せる種々なる觀念を聯想し、其れと同時に其れ等が眼前に現はるべきことを豫期したる結果なり。次に催眠者の眼前に展開せる極樂の光景の中には催眠者が嘗つて考へしことも記憶せしことも無き、全く新奇と思はるゝ事柄の多少混入し居ることあるべし。其れは催眠者が何時の間にか人より聞き、或は見世物などにて見しことある觀念の今は全く記憶に存せざる所の潛在的精神の活動せる結果に外ならず。催眠者をして斯の如き現象を起さしめんとする術者の精神力の働きは、一元二面論の應用なり、而して催眠者の腦の血を量ると覺醒時よりも少なくなり居る之れ卽ち生理上の條件なり。

以上は一事例を擧げ强ひて前記の各學說にて解明したるものにして、催眠現象中には是等の各說を悉く含まざるものもあり。然れども普通の催眠現象に就きて全部を解明せんが爲には到底其一をも缺くこと能はず、夫等は畢竟有機的にして、離すべからざる關係を保ち居るものと考ふる事を得るを以てなり。余は此根底の上に立て催眠術の現象全斑を解明し盡さんとす。余の採る處の原理果して眞理に合せるか否か大に學者の研究を望む所なり。

(四)學說の是非は絕對にあらざる所以

本章を終るに臨み一言すべきことあり、幷は他にあらず、大凡學說に對して是と云ひ非と云ふは相對的の稱にして絕對的にあらず。故に或る一學說を輕信して他の學說を一概に排斥して顧みざるものは學者の態度にあらず。況んや僅に一二の催眠術書を讀み、二三の實驗を爲せしのみにして、既に早く催眠の原理は斯々と速斷し、尙種々複雜なる諸說の他にあることを知らずして喋々する如きことあらんか、遂に井蛙の誣りを免かれざるべし。

苟も一學說を批評せんとするものは、多くの參考書を見、多年間實驗し研究したる結果に基きて立論せざるべからず。現に余は催眠術を研究し始めてより約六ヶ月後位のときが最もよく催眠術の何物なるかを了得せるが如く思ひ做せり、然るに其後專門に硏鑽すること二十有餘年の今日に至りて却て分らぬ問題の益々多くなるに驚けり。余は思ふ學者を以て自任する人々も、催眠術の原理に就き深く其理を極めずして速斷する傾きあるも、實に此催眠術の原理は極めて甚深微妙にして、箇中よく哲學及び科學の學說をして一變せしむる程の深義を藏せり、之に依て豈輕輕に論じ去り得べきものにあるざるを知るべきなり。

第二章　催眠狀態の性質

第一節　催眠狀態の性質を明にする必要

（一）催眠術研究上第一番の必要問題は何ぞや

催眠術を研究するに當り、最初に解明し置かざればならざる問題は卽ち催眠狀態の性質なり。蓋し催眠狀態の性質を大略明にして置かざれば、人に催眠術を施す實力なきは勿論、催眠術のことを論議する實力もなき

（二）術者の一擧一動は悉く學理上の根據なかるべからざる所以

ものなり。　何者催眠せしむるは催眠狀態を作り出すことなり、然るに催眠狀態即ち催眠したりと云ふ有樣は如何樣の狀態なるかゞ分らざれば如何の狀態を作り出してよきかゞ分らず、判からんものを作り出さんとするは無謀の甚だしきものなればなり。

催眠狀態を作り出だす方法が即ち催眠せしむる方法なるが故に、催眠せしめんとするには催眠狀態の性質を明にして其性質に適應する手段を採らざるべからず。　猶催眠法を施すに就ての總ての心得、被術者の注意すべき凡ての事項は悉く皆此狀態の性質に基きたるものならざるべからず。　此の性質に鑑みて此狀態を惹起するに當りては凡て妨げとなるものは之を除去し、助けとなるものは之を採用することが即ち學理に合したる催眠の施法なり。　之に依て催眠術を行ふ場合に於ける術者の一擧一動は悉く此狀態の性質に反せざる樣專心注意するを要す。　稀には催眠術を行ふものにして學理をば知らざるも、唯書物に記載しある所、他人のいふ所の催眠の施法を行ひしによく催眠せしむるを得たりと云ふものあれども、其れは其の施法が偶然に原理に合したる故なり。斯る人の施術には失敗が多くて成功の少なきは當然のことなり。催眠術は元之れ學理の應用なり、故に術者の一言一句、一擧手、一投足は悉く學理上の根據なかるべからず。若し原理を知らずして漫然施術する人ありとせんか、實に危險のことなり戒めずして可ならんや。

然し乍ら催眠狀態の性質及び催眠法の原理を充分に明かにすることは實に六ヶ敷き問題なり、此問題が少し明かとなれば其人は最早催眠學者なり、催眠狀態とは如何なる狀態なるかは斯樣に六ヶ敷して又必要なる問題なり、故に以下に節を設け項を分ちて次第に之れを述べんとす。

第二節　催眠狀態の學說

（一）催眠者は如何に外貌が變化するか

催眠術に罹れるもの丶外貌は被術者の異るによりて千差萬別なり、其異る處は主として催眠程度の深淺によるも同じ催眠程度にありても人の異るによりて其外貌のみならず、暗示感應の上にも遲速良否の別あり。催眠術を研究したることなき者は催眠術に感ぜし者の外貌は、吾人が夜自然に睡る眠りの如く眼を閉ぢ、何事も知らぬ樣になり居るを催眠せし者の特色と思ふものあるも、其れは大なる誤りなり。最も深き催眠狀態たる眠遊狀態となりたる者は、正規の狀態にある者と其外貌殆んど異らず、卽ち眼を開きて步行し談笑をもする、或は極く稀れには催眠者が自動的に口を開き眉を動かし又は手或は足を動かすものもあり、小兒の催眠者又は數十回催眠せしめられし者に此現象多し。然し眠遊狀態より淺き催眠程度に在る者の外貌は何等の暗示を與へざる限りは目を閉ぢ息を凝らして睡眠せる者の如き有樣を呈するものあるも、仔細に其顏面を檢すれば、睡眠者又は僞催眠者のそれとは明に區別することを得べし。其鑑別法は筆紙に盡し難き微細のものにて多年の經驗によりて不知不

（二）深き催眠者の外貌は覺醒者の外貌と實同じき事

識感得する外道なきなり。然れ共後篇催眠狀態の深淺測定法の條下を精讀すれば、大に會得する所あるべし。

斯の如き外貌を呈せる催眠狀態にある者の肉體及び精神の有樣を各種の學問上より見ることは頗る興味ある問題なり。然れども爰には單に生理學及び心理學上より見たる催眠狀態の何物なるかを論述せんと欲す。

（一）催眠者は暗示に感應し覺醒者は暗示に感應せざるは何故なるか

第一項　心理學上より見たる催眠狀態

心理學上より催眠狀態を見れば無念無想なり、催眠者は無念無想の狀態にあり、暗示せられしことにのみ全精神が働く狀態にあるが故に、術者が暗示すれば暗示通りになるなり。例へば術者が催眠者に向つて「君の手は動かぬ」と云へば催眠者は言はれし通りに確信する、然ると血液及び筋肉は確信通りに働きて其手は全く動かなくなるなり。之に反して覺醒者に向つて「君の手は動かぬ」と暗示するも、覺醒狀態に於ては自我即ち自分考へが働きて、唯術者が斯く言ひしのみにては動かね道理なしと反對精神が働く故暗示の通りとならざるなり。即ち覺醒者の精神は一瞬時と雖も全く無念無想となること六ヶ敷くして、夫れより其れへと種々なることが精神に簇々浮んで止まざる故、暗示せられし通りに全精神が集注することなく、從て暗示せられしことが道理に適へるか否かを判斷し、道理に合して居れば同意し合せざれば同意せざる故なり。然るに催眠狀態は原則として自分考へなるものなきを以て、自分で自分の身體を支配することなし、故に暗示せられし通りに精神は全力を盡して働く故覺醒時に於ては考への及ばざる程不思議の働きをなすなり。精神集注の力の大なることは彼の火事の場合に瀕死の病人が大力の男さへ動かすこと能はざる大荷物を苦もなく持ち出して避難したる例によりて見る

（二）覺醒者は雜念ありて催眠者は雜念なしとの立證

も明なり。催眠者が暗示に基く働は恰も其れの精神狀態に異らず、之に依て心理學上より催眠狀態を見れば無念無想なり、無念無想の狀態にある故暗示をよく受け入るゝなり、よりて無念無想なる程暗示はよく感應するなり。即ち催眠の程度は深き程無念無想が純粹なり、無念無想なるが故に暗示せられしことにのみ全精神が活潑に働きて暗示の通りとなるなり。第二圖の甲乙二圏は共に精神にして甲は覺醒者の精神即ち雜念の起れる精神、乙は催眠者の精神即ち無念無想なり。

第二圖

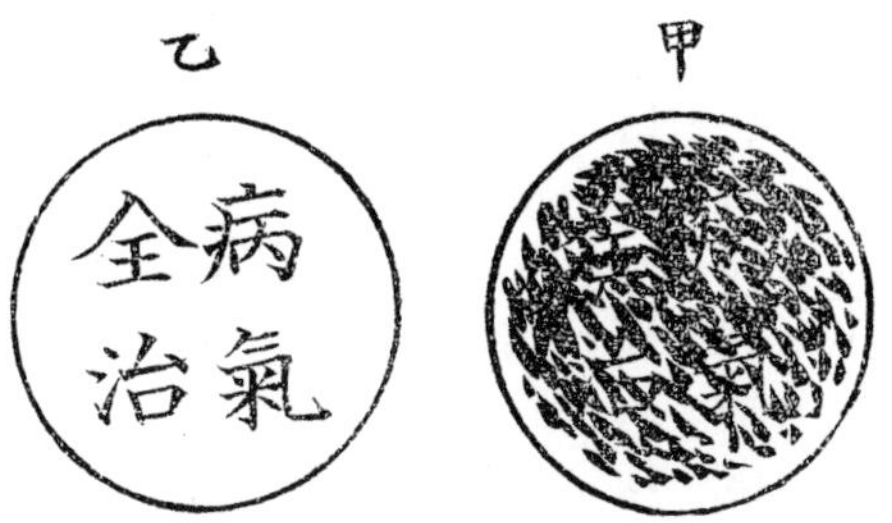

甲は覺醒者の精神にして雜念多き爲め「病氣全治」の暗示をなしたるも其感應甚だ鈍く、乙は催眠者の精神にして少しも雜念なき故「病氣全治」の暗示よく感應せり。

今「病氣全治」の暗示を甲乙兩者に與へしに、甲者は雜念ある故鮮明に印象せざるに、乙者には雜念なき故鮮明に「病氣全治」の暗示印象せり。催眠者に暗示が感應し覺醒者に暗示が感應せざるは此理によるなり。

(三)雜念の混ぜる催眠狀態と覺醒狀態との區別

而して覺醒者の精神狀態と催眠者の精神狀態との間は非常に懸隔せるものゝ如く思ふものあるも、其は誤りにして催眠者の精神狀態と覺醒者の精神狀態とは密接し居るものなり。彼の東と云ひ西と云ふも其東西の區別點に至ると密接して居るが如し。又其東の東の極點を尋ぬれば又元の處となることは地球儀の理によりて見れば明かなり。催眠狀態も亦然り、催眠狀態の始まりは覺醒狀態と異ること甚だ少なきも、催眠が深く進むに從て催眠の兆候が顯著となり、素人と雖も明に見別くることを得。而し尙其催眠程度を進めて深き催眠狀態となせば、目を開きて談笑し行動することと覺醒者と異ならざる外形を呈するが如し。

(四)催眠狀態と覺醒狀態との區劃點

催眠狀態の範圍は廣きものにて催眠狀態が次第々々に覺醒狀態に近づくに從つて雜念が加はり、催眠狀態が一歩一歩と深くなるに從つて雜念が消え行

くものなり。之を圖解を以て說明せん、第三圖に於ける大圈は個人の精

第三圖

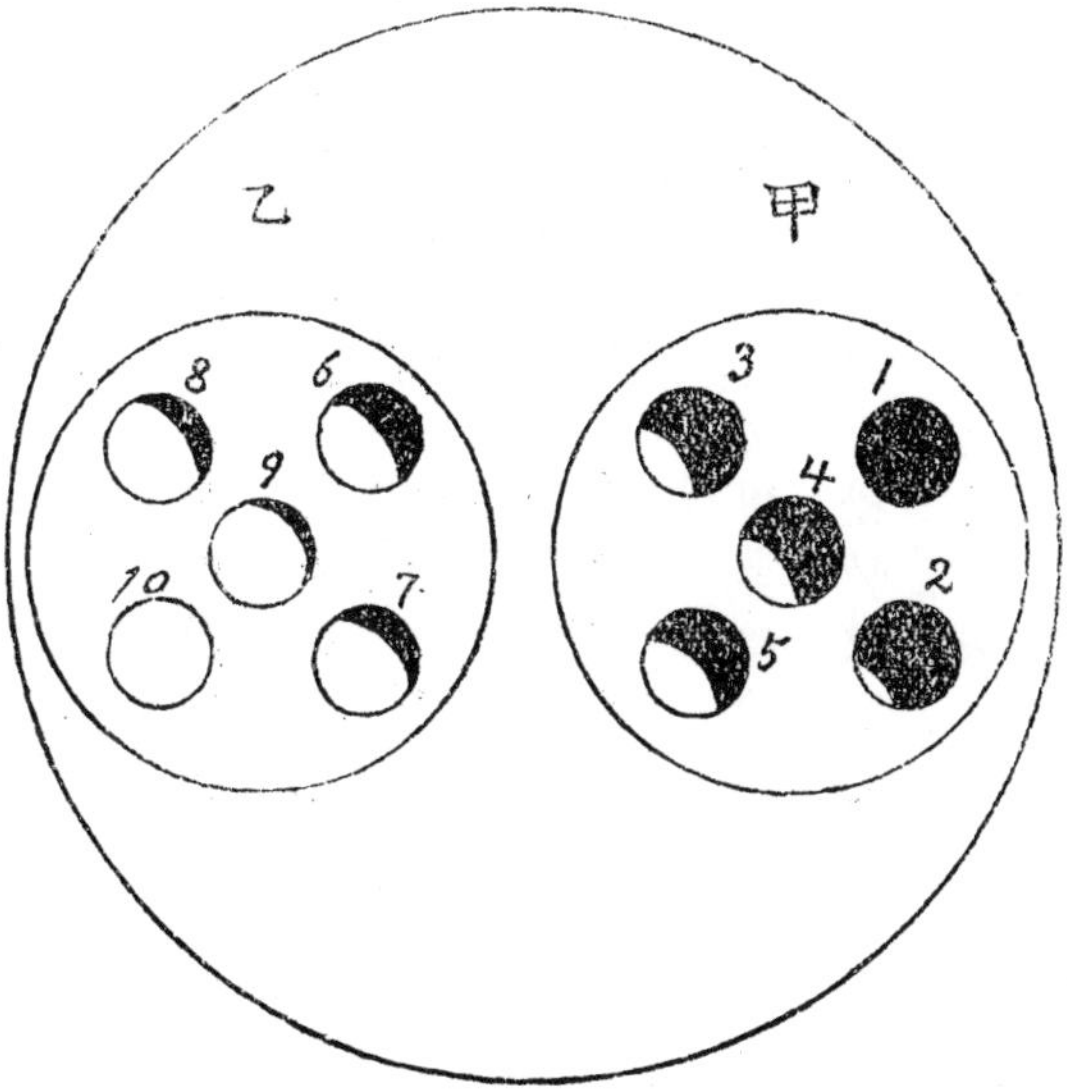

甲乙二圖を包藏せる大圈は個人の精神にして甲圈は覺醒時に於ける精神乙圈は催眠時に於ける精神なり、其中の小圈の白部は無念を示し黑部は雜念を示す、覺醒時の精神より催眠時の精神の方が比較的雜念少なきことを示す、卽ち5と6との境界を以て覺醒と催眠との境界とす、小圈1は最も雜念の多き精神にして10は最も雜念なき理想的の催眠狀態なり。

神にして甲圈は覺醒時の精神乙圈は催眠時の精神なり、而して小圈內の

黑部は雜念を示し白部は無念を示す(1)は完全の覺醒狀態にして(10)は完全の催眠狀態なり(1)より(10)は次第に雜念が少なくなるとを示す、(5)と(6)との間が催眠狀態と覺醒狀態との區劃點なり、其區劃は一步の差にして熟練者にあらざれば實際判別し難きこと、及び催眠狀態中と雖も催眠の程度が淺くなるに從て雜念が次第に多くなることに注意せられたし。

之れによりて催眠狀態は覺醒狀態に比して比較的に雜念の少なき狀態を云ふことが明かとなりしならん。よりて催眠狀態中にもまた相當に雜念の起り居る狀態あることを深く記憶すべきなり。依之極く淺き催眠狀態と覺醒狀態との區劃は實地問題になると頗る六ヶ敷し、彼の植物と動物との區劃を見よ松竹又は犬猫が動物なるか植物なるかの問題なれば何人と雖も之を能くするも、アメーバの如きプロテスタの如きは動物學者も植物學者も動物なるか植物なるかを區別すること能はざるが如くなり。

（五）淺き催眠狀態を深き催眠狀態とする條件

而して催眠術を實驗するに當り、全くの無念無想の催眠狀態とすることを得ずして雜念の混じ居る催眠狀態を得るに過ぎざる場合、實際に於て多々あるべし。併し淺き狀態と雖も催眠狀態たる以上は治療矯癖としては相當に效力あり、其淺き狀態をして尙一層深き催眠狀態とするには如何にして可なるか。此點は催眠術を實地に行ふ者は實地に行ふ每に其方法を知らんとする所なるべし、淺き催眠者を深き催眠程度に進ましめんとする方法は催眠術研究中の一大問題なり、從て一言にして述ぶること能はず、本書全篇を通讀含味し學理に鑑み實驗を積みて自然に了得する外道なし。

第二項　生理學上より見たる催眠狀態

（一）生理學上より見たる精神作用

催眠者の精神は心理學上より見れば無念無想なり、無念無想とは精神の働かざる狀態なり。精神は大腦に宿りて大腦を働かす故に精神の働きを生理上より見れば大腦の働きなり、大腦が働かざれば卽ち精神は働かざるなり、大腦が働きて精神が働かざることなく、精神が働きて大腦が働かざることとなし。彼の精神と肉體とは二にして一なり一にして二なりと云ふは此關係を稱してなり。

(二)大腦は如何なる働きをなすか

初學者の爲に大腦とは如何なるものなるかを一言せむ。大腦卽ち腦髓は頭蓋骨の中にあり、中央政府の如き働きをなし、身體の各部とは神經といふ電線によつて連り、身體各部に行はるゝ總ての出來事は細大となく大腦に報道さるゝ。又腦の命令は神經と云ふ電線によつて身體各部に傳はりて遂行せらる。假令ば術者が催眠者に向つて「足の不隨は癒つた」と暗示すると其暗示の言葉が催眠者の聽官を刺戟し聽神經と云ふ電線を傳つて大腦に報道して曰く「足の不隨は癒つた」と然ると大腦は報道されし通りの感を惹き起し、腦は又運動神經と云ふ電線を傳へて足を自由に動かさしむ、然ると實際に動くなり。吾人の一擧一動は悉く大腦の支配による、而して一國の政治組織に內務、外務、陸軍、海軍、文部、大藏、遞信、農商務といふ分界がありて、互に其權限內のことをのみ行ふが如く、大腦にも又數多の中樞ありて各々其司る處の任務を異にす。例へば運動中樞は運動のことのみを司り、言語中樞は言語のことのみを司るが如し。故に催眠術上の暗示によりて手足の運動を盛ならしめんとするには、其中樞たる大腦に運動を盛になし得るとの刺戟を與へ、大腦をして刺戟通りの命令を運動神經に與ふる樣にするなり、催眠術治療に依て器質的の疾患をも治し得る理由の根據は爰にあり。

(三)催眠者の腦は如何の狀態にありや

大腦を働かせるには缺くべからざる條件として一定量の血液を要す。大腦には何等の組織的損傷なくも、血液の供給が缺乏すれば必然的の結果として其働きが停ること、恰も水車を廻す水の量が減ずれば水車の廻轉も全く停るが如し。之と同一理由にして大腦の働きを停めんが爲に血液の供給を少なくし、大腦の血量を少なくすれば腦の働きが停る、腦の働きが停まれば從つて精神の働きが停まりて無念無想卽ち催眠狀態となるなり。

之れを科學的に實驗したるはモッソー氏なり、氏は三人の被驗者に就きて實驗せり。其被驗者の一人は黴毒により頭蓋骨を失ひ腦の軟膜を露出し、軟膜の下に血液が集まりたり散じたりすることが軟膜を透して明に判る所の者につき試驗せり。一人は家根より落ち頭蓋骨を碎き頭の一部に皮膚にて覆はれたる穴あるものにつき、其穴にて血液循環の狀態を試驗せり。今一人は普請場に居りしとき、高き處にて仕事をせる煉瓦職工が誤りて手より落せる煉瓦が飛び來りて、前頭部を打ち破り骨を碎きて穴を穿てり、其穴につきて腦中血行の狀態を觀測したり。此三人の被驗者に就きてモッソー氏は脈波計と稱する器械を用ひて試驗せり。脈波計は血液の多少によりて紙上に波線を畫く裝置あり、波形

(四)催眠の深浅を正確に知る事を得る器械

が高く畫かるゝ時は血液の量が多きことを示し、波形が低く畫かれしときは血液の量が少なきことを示すものなり。

第四圖

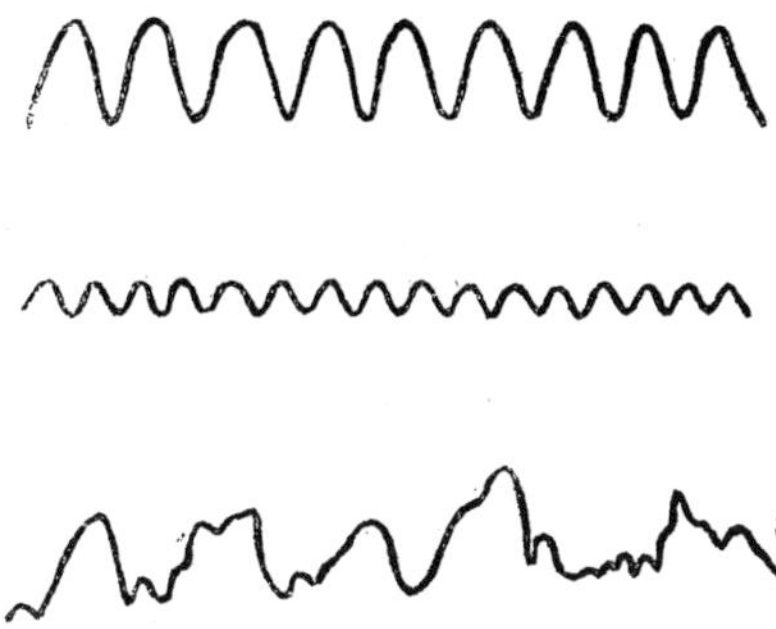

甲は覺醒者の波線、乙は催眠者の波線、丙は催眠者に暗示を與へし折の波線、即ち脈は覺醒時より、催眠時は靜にして暗示を與へらるると脈は非常に高低することを示す。

モッソ氏の實驗によれば被驗者に腦を使用せしむれば腦の血量が增加し、従て脈波計の畫く波線が高まることを確めり。此實驗に基き多くの學者は脈波計を催眠者に應用して試驗したるに催眠が深くなれば深くなるに從つて脈波計の畫く波形が低く規則正しく進行し腦の血量少なきとを示し、催眠が淺くなれば淺くなるに從つて脈波計の畫く波形は高く不規則に進行し腦の血量が多くなることを示せり。而し之は單に催眠せしめしのみにて何等の暗示を與へざる間に於て然るのみ、若し暗示を與へて催眠者の精神の働きを誘發すれば脈膊は荒く不規則となりて進行することを確めり。

（五）催眠者の脈膊と覺醒者の脈膊とは如何なる相異あるや

依之脈波計を用ふれば催眠の深淺を正確に知ることを得、又此器械を用ふれば僞催眠を看破すること容易なり。普通の被術者につき撓骨動脈の脈の高低を此器械にて檢すれば、眞の催眠狀態にあれば其波形が低くして規則正し、僞りに催眠狀態の風を眞似居る者は脈波計の畫く波形の高低が著しきを以て明かに其れと分るものなり。

尙催眠者の腦は少血狀態にあることを立證したる有力の實驗あり。卽ちモッソー氏が初めて試驗せる所にして、秒床と云ふ天秤の裝置を備へたる寢臺より成れる器械を用ひて試驗せり。其寢臺の上に被驗者を仰臥せしめ、水平となし置き催眠を施したるに、催眠が深くなるに從つて被驗者の頭端部は上昇し、催眠が醒むるに從つて頭端部は下降し水平の位

（六）催眠者の腦に充血せしむるも覺醒せざる所以

第五圖

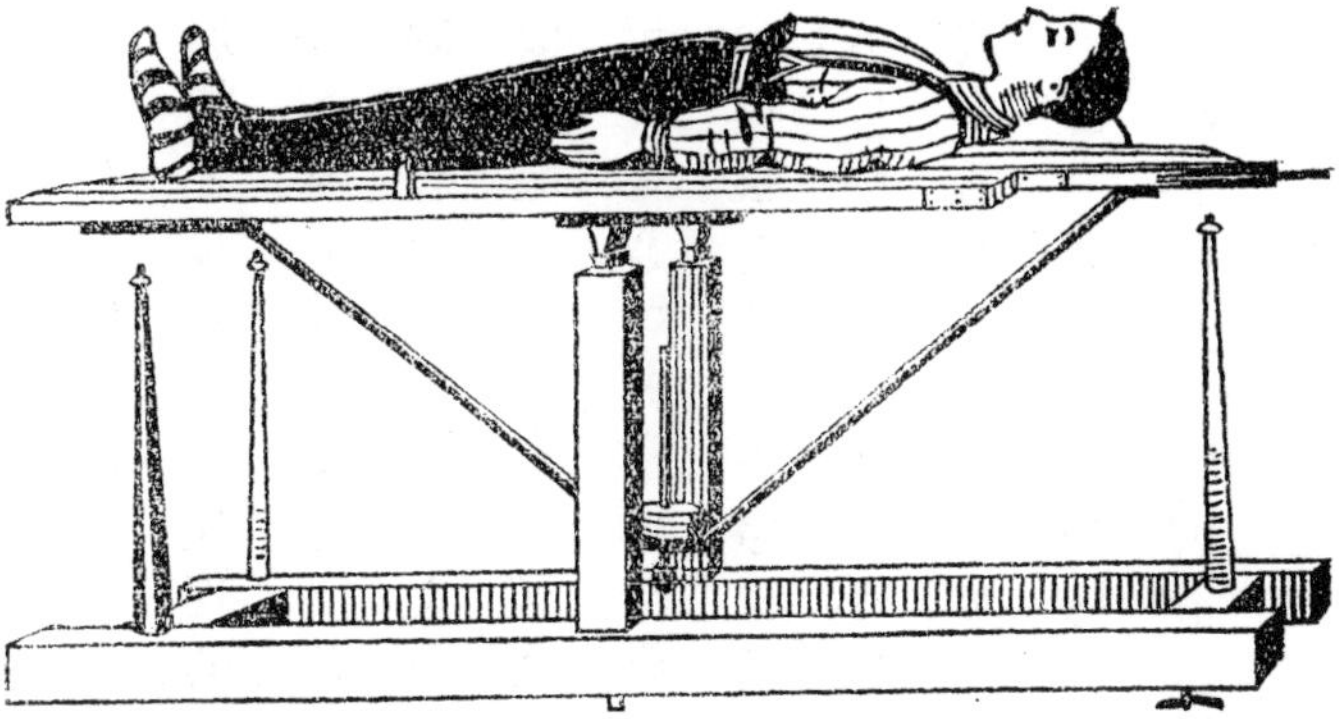

秒床に被術者を載せ催眠せしむれば催眠が深く進むに從て頭部上り足部下る、之れ頭部の血液が足部へ下り足部重く頭部輕くなる故なり。

置に戻りて全く覺醒せり。

催眠が深くなるに從つて頭端部が上昇したるは、被驗著の腦中の血液が足部の方へ下り、腦が少血狀態となりし故なり。催眠が醒るに從つて頭端部が下降したるは被驗者の血液が足部より頭部に向つて循環し行きたる故なり。此實驗は催眠者の腦は少血狀態に在るとを確むるによき方法なり。

併し乍ら之に就き注意すべきことあり、腦が少血狀態にさへなれば其れ丈にて催眠狀態となるものなりと思ふは誤りなり。茲には單に原則として催眠狀態に在る者の血液循環の工合を示したるものなり。催眠狀態となるには生理的の要件の外に尙心理的哲學的の原理に基ける關係が存在することを忘るべからず。故に余が實驗したる處によれば催眠者に向つて暗示を與へて腦に充血せしむるも覺醒法を行はざる以上は覺醒せざりし。又催眠者の顯在精神は無念無想なるも潛在精神は暗示に基きて非常に活動するものなるを以て、從つて腦中には相當に血液の循環を要する事は後ちに述ぶる積りなり。

（七）催眠者の呼吸と覺醒者の呼吸とは如何なる差異あるか

同一人につき催眠中の呼吸と覺醒中の呼吸とを比較して見ると如何なる差異あるか。之を確めんとするには呼吸波計と云ふ器械を用ふるを要す。卽ち此器械を被驗者の胸部に當て置くと呼吸によりて紙上に波線を畫記することと脈波計に異らず、波線の高き處は呼氣運動を示し、波線の低き處は吸氣運動を示す、此波線によりて被驗者の呼吸の緩急調亂を

催眠者の呼[redacted]び脈膊[redacted]暗示の有無によりて如何に變化するや

知ることを得。

此器械を以て催眠中に試驗したる成績と覺醒中に試驗したる成績とを比較し見るに、催眠中は波線の山が低く規則正しくして、覺醒中は波線の山が催眠中より高く不規則なり。而し催眠中と雖ども暗示を與ふると波線は高低不同となる、之に依りて是を觀れば催眠中は覺醒中より呼吸は緩徐なるを原則とし、催眠中と雖も暗示を與ふれば例外として呼吸は急劇となること恰も腦の血量に於ける成績と同樣なる事を知るべし。

如斯脈波計又は呼吸波計と云ふ如き六ヶ敷器械を用ひずに單に肉眼にて被術者の顏色の變るを視て腦の血液が變化する工合を察し、耳で呼吸の遲速を檢し、指先きにて脈膊の緩急を見るも、よく〳〵注意して檢すると器械にて實驗したると同樣の成績を得るものなり。

以上の實驗によりて催眠者の生理的の狀態を歸納的に斷定すれば左の如くなり。

(イ)催眠者の腦髓は覺醒時より少血狀態にあり。併し催眠者の腦髓も暗示によりて精神が働くときは血液は多くなるものなり。

(ロ)催眠者の呼吸は覺醒時より靜にして長し、併し催眠者の呼吸も暗示によりて精神が働くときは荒く短くなるものなり。

(ハ)催眠者の脈膊は覺醒時よりも低く靜かなり、併し催眠者の脈膊も暗示によりて精神を働かするときは高く急がしくなるものなり。

第三章　催眠と睡眠との關係

第一節　催眠と睡眠と同じき點

(一)催眠も睡眠も共に無念無想の狀態なり
睡眠の無念無想と催眠の無念無想と異る點

(一)催眠も睡眠も共に無念無想の狀態なり。然し乍ら催眠と睡眠とは其性質を異にすることは申す迄もなし、而し類似して居る點も亦少なからず、類似して居る第一の點は心理上より見れば兩者共に無念無想の狀態にあることとなり。即ち深き催眠狀態となれば催眠中のことを少しも知らずに居ることは睡眠中のことを覺醒後に覺えなきと同樣なり。催眠中にありし事を覺醒後に覺え居る程度のものある如く睡眠中にありしことを覺醒後に覺え居るものあり。催眠中のことを覺醒後に覺え居るものあることの例は暫々述べたる處なり、故に爰には其例は述ぶることを避けて睡眠中にありしことを覺醒後に覺え居るものあることの例を述べん。自然の睡眠中に隣室にて噺したること、又は蚤或は蚊に責められたることを覺醒後に覺え居るものあり。即ち兩者は原則として無念無想の狀態にあり、例外として多少の雜念が混入し居る狀態のあること兩者共に酷似せり、而し此兩狀態は全然同一にあらず、其間に廣狹深淺の別あることを記憶せざるべからず。之れ兩者は各々其性質の異るより生ずる當然の結果なり。

(三)催眠も睡眠も共に腦少血の狀態なる事實

(二)催眠も睡眠も共に腦少血の狀態なり。然し乍ら催眠も睡眠も共に心

（四）催眠の腦少血と睡眠の腦少血と異る點

理上より見たる狀態は無念無想なり、從て生理上より見たる狀態も共に腦少血の狀態にあり、之れ兩者の類似せる第二の點なり。而し兩者共に無念無想の狀態とは云へ、催眠狀態にある者は暗示せられしことに全注意を拂ふて意識を活動せしむる性質を具ふるに、睡眠狀態は之に反して何等の暗示に感應せず、若し暗示せられしことを知りたるときは睡眠は覺醒せるときなるを普通とす。斯くの如く一は暗示によりて意識を働かする狀態にあり、他は暗示を與ふるも意識を働かせざる狀態にあり。兩者は同じ腦少血の狀態にありと雖も、其程度を異にする所以なり其理由は下の如し。

意識が活動するには必ず腦中樞及び神經の活動を要す、腦中樞及び神經が活動せんが爲には必ず相當の血液供給を要す。腦中樞及び神經其物の組織には少しの異狀なくも、若し其れに相當の血液供給なきときは、則ち意識は活動することを得ず。睡眠して意識活動が消滅する直接原因は腦中樞及び神經をして意識活動をなさしむるに必要なる丈の血液を缺乏すること卽ち腦少血なり。 睡眠は原則上全くの無意識にして活動せざるを以て腦中樞は少しの血液をも要せざるも、催眠は暗示に感應して活動するに必要なるだけの血液供給を要する所以なり。

斯の如く催眠も睡眠も共に腦少血の狀態にあると雖も、其性質異るによりて其血液關係の異ることを深く記憶すべきなり。 其血液關係の異る處より兩者の間に次の如き差異を生ず。

第二節 催眠と睡眠と異る點

(一)催眠者は暗示に感應するに睡眠者は何故に暗示に感應せざるか

(一)催眠者は暗示に感應するに睡眠者は暗示に感應せず、之れ催眠は睡眠とは其性質を異にするより生ずる特色なり。 催眠者の特徴として術者が暗示すれば暗示の通りに感應するを本則とす。 催眠が深くなればなる程術者が低聲にて暗示することがよく感應す。 然るに睡眠者に暗示するも感應せざるを本則とす、例へば催眠者に向つて術者が低聲にて「君の手は高く擧る」と暗示すると催眠者の手は高く擧る、然るに睡眠者に向つて「君の手は高く擧る」と暗示するも、睡眠者は決して手を高く擧げず、知らぬ顏をして居る、依て其睡眠者に向ひ非常なる大聲を發して「君の手は高く擧る」と暗示すると睡眠者は驚きて目を醒すものなり。之に反して眠遊狀態にある催眠者に向つて「君は聾である余の言葉以外は何の音も聞えぬ」と暗示し置き、其耳元で大聲は愚か大皷を叩き鐘を鳴すも毫も知らずに居る。然るに術者が低聲で何をか云ふと直によく聞えて、云はれし通りになる、之れ兩者は共に無念無想の狀態にあると雖も一は暗示せられし通りに精神が活動する處の狀態にあり、他は暗示せらるゝも精神は活動せざる狀態にある故なり。之れ恰かも氷と水との如きものなり、氷も水も元同じものにて共に平靜の狀態にあるも、水は風に逢ふて波を起し氷は風に逢ふも波を起さゞるが如し。睡眠と催眠との現象及び效果に大なる差異あるは兩者の間に斯の如く性質が異る處あるを以てなり。

（二）催眠には疲勞を要せざるに睡眠には疲勞を要する所以

（二）催眠は疲勞を要せざるに睡眠は疲勞を要す。蓋し腦髓の血液が少しとなるは身體外周部に於ける血液循流が增加したる結果なり。睡眠の場合には何故疲勞を要するか、身體の疲勞を恢復せんが爲に身體外周部に於ける血液循環が增加し腦の血液が少なくなるなり。

疲勞は大凡二種の結果を生ず、其一は身體組織の破壞なり、其二は身體組織破壞の結果として生じたる生產物卽ち疲勞物質（例へばプライエル氏の所謂乳酸の如きもの）の蓄積之れなり。血液は其破壞せる組織の補給をなすと共に、疲勞物質排除の役目をなすものなり、血液が之等の働きをなさんが爲に身體外周部を循流し以て腦の血を少なからしめ、而して睡眠さするなり。之に反して催眠は疲勞物質少しもなくして單に催眠の施法によりて人爲的に生じたる腦少血なり。

（三）疲勞に基きたる腦少血と疲勞に基かざる腦少血との差點

尚詳言すれば催眠も睡眠も共に腦少血の狀態にあると雖も、催眠の場合にありては疲勞物質によりて血液が腦髓を出で身體外周部を循流せざるを得ざるべく、血液を强迫するところの疲勞物質なくして唯催眠の形式たる科學及び哲學の應用によりて人爲的に腦少血を作りたるなり。然るに睡眠者の腦少血は疲勞物質が脈管開帳中樞を刺激し居り、血液が身體外周部に停滯せざるを得ざるべく强迫され居り、腦髓は外來暗示に感應し得るに必要なる丈の血液供給を得ること能はず。之に反して催眠者の腦少血は疲勞物質の脈管開帳中樞を刺激しつゝあらず、血液は身體外周部に停滯せざるを得ざるべく强迫さるゝことなし。從て腦髓は暗示に感應して活動するに必要なる丈の血液供給を得能ふなり。是れ催眠腦髓は暗示に感應し得るに必要なる丈の血液供給を得るに反して、睡眠腦髓は如何なる暗示を與へらるゝも之に感應するに必要なる丈の血液供給を得ざる所以なり。

(四)睡眠を不足し置きて催眠術を受くると如何なる結果ありや

(五)純粋なる催眠と純粋なる睡眠とを得る必要條件

世人中此理を知らず深く催眠するには自然の睡眠を不足し身體を疲勞せしめ置き、而して後に施術を受くると深く催眠すると思ふものあるも、其は大なる誤解なり。睡眠が不足し身體が疲勞し居れば、催眠法を施さるゝも催眠せずして睡眠となりて暗示が感應せず、施術の效力は無效なるを原則とす。之に反して被術者は施術前には充分に睡眠し身體に疲勞少しもなく精神を爽快ならしめ置き而して後に術を受くれば、純粋なる催眠を得催眠術本來の效力あるなり。

依之純粋なる催眠を得る生理的の條件は疲勞物質少しも無くして單に催眠の施法にのみよりて人爲的に生じたる腦少血なり。純粋なる睡眠を得る生理的の條件は疲勞物質の刺激にのみよりて生じたる腦少血なり。然れども此兩條件は混合して現出することも少なからず、之れ催眠に睡眠が混入して現はれ或は睡眠に催眠が混入して現はるゝことある所以なり。睡眠に催眠が混入し催眠に睡眠が混入したる場合の處置に就ては後篇に於て更に詳述する積りなり。

之を要するに催眠と睡眠との異同に就ては其細目に渉りて之を講究すれば複雜し交叉し居るも、大要左の如き異同あり。

催眠と睡眠との異同

- 同點
  - 催眠
    - 無念無想
    - 腦少血の狀態
  - 睡眠
    - 無念無想
    - 腦少血の狀態
- 異點
  - 催眠
    - 暗示感應
    - 勞疲不要
  - 睡眠
    - 暗示不感
    - 疲勞可要

第四章　精神と肉體との關係

（一）催眠現象は心身相關の理によりて說明し得らるゝ所以
（二）肉體は精神に如何なる影響を及ぼすや
（三）精神は肉體に如何なる影響を及ぼすや

不思議なる催眠現象に就ての學理的の說明は曩に催眠術の原理と題して科學及び哲學上より說明せり、而して其說明は主觀的なるを以て初學者は了解に苦しむなるべし、依て玆に蛇足の嫌あるも客觀的の實例を示して了解に便せんとす。催眠現象を一面より觀察すれば心身相關なり、心身相關の現象は事實なるを以て動かすべからざる處の眞理なり。心身相關とは何ぞや精神は肉體に感化せられ肉體は精神に感化せらるることなり。

試に見よ己の足に傷を生ずると如何に其れを氣にせざらんと欲するも氣にして心を痛めざるを得ず、之れ卽ち肉體に變化ありし故精神に變化を來したるなり、此場合は普通の現象にて之を深く述ぶるの要なし。依て次に精神の如何が肉體に變化を及ぼしたる面白き例を一二語りて如何に心身相關の作用の奇なるかを知らしめんとす。

（四）食麪麭毒麪麭の作用をなせし事實

（一）嘗て獨逸のベルリンに於て一醫學生が友人を訪ひ雜談中傍に有りし食麪麭一片を採りて何心なく摘み喰ひしたり。然ると傍に居りし友人戲れに「其麪麭は砒素を入れたる毒麪麭である狂犬を殺さんとて準備し置いたるものを」と云ふや否や醫學生は吃驚し苦悶し初め、眞に砒素中毒の症狀を呈したり。之れ醫學生丈けに藥物の理を知り、砒素中毒症狀を知り居るより全然砒素中毒と同樣の現象を呈せしなり。而して實際其麪麭の中には中毒を起すべきものは何物をも含み居らざりし、と此事實によりて見るに如何に精神作用の肉體に及ぼす影響の大なるかを悟るべきなり、卽ち精神の持ち方一つに依りて肉體は變化するものなることを知るべし。之れ卽ち醫學生は傍人の暗示に感應したるなり此理によりて此食物を食すると衞生を害すと思ふて食すれば眞に衞生の害となる。又之に反して全く滋養分なき食物なるも之を食すると非常の滋養になると信じて食すれば、眞に非常の滋養となるなり。

(五)觀念にて皮膚に血を出せし事實

(二)羅馬特力《かとりつく》敎にスチグマチツクと稱することあり。之は其敎會中の信者の身體に、昔基督が十字架に縛せられ鎗にて突かれて傷を受けたると同じ處に、何等の刺戟をも與へざるに出血することなり。之は羅馬敎の僧侶が非常なる奇蹟にして神の靈顯なりと云ひたるも、西曆紀元十三世紀の頃にヤコブジエフォラピン氏研究の結果、夫は全く想像力の非常に昂進したる結果なるを明にせり、卽ち吾人の所謂自己暗示の結果なることを確めり。

催眠術の何たるかを知らざる時代に在つては、斯る現象は非常なる不可思議にして到底學理を以て說明すること能はざる神秘的のことゝ考へたるも、精神學の進步したる今日に在りては左程不可思議のことゝ思はず、自己暗示感應の一例として見るに過ぎざるなり。

(六)砂糖が漆の如く人にカブレし事實

(三)或人砂糖店に於て一桶の砂糖を求め其れを己の旅宿に持ち歸り、宿の主人に託し置き、家に歸りて後其れを受取りに遣はさんとして、下僕に命じて曰く「我は漆を一桶買ひ求めて某旅舍に預けて置いたから其桶を持つて來て吳れ桶の中には漆が一杯入り居るから漆に感染せざやう氣を附けよ」と云ひて彼の旅宿に赴かせたり。砂糖を漆なりと僞りて下僕に命じたるは下僕が途中に於て桶の蓋を開き砂糖を嘗めんことを慮りてなり。下僕は該旅宿に到り主人よりの命を傳へ、彼の漆桶を氣味惡るく思ひつゝ、成るべく其桶に觸れざる樣に荷ひて歸家し主人に渡せり。翌日に至り下僕の全身に小疹を發して其狀眞に漆毒に感染したるに異ならず、由つて下僕は其由を主人に告げしに、主人は大に驚きて彼の桶に入りたるものは實は漆にあらずして砂糖なることを告げ、且つ其桶の蓋を開きて砂糖を示したれば下僕は初めて安心し、小疹は直ちに癒えたりと云ふ。之れ前二例と同じく自己暗示感應の現象なり。

(七)觀念により生命を斷ちし事實

(四)歐洲の或貴族死刑の宣告を受けたり、然し獄吏等貴族の位置を重んじ、窃に相談して精神作用の力を藉りて一滴の血をだも流すことなくして死せしめんとし、其の準備を整へ置き聽て獄吏は其貴族に向ふて「今日お前を死刑に處する先づお前の動脈を無痛に切斷して、全身の血を絞り取りて殺す」と告げ、而して其貴族の眼を蔽ひ手足を縛して斷頭臺上に乘せるや、直ちに獄吏は動脈を切斷せよと命令す、助手は先づ刀の峯にて動脈を切斷する眞似をなし、其れと同時に豫ねて準備せし護謨管を通じて微溫湯を注ぎ、恰も流血淋漓の感あらしめ、立合の醫士は脈膊を檢して「脈膊は次第々々に微弱となり刻々と死に近づく」ことを語り、或は心臟を診察して「鼓動が絕えたから今死ぬ」と語る。 斯くて異口同音に死の近づきしことを語るや、貴族は一々其通りに確信し時々刻々死の近づくことを豫期するや、次第々々に呼吸と脈膊は遠くなり、終に貴族は眞に一滴の血をだも流すことなくして絕命したりと云ふ。 心身相關の作用の偉大なる豈驚くべきにあらずや。

（八）言語にて疥癬を作りし事實

（五）或日余の一室に於て椅子に腰をかけ居る某あり。隣室より出で來りたる書生は大に驚きたる顏色にて云ふやう「今君の腰を掛け居る其椅子には今迄重き疥癬の病人が腰を掛け居たり、あゝ惡いことをした、君には屹度疥癬が感染する」と云ひたれば、斯く云はれし某は驚きて困つたことをしたと思ふや否や、既に我身へ疥癬を生ぜし如き痒き感覺を起し搔かざればならず、頻に搔きたれば益々痒くなり、小疹を生じて眞に疥癬に罹りしものに異ならざる症候を呈せり、然るに其椅子には疥癬の人が腰を掛けしとは嘘にして暗示感應の事實を試驗せんと欲してなり。元來感覺は外部の刺戟によりて起るものなり、實際外部より物理的には何等の刺戟なきに觀念の働らきのみに依て、實際外部より物理的の刺戟ありしと同樣の現象を生じたるなり。心身相關の作用の不思議なる驚くべきに非ずや。

（九）理由なくして人を赤面せしめし事實

（六）之れも余の宅にて事實ありしことなるが席上に心の小さき一少女あ

(一〇)心身相關は如何なる實用的の效果ありや

り、書生は其少女に向つて「お前の顔は赤い」と云へば、實際赤くなきものが忽ち赤くなれり。少女は自分にて如何程意志を以て顔を赤くせざらんと欲するも能はず、之れは唯其少女の心にて自分の顔が赤くなると思ふや否や其通りの結果を生ずるなり。故に顔が赤くなりては困ると思ふと尚赤くなるなり、其れは赤くなると云ふ聯想を起し、終に其聯想通りに血液が働らいて全く赤くなるなり。

以上に列擧せる心身相關の理によりて少しの病氣も大病と思ふて心配すれば眞に大病となる、又重病にても斯樣な輕症は直に癒つて仕舞ふと確信して氣に掛けずして居ると、全く重症も治して仕舞ふ。己れは屹度豪い人になれると自信を强むると實際後に豪い人となる、又之れに反して己れは最早人の上に立つことは出來ぬと自暴自棄すると、全く其人は人の上に立つことの出來ぬ人となつて仕舞ふ。此作用を百般の上に應用せば其利益の大なること蓋し豫想の外に出でん。

（二）正規の狀態に於ける心身相關と催眠狀態に於ける心身相關とは如何なる差異ありや

前述せる心身相關の實例は悉く正規の狀態卽ち催眠狀態とならざる場合に於ける出來事なり。正規の狀態に於てさへ斯の如く不思議によく暗示に感應す、正規の狀態に於ては反對精神が活動するを常とす、然るに斯の如く暗示によく感應す、催眠狀態に於ては反對精神の活動は全くなくして術者の云ふ通りに總べてよく感應するを原則とするを以て、催眠狀態に在るもの〻心身相關の事實は實に著明なり、假へば術者が催眠者に向つて「君の病氣は取れた」と暗示すれば眞に病氣は取れ、又「君は記憶力が強い」と暗示すれば眞に記憶力が強くなる、催眠狀態にある者の心身相關の現象は覺醒狀態にある者の心身相關の現象に比して如何に不思議なるかは尙後篇に於て大に述べんとする所なり。

第參卷 準備編

第壹章 催眠施術室の裝置

（一）催眠施術室は何故に閑靜を尊ぶか

催眠狀態にある被術者の精神は何事をも考へざる無念無想の狀態にあるを原則とするを以て、催眠せしむる方法は被術者をして考へごとを起さゞる樣にすることとなり。故に考へ事を起す動機となるべき所の五官を刺戟するものは堅く避くるをよしとす。殊に聽官を刺戟する物音は精神を沈靜せしむるには最も害あるを以て確く避くるを要す。故に催眠術を行ふ室としては閑靜なる室ほどよしとす。よりて東京市內の如き騷々しき場所にある余の施術室は、周圍を二重の硝子戶となして外來の音響を防ぐ樣に裝置せり。

從て掛時計の戛々の音（余はスリゲルと云ふ最も戛々の音の低き時計を施術室に具へり）障子襖の開閉の音、人の足音室の內外に於ける談話等を

（二）施術室の溫度は如何にして調攝するか

（三）施術室の光線は如何なるを可とするか

嚴禁し、室內は何等の微音だもなき樣にするを可とす。よりて施術室の出入口の開閉は音のせざる樣の構造となすか、或は單に布を垂れ置きて襖の開閉は一切禁止し、何等の音なき樣に工風すべし。

乍去單調なる音樂は却つて催眠を助くるもの故、メスメル氏は施術室の隣室にて微妙なる音樂を奏せり。余も又施術の前後に於てピアノ、バイオリン或は岩笛を鳴らし、精神の沈靜を圖りたるに結果良好なりし。而して施術室は華美を要せざるも清潔を旨として居心地よき樣に工風し、室內の溫度は寒に過ぎ又は暖に過ぎざる樣注意すべし。余の施術室は夏季は電氣應用の扇風器を具へて涼くし、冬季はストーフを具へて暖くせり。又空氣も濕潤に過ぎ或は乾燥に過ぎざる樣注意するとよし。

又精神の沈靜を圖らんが爲めに室內の光線を薄暗く朦朧たらしむるは最もよし。若し室內明り過ぎるときは幕を（幕の色は藍色を可とす）張りて強き光線の透射を避くるか或はハンカチーフを以て被術者の目を蔽ふをよしとす。

（四）施術室に備ふる器具には如何の注意を要するか

凡そ何業を問はず其室内には相當の裝置を要す。試に見よ理髮店には理髮店特有の裝置と道具とを備へ醫士の診察室には醫士の診察室特有の裝置と器械とを備へり。其裝置と器械とが完全に具はりゐる程世人の信用を博する基となる。又完全に具はりゐる程其業をして完全になし遂ぐることを得るなり。

之と同一理由によりて催眠術を行ふ室にも又相當の裝置を要す。即ち施術用の椅子若くは寢臺を備ふるとよし。椅子は安樂椅子又は臂掛椅子をよしとす。寢臺は診察用寢臺にて足る、もし之れ等のものなきときは敷布團を敷きて夜寢る如く寢さするか、又は布團を敷きて其上に坐らするか、或は夜具を積みて凭りかゝらしむるもよし、被術者の身體は被術者の好める位置を採らすをよしとす、即ち仰臥するなり椅子に凭るなり隨意の位置を採らするなり。且室內には催眠術治療の成績を掲載せる雜誌、或は著書及び大鏡を具へ置くは最もよし。　被術者之等を熟視すると斯術に對する信念を高め之が爲に我は必ず催眠し病氣は必ず治すとの豫期作用を逞ぶし自然に好結果を得る故なり。　尙室內に具へる物品に就ては充分注意し何となく莊嚴の感、敬虔の念を起さしむる樣にし、苟も被術者をして輕蔑の意又は惡感を起さしむることなき樣に心掛くるを要す、參考迄に余の施術室に具へある器具を左に列擧せむ。

(五)施術室に備ふるを要する器具

寢臺、坊主枕、臂掛椅子、幕、ピアノ、複式催眠球、催眠治療具、テーブル、普通椅子、鏡、手洗鉢(之は術者が施術後に手を清める者)、消毒藥(若し傳染性の患者に誤りて接したる時の用意)、衣紋掛(患者の羽織或は袴を都合によりとりしときかけるもの)、痰吐壺、ハンケチ數枚(患者の目に被ふもの及び不意のことにて患者の顏を拭くこと等の用意)、清水(術者又は患者喉喝したるとき隨意に飮む用意)、スリゲルの時計、オルガン附時計、寒暖計、毛布(被術者の身體にかける用意)、

（六）何等の装置も道具もなくして施術し得る場合

此外に火鉢とか雑誌とか將、又盆栽とか云ふ普通のものは便宜備ふるを可とす。之れ等の道具が必ずなければ催眠術の治療が出來ぬと云ふ主意にあらず。從て施術室に斯る裝置がなければ催眠術治療の效を擧ぐること能はざるにあらず。如何に騷々敷室にても、道具は一つも無くとも立派に行はるゝや勿論なり。故に田舍にて催眠術の治療をするには何等の裝置も道具もなくして開業し、大成功をなしたるもの往々あり。然し理想の室と充分の道具とが備はらば之が備はらざるに比して、多くの效果を擧げ得るや勿論なり。之れ余が殊に之を述べたる所以なり。

第貳章　術者の心得べき必要條件

第一節　術者が施術上に要する自重

自尊

（一）催眠術は如何に金錢以上に尊きか

苟も催眠術を行はんとする者は常に催眠術を尊重して輕忽に之を行ふ勿れ。催眠術者にとりては催眠術は尊き金錢なり、金錢は極く必要の場合の外支出すべからざるが如く、催眠術も又假令施術を乞ふものあるも充分に施術の必要を認めざれば決して手を下すべからず。猥に人に向て金錢を與へよと迫るの不道理なるが如く、猥に催眠術を施して呉れと云ふは不道理なることを被術者たるものにはよく納得せしむべし。日頃術者と被術者とは懇意の間柄にても、又は平常のときは術者は被術者より地位低くも、施術上に關しては被術者に對して術者たる間は絶對的の權力を持たざるべからず。故に施術上に就ては術者は被術者より優勢の地位に立ち居るものと自信し、權威を以て之に望まざるべからず。然るを若し術者が假令己より上位の人を被術者とする場合と雖も、苟も奴隷視せられ器械視せらるゝが如き感毫厘と雖も存せば、其施術をば堅く拒絶すべし。然らざれば施術して却て無效に終るのみならず、術者の信用を失し、惹いては催眠術の眞價を疑はしむるに至るべし。術者たる者は此點に就ては堅く自重自尊して決して輕操の動作をなすべからず。然し乍ら餘り氣障に氣取り、又甚だしきは自分は神佛かなどの如くに氣取り、被術者を眼下に見るは大に惡し。斯の如きことをすると却て被術者の惡感反抗を招き不結果を生ずるや必せり。要は術者の威嚴を落すことなく、催眠術の神聖を汚すことなき程度で被術者と親しみ臨機應變の所置を採るなり。

第二節　被術者が學理上の說明を求めたるときの處置

（一）如何なる場合に術者は被術者に催眠學上の說明をなすべからざるか

被術者中稀には術者に向つて催眠術によりて病氣の治するは何故なるか、其理由を承りたしと云ふものあり、又僕の病氣を治するには斯々の暗示が必要なりと思ふと云ふものあり。之れ恰も醫術の治療を受くる場合に、患者が醫師に向つて我輩の病氣は如何の理由によりて治するや學說を承りたし。何故に此藥を飮めば此病氣が治するや、我輩の病氣を治する藥としてはタカヂアスターゼの量分が一瓦多過ぎるにあらずや、ヨヂムチンキの塗附は一日二回と云はるゝも六回塗附する必要あるにあらずや、と喋々せんか如何。斯る事を言ふ位なら寧ろ醫術療法を醫士に乞はざる方がましならずや。催眠術の治療に於ても亦然り、斯る事を質問したる場合は治療上に就ての處方は醫術療法にても催眠術療法にても治療を行ふ人に一任せざればならざることを說破し。又催眠術上の原理は深遠のものにして一日や二日位話したからとて其れで大要を述ぶることを得る如き卑近のものにあらず。又秩序的に研究せざれば了解するものにあらざることを說明し、絕對的に催眠原理をば語らざるをよしとす。

若し生ま中說明を初むると却て被術者の疑心を起し、夫れが爲めに却て

(二)如何なる場合に術者は被術者に催眠學上の說明をなさゞればならざるか

催眠が不結果に終ることあり。被術者中催眠術上の原理に就ては或る書籍を見るとか、或は人より噺を聞きて催眠術はかゝるものなりと豫想し置く、然るに其說たるや單に一學說に過ぎず。即ち催眠の原理を科學的に說明したる一書をのみ讀みおき、催眠の原理は斯るものかと思ひ居る、然るに術者は其ことを知らずして哲學的に催眠の原理を喋々するとせんか。被術者は意外のことを云ふものかなと且驚き且恐れ、其說を聞きしが爲に却て疑問を增し、催眠をして不感に終らしむることあり。故に斯る場合に於ては術者は堅く說明せざるをよしとす。

併し乍ら例外として被術者が催眠術のことを哲學及び科學の上より大に研究したる人なるか、又は相當に素養のある人なる場合は學理上の說明をなし首肯せしむるを以て得策とす。催眠術上の素養のある人に向てなれば學說を語るも了解し得て誤解を招くことなければなり。斯る素養ある人に向つて學說上の說明が甘く出來ざると是又信用を失して不感に終る動機となる。畢竟極意は人を見て法を說けなり。

第參節　異性を被術者とする場合に殊に注意すべき點

（一）施術に立合人を要する理由

催眠術を行ふ場合には被術者が同性(術者が男子にして被術者も男子なる場合、若くは術者が女子にして被術者も女子なる場合)なるときと雖も、成るべく立會人を附することを要す。併し立會人がなければ被術者が同性にても絶對的に施術を拒絶するは狹量に失して便宜を缺く虞あり。故に同姓に對して施術する場合は立會人を附することは隨意條件に止むるも、異性を被術者とする場合は必ず立會人を附するを要す。立會人は被術者の同行せしものなるをよしとす、立會人を附する必要は那邊に存するか。

被術者が術者より猥褻の行爲とか、或は不正の暗示をせらるゝ虞を避く

(二)施術に立會人を附せざれば如何なる弊害あるか

る利あるのみならず。術者もまた被術者より難題を云はるゝ虞れを避くる利あり。被術者中稀には惡意を以て術者を陷害せんとするものなしとせず。余の知人某は次の如き災難を受けしことあり。

或日の夕方知人某の催眠術治療所へ年頃二十歳許のハイカラの令孃風の娘來りて施術を乞へり。其治療所の書生が「病症は何」と尋ねたるも「祕密の病氣故先生に面會の上詳細申上げたし」と、よりて某は其娘を施術室に導き病症を尋ねたるに、令孃は頭を垂れ美しき首を某氏に見せて唯モジ〳〵するのみ。某氏曰く「如何なる祕密を承るも決して他へ漏す如き不德のことは堅く致さゞるにより包まず嘶されたし」と云ふや、令孃は恥しげに某の顏をジロリと眺め「妾は或男に恥を與へられしも恥を忍び何人にも祕し置きたるに、月のものが見えぬ身となりました故、自殺をせんかと幾度か覺悟をせしも家門を汚すを虞れ、生恥をかきて未だに死せずに居ります。何卒死ななければならぬ處故、御金は何程でも差し上げますから祕密に御助けを乞ふ……　……」と某は大に驚き墮胎は恐しき犯罪なることを述べて其不心得を說明したるに、令孃は淚を潸然と流して「先生が若し御助け被下ぬとあれば、妾の運命は之れ迄」と語末だ終らざるに剃刀を懷中より出して我喉に向けて自殺せんとす。某の驚きは一と方ならず、其剃刀を持てる手を堅く握り「其んな事を僕の家でされては困る」と云ひつゝもぎとらんとすれば令孃は「どしようだから妾を殺さして吳れ」と云ふて某の膝へ我を忘れて泣き伏したり。某はよい加減に返辭をして歸らしめんとしたるもなかなか歸らず、其中に令孃は「ア、下腹が痛くなつて來た、子宮が痛んで來た、ア、苦しい早く催眠術をかけて此苦しみを取つて……　……」と叫びつゝ七轉八倒の有樣なり。某は不知不識催眠法を施したれば今迄苦しみし七轉八倒は忽然止みて深き催眠狀態となれり。某は令孃を抱きて寢臺の上に橫臥させ「子宮の痛みは止んだ」との暗示を繰り返せり、而して後覺醒法を行ひしも目を開かず、身體を如何に動かすも少しも何等の覺えなきものゝ如し。早く覺醒せしめて歸宅せしめんとするも覺醒法は效を奏せず、終に其夜は其令孃は何處の者とも知れざるに朝迄其儘とせり。翌朝令孃は驚きたる面持にて施術料を拂ひて歸れり。

然ると其日の十二時頃其令孃の父と云ふ男が令孃を伴ひ來り、兩肌脫ぎとなりて文身を現はし、大音を擧げて云ふに「催眠術を以て我娘を一夜留め置き慰みものとなしたるは以ての外のことである」との談判を受けたり。某は大に驚き直に懇意の辯護士を呼び却て大に其不都合を責め、脅迫取財の告訴をするぞと云ひたれば、恐れて逃げ去れり。其男の日頃の性質と云ひ術者の人格と云ひ世人一般が認めて無根のことにて脅迫せしものなること明か故、別に警察騷ぎをせず事濟みとなりしも、術者たるものは之に鑑みて少しの異論をも挾む餘地なき樣に大に警戒すべきなり。

又被術者は善意なるも自動的錯覺の爲に難題を云ふことあり。實際は深く催眠し催眠中に種々暗示に感應したることあるにも拘はらず、我は催眠せざりしと錯覺し不平を云ひ、施術の效力を無效とするものあり。余の實驗に斯う云ふ錯覺を起したるものあり、催眠中に夕立ありて雨の音甚だし、後催眠者覺醒して曰く「催眠術を受け居る間表を馬車幾臺となく通行し騒が敷して眠れなんだ」と云ふ。余曰く「其れは錯覺である表をば馬車は一臺も通らず、馬車の通れる音と思ひしは夕立の音である」と語るや、被術者窓前を眺めて屋根と云ひ庭と云ひ一面に雨に濡れ居るを見て初めて錯覺なることを心附きたることあり。此錯覺は別に名譽上に關せずして大害なきも、稀には婦女の被術者にして、催眠中に術者より猥褻の行爲をされしと錯覺するものあり。爲に裁判沙汰に及びしこと西洋には多くありしと云ふ。斯ることは稀有の例なるも萬一の誤解を避くる爲に施術する場合は、被術者の爲めのみならず、術者の爲めに立會人

（三）如何なる人は施術室を去らしむべきか

を附するを要す。

術者男子にして被術者男子なるときは左まで、立會人の必要を認めざるも、婦女を催眠せしむる場合は必ず立合人あることを要す。　去り乍ら婦女の被術者にして催眠中の寢姿を見らるゝを恥しと思ふ者あり、斯る被術者に對しての立會人は其婦女の腹心の者に限る、而して其う云ふ場合は必要なる人の外は施術室を去らしむるをよしとす。

立會人は施術中は一定の席に靜止し居りて猥に身體を動かさず勉めて靜肅を守り談話は勿論私語をも嚴禁し、尙立會人は施術中は何卒被術者は深く催眠し早く病氣は治します樣にと心に念じ居ると最もよし。從て靜肅を亂す虞ある小兒又は咳嗽の出るものを被術者又は立會人が同伴したるときは施術室を去らしむるをよしとす。

第四節　催眠術を行ふ場合の術者の姿勢

（一）術者は施術するとき如何の姿勢をなすべきか

催眠術を行ふ者は人を感化する丈の威力を保持せざるべからず、且施法に就ては非常に心力を凝めざるべからず依之催眠術を行ふ場合の術者の姿勢は原則として鼻と臍と相對し、耳と肩と相對する樣身體を直立して、胸を開き尻を後に引き下腹部に力を凝め全身に精神力を溢るゝばかりに籠むなり。然し被術者及び室内の工合によりて椅子に凭り又は坐布團の上に坐して施術する場合に於ても、術者は必ず此姿勢を保ち下腹部に力を籠めて居るなり。術者は獨り施術中のみに限らず日常も姿勢を重んじ、終始下腹部に精神を籠めて壯嚴の態度を維持するを要す、彼の軍人を見よ常に動作が嚴正にして將校は假令日本服を着し居りて遊び居るときでも態度は普通人とは異りて正し、催眠術家も亦獨り催眠術を行ふときのみならず平常も催眠術家殊有の姿勢を執るを要す、然れども餘り氣取り過ぎて人に氣障の感を起さしむるは却て惡し。要は氣障に失せずして姿勢嚴正なるを尊ぶ。

第五節　催眠術を行ふ場合の被術者の姿勢

（一）施術するに當り被術者の身體の位置を任意になさしめて善き場合と惡き場合との區別

催眠術を行ふ場合には被術者の身體を如何樣の位置となすを可とするか。最もよき法は豫め寢臺（醫士の用ふる診察臺を可とす）を置き、其寢臺の傍に被術者を直立せしめ催眠法を行ひて稍々催眠狀態となり、又は全く催眠したる後に寢臺に橫臥せしむるなり。此場合に寢臺に代ふるに臂掛椅子を以てするもよし。疊の上に夜寢る如く布團を敷きて其上に橫臥せしむるもよし、或は初めより椅子に凭らしめ或は寢臺又は布團の上に仰臥せしめ置き施術するもよき方法なり。或は初めより坐布團の上に座せしむるなり、夜具に凭りかゝらしむるなり、被術者任意の姿勢を採らしむるも可なり。

然し例外として被術者の病氣によりて其位置を斟酌せざればならざる

場合あり、例へば喘息病者を横臥せしむると却て咳が出て精神が沈ちつかず、故に喘息病者は椅子に凭らするか坐布團の上に座せしむるをよしとす。之に反して傴僂《せむし》の病人は椅子に凭らすると却て背部が弓形となりて惡し。故に傴僂の病人は仰臥せしむるをよしとす。又足が惡くして痛む患者をば直立せしむること能はず、兩足痲痺せる患者には坐位を採らしむること能はず。之を要するに被術者の體質の强弱疾患の性質及び其習慣好嫌によりて斟酌するなり。

第六節　施術に着手後術者に必要の覺悟

（一）施術上に就て術者は如何の覺悟を要するか

術者が一旦被術者に對して施術を始めたる以上は、必ず催眠せしめざれば止まずとの決心あるを要す。若し術者が催眠法を行ふも甘く成功せざるとき、本日は甘く成功せざるも明日は屹度成功する樣にせむとて中止することは絶對に不可なり。若し斯かる輕忽の考へにて施術に着手せんか不成功に終るを常とす。彼の尿水を排するに當り、半排出して以後は翌日に延期すると云ふ如きことは出來ぬ如く、一旦施術に着手せし以上は大山覆へるも、大河溢するも平然として催眠せしめざれば止まずと決心し催眠の施法を行ふて止まざるぞよき。然ると其強烈なる精神が感應して直に催眠狀態となるものなり。

（二）十人が十人悉く催眠せしむるには如何の覺悟を要するか

此決心は獨り術者のみならず被術者にも又大に必要なり。被術者は催眠術によりて己れの病氣或は惡癖を治して貰はんとて施術を受くるもの故。自分は其れを治して貰はざれば如何なることあるも否死すとも止まずとの一大決心を以て施術を受くるを要す。然らば其決心が豫期作用となり存外早く催眠し奇效を奏するものなり。最早施術に着手してより二十分三十分或は一時間を經たるも未だ催眠せざる故、己れは催眠術に罹らぬ性質なりとか、或は此被術者は眠らぬ駄目だなぞと思惟して、被術者又は施術者中何れにても中止し又翌日にせんと云ふ如き輕卒の事なきを要す。

果して然れば十人が十人悉く催眠せしむることを得べし。或は云はん斯く强制的に長時間施術せらるゝことあらんか被術者の身體を害することなきか、と催眠學を修め實驗を積みし施術者なれば、如何に長時間强制的に之を行ふも生理に鑑み病理に照して注意するを以て被術者の身體を害する樣の事は斷じてなし、安心して施術を受くべきなり。特に眞に死すとも止まずとの一大決心あらんか、忽然催眠するものなり。乍去被術者が澤山詰めかけて待ち居る場合には一人の被術者に對してのみ多くの時間を費して他の患者を顧みざる譯に行かず。故に多くの場合に於ては一定時間を費したる以上は催眠程度淺くとも治療の暗示を與へて其日は夫れで終りとし翌日は其被術者の性質に鑑みて更に適合する催眠法を行はんことを企圖するなり。故に名高き催眠術の大家と雖も一人の患者に對して拾回乃至拾五回も施術し初めて豫期したる催眠程度となしたりとのことを報告せるものあり。故に豫め被術者の感受性は高きか低きかを別項の方法にて鑑察し若し感性低しと認めたる場合には適當の骨折りと時間とを費す覺悟と準備とをして、而して之に當らざるべからず、感受性の極く低き者は深き催眠狀態となすことは困難なるも、或度に於ける催眠狀態とは必ずなすことを得。從て如上の覺悟と準備とを以て當らば必ず十人が十人悉く催眠せしむることを得む。

第七節　催眠の方法變化に就ての注意

（一）催眠の方法を變化するとき如何なる注意を要するや

催眠の施法には種々あり、例へば、離撫法、息算法、心力法、合氣法等枚擧に遑あらず。其諸法を併合して行ふ場合には成るべく一種の施法を長く繼續して行ふをよしとす。然らずして甲の施法を一寸行ひ忽ち乙の施法に轉じ。又丙丁と轉々して施法を代ふると、被術者の精神動きて靜まらざる故不可なり。併し乍ら只一種の施法のみを行ふて他の施法を採らずして催眠せしめんとするは又不可なり。要は餘り激しく施法を變へず、又餘り一施法にのみ遍するは又却て不可なることを心得置けば可なり。

第八節　樣子見的又は疑心深き者に施術する場合の所置

（一）樣子見的の被術者とは何ぞや

被術者中稀には眞に催眠術を受けて病氣を治せんとの意なく催眠術を覺えんとの下心より催眠術を行ふには如何樣のことをするものなるか、催眠術に罹りし折の心持如何を知らんが爲に僞りの病症を述べて而して施術を受くるものあり、之を樣子見的の被術者と云ふ。

（二）疑心深き被

疑心深き被術者とは、被術者は眞に病氣に罹り居り如何にかして病氣を

術者とは何ぞや

（三）様子見的又は疑心深き被術者には如何なる催眠法を採るべきか

治したき心は山々なるも、自分は催眠狀態となるや否や疑はし。催眠狀態となるとするも果して病氣が治するや否や疑はし。術者は口先に甘いことを云ふも實際は術者の云ふ樣には治せざるべし。と一より十迄疑ひの眼を以て見る者を疑心深き被術者と云ふ。

術者たるもの若し樣子見的又は疑心深き被術者に遭遇したるときは、術者は直に其被術者の精神狀態を看破して、合氣催眠法を應用して其實を避けて虛を突き以て催眠狀態となし、或は反抗者催眠法を行ふて樣子見的の心又は疑心を起す餘地なからしむるなり。

如何なる場合に於ても術者が被術者に欺かるゝ樣のことにては其催眠術は既に不成功に終りしものなり。故に被術者が眞意を持て施術を受くるにあらざることを看破する力なくして被術者の僞言に乘りて施術するごときことあらば其施術は滑稽なり。術者たるものは常に被術者の精神を看破し、被術者の精神狀態に適合する樣の所置を機に臨み變に

同一の被術者に就き第一回の施術と第二回の施術とによりて如何に注意を異にすべきか

應じて採るなり。術者の行ふ施法がよく被術者の精神に適合すると否とが斯術の成功不成功の分るゝ所なり。

第九節　初めての被術者につき殊に注意すべき點

初學者と雖も催眠術を行ふに當り被術者の催眠感性高きときは實に容易に深き催眠狀態となすことを得。此場合に遭遇したる者は催眠術は實に簡易のものなり、思ひしよりも容易なりと感ずるならむ。然し催眠感性の鈍き被術者に對したるときはあらゆる催眠法を悉く行ひ盡すも、尚未だ催眠程度淺くして催眠したるか否か殆んど判らざる樣のこともまたなしとせず。此場合に遭遇せんか催眠術は實に困難のものなりと感じ、之が初めての實驗なれば、我には催眠せしむる能力なき故なるべし催眠法中未だ盡さゞる處ある故なるべしと疑ひ惑ふことあらん。而し斯道の大家と雖も、感性の鈍き被術者に對しては時には充分の催眠狀態となすこと能はざる場合全くなしとせず。然し乍ら必ず覺醒狀態より異りたる狀態となすことを得べく、從て何人と雖も治療矯癖の效ある催眠程度となすことを得べし、之が出來れば催眠術家として一人前なり。之によりて初めての被術者に對して未だ施術せざる前に於ては果して其人が幾何の催眠感性を持ち居るかを正確に知ることを得ず、催眠法に着手前と雖も或る程度迄は種々の兆候によりて催眠感性の高低を知ることを得るも、實際に催眠せしめて見ざる迄は確に幾何の催眠感性を持ち居ると明言することを得ず。其事は恰も彼は酒を飲みさうに見えて居りながら其實酒嫌にてありしと云ふ如き、又は彼は汚衣を纏ふて居る故貧困者と思ふたるに其の實驚くべき金滿家にてありしと云ふ如き、人相見でさへ見誤ることなしとせず。況んや催眠感性の如何は、體內に潛める無形なる精神の性質如何にあるを以て實に判り難きも道理なり。

之によりて初めての被術者に對して催眠法を行ふときは極めて愼重の態度を執りて、苟も輕忽の所爲あるべからず。若し輕忽の所爲をなして感應せず、被術者の信念を害することあらば、信用を快復すること實に至難なり。例へば輕忽に被術者の催眠感性の如何をも辯ぜずして我輩が一聲眠ると云へば、忽然汝は深き催眠狀態となると高言し「眠る」と一喝したるに被術者笑止に堪へず思はず噴き出し腹を抱へてカラ〳〵と笑ふが如きこと若しあらば、次には確かによき催眠法を行ふも感應する事稀なり。是に由て被術者に對し初めて催眠術を行ふ場合は非常に愼重の態度を執りて、苟も輕忽の所爲あるべからざる所以なり。

而し第二回目の施術に於ては第一回目に行ひたる施術の結果によりて此被術者は早く催眠する性質なるか否や、又は術者の暗示に反對の觀念を抱き暗示の感應鈍き人なるか否かと云ふことも判明し居るを以て、術者は被術者の性質に適合する施法を行ひ、以て必ず催眠せしめざれば止まざるなり。即ち感性の高き被術者に對しては施法を省略するも直に深き催眠狀態となるも感性の低き被術者に對しては、あらゆる催眠法を行ひ手を代へ品を代へて初めて催眠せしむることを得るなり。

第十節　催眠を思ふ程度に深く進ましむる法

（一）感性低き被術者をして深く催眠せしむる祕訣

催眠法を行ふたるに被術者が催眠したるか否か分らざる如き淺き催眠狀態になすことは容易なるも、理想の程度に深く催眠せしむることは困難なり。之れは何故なるか、思ふに催眠法が被術者の性質及び其精神狀態に適合せざる所以ならん。詳言すれば術者がよく催眠の原理を明にし實驗を積み施法に長じ被術者の感受性に適合する催眠法を自在に行ひ得ると否とにあり。或は被術者が催眠の性質を誤解して居る結果に基ける場合もあらん、卽ち別章に於て詳述したる處の催眠術を行ふに當り被術者に注意すべき要件の事項に被術者の精神狀態が合致せざるによる場合もあらん。

催眠を思ふ程度に深く進ましむる必要條件に三あり、第一條件としては被術者の精神をして催眠の性質に適合する樣にすることにして、第二條件としては被術者に適合する催眠法を執ることなり、第三條件としては長時間の間手を代へ品を代へて催眠法を繼續し以て催眠せしめざれば止まざることと之れなり。

第十一節　被術者が意外の現象を起したるのときの處置

（一）催眠術にて被術者の身

催眠狀態となると精神が沈靜して居り、覺醒後は精神爽快にして身體が

體を害したるときは如何にして其害を除くか

爽快なるを本則とするも、極く々々稀有のことなるも被術者中思ひもよらぬ狀態を呈するものあり。例へば催眠狀態となるや否や身體の全部或は一部に苦痛を感ずるものあり、麻痺するものあり、痙攣するものあり、覺醒法を行ふも覺醒せざるものあり、覺醒後身體に異常を感ずるもの卽ち嗜眠疲勞等を覺ゆるものあり。

斯の如き例外の催眠者を生ずる理由は種々ありて、其場合場合に就て深く研究せざれば、其所以は明ならずと雖も、多くは被術者の身體衰弱せる處へ生理的の施法を強く用ひたるによる場合に多し。又は被術者が催眠狀態となると或る狀態を呈すると云ふ自己暗示の結果による場合もあり、畢竟は暗示の仕方宜敷を得ざる故なり、よりて斯る被術者に對しては、術者は勉めて虛心平氣に其狀態を觀察して其原因を確め其惡しき狀態と原因とを除去する暗示をするなり。其際最も注意すべきは如何に例外の場合に遭遇するも被術者に對して不審に堪へざるが如き顏色或は擧動を決して示すべからざるとなり。若し其場合に術者が狼狽して之は困つたことが出來たと獨語し、又は其擧動をすることあらんか、其獨語或は擧動は被術者に對する惡しき暗示となりて非常に惡しき結果を生ず。故に其場合は術者は極めて沈着の態度にて暗示して曰ふに「藥眩暈せざれば效なしと云ふことあり、催眠術により身體に異常を來せしは卽ち病氣の全く除去せらるゝ前兆である」と暗示すると、其暗示が感應して暗示通りとなるものなり。其他例外の場合に對する處置は催眠術一般の學理を明にし實驗を積み置けば、臨機應變の處置が容易に胸中に浮び出で、必ずや惡傾向を避けて善方面に進ましむることを得ん。

第十三節　受術後被術者が自分は催眠せざりしと云ふこと能はざる樣にする法

（一）精神修養と催眠深淺とは如何の關係ありや

催眠狀態は佛敎に云ふ佛と同體となりしと云ふ精神狀態なり、又耶蘇敎にて言ふ神に接近したりと云ふ精神狀態なり、從て人格の高きもの精神修養の積みある人程早く深く催眠狀態となる譯なり。依て催眠せざる人は或る病氣の爲なら致し方なきも、或病氣の爲にもあらずして催眠せざる人は、人格の低い精神修養の足らざる人なりとのことをよく說明し置くと、深い催眠狀態にならざるは却て自分の恥辱と心得、熱心に術者の言を守る、然ると忽ち深い催眠狀態となるものなり。

此の理をよく說明し置くと假令被術者の催眠程度は極く淺くして感せしや否や判らぬ位なるも、其の罪は被術者自身にあることを自覺し、決して術者に對して不平を云ふことなきは勿論、自ら自分の精神修養の足らざることを慚ぢ、修養を積み、聽ては容易に深く催眠するやうになるものなり。

第十三節　初めて催眠術を實驗するとき必ず成功すべき秘訣

（一）初めて實驗せんとするときは原理と形式とに就て如何の注意を要するか

（二）初めて實驗せんとするときは如何の確信を要するか

（一）初めて催眠術を實驗せんとするときに心得べき第一の條件は催眠の原理と形式との關係を明にすることなり。本書を初めより終り迄悉く讀み盡して大體に於ける觀念を頭に入れ、殊に最も暗誦し置くべきは催眠状態の何者なること、催眠法の原理の如何之なり。而して催眠法の原理を應用して催眠状態を造り出す方法が卽ち催眠施法なり。よりて實地に人を催眠せしめんとする前に原理に合したる催眠施法の形式をよく稽古して、手の運び方及び順序幷に暗示の言語等をよく練習し置き、實地に臨みて躊躇することなき樣に心掛くること肝要なり。

（二）初めて催眠術を實驗せんとするとき必ず成功すべき第二の條件は術者は必ず催眠せしむるとの大確心あるを要すること之なり。苟も術者だるものは初めての實驗に止まらず何日でも此大確信を要することは屢々述べたる處にして爰に又之を述ぶるは重複に渉るの嫌あるも、最も缺くべからざる必要條件なるを以て更に又爰に之を述べんとす。試に見よ、催眠施法を行ふこと數分時間にして容易に深い催眠狀態となるものあり。又三四十分時間乃至一時間を費して尙淺き催眠狀態とし かならざる者あり。之は被術者の心の持ち方が大關係ある事は申す迄もなきことなりと雖も、術者の精神力の强弱によりて大に分るゝ所なり。故に術者は必ず催眠せしめ得るとの確信が附きし後に初て施術するなり。若し斯る方法で催眠するとは信じられぬと思ひつゝ其法を行ひ好結果を得んとするは大なる誤解なり。術者が自ら信ぜざるとを被術者に信ぜしめんとするは無理なとなればなり。よりて術者は必ず催眠せしむとの確き信念を以て卽ち「精神一到何事不成」「岩をも貫す桑の弓」と云ふ大決心を以て施術に着手すると肝要なり、然れば必ず好結果を得べし。

(三)初めて實驗を行ふ場合には如何なる被術者が適するか

(三)初めて催眠術を實驗するとき必ず成功すべき第三の條件は被術者の選擇上に就ての注意なり、先づ被術者としては術者より年齢少なき少年か少女を選ぶをよしとす。之れ少年或は少女は思想が單純にして術者の云ふことをよく眞面目に受入るゝこと、一般に年少者は年長者に比して自我の力弱き故年長者は年少者をば催眠せしめ易きを以てなり。且被術者をして術を受くれば必ず己は催眠すとの確信力を起さしむるを要す。若し被術者が術者の技倆を疑ふ如きことありては充分の好果を收め難し。故に術者たるものは被術者が信に眞面目なるか、眞に好果を豫期し居るか否かを看破し、而して確に眞面目にして好果を豫期し居ることを認めし上にあらざれば猥に施術に着手すべからず。催眠術を稽古せんとするもの、中被術者無きまゝに信念の如何を省みるの遑なく、誰にでも向つて直に施術するものあり、之れ失敗に終る素因なり。殊に初めて催眠術の實驗をなす場合の被術者としては病人よりも健康體の人を選ぶべきなり、健康體のものにつき充分練習を積みし後に病人に就て施術するを順序とす、然り而して研究を積みし後は如何なる人を被術者とするも必ず催眠せしむることを得べし。

(四)初めて實驗したるとき不成功に終りしときは次回は如何にして可なるか

(四)初めて催眠術を實驗する場合に必ず成功すべき第四の條件として多くの被術者に對して實驗する覺悟を要す。扨今迄も屢々述べたる如く感受性の强弱によりて催眠するに遲速あり、又其催眠に深淺あり、感性の高き被術者は不熟練の術者が施術するも早く深く催眠せしむることを得、之れに反して感性の低きものに對しては大家と雖も非常に骨を折りて辛くも淺き催眠程度となすに過ぎざる事なしとせず。よりて初學者が初めて實驗を試みたる場合に、若し不幸にして感性の低き者に出會ひて施術したるときは不成功に終るを常とす。其場合に己には未だ催眠せしむる能力なきか、催眠法中何處か間違ひて居りし故にあらざるか、と疑心を狹み稀には落膽するものあるも、之れ思はざるの甚だしきものなり。若し不幸にして術者たるもの斯る場合に遭遇するも、決して施術上に關する確信力に動搖を生ずる如きことなく。其場合にば施法によく注意すると共に被術者を代へて試むべし。初め、失敗したる被術者に對して二度び三度び施術するも、好結果を得ること至難なり。一度び失敗したる被術者は感性低きこと明にして且其被術者の信念は薄らぎ居るを以て、次には尙一層感應せしむること六ヶ敷を普通とす、よりて其場合は別の被術者に就きて實驗するを得策とす。別の被術者について實驗し又不成功に終らば、又別の被術者に就て實驗すべし。卽ち被術者を幾人にても取り代へて試みるをよしとす。然れば其中には感性の高き被術者に出會ふことあると共に、初學者もまた次第に經驗が積んで好結果を得るに至るべし。若し止動狀態より以上の催眠狀態を得ば其の被術者に對して幾回となく施術して種々の暗示を試むべし。然ると術者の催眠術は次第々々と熟達し大家を凌駕するに至るべし。殊に被術者を多く代へて施術すると被術者の異るに從つて催眠狀態の階級を異にし、暗示感應の工合が人により異るを以て經驗上大に得る處あるものなり。前述の如く初めて催眠術を實驗するに當り、必ず成功すべき四條件として擧げたる處の者は、獨り初めて實驗するときに止まらず、催眠術を實驗するときは何日でも必得べき事なり。然れども殊に爰に初めて實驗するときとして述べたるは、初めて實驗する者は之れ等の點に注意せずして無謀に試み、甘く行かずとて失望するものあるを以て、殊に爰に擧げて注意せしめたる所以なり。

以上本章に於て述べたる處の催眠術を行ふ場合に術者の心得べき必要條件を歸納すれば正に左の如し。

(五)施術上に就き術者の心得べき十三ケ條件とは何ぞや

(一)術者は催眠術を非常に尊重して非常なる必要に迫らざれば堅く施術せざる事。

(二)被術者が如何なる理によりて催眠し、如何なる理によりて病氣が治するかの說明を求めたるときは、術者は二時間や三時間の噺で述べ盡せる如き卑近の原理による者に非ざる故、決して斯る解答を需むべからざる事を說明し納得せしむる事。

（三）異性を被術者とするときは立會人を附すべき事。
（四）術者は常に催眠術家特有の姿勢をなす事。
（五）催眠術を行ふときは被術者の身體をば學理に適したる位置となす事。
（六）一旦施術に着手せし以上は必ず上結果を得ざれば止まずとの大決心を斷行する事。
（七）催眠の形式は成るべく變化せしめざる事。
（八）被術者が樣子見的又は疑心深き者なるときは其精神を看破し實を避けて虛を突き以て深く催眠せしむべき事。
（九）初めて催眠せしむる被術者に就ては、特に其感性の高低信念の多少に注意し被術者に適する催眠法を行ふ事。

(一〇)學理實驗及び被術者の性質に鑑み適合せる催眠法を行ひて催眠の程度を深く進ましむる事。

(一一)被術者が催眠術の爲に苦痛或は疲勞を感じたる場合には、其原因を探知して其害を除く手段をなす事。

(一二)人格高く精神修養の積みある人程容易に催眠するもの故、催眠せざるは恥辱なりと思はしめて催眠せしむる事。

(一三)初めて催眠術を行ふ場合に屹度成功せしむべき條件四ある事。

(イ)催眠の原理と形式との關係を明にする事。

(ロ)屹度催眠せしめ得との大確信を要する事。

(ハ)術者より年少の子女を被術者とする事。

(ニ)數多の被術者に就て實驗する覺悟を有する事。

上述せる十三箇條の要件を具備せば催眠術を行ふ場合の術者の注意は至れり盡せりと云つべし。此注意が悉く具備せざるも充分成功するや勿論なるも、爰には最も完全なる模範となるべき術者の資格を造らんが爲めの必要條件を詳述したるものなりと知るべし。

第參章　被術者に注意すべき必要條件

第一節　催眠術は無害有效なるを確信せしむる事

（一）何故に催眠術は心身健康法として良法なるか

催眠せしめらるゝと普通の狀態とは大に異りて不思議の現象を呈す。よりて催眠せしめらるゝと身體に何か害を生ぜざるか、又催眠狀態となり居る時間が餘り長いと害あらざるか、等種々の心配をなすものあるも、此疑問は催眠狀態の性質を學理上より明かとすれば容易に解決し得らる。催眠狀態は彼の坐禪狀態と殆んど似て居る狀態にして催眠狀態の或る程度は坐禪狀態と一致して居ることは學者の定論なり。（拙著「坐禪獨習法」を參照あれ）果して然らば坐禪は精神の修養心身の健康法として識者の稱揚する所なり、其れと同じく催眠も亦精神の修養心身の健康法として稱揚すべきものなり。此理に基きて自己催眠を行ふものあり、(拙著「自己催眠」を參照あれ)文學士杉谷泰山氏著「人間の研究」(二一八頁)に「催眠術も長命法の一種として流行するに至り、諸病を治療し得たるを以て一時巴里に於て大歡迎を受け彼(メスメル)は神の如くに崇拜せらるゝに至れり」とあり。

由是觀之催眠は無害有效なることは明白なり。去り乍ら催眠者に向て不謹愼或は誤謬の暗示を與ふると暗示の結果有害のこと絕對的になしとせず。不謹愼の暗示とは何ぞや、被術者の精神を激動せしむる暗示にして例へば君は馬鹿だとか、又君は肺病患者だ等と暗示するの類なり。又誤謬の暗示とは何ぞや、腦貧血で頭痛のするのを腦充血にて頭痛するものと思ひ違へて「君の頭の血は少なくなる、頭の血が少なくなつた」との暗示を與ふる事ありとせんか、腦貧血の症候をして益々重からしむる嫌あり。よりて此の類の不謹愼の暗示と誤謬の暗示とは申迄もなく確く避くるを要す。

(二)催眠狀態は何時間繼續せしむるも害なきや

余の實驗によれば催眠者に向つて長時間の間種々實驗的の暗示をなしたるも暗示と暗示との間に一二分時間宛の間を置き、精神を休養せしむる暗示を與へて休息せしめ、而して後又暗示を與ふる樣になせば六七時間位實驗を續くるも、毫も有害は愚か疲勞をも感ぜざりし。況んや單に催眠せしめしのみにて何等の暗示をもなさずして置くなれば一日二日に及ぶも毫も有害の結果を認めず、又有害なる道理なし。印度の僧侶は箱の中に入り二三箇月間位自己催眠狀態となり其間何等の飮食をも採らずして居り益々壯健なりと云ふを以ても明なり。

(三)催眠感性の高まるは却て其人の幸福なる理由

或人曰く「度々催眠せしめらるゝと催眠感性及び暗示感性が高くなりて危險なり」と、併し催眠することが已に有益なる以上は有益のことになり易くなるは却てよきことにあらずや。又暗示感性が高くなるは其人に探つて幸福なり、暗示感性が高くなると云ふことは精神の統一がよく行はれ一事に心力を傾注し得る狀態が强まることとなり。故に之れを善用すれば其利益の大なる蓋し圖り知るべからざるものあり。例へば疾患の爲め苦痛に堪へざることと又は失望の爲め煩悶に堪へざることありとせんか、感性高き者は一度催眠術を受くれば其惡傾向は消えて身心は强健となる。又之を單に自動的に見るも讀書する講義を聽く其讀書の事項講義の趣旨深く腦裏に染みて忘れぬ樣になる、其れが卽ち暗示感性の高くなりし結果に伴ふ效用なり。暗示感性の高くなる事は決して世人の憂ふが如きものにあらざるのみならず、其人の幸福を增進する最良法なり。現に余は十年一日の如く每日自己催眠を行ひ又は人に催眠せしめて貰ひ感性を高めんとして苦心し實行すること多年、而して益々感性の高まるに從て得る處の利益莫大なることを悟れり。近來は多くの人人も此理を知りて健全體の人も余を訪ねて自己催眠を試みたるに甘く成功せざる故成功する樣に暗示し呉れと申込むものの夥だし、之れ等は卽ち低き感性を高めて呉れと云ふことなり。

如斯感性を高めることはよきことなるを知つて其れを高めんとして苦心するもの日一日に多きを加ふ。

(四)術者は何故に人格を高むる必要ありや

若し被術者中催眠せしめられると何にか身體に有害のことなきか、との疑心を抱く者あらば、右の理由を說明して納得せしめ、而して後に施術に着手するなり。又催眠術は有益にして高尙のものなることを知るも、術者其人の人格を危みて施術を受くることを恐るゝものなしとせず。依之術者は人格を高め常に道德を重んじて世人より信用を受け居るを要す。然れば被術者は術者に催眠術を施され自分は全く無意識となるも術者は決して無責任のことをせず、不利益を自分に與ふる樣の事なき方故安心なりと確信して術を受くるに至るべし。若し被術者の心にて自分が何をされても知らぬ樣な催眠狀態とならば、如何なる事をせらるゝ

（五）豫期は催眠の助となるも欲求は催眠の妨となる所以

やも知れず、或は此人の催眠術は危險なりと云ふ如き不安心が少しにてもあらば、多くは被術者となることを避くるなるべし。又假令僅かなりとも斯かる精神を抱きつゝ施術を受くることあらんか、胸中に潜める不安の觀念或は感情は自然に働らいて、好結果を修むることは六ヶ敷し。其場合に被術者は催眠術によりて疾患を治したき希望は非常にして、自ら勉めて催眠し病氣を治せしめんことを熱望するも、不安の念あらば無念無想と云ふ安心の境界に精神を導くこと至難なり、隨て治療の效を充分に擧ぐるを得ざる所以なり。

又少しも不安の念なしと雖も、餘り眠りたいとの熱心が度を過せば、却つて精神は興奮し無念無想の狀態たる催眠狀態となること六ヶ敷し。催眠するに必要の精神狀態は欲求にあらずして豫期なり、欲求とは眠りたいと思ひ居ることとなり、豫期とは此術で我は眠れると確信することとなり。例へば不眠症のものに何等效用なき色を附けたる蒸溜水を與へ、此水を飲めば必ず眠れると云ひ、患者も亦其れを信じて其水を飲めば必ず眠れるものなり、之は全く豫期の結果なり。然るに其水は色を附けた蒸溜水なりと云ふことを知らば、最早其れを如何程飲むも毫も眠れず、之れ唯の水を飲むも眠れる理由なしと豫期せる故なり。不眠症の患者は睡眠を欲求することは非常なるも豫期せざる故睡眠が出來ざるなり。平たく云へば必らず眠れると豫期して居れば確に眠れるも眠りたい眠りたいとのみ思ふて居るより却つて精神興奮して眠れざるなり。

第二節　屹度好結果を得ると確信せしむる事

(一)何故に術者は被術者をして屹度催眠せしむる

術者は被術者をして僕が催眠法を行ふと屹度誰をでも催眠せしむる實力ありと信用せしむるを要す。從て術者が被術者に對して僕は今催眠

實力ありと確信せしむる必要あるや

術を稽古中であるから、實際に催眠せしむることがよく出來るか否かを試み度きにより君被術者となり呉れ、と云ふ如き結果如何が氣づかはる有樣にては、被術者の心内にて屹度好結果を得べしとの確信なき故、其結果は面白からざるを常とす。 よりて術者は僕は今迄幾多の人を催眠せしめて誤らず、故に君をも屹度催眠せしむと斷定し被術者に其事を確信せしめて後に施術に着手するなり。 然ると被術者は必ず好結果を得と豫期して術を受くる故豫期通りに好結果を得るなり。

第三節　被術者に催眠中の心持を噺し置く事

(一)催眠狀態となれる者の心の有樣は如何

催眠術を行はんとするに先だち、其被術者につき初めて施術する場合なれば、必ず其被術者に向つて催眠術に感ぜしときの心持を噺し置くを要す。 其噺を上手になし被術者に合點せしめ置くと否とは、催眠術の成功不成功の別るゝ處なり。此事は催眠術を實地に行ふ上に於て非常に大關係あると故今迄も暫々述べたる處なるも、重複を顧みず、次に又其一斑を述べん。

(二)淺き催眠と深き催眠とによりて其心の有樣は如何に異るか

催眠したるときの心の有樣は夜自然に眠る處の睡眠とは異り居るを普通とす、催眠狀態の何者なるかを知らざる者は、被術者が催眠すれば睡眠したるときの如く何事も知らざる狀態となり、初めて催眠したるものと誤解するものあるも、催眠狀態は深くなればなる程術者の云ふことが耳によく聽えて術者の云ふ通りとなるものなり。其術者の言葉が催眠を覺醒せし後にも覺え居る程度のものあり、全く何事をも知らざる程度のものあり、覺え居るものゝ中われは覺醒後もよく催眠中のことを覺えて居る故催眠せざるものと誤解するものあり。又催眠中全く何事も知らざる狀態となりし故、催眠にあらずして睡眠したと誤解するものあるも、覺醒狀態の者が單に目を閉ぢたる斗りより何にか身體中に變りしことを認めたるとき、例へば手足は重くなりて動かすが嫌のやうになりしとか、手が術者の云ふ通りに寄るとか開くとかなりたるときは周圍の物音、術者の言葉一々耳に殘り居るも催眠狀態なり、又身體は空間に浮び居る如く思はるゝものもあり、或は手足が痲痺を感ずるものもあり、萬人萬樣なり。催眠狀態が最も深くなれば外貌及び擧動は覺醒者と同一にして、催眠者は目を開きて步行し談話し仕事をもするものなり、此狀態が最も深き催眠狀態なり。之に反して深き睡眠狀態にある者に向つて言語を發するも少しも知らずに居るものなり、睡眠者が其事を知るときは已に覺醒したるときなり。然し催眠も睡眠と同樣に何事も知らぬ樣になるものもあり、故に催眠中のことを覺醒後に記憶し居るも、居らざるも共に催眠狀態となりしと否とに關せずとのことを術者はよく被術者に對して說明し置くを要す。

又催眠術を研究せんとする者の中、被術者となりて催眠中の心持を知らんと欲する者あるも之は大なる誤りなり、催眠狀態は無念無想の狀態なり、何にも考へざる狀態なり、何んな心持ちなるかと考へ居るときは已に無念無想にあらず有念有想なり、故に原則として催眠狀態者は自ら我身の狀態如何を味ふことを得ざる道理なり。深き催眠狀態にあるときは何事も知らずに居り、覺醒して後初めて何事をも知らずに居りし故之は催眠せしと反省するに外ならず、故に催眠中の心持を知らんとして被術者とならんとするは無理な注文なり。然れども催眠狀態には種々の階級ありて純粹の無念無想にあらずして、多少の雜念混入し周圍の音響術者の言語等一々分りをる程度の催眠なれば、催眠中の心持を知ることを得るも之は例外の場合と見て可なり。

併し催眠せんとするにあらずして、施術の形式が身體に及ぼす心持如何を知らんとして、施術の形式を互に行ひ合ふて見るは研究として最も必要なり。例へば下撫するとき掌が身體に觸る强弱如何によりて被術者は如何の心持となるか、顳顬動脈壓迫の加減は如何にするを可とするか、其工合を知らんが爲に術者となり被術者となり、而して餘り强くなく輕くなく程よき程度を知ることは術者として最も必要なり、斯くしてあらゆる形式に就て研究するは最も可なり。

第四節　術者の言語を漏れなく被術者に記憶せしむる事

（一）術者の言語を聽き漏す者は何故に催眠せしめ難きか

術者が催眠術を行ふ前に當りて被術者に向ひて催眠の性質を說明して誤解なき樣に注意するも、稀には被術者中斯樣のとは吾輩は百も承知だと云はぬばかりの顏色にて、重要なる術者の注意を輕忽に看過するものあり。斯る被術者に限りて、催眠術が終りて後に催眠が淺しとか效力が少なしとか云ふを常とす。又催眠狀態は睡眠狀態と同じ樣の心持のものなりと誤解し、術を受けしも夜自然に睡眠せしときの如き狀態ににならず、術者の言語及び周圍の物音がよく聞えて居り今尚覺え居る故催眠せしにあらず、從つて效力はなかるべし、今施術により輕快したと思はるゝは神經にて自然に輕快するときにてありしならむ、と誤解し爲に折角の效力をして無效に終らしむるもの往々あり。其れは被術者の不心得より生じたる結果なり、斯る大なる誤解を生ぜざる樣に豫め術者は被術者に其ことを納得する樣に說明せんとしたるを、被術者が輕々に看過して耳に止めざりし故なり。よりて被術者をして斯る誤解を生ぜざる樣に豫め說明し納得せしめて後に初めて施術に着手するをよしとす、卽ち施術の前に於て此事をよく說明して催眠中に周圍の音及び術者の言語が一々聞えて覺醒後も其事を記憶し居るも、又何事をも記憶し居らざるも共に催眠狀態なることを首肯せしめ置けば、催眠が淺くも深くも被術者は別に意を留めずして催眠後に於て催眠中の事を記憶し居るも居らざるも共に意に介せず、唯單に斯くして貰へば全治するとのみ思ひ居り以て治療の效を充分に擧ぐることを得るなり。

若し被術者が術者の言に反對の意見を主張するか或は公然反對の意見を述べざる迄も苟も心内に於てなりと反對の觀念を抱ける樣子見えたるときは、寧ろ施術せざるをよしとす。此點に深く注意して被術者として可なる人なるか否かを判定し、愈々此人なれば被術者として可なりと信ぜし後に初めて催眠術に着手するなり。(尤も爰に述べしは普通催眠の場合を擧げしなり、彼の特別催眠即ち反抗者不諾者及び不知者に對する催眠法の場合は例外なりと知るべし)

第五節　催眠の妨げとなることを避け助けとなることを行はしむる事

(一)催眠の妨となる事とは何ぞや

被術者が催眠術を受けんとする日に酒珈琲茶の如き興奮性の飲料を用

ゆると多少感受力を妨ぐる故、施術を受けんとする日は朝より注意して之等の興奮性の飲料は堅く避くるを要す。又極端なる喜怒哀樂は精神を興奮せしめて精神が冷靜とならず感應を妨ぐる故之れ又堅く避くべし。入浴後及び食後一時間を經たるときは催眠し易きものなり。之は入浴により身體の血管開張して血液は下部に循環し、頭部の血が少くなる故なり。又食後は胃が消化の働きをする爲め血液を多く要し、腦の血が下りて胃に集まる故なり。又少しでも閑暇あるときは下腹部に精神を籠めて深呼吸をなすと精神冷靜となりて催眠狀態となり易きのみならず、健康法として最も可なる事を說明して實行せしむるとよし。

第六節　勉めて自我を去らしむる事

催眠狀態を心理學上より見れば何等の考へも起さゞる狀態なり。從て催眠せしむる方法と云ひ被術者の心得べき注意と云ひ、歸するところは

（一）自我は何故に催眠の妨げとなるか

（二）催眠の助けとなる事とは何ぞや

被術者の自我を去らしむる事なり。換言すれば、被術者自身の考へを去り術者の暗示をよく受け入るゝ樣にするなり。被術者自身の考へを爰には自我と云ふ、よりて被術者が術者の暗示の通りに確信する精神は自我にあらずして他我なり、自我は催眠の妨げとなるも他我は催眠には最も必要なり。

自我の強弱と催眠感受の強弱とは相伴ふものなり。自我の弱きものは何に吾輩は催眠には罹らないと放言し、手足を動かすも術者の催眠法に壓伏されて遂に催眠して仕舞ふものなり。之に反して自我の強き者は口に出して催眠に罹らぬと云はざるも、手足を以て罹らぬ樣に反抗せざるもこれをして催眠せしむることは甚だ困難なり。よりて術者は被術者の自我を去らしむるを要す、其自我を去らしむると否とが術者の手腕のある處なり。

依之術者が一旦施術に着手すれば被術者は施術中は己の身體は術者に

(二)被術者施術中に色々の考が浮ぶは何故なるか

一任し苟も術者の命令にあらざれば萬止むを得ざる場合の外は成る丈自分の考へにて自分の身體を動かす可からざるを命じ遵守せしむるをよしとす。而し非常に痒き處とか又は痰が喉にからまる等の事ありて氣にかゝりて堪へざるときは、其點を直して後に受術するをよしとす。

被術者は常に術者が暗示する點のみに精神を凝集する事を得ば何等の窮屈もなく何等の考へをも巡らす餘地なく直に深き催眠狀態となるも、術者の命じたる點にのみ精神が集らざる者に於て初めて身體各所に窮屈を感じ、或は周圍の物音自身の手足等のことに就て考へが浮ぶ、此窮屈と此考とを起す被術者はよき催眠狀態とすることと至難なり。此事は分り切つた事で有り乍ら實際に望んで之を實行する事は六ケ敷ものなり。如何なる場合に於ても被術者は術者に心身を一委して置き、決して自分考へを起さゞる樣にするが肝要なり、心の內にては術者の云ふ事が信ぜられぬけれ共施術を一つ受けて見んと云ふ如き精神を抱くものに對し

(三)催眠術を行ふ前に於て被術者に注意すべき六大要件とは何ぞや

ては術者たるものは大に警戒を加へ、其不心得を悔悟せしむることを得ると否とが術者の技倆の分るゝ所なり。

以上の如く催眠術を行ふ前に當り被術者に注意すべき必要條件として縷々數千言を費したるも、歸納すれば其要旨は左の如くなり。

(一)術者は被術者に向つて催眠術は何回施さるゝも害は毛程もなくして利のみあるものなることを説明し、納得せしむること。

(二)次に被術者に對して君が催眠術を受ると屹度よき催眠狀態となり、屹度病氣は治すと説破し確信せしむること。

(三)次に催眠術を施されて催眠せし折の心持は、夜自然に眠りし睡眠の如く何事も知らぬ樣になりて始めて催眠したるものにあらず、從て周圍の音響、術者の言葉が耳に入り覺えて居りてもよき催眠狀態なることを説明し、納得せしむること。

(四)次に被術者をして術者の云ふ言葉をば一言と雖も聽き漏すことな

き樣に注意せしむること。

（五）次に催眠の妨げとなる處の興奮性の飮料極端なる喜怒哀樂を避け、且催眠の助となる處の入浴及び深呼吸をば行はしむる樣に斬して實行せしむること。

（六）次に催眠狀態は自分考へを去りし時の有樣故、被術者は勉めて有意的に自分考へを起さず術者の云ふ通りにのみ精神を持たしむること。

前述の六項を悉く完全に具備したる被術者は理想的の被術者にして既に其人は催眠せし人なり。　然し實際に於ては之を悉く完全に具備することは至難中の至難なり、故に成るべく前記の主意によく合する程好結果を呈し、其主意に遠ざかる程不結果を來たすものと心得べきなり。

此被術者に對する心得は獨り被術者のみならず、被術者の立會人及び其家族一同にも之を遵守せしむると其結果は益々大なり。　從て其立會人及び其家族にも及ぶべき丈遵守せしむるを要す。

(一)催眠感性は千人千樣なる所以

第四章　催眠感性の高低を鑑別する法

第一節　催眠感性とは何ぞや

催眠感性とは其字の如く催眠術に感ずる性質を云ふ。此感性は人各々其面の異る如く相異る、其れは先天的即ち遺傳による者あり、後天的即ち生れし後に暫々催眠術を施されしにより異る者あり。よりて施術者は同一にして同一の施法を行ふも被術者の異るによりて直に催眠するものあり、又催眠せしむるに非常に困難なるものあり。之は恰も酒量に多少あるが如し、例へば五勺の酒にて熟醉する者あり五升の酒を飲みて知らぬ顏をなし居るものあると同樣なり。故に催眠感性高くして催眠術を受くるや直によく感受したる人は謝禮は少しにて可なるも、催眠感性低くして催眠術を受けしも容易に感應せず催眠淺かりし人は謝禮を澤山せざるべからざる道理なり、卽ち五升の酒を飲みし者は醉はずとも五勺の酒を飲みし者より澤山の代價を拂はざればならざると同樣なり。而して感性高き者は淺き催眠程度にて止め置んとするも直に深くなるものなり。之に反して感性の低き者は催眠程度を深く進めんとして非常に骨を折るも淺くして止まり深く進まざるものなり。

現今は此道理を世人が一般に知りて、感性低くして催眠が深く進まざる者は感性高くして催眠が深く進みし者より澤山の謝禮を術者に送る樣なりしも、昔は此理を誤解して催眠が淺かりし故施術料を減じ吳れと云ふ者ありし、酒を澤山飲み乍ら酒量が大きくて醉はぬからとて代價を少しか拂はぬとは無理にあらずや。夫れはさて置き客人に馳走せんとするに當り、五勺の酒にて醉ふ客人には五升の酒を仕度する必要なし、又五升も飲む大酒家の客に對して五勺の酒しか仕度をせざるとせんか如何、客を滿足せしむること能はざるべし。之れと同樣に術者が被術者の催

(二)催眠感性は何故に豫知する必要ありや

眠感性の高低を豫め知りて、其感性に相當する處の施法を執らざればならざるなり。即ち感性の低き被術者に對しては其れ相當の覺悟を以て必ず催眠せしめ得る丈の施法を施す準備をなさゞるべからず。之れ術者たる者は催眠術を行ふ前に於て被術者の催眠感性の高低を知る必要ある所以なり。

第二節　施術に着手前に催眠感性を鑑別する法

第一項　問診によりて催眠感性を鑑別する法

(一)問診とは何ぞや

問診とは術者が被術者に向て種々のことを質問し、且被術者の外貌を見て檢診することなり。即ち次に述ぶる諸事項に就て催眠感性の高低を鑑別するなり。

（一）男女　男女の區別は催眠感性の難易に少しも關係なしと云ふ學者あるも、余の實驗によれば男子より女子の方一般に感性高かりき。

（二）年齡　年長者より年少者が一般に催眠せしめ易し、殊に十歲より十五歲位迄の者が最も感應し易し。余は五歲の小兒をしてよき程度に催眠せしめしこと往々ありしも、概して九歲以下の小兒は催眠せしめ難し、大凡十歲以上より始めて催眠術を施すに適す、小兒の思想は甚だ散亂し易く、觀念を或る一點に凝集せしむること能はざる故なり、又七十歲以上の老年者は催眠せしめ難きを常とす、餘り老年となれば小兒の思想の如く散亂して注意を凝集することと困難なる故なり。

（三）體質　概して壯健にして沈着の人が催眠し易く、虛弱にして神經質の人は催眠し難きを常とす。是れ壯健にして沈着なる人程胸中の雜念を早く去ることを得る故なり。

（二）男女と催眠感性との關係
（三）年齡と催眠感性との關係
（四）體質と催眠感性との關係

(五)智力と催眠感性との關係

(六)意思と催眠感性との關係

(七)人格と催眠感性との關係

(八)性癖と催眠感性との關係

(四)智力　智力は進步せる人程催眠せしめ易く、精神病者及び白痴は一般に催眠せしめ難し、是れ精神病者及び白痴は常に雜念涌出して一觀念に注意を專らならしむること能はざるによる。

(五)意思　意思强固なる人程催眠せしめ易し、意志薄弱にして不安の念或は疑問の意あるものは催眠せしめ難し、之は自制力を以て聯想作用を止むることをよくすると否とによる故なり。

(六)人格　人格の高き人程容易に催眠す、何者催眠狀態は神に接近したる精神狀態と或る點に於て一致すればなり。故に神に遠ざかる精神狀態の者程、催眠術に感じ難きを原則とす。

(七)癖性　每夜寢に就くや直に熟睡し夢を見ず朝迄目が醒めぬものは催眠術に感じ易し、之に反して不眠の傾きあるものは催眠術に感じ難し、是れ不眠病者は精神興奮して聯想作用を甚だしく逞しふする故なり。

以上の諸項を質問し或は觀察して被術者の感受性の高低を診斷するな

り。而して被術者が曾て他の術者の施術を受けしことあらば其折の感受の工合を尋ね、若し以前施術を受けし際不感に終りし被術者なれば、感受性の低きこと明なり。之に反して若し以前一度深く催眠せしことあるものなれば、確に感性高き人なり。

第二項　觸診によりて催眠感性を鑑別する法

前項に述べし方法は單に問診にのみよりて催眠感性の高低を鑑別する方法なるも、尙進んで一層明確に催眠感性の高低を確めんが爲に本項に於ては被術者の身體に手を觸れて觀察する法を述べん、其法に數種あるも實地につき習得せざれば詳細に解し難し、故に最も解し易くして行ひ易き一法を左に述べん。

先づ被術者を直立せしめ閉目せしめて深呼吸を行はせ置き「自分の身體

（一）自我の高低と催眠感性との關係

に少しも力を入れて居らず、身體中の筋を弛めて身體が傾くも、倒るゝも少しも意に留めずして肉體のあることを忘れて居る」と暗示し、被術者の兩上膊上に術者の兩掌を置きて左又は右に被術者の身體を徐々と傾け

第六圖

催眠感性の高低を試驗する處にして感性高き者は恰も人形を左右に動かすが如し

ては又元に戻す。然ると被術者が眞に術者の云ひし如く身體の力を抜き自我を去り居れば、術者のなすが儘に被術者の身體は左に右に動く事人形を動かすに異ならず、斯る人は感受性の高き人なり。術者の暗示の通りに身體中の筋を弛めず自我を去らず被術者自身にて自分の身體を支配することの手答へがあるものは感性低き人なり。卽ち被術者が自分考へにて自分の身體を支配せんとする心の高き

もの程感性低きものにして、自分考へを少しも起さず術者に精神及び肉體を一任し居る者程感性高し。其實際上の手答は筆紙に盡し難き微妙のものなるも實地に行ふて見ると自然に首肯せらるべし。

此法は催眠感性の高低を鑑別するには、誠に良き法なり。而して愈々感性の高低明かとならば、其人に就きて其感性に相當する施術法を選んで以て施術に着手するなり。

第三節　施術に着手後催眠感性を鑑別する法

以上述べたる催眠感性の鑑別法は未だ施術に着手せざる以前に行ふ方法なるも、本節に於て述ぶる方法は催眠法を行ひ初めてより以後に被術者の感性が高いか低いかを見る法なり。即ち催眠法を行ふ以前に鑑別するより施術中に鑑別する方が尚一層鑑別法としては正確なり。先づ

（一）施術中如何なる動作をなす者は催眠感性鈍きか

其法を次に述べん。

催眠法中眼を開きて何にか見さする法を行ふ場合に瞬を屢々する者は感性低し。又閉目せしめ置く場合に唾を飲み込むもの、口唇を動かすものは感性低し。此等の人々は、雜念非常に湧出し術者の行ふ催眠法又は何にかの音に旁に注意して何をか聯想し居る故なり。最も甚だしく感性低きものに至りては、自動的に首や手足を動かすものあり（深き催眠狀態に在つて自働的に動かすとは異る）。之に反して催眠感性の高き者は催眠法を行ふや否や直に深く催眠して催眠狀態特有の現象を呈するものなり。

前記の諸法によつて被術者の感性の高低を知り、感性の高き者に對しては施法を略するも直に深き催眠狀態となり、術者の意の儘に不思議の現象を呈するも、感性の低き者に對してはありとあらゆる催眠法を行ひ盡し、且其れを繰り返して行はざればならず。之れ前にも述べたる如く、客人の酒量の多少を豫め知り置き其酒量に應じて酒の準備をなし置き以て酒を勸むる必要あると同一理なり。術者は此點に注意し相當の覺悟を以て失敗を招かざる樣に心掛くるを要す、此注意がよく屆くと否とは催眠術の成功すると否とに對して大關係あり、術者たるもの爰に注意せずして可ならんや。

第四節　催眠感性低き者を高くする法

（一）先天的に催眠感性低き者を高むる方法

催眠感性の高低は其人の先天的の性質によりて定まる者にして、人力を以ては如何ともすること能はざる者なりと主張する者あるも、余の實驗によれば決して然らず、感性の最も低かりし者をして非常なる感性の高き人とならしめたること數多あり。現に余の家にある一書生は初は感性最も低くして非常に骨を折りて漸く恍惚狀態にならしめたるに過ぎざりしが、數十回の實驗をなす中に驚くべき程感性高くなりて、千里眼にても精神の移送にても自在に行ひ得るに至れり。又余の實驗によれば外來患者中初一二回は感應鈍かりしが三四回目より非常によく感應する樣になるを普通とす。然らざる迄も施術の回數を重ぬれば重ぬるに從て感性次第に高くなり、催眠し易くなることは常に經驗する處なり。依之催眠感性は人爲によりて高むることを得ること明なるも、先天的に感性高き者をして尙高むることは容易なるも、先天的に感性低き者をして高むることは至難なりと雖も決して不能のことに非ず。

然らば感性低き者を高くするには如何なる方法を行ふべきか此事は一言に述べ盡すこと能はず、畢竟は施法の妙技を究むるにあり。即ち被術者の性質に適合する施法と暗示とを用ゆるにあり。此祕訣は一言にして盡す能はず、本書全篇を歸納せしものなり。讀者此意を體して研究せられなば感性の低き者をも意の儘に高くならしむることを得む。

第五節　催眠感性高き者が俄に低くなるは何故なるか

（一）催眠術によく感じたる者が俄に感じなくなる原因

大凡何事に限らず同じことを數多く繰り返すと其習慣が附きて其通りとなり易くなるものなり。此原則に基きて催眠術も亦施さるゝことの數が重なれば重なる程感性が高くなるものなり、然るに之に例外の場合あり卽ち、

從來數回となく催眠せしめたるに其都度深く催眠せり。然るに其後施術を試むるに悉く失敗に終りて更に催眠せず之れ何故なるか。

此問題に就きて以下說明を試みんとす。

從來實驗せる數回の施術は悉くよく感應したるに、今回の施術に於て感應せざるは何故なるか。其原因は術者にあることあり被術者にあることあり。其原因術者にある場合は術者の精神が何かの理由によりて與

奮し統一が圖れざるときは從て感應鈍きものなり、此事は催眠現象は術者の精神力の感應なりとの原理によりて說明することを得。次に被術者の精神狀態によりて感應が鈍る場合を說かん、被術者が何日になく與奮性の物を喫せしときとか、被術者自身の考へにて施術を不感に終らしめんとするとき、又は被術者が催眠術を施さるゝと何か身體に害があるなどいふ說を耳にしたるか、さなくば他の術者に余以外の人の催眠術には感應せぬとの暗示を催眠中に與へらるゝか、等の中何れかの事項に觸るれば今迄は假令よく感應したる者と雖も爾後感應が鈍り又は全く不感應に終ることあるものなり。

(二) 催眠感性が高かりし者が低くなりしを又高くする法

併し術者の施法が巧妙なれば、假令感應を妨ぐる事項あるも其妨害となる事項を除去する暗示を更に與へて而して感應の妨げとなる處のものを悉く除去し、以て感應を速かならしむることを得べし。

余は先年感性高き一少年を催眠術實驗の資に供せんが爲に養成し學資

を與へ中學校へ入れ置き、日曜日毎に呼んで實驗をなし居りたり。其少年は千里眼的現象を呈して誤らず、前途に望を囑せしに、或日の實驗に頗る不成績なりし故、其原因を探知せんとして深い催眠狀態となし置き、「僕は汝の兄である、爰は僕の書齋である、他に誰も居らぬ、故に何を噺しても差支へない、汝は催眠狀態となりて不思議の實驗をせらるゝは嫌ひであるか」と問ひたれば、催眠者は眞に兄の家にて兄と二人丈にて談話し居るものと思ひ、返辭をして云ふに「催眠術に度々かけらるゝと感性が高くなりて、後に惡い結果を來すから假令學資を貰ふも實驗の具に使はるゝことは避けなければ惡いと叔父さんが注意したから、其の後は何となく催眠術を施さるゝが嫌になつた」と答へたり。依て余は其原因を知りしを喜び「叔父さんの云ひしことは誤りで、催眠術は何度び施さるゝも少しの害もない、却て催眠術を屢々施され一身上に於ける缺點を補ふ暗示を始終與へて貰ふと、全く缺點のない完全無缺の人となる、催眠術は施さるれば施さるゝ程其人は健康な高尚な人になる」と暗示を與へ、以て先きに叔父が與へし妨害の事項を除去したれば、初めて以前の如く催眠感性高くなり、千里眼の現象をよく呈するに至れり。爾後は假令妨害の暗示あるも感應せざる樣に豫め暗示し置きたれば、益々催眠感性高くなりて益々不思議の現象を呈出したり。此實例に依て初めて感性の高き者が後に低くなることの理を悟り、又其の弊を除去することも自在なることを了得せられしならん。

(一)催眠者は術者の暗示にのみ感應し他人の暗示に感應せざるは何故なるか

第五章　術者と被術者との意思の聯合(ラポー)

催眠者は術者の暗示にのみ感應し術者以外の人の暗示に感應せざるは何故なるか、術者と催眠者との間に意思の聯合(ラポー)が附き居る故なり。

意思の聯合とは術者と被術者との間に交通せる心意關係にして、催眠者は術者の思ふ通りになる、術者は催眠者を思ふ通りにするとの兩者心意の合致なり。此心意の合致がありて初めて術者の暗示が催眠者に感應するなり、假令ば催眠者は術者の暗示を受け入れんとして待ち構へて居る、其處へ術者は屹度感應せしむとの信念を以て暗示する故暗示が感應するなり、催眠術治療上の效果も此理に依てあるなり。卽ち患者は治して貰ふ術者は治してやるとの意思と意思との合致の結果なり。

(二)意思の聯合を生ぜしむる方法

尙術者が被術者と意思の聯合を生ぜしむる場合を例を以て示せば、被術者の意思にては自分が催眠するは自分で眠るにあらずして術者に眠らして貰ふものである故、術者の暗示通りになるなりとの意思を持たしめ。而して術者の意思にては吾の術で屹度催眠せしめ吾が暗示する通りに屹度感應せしむとの意思を以て施術す、其術者の意思と被術者の意思とが合致し聯絡する、之が卽ち意思の聯合なり。又被術者には何等の考へなき場合にも術者の意思のみにて誘導し感化して意思の聯合を附くる場合あり。彼の他の術者が催眠せしめし催眠者に向つて暗示を感應せしめんとして催眠者に向つて更に催眠法を施し催眠者の意思を誘導し感化して意思聯合の關係を附けて暗示を感應せしむる如きは之なり尚進んでは反抗者催眠の場合を推測すると思ひ半ばに過ぎん。

意思聯合の關係は獨り術者と催眠者との間にのみ限るものにあらず、正規の狀態にある者の間にも此關係を生ずるものあり。特に親子間又は夫婦間には常に多少此關係が附き居るものなり、唯催眠術上の術者被術者間の如く著しからざるのみ。試みに見よ彼の小兒が母親の傍にありて母親の身體が小兒に觸れ居れば小兒は安心してよく眠る、小兒は熟睡し居るも母親が其傍を離るゝと忽に小兒は泣き叫ぶ、之れ母親が傍を離るゝと意思の聯合が切るゝ故、小兒は不安を感じて睡眠は覺醒して泣くなり。意思聯合の關係は催眠が深くなればなる程親密となる、例へば眠遊狀態にある催眠者に對しては、術者の言葉は低くして蚊の鳴く聲の如くなるも、覺醒時に於ては大聲にて云はれし如く催眠者の心底に徹して術者の云ふ通りとなるも、術者以外の人が如何に大聲を發して呼ぶも身體に手をかけて振り動かすも少しも知らずに居るものなり。

（三）如何にせば術者以外の人の暗示に感應するや

殊に眠遊狀態にある催眠者に向つて「汝は聾となれり」故に耳元で鐵砲を鳴らすも少しも知らずに居る」と暗示し置けば、催眠者の耳元で鐵砲を鳴らすも少しも知らずに居る。術者が催眠者に向つて「君は聾である」と暗示すれば、其後は全くの聾同樣となりて、術者の言葉も耳に入らざるかと思はるゝに決して然らず、術者の云ふこと丈は能く耳に聞ゆるは、之れ術者と催眠者との間に意思聯合が附き居る故なり。術者の意思も催眠者の意思も同體の如くなり居る故なり。

術者が催眠者に向つて君は「余以外の人の言ふことには感應せぬ」との暗示を與へ置かざれば、術者より精神力強くして施術に長ぜし人なれば、他の術者が催眠せしめし催眠者に對しても暗示を感應せしむることを得。

其所以は催眠術は一種の技術にして精神力によりて行はるゝとの原則より當然生ずる結果なり、此理を推し擴めて考ふると、不承諾者又は反抗者をも催眠せしめラポーの關係を附け得る所以を明にするを得ん。又極く淺き催眠者なれば、術者が「君は余以外の人の暗示には感應せぬ」との暗示を與ふるも、其暗示は無效に終りて何人の暗示にも感應するものなり。 極く淺き催眠狀態にては術者と被術者との意思聯合の關係は淺き故、術者の暗示の言葉以外何人の言葉もよく聞え居る故、終に其言葉に感化し誘導せらるゝなり。

深い催眠狀態にある者は術者の暗示にのみ感應するを本則とするも、術者以外の人が催眠者と意思聯合の關係を附けて暗示を感應せしむる方法として、術者が催眠者に對する暗示權を他人に委任することを得。 即ち術者は任意に催眠者と他人との間に意思の聯合を生ぜしむることを得、例へば術者が一言「僕に代て某氏が之より君に暗示するから、某氏の云ふことを僕の云ふことゝ同樣に能く守る」と暗示すれば、術者以外の人の暗示は一切感應せざる狀態にある催眠者と雖も、委任せられし者の暗示によく感應するものなり。此受任者は一名に限らず幾人になりと同樣に意思の聯合を生ぜしむることを得。意思聯合を生ぜし者は術者が制限せざる以上は、術者と同樣の權能を有し、術者と同樣に總ての暗示を感應せしむることを得、故に其受任者は更に又他人に對して意思の聯合を附くることを得。斯くして術者が一旦他人に與へし暗示權をば術者は隨意に取消すことをもなし得。卽ち術者は催眠者に向つて「之よりは某氏の云ふことは一切感應せぬ余の云ふことのみよく感應する」と云へば、又其通りとなるものなり。

(四)人格變換者が術者以外の人と談話する場合

催眠者の人格を變換して多くの人を相手にする職業の人となしたる時は、其職業の件に就ては多くの人と談話し行動す。例へば催眠者を豆腐屋の人格と變換すれば何人にても「豆腐を賣りて吳れ」と申込めば必ず幻覺の豆腐を賣るものなり。之は多くの人と催眠者との間に意思聯合を生ぜしに非ずして、單に暗示に基ける行動と見るべきものなり、故に其場合に於て他人が豆腐を買ふと以外の事「假へば君は豆腐屋ではない、魚屋である」と暗示するも少しも感應せず依然豆腐屋で居るを以て知るべし。

第六章　被術者の異るにより催眠法を異にすべき場合

第一節　被術者の精神異るにより催眠法を異にすべき點

(一)被術者の精神の如何により催眠法を如何に代ゆべきか

催眠法を行ふに當り最も注意すべきことは被術者をして術者の暗示通りに觀念せしむることとなり。被術者が術者の暗示通りに觀念すれば其の觀念通りに被術者の肉體は變化す、此原則が催眠法上の根據なり、故に術者は被術者に向つて「精神をヅーッと鎭むる」と暗示をすると、被術者心中にて心がヅーッと鎭まるヅーーーーッと鎭まる鎭まる鎭まると强く觀念すれば觀念通りとなる、斯く術者の暗示通りに觀念すれば苦もなく被術者は催眠狀態となる。然るに稀には反對觀念を起すものあり、例へば術者が「精神はヅーッと鎭まる」と暗示すると其暗示の語によりて精神は却て興奮して落ち着かなくなるものあり。斯る者に對して言語の暗示をすればする程却て催眠せざる事となる、之と同じく又或る被術者は身體に觸るゝ催眠法を行ふと却て精神が興奮して催眠の妨げとなるものあり。依之術者は被術者の性質如何を看破して其れに適する催眠法を行ふなり、卽ち斯る被術者に對しては言語を用ひたり身體に觸れたりする催眠法を避け精神力を凝めて身體に觸れざる下撫法を行ふをよしとす。よりて術者たるものは催眠に着手してより終る迄は終始被術者の精神看破に勉め、如何なる催眠法が此の被術者には適するかに注意してよく適合する處の催眠法を行ふなり。人の精神は其面の異る如く十人十色なるを本則とす。故に甲は下撫して貰ふと直に催眠するも乙は下撫して貰ふと却て覺醒するものあり。又乙は氣合をかけらるゝと直に催眠するも甲は氣合をかけらるゝと却て覺醒するものあり、由て術者は被術者の精神を看破し其精神に適合する催眠法をとるべきなり。果して然らば被術者の精神は如何にして看破するか、之は一概に爰に述べ難し、實驗を多く重ぬる中に自然に了得する外道なし。

(一)被術者婦女なるときは如何に催眠法を代ゆべきか

第二節　被術者婦女なるが爲め催眠法を異にすべき點

前節に述べたる如く催眠法は人によりて斟酌を要す。老人には老人に適する樣、青年には青年に適する樣、男子には男子に、婦女には婦女に各々其れに適する施法を執るを要す、而して同じ老人でも人によりて多くの斟酌を要す。稀には老人であり乍ら青年に對する施法が適し、青年であり乍ら老人に對する施法が適することあり。如斯例外の人に對しては又其れに適する樣にするを要す。此理に基きて婦女に對しては婦女に適する施法を行ふなり。例へば深窓の下にある婦女にして催眠感性低くして容易に催眠せざるとて壯年の男子に施術するときと同樣に強く施法を行はんか、夫れが爲に手足に痛みを感ずること等往々あり。依て勞働をせざる筋肉の柔き者に對しては婦女は勿論、男子と雖も成るべく強き生理的の方法を避けて、心理的の柔き催眠法を主として行ひ、肉體を疲勞せしむる施法を避くべし。

第三節　被術者兒童なるが爲め催眠法を異にすべき點

（一）被術者兒童なるときは如何に催眠法を代ゆべきか

前節に述べし被術者婦女なるがため催眠法を異にすべき理に基きて、兒童を催眠せしむる場合は兒童に適する言葉と施法とを用ひて催眠せしむるなり。普通の暗示に於て斯す暗示、成人に對して斯す暗示とは區別して暗示せざれば要領を得ざることあり。況んや催眠術上の暗示に於てをやなり、よりて兒童に對しては兒童に解し得らるゝ言葉を用ひて優しく暗示し優しき施法を用ひて催眠せしむるなり。

兒童にして若し催眠せしむること困難なる者に出合ひしときは、夜自然に睡眠する其一刹那に暗示するなり。（術者豫め其兒童の母親又は父親に暗示の意義と方法とを教へ置き行はしむるは最もよし）即ち其兒童の傍に術者坐して暗示して云ふに「坊は悧口だからよく心を鎮める、心をヅーッと鎭めて何事も譯らぬ樣になるも、かゝさんが云ふことがよく聞ゆる、坊は父さんや母さんが云ふことをよく「はい」「はい」と守る」と暗示する如き之れなり、若し其折少しのことにて泣く惡癖ある兒童を矯めんとするならば「坊は悧口だから泣かぬ、泣くと隣のお友だちが笑ふから泣かぬ、氣丈だから泣かぬ」と暗示するなり。又睡眠より目を醒さんとする一刹那に兒童の額に手を當て前記の暗示例を準用して治療矯癖の暗示を行ふも可なり。今睡眠せんとする一刹那又は睡眠より覺醒せしばかりのときは雜念少なく又は雜念全くなき故よく感應するなり。

第四節　被術者不具なるが爲め催眠法を異にすべき點

（一）被術者不具（盲、跛、聾、啞）なるときは如何に催眠法を代ゆべきか

聾啞の如き盲目の如き五官の中何れかの感覺器官が一個又は二個缺け居る者は存外よく催眠するものなり。催眠は現在精神による五官の働きを靜める方法なるに、既に五官中の一又は二が缺け居りて靜める必要なき故ならんか。

被術者若し盲目なるときは凝視法を行ひ難く、兩足の惡き患者に直立の

姿勢を要する施法を行ふこと能はず、此場合には其被術者に對して行ひ得る催眠法の中被術者の精神に適するものを採るなり。

又聾者に向つて術者の言葉を達せしめんとするには通譯によるか、筆談によるなり、啞者と言葉を交へんとするも亦然り。余は此法によりて聾啞者に對しても盲啞者に對しても跛者に對しても盲者に對しても施術せしことと往々ありしが失敗したることなかりし。此點に注意し催眠の施法は哲學的なり科學的なり被術者の精神に適合せる方法を選びて行はゞ不具者に對しても好結果を得るや必せり。

第五節　治療的と實驗的とにより催眠法を異にすべき點

(一)治療的と實驗的とにより如何に催眠法を代ゆべきか

催眠狀態と覺醒狀態とは心理及び生理上の關係が大に異ることは曾て催眠狀態の性質を論ぜし處に於て詳述せるを以てよく記憶せるならむ、

兩者は其狀態を異にする故治療的に催眠法を行ふときは極めて徐々と其狀態に導くなり。然ると衞生法に叶ふて決して身體に有害の結果を生ずることなし。彼の電氣治療をなす場合に於ても然り、初め低き度より次第次第に電力を强めて行くと餘程度が高くなるも堪へ得るものなり、然るに突然高き程度の電氣に觸れしめんか其苦痛に堪へず、從て身體の血行に害なしとせず。之と同じく催眠法を施すにも身體虛弱なるものを治療せんが爲に催眠せしむるときは時間と手數とを惜まず極めて徐々と催眠せしむるなり。

併し乍ら實驗的に多くの人を集めて不思議の現象を示し、催眠術は如何に實用的の好果あるか催眠術は哲學及び科學上の問題を解決する上に如何の關係あるかを悟らしめんとして催眠術を行ふて見せるときの被術者としては、身體の强壯なる感受性の高き者を選み、術者は被術者より數尺離れて直立し、一、二、三の氣合によりて忽然深き催眠狀態とするもよし、術者がポンと拍手すると共に俄然眠遊狀態とするも面白し、或は被術者がカラ〳〵と笑ふて催眠を妨げんとするを口笛一つで深く催眠さするも面白し、或は又被術者は足を動かし手を張り奇聲を發して催眠法に反抗しつゝあるものをして、複式催眠球を一見せしむると共に忽然深き催眠狀態とならしむるも面白し。斯くの如く忽然覺醒者をして深き催眠狀態とするも、被術者が强壯なれば毫も害なし。

人或は云はん、足下の云ふ如く忽然と深き催眠狀態に導くことを得ば即ち可ならんも、其れは云ふべくして行はれざることとなるべし、と否々決して然らず、之等の實驗は毎月開會する精神研究會の實驗會に於て余が常に行ひて會員の高覽に供しつゝある處なり。

治療を目的の被術者と雖も感性高くして忽然深く催眠して仕舞ふもの少なからず。之に反して實驗的の被術者にして容易に催眠せざるものも全くなきにあらず。而し催眠法上に就て治療的と實驗的とによりて多少の手加減を要することを心得置き、實地に臨み之を應用せば催眠術の效を擧ぐること蓋し尠なからざるべし。

第七章　催眠法を行ひたれば被術者睡眠したるときの處置

第一節　催眠か睡眠かを鑑別する法

(一)被術者が催眠したるか睡眠したるかを鑑別する二大方法

催眠法を行ひたるに被術者は目を閉ぢ呼吸が靜かに規則正しくなり何事も知らざる樣になれり、而し其被術者は催眠したるものなるか、將又睡眠したるものなるかを確かめんと欲せば、催眠術特有の性質たる暗示感應の有無如何を檢して明に知ることを得、其試驗法として左の法によるを便利とす。

(一)術者が被術者の手を採りて上に擧げ、靜に其手を放すと手がグタリと下に落つる者は卽ち睡眠にして、其手が其儘に擧がり居る者は催眠なり。
(二)術者が被術者に向ひ「君は手を堅く握る」と暗示するも、少しも握らず知らぬ風をして居る者は卽ち睡眠なり、之に反して暗示通りに堅く握る者は催眠なり。
此鑑別法は催眠は暗示に感應し睡眠は暗示に感應せずとの原則の應用なり。

(一)催眠法を行ひたるに被術者純粋の催眠にならずして睡眠が混入したるときは如何にして見分けるか

第二節　催眠に睡眠の混入せるを知る法

催眠者はよく暗示に感應し睡眠者は毫も暗示に感應せざるを元則とす。故に催眠に睡眠が混入せる場合は半ば暗示に感應し半ば暗示に感應せざるものなり。其混入の度合が五と五なれば半ば感應し半ば感應せざるものなり。若し其混入の度合が催眠が三にして睡眠が七なれば、暗示に感應することが十のものなれば三迄感應し他は感應せざるものなり、其試驗法を左に述べん。

(一)催眠者の手を上に持ち擧げ「此手は此儘に擧つて居る」と暗示を與ふるも其手は擧つて居らず、而し全くの睡眠者の手の如くにグタリと下に落ちず、其手は漸々と下に降るものなり、之れ催眠七分に睡眠三分位混入せる狀態なり。

(二)催眠者の手を採りて「此の手を堅く握る」と暗示すると、催眠者は睡くて稍々何事も知らずに居りしに暗示の言葉がかすかに耳に入りて暗示に基づき手を柔に握るものなり、之は催眠三分に睡眠が七分位混入せしものによくある狀態なり。

如斯催眠に睡眠が混入せし場合は、暗示に感應することが不活潑なり。然し睡眠が少しも混入せずして純粹なる催眠狀態にあるものは暗示に感應することが活潑なり、例へば催眠者の性質によりて多少の相異はあるも術者が一言催眠者に向つて「君の手は頭上に擧る」と云へば直ちに其手は頭上に擧る「兩手の指は握る」と暗示すれば兩手は活潑に直に握る「兩手の指は開く」と暗示すると直に開くものなり、其感應は速かなるを原則とす。

何故に同一の催眠法を行ひたるに同一の結果を得ずして、甲者は純粹の催眠者となり乙者は不純粹の催眠者となりしか。之は被術者の性質と習慣とによるも、主たる點は被術者が施術を受くる當時心身が疲勞せると否とにあり、心身が疲勞し居ると睡眠となり疲勞し居らざれば催眠となるなり。

依て催眠術を受けんと欲するものは豫めよく睡眠し、心身の疲勞を去りて精神を快活となし置き、而して後に施術を受け純粹の催眠狀態となりて暗示をよく受け入るゝ樣にせざれば效果が充分に顯はれざるものなり。

第三節　睡眠に催眠の混入せるを知る法

（一）自然の睡眠に催眠が混じたるときは如何にして見分けるか

吾人が毎夜必ず行ふ自然の睡眠にも催眠が偶然に混入することあり、睡眠中に夢を見寢言を云ひ、及び夢中遊行をなすことあり、其夢を見寢言を云ひ及び夢中遊行をなす間は卽ち睡眠に催眠が混入したるなり。夢は催眠狀態に於ける幻覺と同性質のものにして、夢中に云ふ寢言は催眠狀態に於ける談話と同性質のものなり、故に睡眠者が偶然に催眠狀態となり夢を見寢言を云ひ居るとき、傍人が其睡眠者とラポーの關係を附くると、傍人と其睡眠者とは術者と催眠者との關係の如く、傍人の暗示によく感應するものなり。

（二）睡眠中の夢と催眠中の幻覺との關係

而して普通睡眠者が見る夢は偶然なる出來ごとが暗示となりて幻覺や錯覺を起し居るなり。例へば或る人の夢に道を歩むに當り、財嚢が道に落ちて居りし故拾ひ擧げんとしたるに、時恰も嚴寒にして財嚢は堅く途に凍り附きて放れず、手を以て強く引き放さんとしたれば、自分の睾丸を握りて引き居りたりと云ふ。之は睾丸を財嚢と錯覺したるなり。

又或人の夢に小水が詰まりて堪へられず、草原に今や正に放尿せんとするに當り、驚き覺醒し見れば己は臥床中にありて小水非常に詰り居たり、と之は膀胱に小水が詰りたることが暗示となりて放尿の幻覺を起したるなり。

（三）夢は如何の理由によりて現はるゝか

夢を見るは前記の如く外來の刺戟による外、自發的に自分の觀念にて見ることあり。即ち夢の原因は心内の作用と外來の刺戟との二種ありと知るべし。此理に基きて暗示を以て思ふ夢を意の儘に見せしむることを得、左に其法を語らん。

（四）思ふ夢を見さする法

先づ睡眠者に向ひ、途中雨に逢ひ濡るゝ所の夢を見せしめんと欲せば、睡眠者の顏へ霧を吹くなり。然ると其霧が暗示となりて雨と錯覺し大雨に逢ひ濡れし夢を見るものなり。又氷の上を歩み居る夢を見させんと欲せば、足の平へ冷かのものを當てるなり、然ると其れが暗示となりて氷の上を歩み足が冷たく感ずる處の夢を見るものなり。此例に鑑みて工風すれば思ふ儘の夢を見せしむることを得るものなり。

併し純粹の睡眠者に向ひ夢を見せしめんとして種々の暗示をすると、夢を見せしむること能はずして目を醒すものなり。夢を見せしめんとするには純粹の睡眠者に對しては行はれざることを記憶すべきなり。

余の實驗によれば催眠者に對して無言にて顏へ霧を吹きたれば大雨に逢ひし夢を見、又拍手したれば太鼓の音を聽きし夢を見たりと語れり。

又余は催眠者に殘續暗示を以て思ふ通りの夢を見せしむる法を發見せり。　卽ち眠遊狀態に在る催眠者に向つて「君は今夜催眠中夢を見る、君と僕とで日比谷公園を手を携へて散歩し、松本樓に上つてヲムレツとフライで麥酒を飮む夢を見る」と暗示し、尚「催眠中のことは覺醒後は何にも覺えて居らぬ」と暗示し、覺醒せしめたり。よりて催眠者は覺醒後催眠中に如何なる暗示をせられしか少しも知らず、然るに其夜果して暗示の通りの夢を見たりとて後語られたり。

(五)夢中遊行とは何ぞや

睡眠者中稀れには夢中遊行をなすものあり、夢中遊行とは睡眠者が夜中突然起きて燈火を點じ文章を認め、或は繪畫を書き而して後再び寢に就きて熟睡す、翌日覺醒の後前夜睡眠中突然起きて燈火を點じ或る事をなしたることを少しも知らずに居る、此現象を夢中遊行と云ふ。即ち此現象は睡眠者が偶然に眠遊狀態の催眠者となりて自動的に行動したるなり。催眠者は無念無想の境にありて自動的の動作は絶對的にせざるものとのみ思ふものあるも決して然らず、純粹の催眠者中深い眠遊狀態にある者は、自動的に動作をすることが往々あるものなり。

夢中遊行中には面白き不思議な實例澤山あり。或判事は夜寢ね居りて自分の愛妻を强盜と錯覺し、寶刀を拔き放ち一刄の下に愛妻を斬殺し、後

（一）催眠せしめんとしたるに睡眠が混じたるときは如何にして純粹の催眠をなすか

覺醒して大に驚き悲嘆にくれたるものあり。或る娘は睡眠中夜半突然起きて自轉車に乘り、所々を馳せ廻りて歸宅して臥床し、熟睡し翌朝目醒めて前夜自轉車に乘りて馳せ廻りしことを少しも知らずに居ると云ふ。斯樣な面白き實例は澤山ありて枚擧に遑なき程なり。

第四節　催眠に睡眠が混入せるとき睡眠を除去する法

催眠術を施したるに催眠者が純粹の催眠狀態とならずして睡眠が混入せるときは、暗示の感應が不活潑にして殆ど感ぜざるものなり。其場合に睡眠を除去し純粹の催眠となすときは暗示はよく感應するものなり。催眠に混ぜる睡眠を除去せんと欲せば、術者は先づ催眠者の兩肩に兩手を置き、少しく壓さへて強く撫下しつゝ「睡眠せなんで催眠する」「目を醒まさず此儘催眠する」と暗示し、次に胸部を撫で又兩肩に兩手を各々かけて少しく動揺しつゝ前の如く暗示の語を繰り返すなり。

然ると睡眠は消えて純粋の催眠状態となるものなり。睡眠が全く除去せられしや否やを検する法としては、催眠者に向ひ「兩手を握る」と暗示し暗示通りとならば「握りし手は活潑に開く」と暗示し、又其通りとならば最早完全に睡眠は除去せられ、純粋の催眠となりたるものなり。極く稀には催眠法を行ひたれば全くの睡眠となり如何にするも催眠にも移らず覺醒もせざるものあり。其場合には鼻穴へ紙縒を挿入しつゝ催眠誘導の暗示をなすと睡眠は消えて催眠に移るものなり。尚睡眠者を催眠せしむる方法は後に詳述する積りなり。

第四巻 施法篇上

第一章 催眠せしむる方法

（一）施法の形式は悉く學理上の根據あるを要する所以

催眠法は學理の應用なり從て術者が被術者に對する言行は一擧手一投足は勿論一言一句と雖も學理上の根據なかるべからず、何故に斯々すれば催眠するかの理を明かにして而して後に之を行ふを順序とす、若し其理を明かにせずして漫然斯くすれば催眠するから斯くして催眠せしむるなりとの術者ありとせんか、甚だ危險なる術者と云はざるべからず。斯る無謀の術者にても相當に効果を擧ぐることもなきにしもあらずと雖も、多くは失敗に終るは勿論、若し例外の現象を生ぜし場合には學理を知らざる爲め其處置を誤り被術者の身心を害することなしとせず、之れ學理を深く研究する必要ある所以なり。本篇に述ぶる催眠の施法は如何に微細なる動作と雖も悉く學理上の根據あるものなり、故に催眠の施法を記憶する毎に此施法は如何の原理に基きたるものなるかを考察するを要す。

（二）施法は悉く科學及び哲學に關係ある所以

余は曩に催眠の原理を分類して哲學と科學とに二大別し、更に科學を區別して心理と生理とに分ちて述べたり、催眠の施法は悉く此原理の應用なり。此原理に合せざる施法は其效果を奏せざる道理にして事實上亦然り。而して其施法は一寸見ると心理的の者は生理上には關せず、生理的の者は心理上には關せざる如く見ゆるも、深く考察すると決して然らず、一の形式は科學にも哲學にも心理にも生理にも連絡關係せり。彼の言語にのみよる催眠法は全く心理的のみにして哲學に關せざるに非ず、例へば言語にて「催眠する」と暗示すると催眠する、此現象は一寸見ると言語にて催眠するとの觀念を與へられ其觀念の働きによりて觀念通りに催眠するものにて心理的のみの如くなるも其實然らず、術者は言語にて暗示すると共に精神力を凝す、其精神集注の結果術者の精神が被術者の精神に影響を及ぼすことも一大條件をなして催眠するなり、其精神感應の原理は卽ち哲學なり。又彼の下撫法の如きは表面より見れば生理的のみの施法の思く思はる、卽ち下撫により上部より下部に血液を撫ぜ下げ腦の血を少なからしめ以て催眠せしむるなりとのみ思はるゝも、其れは皮相の見にして撫ぜ下げらるゝと一種の快感を來し、注意が下撫さるゝ處に集り雜念の發生を止むる效あり、卽ち心理學上の應用なると共に術者は下撫によりて必ず催眠せしむとの精神力を凝す、卽ち哲學上の原理の應用をも兼ね居るなり。斯の如く催眠法中絕對的に哲學的のみなる施法なく科學的のみなる施法もなし、絕對的に心理學的のみなる施法もなく、生理學的のみの施法もなし。唯或法は比較的に心理を主として居る故に心理的の施法なりとし、或法は比較的に生理を主とせる故生理的の施法なりと稱するに外ならず。之れ余が催眠の施法を哲學的又は科學的に區別分類せずして、單に催眠の施法中其主要なる者の名稱を採りて附し、又は被術者の如何によりて區別し名稱を附し、而して初め簡單なる催眠法を述べ、順次複雜なる催眠法を述べんとする所以なり。

（三）單純の催眠法と複雜なる催眠法との區別

大凡何事によらず研究の順序は簡より繁に、粗より細に進むを法とす、催眠法の研究も亦此順序によるを至當とす。依て余は先づ單純なる簡易の催眠法を述べ、次第々々に複雜せる至難の催眠法を述べんとする所以なり。而して初に述ぶる單純なる催眠法は後に述ぶる複雜なる催眠法の基礎となるべきものにつき、研究者は先づ初めより順を追ふて單純なる催眠法を充分に究め置く必要あり。而して後に複雜せる催眠法卽ち單純なる催眠法を數多併合して行ひ、以て如何に催眠感性低き者と雖も必ず催眠せしむる方法を研究するなり。

第一節　指結催眠法

（一）指結催眠の方法及び其理論

指結催眠法とは其字の如く指を結びて印を作り以て催眠せしむる法な

り。

印には九字の印、護身法の印等數多あり、余は古昔より我國に於て行はれたる印中の或者を採りて參酌し改良して催眠法に適するものを定めて常に用ゆることとせり、催眠法に用ゆる印として名高きものを左に述べん。

第七圖

精神統一印
術者施術に先きだちて精神の統一を圖らんとするとき此印を結ぶなり

先づ被術者をして椅子に凭らするなり(椅子に凭らするときは胸を開き上體を眞直にせしむ)或は寢臺に仰臥せしむるなり(手足を眞直に垂れて)して安樂の位地に居らしめ、被術者の傍又は前に直立して(若し被術者疊の上に坐し或は横臥し居るときは術者も亦坐す、胸を張り尻を後に突き首と胴とを眞直にし、下腹部に心力を罩めて姿勢を正し而して兩手の人指と中指とを立てゝ伸ばし他の三指を輕く握り、右手の二指を左手の二指上に置き左手の拇指にて右手の二指を壓し兩手に心力を罩む、斯くして術者は精神の統一を圖る依て此印を精神統一印と云ふ。

第八圖

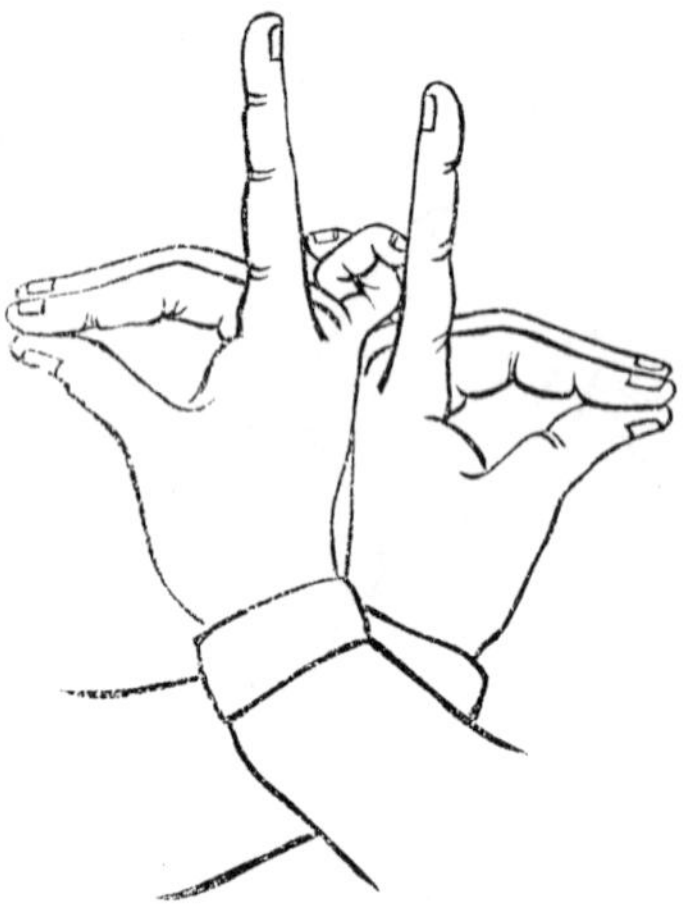

催眠印

催眠せしむる法として此印を結ぶ

次に兩手を各別に拇指と中指と藥指との指頭を集めて小指と人指とを伸ばし狐の形となし、左の手の甲上に右の手の甲を載せ小指と小指とを各々かけ、人指と人指とをば伸ばし小指と小指とを引き締め乍ら精神力を罩め「眠い眠い眠くなつた」「ねーむーくなつた」

第九圖

催眠進印
淺き催眠を深き催眠とせんとする手段として此印を結ぶなり

「最う眠りかけた」「眠つた」と繰り返し繰り返して暗示すると、其暗示の通りに催眠するものなり。依て此印を催眠印と云ふ。

次に左右の兩手の中指と藥指とを曲げて拇指を其上に載せ、小指と小指とを各鉤にしてかけ人指と人指との先を附着し心力を罩めて左右に引き締めながら「尚深く催眠する尚ツーッと深く催眠する」と繰り返して暗示すると暗示の通りに深く催眠するものなり。依て此印を催眠進印と云ふ。此他尚催眠法に用ゆる印は種々あるも實地師に就き習はざれば分りにくきを以て爰には之を略す。

此指結法が催眠法として效ある所以は術者の結ぶ印を被術者又は立會人が見ると神祕的の觀念を起し信念を高めて精神(顯在)は無念無想となる、且術者の精神は催眠せしめんとの一觀念にのみ集中せしむる手段となりて效果顯はるゝなり。換言すれば哲學及び科學の應用なり。

第二節　令號催眠法

(一)令號催眠の方法及び其理論

令號催眠法とは術者の號令に基きて被術者にある運動をなさしめ以て催眠せしむる法なり。此法に數法あり卽ち、

(一)被術者を仰臥せしむるなり椅子に着かするなり適宜の位置を執らせて閉目させ、兩手を胸部と直角に擧げさし置き「號令一にて其兩手を同時に兩側の腰部に垂れ、號令二にて其兩手を擧げて元の如く胸部と直角の位置とする」と暗示し、號令一二にて暗示の通りに兩手を下げさしたり擧

げさしたりするなり、而して其號令は或は突然緩にし或は忽然急にし或は突然一にて止め或は忽然二にて止め一々號令の通りになさしめ、其號令をば次第次第に緩にし終には全く號令を廢めると共に「眠い眠い」「ねーむいねーむーい」「最う眠つた」「尙づーつと深く眠る」と反覆暗示すると其暗示通りに催眠するものなり。

(二)又一法あり被術者に向ひ「一と云つたら目を閉ぢ二と云つたら目を開く」と暗示し置き眼の開閉を一二の號令によりてなさしむること十五六回に及ばゞ、其より次第々々に號令を與ふる時間を加減するなり。其加減の仕方は閉目して居る時間を長くし、開眼して居る時間を短くし、終には全く閉目の儘とすると共に兩眼球の上を拇指と人指とにて輕く壓し「眠くなつた」「最う眠りかけた」「眠つた」「尙づーつと深く眠る」と反覆暗示を與ふると其暗示通りに催眠するものなり。

(三)又一法あり被術者をして閉目せしめ兩手を兩側に垂れさせ置き、號令一にて兩手を一時に活潑に握らしめ、號令二にて其兩手を活潑に開かしむ、其號令を或は早くし或は遲くし或は突然一にて止め或は俄然二にて止め、一々號令の如くなさしめ、而して後に「君は總て私の云ふ通りにする」と暗示し、次に「眠くなつた」「心がぼーつとして來た」「周圍の音は少しも氣にかゝらぬ」「もう眠つた」と反覆暗示すると其暗示通りとなるものなり。被術者中稀には自我強くして術者の暗示によく注意せず、又は術者の暗示を活潑に守らざるものあり。斯る傾向ある者に對して此法を行ひ暗示をよく守らしむる習慣を附け置き、後に尙他の催眠法を行ふは最も可なり。

此催眠法の原理は號令に基きて手の上下又は眼の開閉をなさしめ、暗示に全注意を拂ふ習慣を附け以て催眠誘導の暗示を感應せしめて催眠狀態とするなり。催眠する心理學上の原理は聯想作用を催眠に效ある方面に働かするなり、由て若し催眠の妨げとなる方面に向つて聯想作用を働かすることあらば催眠が出來ざることとなる、故に余が常に雜念の發生を止めて無念無想即ち催眠狀態となると云ふは催眠の妨げとなる方向に向て働く顯在精神の聯想作用を止めることなり。

（一）下撫催眠の方法及び其理論

第三節　下撫催眠法

此法は歐米にてはパッスと云ふ、術者の手の平にて被術者の身體を上部より下方に向て撫ぜ下げて催眠せしむる法なり。此法を行ふには被術者は椅子に凭るも直立し居るも仰臥し居るも坐し居るもよし、先づ術者は兩手を開きて精神力を罩め被術者の前額部に輕く當て弱き電氣が感じたる如く微動を與へつつ其兩手を兩方に分ちて耳の前を經て兩肩に至り、兩腕を經て手の先

第十圖

暗示印

下撫するときと言語暗示を與ふるとき此印を結びて用ゆるなり

(よく注意して爪の先き迄)を經過するや、其兩手を術者の腰部中央に集め、其兩手を左右に水平に開くと共に兩手の中指と人指との二本のみを伸ばし、他の三指を握る、卽ち暗示印となすなり。(言語暗示をなすときも此印を結びて動かしつゝ與ふると感應著し)斯くて其兩手を二度び腰部に集めると共に手を飜へし指の內面を術者の方に向け、指の外面卽ち手の甲を被術者に向けて頭上に擧げ、其處にて手を飜へして指頭を被術者の前額上に載せ、左右に開き兩側を經て下撫すること前の如し。斯の如く繰り返して數回又は數十回下撫するなり。術者其下撫を行ひつゝ精神を罩めて「血は段々下に降る」「心は段々沈まる」「心はづーつと沈まる」「手足は空間に浮んで居る樣に思はるゝ」「尙づーつと沈まる」「周圍の音は少しも氣にかゝらぬ」「尙深く催眠する」と反覆暗示を與ふると其暗示通りとなるものなり。

下撫を**頭上**より一直線に**前額上**に**及**び、**或**は胸腹より**腰部**に至りて止め、

第十一圖

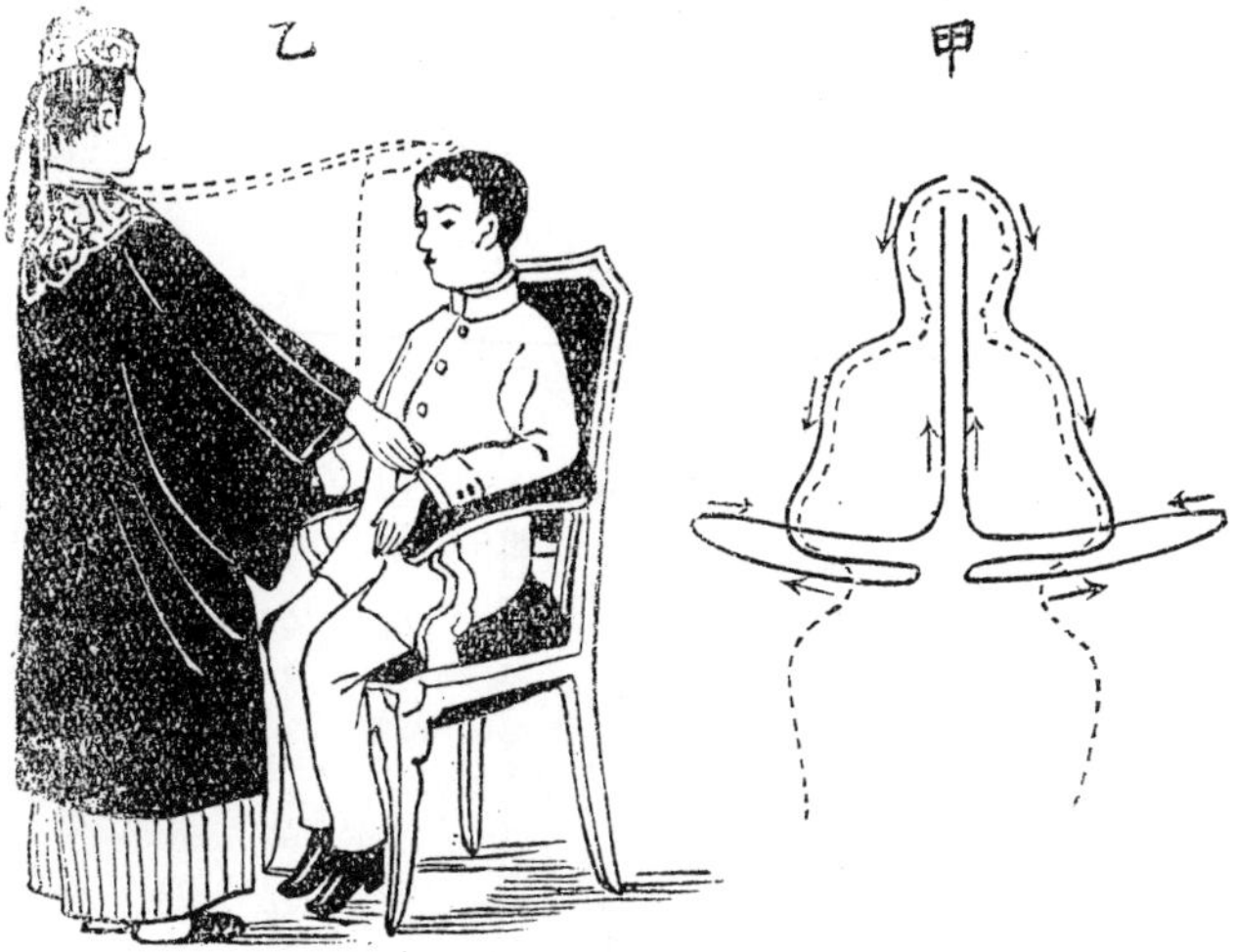
甲　乙

（甲）の矢の方向は下撫する場合に兩手を運動する方向を示す
（乙）は下撫する場合に於ける術被兩者の姿勢及び手の運動の方向を示す

左右に開きて前の如くするもよし。若し被術者仰臥或は横臥せるときは腰部より兩脚を經て足の先を通過して下撫するは最もよし。下撫は兩手にてするを本則とするも片手にてなし又は多少略して行ふも相當に效力あり。下撫卽ちパッスは觸れて撫ぜるものも觸れずして撫ぜるものも共に含む、由て普通には初めは強く身體に觸るゝも催眠が深く進むに從つて次第々々に輕く身體に觸れ、終には全く少しも觸れずに下撫するなり。之れ其理由は催眠が深くなれば精神鋭敏となる故觸れずして下撫するも尙覺醒者に對して强く觸れて下撫したると同樣の效果あるを以てなり。

催眠法には此パッスは附き者とも云ふべきもの、故に實際に施術するときは何れの催眠法に依るもパッスをば大概兼ね行ふ。殊にパッスは催眠法としては有力の方法なるを以て催眠法を稽古せんとするものは先づ此法をよく練習し置くを要す。

下撫が催眠法として效ある所以は、被術者の身體を上部より下方に向つて下撫する其手が觸れて快感を起し其觸れたる所に被術者の注意が集る。然ると其注意する所に向つて血液は循環し行くもの故、血液を下方に導くに導く效あり、殊に身體に觸れてする下撫は生理的に血液を下方に導き腦の血を少なくする效力あり。

或學者は身體に觸れてする下撫は催眠の效力あるも、身體に觸れずして する下撫は單に形容に止まりて實際上何等の效力なしと云ふも、此說は 非常に誤まれり。身體に觸れざる下撫も驚くべき大效あるものなり、其 事は實驗上明に證明し得らる。

夜普通に睡眠せる者を覺醒せしめんとして呼び起すも肩を搖するも少 しも知らずに居る熟睡者に對して、下撫を倒まに行ふと忽ち覺醒するも のなり。卽ち胸の方より頭部に向て手を觸れずして撫ぜ上げること五 六回に及べば必ず覺醒するものなり。之れ頭部より下方に撫ぜれば催 眠法となり、下方より頭部に向て倒まに撫ぜれば覺醒法となる故なり。 又深く催眠し閉目せる者に向て其身體に少しも觸れずに其身體を引く 眞似をすれば身體が引かれて來る、又其身體を突く眞似をすれば其身體 は後に倒れる。如何に術者の一擧一動が被術者の身神に影響を及ぼすかを知るべきなり。之に依て是を觀るも身體より手を離してする下撫も其效力大なることを知るべきなり。

第四節　接掌催眠法

（一）接掌催眠の方法及び其理論

此法は術者の手掌を被術者の身體中或部へ當てゝ電氣が蓄溺を起すが如く微動を與へ以て催眠せしむる法なり。其當てる場所中最もよきは腹部にして、頭部、前額、胸部、手の先、膝頭及び足の先之に次ぎてよし。（寒中前額又は手の先の如き直接皮膚に觸るゝときは術者の手を暖ため置くとよし）其れ等の場所へ術者手掌を當てゝ少しく壓しつゝ微動を與へ、弛めては又壓しつゝ微動を與ふるなり。手を當て居る時間は長き程よきも餘り長き間之を行ふときは、術者は疲勞するを以て、被術者の感受性に伴ふて其時間は長短宜しきを得る樣にするなり。然ると感性の高きものは其當てられし掌より被術者の身體に何か一種無形の物が傳はる如く神祕的に感じて催眠するものなり。

併し被術者の身體中手を少し強く觸るゝと害のある疾患ある者に對しては其局部へは此法を行ふことをば堅く避くべし。

此法が催眠法として效ある理由は、被術者は掌を當てられ少しく壓されつゝ微動せらるゝと、一種云ふに云はれぬ神祕的の觀念が起り、其當てられし處にのみ精神が集り雜念（顯在精神以下同じ）が止まり以て催眠するなり。

第五節　快感催眠法

（一）快感催眠の方法及び其理論

此法は身體の或部を手の先にて程よく挾壓して快感を與へ催眠せしむる法なり。　前節の接掌法は掌を以て身體の或部を壓しつゝ微動を與ふる法なるに、此法は指先と指先とにて身體中の或部を挾みて壓しつゝ微動を與へる法なり。

其挾壓する場所として最もよきは顳顬《こめかみ》動脉なり、卽ち被術者の兩顳顬動脈を術者の兩手の指先にて余り强くなく余り弱くなくよき程度に挾壓しつゝ微動を與ふるなり。其他挾壓する場所としては拇指の下を握りて壓し、又は前頭と後頭とを左右の手にて壓しつゝ微動を與ふるもよし。若し被術者が勞働者なるときは强く挾壓して可なるも、深窻の下にのみある令孃の如き勞働せざる筋骨の柔かきものなるときは、極めて弱く挾壓せざれば稀に弊害なしとせず。

又頸動脈を挾壓して腦に送る血行を妨げて催眠せしむる法あるも之は被術者に不安の感を起さしむる恐れあるを以て行はざるをよしとす。

此法が催眠法として效ある所以は、其處を挾壓さるゝと云ふに言はれぬ快感を起すと共に、血液の循環を沈め雜念の發生を防ぐ效ありて催眠するなり。

第六節　硬軟催眠法

（一）硬軟催眠の方法及び其理論

此法は全身の筋肉を硬くなし又軟くなして催眠せしむる法なり。先づ此法を行ふには被術者を仰臥せしめ手足を眞直に伸ばさし置き「兩手を固く握る」「兩足の指を曲げて力を入れて下腹部を固く張る」「兩足の膝頭に力を入れる」「全身に力を入れる」と反覆暗示すること數回に及び、十分時を經て次には前と反對に「全身の筋を弛める」「手も足もゆつたりとして置く」「肉體のあることを忘れて心ばかりと思ふて居る」「頭の血は足の先へさがる」「眠い眠い」「ねーむいねーむい」「最ふ眠つた尙深く眠る」と反覆暗示すると其暗示の通りに催眠するものなり。

此原理は全身の筋肉を極端に硬くしたり軟かくしたりすると血液の循環に異狀を來し、雜念を起す餘地なくなり以て身體の一部或は全部が痲痺し雜念が起きなくなる、卽ち催眠狀態となるなり。

第七節　望看催眠法

（一）望看催眠の方法及び其理論

此法は被術者に或物を望看せしめて催眠せしむる法なり。望看せしむるには光線の加減が大關係ある故光線をば被術者の頭部或は背部より導く位置に被術者を居らしむるをよしとす。例へば窓、障子或は燈光をば被術者の或部又は背部に在る樣の位置を採るなり。而して此法に數種あり、左に之を述べん。

（二）顔面望看催眠の方法

（一）顔面法は術者の顔面を望看せしめて催眠せしむる法なり。即ち術者被術者に向ひ「私の顔をよく見て居る」と暗示し、被術者をして術者の顔面を瞬もせずに長く視せしむると被術者の精神恍惚となる、其折術者は「眼を閉ぢて催眠する」「尚づーつと深く催眠する」と繰り返して暗示すると其暗示の通りに催眠するものなり。稀には望看し居る中に既に催眠して錯覺を起し術者の顔が異樣に變化して見えるものあり。

（三）指頭望看催眠の方法

（二）指頭法は術者の指頭を望看せしめて催眠せしむる法なり、其法に又二あり一は二本の指を望看せしめ、他は一本の指を望看せしむる法なり。

卽ち術者の右手の人指と中指とを伸ばして開き、他の三指をば堅く握り、開きし二本の指を被術者の兩眼に一指宛近づけ、眼を去ること四五分位の處に於て上下左右に二指を動かし、又は二指をして或は遠ざけ或は近づける中に被術者自ら眼を閉ぢて催眠するものあり。又閉目せずして精神恍惚となり居るものに對しては「目を閉ぢて眠る」「尙づーつと深く眠る」と暗示すると其暗示の通りに催眠するものなり。

次に一本の指を望看せしめて催眠せしむる法を述べん。此法は術者の左手の人指を伸ばし他の四指をば被術者の額上に置き、人指を被術者の兩眼の中央鼻上二寸位の處に置きて被術者に望看せしむ。又は術者右手の人指のみを伸ばし他の四指を握り、人指の先を被術者の兩眼の中央の前に差し伸べて望看せしめつゝ其指をして或は目より二三尺離して遠ざけ、或は目に近くること四五分とすること兩三囘にして、或は徐々と小圈を畫きつゝ遠ざけたり近けたりし、次には眼の中央に靜止し、次に次第に下に下げて目を細くせしめ終には閉目せしめ、催眠誘導の暗示を與ふると其暗示通りに催眠するものなり。

（四）複式催眠球望看催眠の方法

（三）複式催眠球法は望看催眠法中最も進步したる法にして複式催眠球を使用し催眠せしむる法なり。　複式催眠球は余の發明に係る催眠術專用の具にして、農商務省特許局の許可を得、實用新案の登錄をなせしものなり。　望看せしむる物體として其他種々有合の品を用ゆるものあるも、被術者が此球に對する信念は到底術者の指先や顏面や有合の物體に對する觀念の比にあらずして有效なり。

此球を應用して短時間に催眠せしめんと欲せば、此球を最も眼に近づけて望看せしむるを要す。　又長時間を費して徐々と催眠せしめんと欲せば、此球を眼より一二尺離して望看せしむるなり。　卽ち急に催眠せしめんと欲せば球を被術者の眼より四五分の距離に近け眼を大きく開かしめて出來得る限り眼瞼を緊張させて望看せしめ、後其球に微動を與へ又は上下に二寸位宛動かし、或は球を眼より四五寸離したり又眼に近づけたりし、最後には段々球を下に下げて眼が今少しにて全く閉づると云ふ處に止めて其儘暫く置き、終には全く閉目せしむると共に「眠い」「眠い」「最う眠つた」「尚深く眠る」と催眠誘導の暗示を與ふる、と其暗示通りに催眠するものなり。

稀には被術者中球を眞面目によく望看せざるものあり、斯る兆候見えしときは術者は注意して「球をのみよく見て居る」と暗示し暗示の通りに爲さしむるなり。よく球を望看し居るか否やは球を上に上ぐれば眼球も上に向ひ、下に下ぐれば眼球が又下がるによりて知ることを得。又稀には被術者中瞬をするものあり、然らば術者は「瞬をせずに見て居る」と暗示するなり。望看し居る中に被術者の眼球は潤ふて涙ぐむものあり、眼睛は稍々朦朧たる狀を呈するものあり、然らば術者は直に「目を閉ぢて眠る」と暗示すると其暗示通りに催眠するものなり。

又徐々と催眠せしめんとする場合、或は感受性の低き被術者を催眠せしめんとするときは、被術者を初めより仰臥せしめ、其胸部に球の入箱を重ねて（ボール製の球載箱を用ゆると最も可なり）其上に球を置き、而して被術者の眼を細くせしめ今少しにて全く閉づると云ふ極細眼にて球を眺めさせ置き、術者傍にありて「催眠する」と精神力を罩むると十分時間乃至二十分時間位なると自然に閉目して催眠するものあり。又は細目にて見つゝ其儘催眠するものあり。然らざるものには「目を閉ぢて眠る」「尚づーつと深く眠る」と繰り返して暗示すると其暗示通りに催眠するものなり。此場合には長時間望看せしむるも目は極めて細目となしあるを以て毫も害なし。

望看せしむる物體としては古來より種々の物を用ひて實驗したるものあり。鏡を回轉する裝置をなして用ひたるものあり、豆ランプを用ひしものあり、電燈を用ひしものあり、時計の龍頭を用ひしものあり、術者の結びし印を眺めさしたるものあり、自分の鼻端を眺めさしたるものあり、何れの物にても相當の效力ありと雖も、催眠術專用の具として出來居る「複式催眠球」には及ばず。然し望看物として人の瞳孔は最もよし、故に之に就ては更に一節を設けて後に述ることゝせん。

望看によりて催眠するは何故なるか、望看によりて被術者の視神經を疲勞せしめて催眠せしむるものにあらず。催眠する原理として曩に述べたる處に依るも催眠の原理中に疲勞なるもののなきのみならず、疲勞は睡眠の原因となりて純粹なる催眠を得る妨げとなるとのことは既に詳述したる所なり。依之望看催眠の原理は疲勞にあらずして被術者の注意を球にのみ集めしめて考へごとを防ぐ即ち雜念を止むる働あると共に術者は此法によりて催眠せしむると云ふ、術者の精神力が加味して初めて催眠するなり。換言すれば望看催眠の原理は哲學及び心理學の應用なり、單に生理學の應用のみと思ふは大なる誤なり。

第八節　息算催眠法

（一）息算催眠の方法及び其理論

息算催眠法とは被術者に呼吸を算せしめて催眠せしむる法なり。此法に三あり左に之を述べん。

（一）先づ被術者をして便宜の姿勢を執らせ置き「口を結んで鼻より空氣を深く吸ひ込み、空氣を下腹部迄至らしむる心持で下腹部を張らせ（此際下腹部を凹ます法を主張する者あり）鼻より空氣を呼出せしむるとき下腹部を窪ませ（此際下腹部を張らする法を主張する者あり）下腹部の張りたるとき一と胸中にて算へ、下腹部を窪めたるとき二と算へ、又其張りたるときを三、又其窪みたるときを四と算へ、斯樣にして一より五十迄算へ、五十に至らば又一に戻りて五十迄算す、此計算は堅く眠むるゝ迄は何日迄も算ふる、若し中途にて計算を誤まり或は計算することを忘れて居りしことを覺りたるときは又直に一より計算を始める、而して居る中に考へ事が浮ばず眠くなつて來りしときは其計算を廢めて催眠する、若し種々の考へことが浮んで催眠せざれば何日迄も呼吸を算へて居る」と暗示し其如くなさしむると催眠するものなり。

(二)又「初めは動呼吸即ち呼吸を極めて荒く速くなしつゝ下腹部を縮張すること五十回、其呼吸を被術者自身の胸中にて一より五十迄算すること四回に及ばゞ、次には靜呼吸即ち呼吸をば前と反對に殆んど呼吸を止めし如く極めて靜かになしつゝ精神は靜まりて眠る………と思ふ」と暗示し、其通に成さしむると次第々々に精神は沈まりて終に催眠するものなり。

靜呼吸は如何なる病者に行はするも毫も害なしと雖も、動呼吸は諸種の急性病、出血する病氣、脱腸及び熱のある病人には避けざると害あることあり。

(三)又「呼吸を荒く早くなしつゝ胸中にて計算をする、其計算毎に膝頭に力を入れる、其計算を一より五十迄すること三回に及はゞ、次には其反對に呼吸を極めて靜かに遲くなしつゝ頭の血は足の方へ下る、頭の血は足の方へ下ると思ふと暗示し、其通りに行はしむるはよき法なり。

呼吸の計算は一寸見ると雜作もなき樣に見えて實際は六ヶ敷し、眞に此計算を一より五十迄他のことを思はずに二回も數ふれば既に深き催眠狀態となるものなり。　催眠術を受けしも催眠せざりしと思ふ者は此計算を中途にて忘れ他のことを胸中にて考へ居りし人なり。　由て術者は被術者の擧動に始終注意して居り、若し被術者が呼吸を計算することを忘れて、他の事を考へ居る樣子見えたるときは「呼吸を算へる」「若し呼吸の計算を間違へたら一に戻つて算へる」と暗示し、よき催眠狀態となるまでは息算をして止ましめざる樣にするなり。　去り乍ら呼吸の計算の爲に却て精神興奮する傾きある者には動呼吸を避けて靜呼吸を行はするとよし。

息算が催眠法として效ある所以は、息算によりて生理的の働きを規則正しくなし、身體の下方に注意せしめ其注意し居る處に血液を集め、腦の血を少なくならしむると共に注意の凝集によりて雜念の發生を防ぐ效あるによる。

第九節　眼指催眠法

（一）眼指催眠の方法及び其理論

此法は被術者の兩眼瞼上に術者の指腹を載せ催眠せしむる法なり。先づ被術者を安樂の位置に居らしめ精神を沈めさし置き、而して被術者が開眼し居るときは其上眼瞼を術者の片手の人指と拇指との先きにて極く輕く下に撫ぜ抑へて閉目させると共に「目を閉ぢて眠る」と暗示するなり。又若し被術者にして己に閉目し居る場合には術者の片手の拇指と人指とを伸ばし各其眼球の上に載せ、極く輕く壓しつゝ「眠い」「ねーむい」「眠つた」「尚一層深く眠る」と繰り返して暗示すると其暗示通りに催眠するものなり。其眼球の壓し具合は少し强すぎると却て被術者に不安の感を與へて不可なり、其加減は自分で我目を壓して試み練習し置くを要す。此法は他の催眠法を行ふ場合に兼ね行ふと效果著し。此法が催眠法となる所以は、被術者が眼球の上を指頭にて壓さるゝと、精神は其處にのみ集りて雜念の發生を防ぎ以て催眠するなり。

第十節　語言催眠法

(一)語言催眠の方法及び其理論

此法は單に言語のみを用ひて催眠せしむる法なり。催眠法中語言催眠法は重要の位置を占め居りて有力の方法なり、從て大概の催眠法に語言催眠法は含有し居るものと知るべし。催眠法の主眼は被術者をして催眠の觀念を起さし其觀念の通りに身體を變化せしむるにあり、其觀念を起さする最もよき法は言語を以て催眠誘導の暗示をなすにあり、依之語言催眠法は催眠法中よき法なる所以なり。

先づ被術者を安樂の位置となし閉目せしめ置き「之より催眠法を行ふから催眠する準備をする」「私の云ふことの外は何にも思はぬ」と暗示し、然る後尚徐ろに次の如き催眠誘導の言語暗示をなすなり「私は之から君を催眠さする……」「精神は次第々々に沈まる……」「大層沈まつて來た……」「尚づーつと沈まる……」「尚づーつと沈まる……」「尚づーつと沈まる……」「尚一層深く沈まる……」「私の云ふこと周圍の音が聽えて居てもよく感應する……」「手足及び身體は空中に浮んで居る樣に思はるゝ……」と暗示を與ふると被術者は其暗示の通りになるものなり、此催眠程度は第一期にして恍惚狀態なり、此程度にて充分に治療矯癖の效あり。

尚其催眠者に向つて「づーつと精神を沈むる……」「周圍の音は聽えて居ても精神は肉體を離れて空間を漂ふ樣に思はるゝ……」「私の言ふことは聞えて居ても手足は私の云ふ通りとなる……」「此右手を堅く握る尚ほ堅く握る……」「此手は握つた儘堅まつたから開かんとしても開けぬ」と暗示す

ると如何に開かんとするも開くこと能はざるものなり、此催眠程度は第二期にして止動狀態と云ふ。

次に「何づ一つと精神を沈むる……」「周圍の音も何も聽えぬ……」「催眠中のことは覺醒後に少しも知らぬ」と暗示すると又其通りとなるものなり、此狀態は第三期にして眠遊狀態なり。

此催眠誘導の言語暗示が被術者の精神狀態に適合せざるときは暗示の通りに觀念せず從て效力甚だ少なし、稀には全く無效なるのみならず滑稽に終ることも絕對になしとせず、例へば「心は沈まつて何にも譯らぬ樣になつた」と暗示したるに其實被術者の心にては未だ心は少しも沈まらぬ、隨て何にも蚊もよく譯つて總ての音が聽えて居り少しも催眠せぬと思ひ居るとせんか、折角催眠誘導の言語暗示を與ふるも其效なきのみならず却て術者の信用を損ず。依て術者たるものはよく其被術者の精神狀態を觀察して如何なる暗示の通りに觀念する處の精神狀態なるか否やを確め、而して其れに適する處の暗示を與ふるなり。術者は專心爰に注意して暗示するも、若し被術者が暗示の通りに觀念せず從て暗示が感應せざることあらば、術者は一層精神力を籠めて丹田より出したる莊嚴の言語にて、尚繰り返し繰り返して暗示すると終には暗示の通りとなるものなり。

此催眠法の原理は暗示感應の原則によりて説明することを得。即ち術者が催眠するとの暗示を與ふると、被術者は其通りに觀念す、然ると其觀念通りに神經や筋肉は働いて終に暗示の通りに催眠するなり。

第十一節　力心催眠法

(一)力心催眠の方法及び其理論

此法は術者の心力のみによりて催眠せしむる法なり。此法は被術者をば適宜の位置に居らしめ術者は被術者に對して二三尺乃至一二間位ひ離れたる處に座を占め、姿勢を正して莊嚴の態度をなし、瞑目して一寸數息觀をなし精神の統一を圖りて而して後「目を閉づる」と暗示し被術者をして閉目せしめ、下腹部に力を入れ精神を强烈に罩めて「催眠する」「催眠する」と繰り返し繰り返して强く觀念する、と其術者の觀念通りに催眠するものなり。

此催眠法は術者の精神力が術者の肉體より發射し空間に波動を起して被術者の精神に觸れ、被術者の肉體を左右するとの哲學上の根據に基きたるなり。催眠術は術者及び被術者の精神の作用なり、故に術者の一擧一動は悉く精神力の凝りて出でたるものならざるべからず、催眠術を行ふ場合には術者は勉めて精神の統一を計らざるべからず、此事が催眠術の根源をなす。故に何れの催眠法と雖も精神力を要せざるものは一もなし、從て總ての催眠法は一も漏れなく當然に精神力の集注を要す。由て催眠法を述ぶる毎に精神力を要すること及び其原理をば述べざるも當然に必要事項なることを心得置くべきなり。

催眠施法は如何に巧に行ふも精神が籠りて出でたる形式にあらざれば眞の催眠法とならず。依て先づ催眠術に成功せんとする者は、精神をして或る一事に傾注し得る修養を積むを要す。換言すれば術者たるものは被術者をして必ず催眠せしむとの大確心動かざること山の如き決心を養成するを要す、其大確心が發動して初めて偉大の効果を擧ぐるなり。

(一)書文催眠の方法及び其理論

第十二節　書文催眠法

此法は文書を被術者に讀ましめて催眠せしむる法なり。試に見よ伏臥又は仰臥し居りて新聞又は雜誌を見て居ると何つの間にか眠つて仕舞ふことあり、書文催眠法は此理を應用せしものなり。先づ被術者をして仰臥せしめ安樂の位置となし置き左の文句を認めし紙を渡して三回讀ましむるなり。

先づ目を閉ぢて動呼吸と靜呼吸とをやる。動呼吸とは息を吸ひ込み得らるゝ丈力を入れて荒く吸ひ込み、下腹部を張らせて一と算し、其息を又力を入れて悉く吐き出しつゝ下腹部を凹ませ乍ら二と算す、斯の如く呼吸を算することを一より五十迄行ふ。

右の動呼吸を爲しつゝ其れを一より五十迄算ふると四回に及ばゞ次には靜呼吸を行ふ、靜呼吸は極めて靜に呼吸するなり、呼吸をなし居るか否か他人には少しも譯らぬ程靜にするなり。即ち鼻孔に少さき羽毛を置くも動かぬ程靜にするなり、斯く靜に呼吸をなしつゝ「眠い眠い」「ねーむいねーむい」と胸中に繰り返しつゝ頭の血は足の先きに下りて精神は靜まる靜まる、と呼吸の度び毎に思ひ居るとを何回となく繰り返すなり。

之を三回讀みてよく譯つたら書いてある通りに動呼吸と靜呼吸とをやつて見る」と暗示し、愈々文書に認めし通りになすことを得るに至らば、其紙を被術者より受取りて傍に置き被術者をして其文書に認めある通りに行はしむ。

術者は傍にありて手を觸れずに頭部より足部に向つてパッスを行ひつつ「催眠する」と心力を罩めつゝ被術者が果して暗示通りになし居るや否やを觀察し、若し被術者が暗示通りにせざる樣子見えしときは「文書にて見し通りに呼吸をする」と暗示して其通りに行はするなり。斯くて機熟さば「最う催眠した」「催眠したから手でも足でも皆私の云ふ通りとなる」と暗示すると眞に其通りとなるものなり。

此原理の要點は、其文書を讀ましめて其文書にのみ精神を集めしめ以て心機の一轉を圖り、次で動靜の二呼吸を行はしめ雜念を拂ふて催眠せしむるなり。

第十三節　首廻催眠法

（一）首廻催眠の方法及び其理論

此法は術者の手を以て被術者の首を廻はして催眠せしむる法なり。此法を行ふには被術者をば椅子に凭らするか坐せしむるかするなり、臥し居る者の首は廻すことを得ざればば臥せしむることを得ず、先づ術者は被術者の後頭部に一掌を當て、一掌を其前額部に當てゝ輕壓し「首の筋を弛め首は何う動かされても少しも氣にかけず動かさるゝまゝにして居る」と暗示し、首を右に傾け得らるゝ程傾け其儘後に廻し、其れを又左に廻はし、次で前に廻して右に及ぼす、斯の如く右より左に首を幾回となく廻すなり。其廻し加減は始め四五回は靜に廻し中頃の四五回は次第々々と速に廻し、最後の四五回は徐に首を直立の位置となしつゝ廻し、終には首を直立せしめ全く靜止し、兩手をば頭より極めて徐々と離すなり。其廻す間は常に術者は口の中にて「眠いねーむい」「眠くて堪へられぬ」「最う眠つた」「尚深く眠る」と暗示するなり。然ると其暗示通りに催眠するものなり。此原理の主要は首を回轉せらるゝと首筋を弛め快感を起し、頭部の血液を下方に循流せしめ腦の血を少なくならしむ。卽ち生理的催眠の原理と、頭部の回轉にのみ注意が集りて雜念を止む、卽ち心理的催眠の原理と、術者は此法によりて催眠せしむと心力を凝す此心力の感應とによる卽ち哲學的催眠の原理とによりて催眠するなり。

第十四節　撿搏催眠法

（一）撿搏催眠の方法及び其理論

此法は被術者の脈搏の多少及び大小を檢して催眠せしむる法なり。脈は普通に診斷せんが爲に行ふと同樣に撓骨動脈の搏動を腕關節上部に於て示指中指環指の三指頭を以て輕く壓して其數を檢するなり。脈數は健康の者に在ては七十乃至七十五を通常とす、其以上に昇るときは其脈を疾と云ひ尙百以上に至るときは數と云ふ、又七十以下なるを緩又は徐と云ふ、又搏動の休止間歇するを結代と云ふ、又脈數の他に强弱硬軟大小等の脈搏あり。

先づ此法を行はんとするときは、催眠法に着手する前に豫め被術者の脈搏の大小及び其數を檢し置き、而して後に被術者を安樂の位置に居らしめ、息算法を命じて行はしめ置き、脈搏を檢しつゝ「催眠する」と精神力を凝むると脈搏は漸次數を減じつゝ小さくなるものなり。然ると尙脈搏を檢しつゝ「精神は段々沈まる」「脈搏は次第に小さくなつた」「眠くなつた」「最う脈搏は眠つた」「尙づーつと深く眠る」と催眠誘導の暗示を與ふると其通りに催眠するものなり。

此法のみにて充分の催眠程度に進むることは感受性の高き者に對してに非ざれば行はれず、依て普通は他の催眠法と併合して行ふをよしとす。催眠時の脈搏は覺醒時に比して小さく數を減ずるを原則とす、由て脈が何日迄も始と同樣にして數も減ぜず小さくもならざる者は容易に催眠せざるものなり。我國にては昔の醫士は脈にのみよりて診察せり、其習慣が先入主となり居りて、病人は脈を見て貰ふことが病氣治療上必要のことゝ思ひ居る、故に若し醫士にして病人の脈を見ずして診斷せんか、例令醫學上より見れば間然する處なきも、病人より見れば物足らぬ心地し、從て病人が全快を豫期すること少なきまゝ終に不結果に終ること多し。此法が催眠法たる所以は術者が被術者の脈を見ることは、被術者の信念を高むる良法となると共に精神を無想に導く良法なり、無想が卽ち催眠狀態なるを以て此法も亦一の催眠法となる所以なり。

第十五節　挾指催眠法

（一）挾指催眠の方法及び其理論

此法は被術者の無名指の先を術者の指腹にて挾み揉み以て催眠せしむる法なり。　卽ち被術者の片手を採りて術者の右手の人指と拇指との先にて被術者の無名指の先を爪と共に挾み揉むが如くなしつゝ「眠くなつた」「尙ヅーつと眠くなる」「尙ヅーつと眠くなる」と暗示し又別の手を採りて斯くの如く挾指しつゝ「最う眠つた」「尙深く眠る」と繰り返して暗示すると其暗示通りに催眠するものなり。

無名指の先を挾揉することが催眠法となる所以は、被術者の精神が其挾揉さるゝ指先にのみ集まりて他に注意が轉ぜず、終に無念無想となる故なり。言葉を代へて言へば指先の挾揉は雜念の發生を止める方法となる故催眠法となるなり、催眠狀態とは無念無想の狀態なればなり。

第十六節　忘肉催眠法

（一）忘肉催眠の方法及び其理論

此法は被術者をして自分の肉體を忘れて精神のみと思はしめ以て催眠せしむる法なり。先づ被術者を直立せしめ術者は被術者の前に立ち「身體中の筋を弛め力を拔いて居る」「肉體のあることを忘るゝ」「自分考へを少しも起さぬ」「心を沈める」と暗示し被術者の身體を少し前に傾ける姿勢となし置き、術者は兩手を開き被術者の身體を前に引く形をなしつゝ「身體は前に傾く」「尙づーつと傾く」と繰り返して暗示すると被術者の身體は次第に前に傾く、次に兩手にて被術者の身體を突く眞似をなしつゝ「身體は眞直になる」と兩三囘暗示すると其身體は次第に起きて眞直となる、次には兩手にて後に突き傾ける樣をなしつゝ「身體は後に傾く」と兩三囘暗示すると又其通りとなる「尚身體は後に傾きて倒るゝ」と暗示すると全く倒るゝものなり。術者は其時被術者の後にまはり兩手を開きて被術者の身體を受け止めるなり。而して其被術者を寢臺に仰臥せしむるか、又は椅子に凭らせるかして安樂の姿勢とならしめ「尚深く催眠する」と反覆暗示を與へると其暗示通りとなるものなり。

此法が催眠法として效ある所以の要は被術者を直立せしめ身體中の筋を弛め、力をなくして居ると身體外周部の血管は開張して血液は身體の下部に下り腦の血は少なくなると共に雜念は消え失せて無念無想卽ち催眠狀態となるなり。

第十七節　强壓催眠法

（一）強壓催眠の方法及び其理論

此法は催眠感性極く低き者を強壓的に催眠せしむる法なり。此法は強壓的に行ふ方法なるを以て體格強壯なる者に對してに非ざれば行ふとを得ず、先づ寢臺か椅子か或は夜寢る如く敷布團をのべをき、其傍に被術者を直立せしめ兩腕を前方に伸ばさしめ兩手を堅く握らしむ、且其兩腕を緊張せしめ「兩手は尙堅く握る」「尙堅く握る」と暗示して非常に固く握らしめ、被術者の首は少し後方に傾けさせ、術者は被術者の固握せし手の先を持て徐々と上に擧ぐる、と被術者の身體は後に傾きて弓形をなす其有樣にて暫時放置するなり、其時間は催眠感性の多少によつて斟酌するなり、感性左まで低からざるものは五分時間にて充分なり、感性最も低き者と雖も三十分時間も其儘となし置くと如何に自我强き者にても雜念を起すの餘地なくなるものなり。斯て機熟さば靜に兼て裝置したる寢臺か或は布團の上に仰臥せしむるか、又は椅子に腰をかけさするなり。而して下撫法を行ひつゝ「身體が樂になつたから尙深く催眠する」「づーつと深く催眠する」と暗示すると其暗示通りとなるものなり。

此法を行ふに當り注意すべきことあり、被術者が自分の考にて身體の位置を樂の風に代へることあらば、術者は其れを許さず術者指定の位置を採らするなり。且初めての被術者に此法を行ひ身體を弓形となして立たしめ置く間は、術者は被術者の身體より眼を離すべからず、稀には被術者により俄然倒るゝことあり、其ときは術者は怪我なき樣直に抱き留めて轉倒を防ぐなり。第二回目以後の施術なれば此被術者は倒るゝ性質なるか否かゞ確然判明するを以て倒るゝ性質の者に就てのみ特別の注意を拂ふなり。

若し被術者中術者に向つて此催眠法は非常に苦勞で堪へられぬから、樂な法に代へて呉れと申したるときは、術者は夫れに答へて凡そ如何なる療法にても皆多少の苦痛あるも其れを忍耐するの要あり、彼の醫士の與へし藥も苦味あるとて厭うて其れを棄てゝ飮まず、又灸を點ずるも熱きとて拂ひ落さば如何、其藥と灸との效用は無效となり終るべし。殊に苦味ある藥は苦味あればこそ效用あり、灸は熱ければこそ效用あり、催眠術も又時には苦勞のことあるも其苦勞が效あるなり。今此施術をなすに至りては術者の心勞は被術者の苦勞に數倍す、其道理を含味して須く忍耐ありたしと諭して遵守せしむるなり。

此法が催眠法として效ある所以は、疑心深き者又は研究心ある者にても此法を行はるゝと身體不安穩の位置にある故、雜念を起す餘地なくして無念無想卽ち催眠狀態となるなり。

第十八節　旋指催眠法

（一）旋指催眠の方法及び其理論

此法は指頭にて被術者の或部を螺旋形に輕撫して催眠せしむる法なり。先づ術者の右手の人指と中指とを伸ばし他の三指を堅く握り卽ち暗示印を造り、人指と中指との先にて額の中央を螺旋形に輕撫しつゝ精神力を凝めて「眠い眠い」「ねーむーい」「ねーむーい」「最う眠りかけた」「眠つた、尙づーつと深く眠る」と暗示すると其暗示の通に催眠するものなり。

螺旋形に輕撫する場所は獨り額の中央のみに限らず、頭部、鳩尾《みづをち》、脚部及び背部を斯の如く輕撫するもよし。尤も被術者が仰臥の位置を採りしときは背部には行ひ難し、何者仰臥すると背部は寢臺に觸れ居りて手を觸るゝこと能はざればなり。又頭部に觸るゝことは女子には行ひ難し女子は髮を結び居ればなり。

此法によりて催眠する理由は、輕撫によりて快感を起し、輕撫さるゝ處にのみ注意は集まりて雜念を止め不知不識無念無想となる故なり、彼の理髮をして貰ふて居るとき又は按摩に揉まして居るとよい心地になつて眠氣を催すも又之と同一理なり。

第十九節　觸動催眠法

(一) 觸動催眠の方法及び其理論

此法は術者の指先を被術者の或部に觸れ動かして催眠せしむる法なり。後に述ぶる摩按法の一種とも見ることを得、此法を行ふには被術者は如何なる姿勢を執り居るもよし、先づ術者は兩手の指先を被術者の額の中央に觸れ左右に開き耳に至る迄輕く撫づることを何回となく繰り返しつゝ「眠い々々」「ア、眠い」「ねーむい」「ねーむーい」「眠つた」「尙ふかーく眠る」と暗示すると其暗示通りに催眠するものなり。

又閉目せる眼瞼を左右に兩手の指先にて輕く撫ぜ、或は閉目せる兩眼瞼を同時に上より下に輕く撫ぜるもよし。　頭部又は足端を斯の如く撫づるは最もよし、然ると存外早く催眠するものなり。

此法は兩手にて行ふを本則とするも片手にて行ふもよし、撫づるに指先を以てせず鳥の羽にて行ふもよし、殊にヒステリー性の女或は貴夫人の中には術者の手が顏面に觸るゝを嫌ふものあり、然るものに就ては顏面をば羽毛を以てするをよしとす。

此法によりて催眠する理由は、觸動によりて一種の快感を起すと共に神祕的の觀念を起し其觸動さるゝ處に被術者の注意が集りて雜念の發生を止め無念無想卽ち催眠狀態となるなり。

(一)動息催眠の方法及び其理論

第二十節　動息催眠法

此法は術者の手を被術者の呼吸と共に運動して催眠せしむる法なり。先づ被術者を安樂の位置に居らしめ閉目せしめ、術者は右手を被術者の頭上に擧げ置き、被術者の呼吸を覗ひて被術者が呼氣すると共に頭上より前額を經て鼻上に及ぶまで輕く觸れて撫ぜ下げつゝ「催眠する」と精神力を罩むるなり。而して再び其手を頭上に擧げ前の如くに繰り返すと數十回に及ぶと催眠する者なり。

其觸るゝ場所は獨り頭上より前額を經て鼻上に及ぶの一法に止まらず、胸部、腹部及び脚部に行ふもよし。

此原理は呼吸に伴ふて術者の手は運動する故、其運動にのみ被術者の精神を集めしめて雜念の發生を防ぎ以て催眠せしむるなり。

第二十一節　念觀催眠法

（一）念觀催眠の方法及び其理論

念觀催眠法とは被術者に催眠するとの觀念を起さし觀念の働きにより て催眠せしむる法なり。總ての催眠法が皆此原理の應用と見ることを得るも、此に述ぶる法は最も直接に催眠するとの一觀念のみを働かし以て催眠せしむる法なり。

先づ此法は被術者を安樂の位置に居らしめ、目を閉ぢさして「ねーむーい ねーむーいと思ひつゝ頭の血は足の先きに下ると思ふ」「其れを繰り返し 繰り返して何日迄も思ふ」と暗示して斯く思はすると、終に催眠するもの なり。

此「眠い眠い」に代へて「心は靜まる、しづーまる、しづーまる、づーつと沈まる、づヾづと沈まると胸中に繰り返し繰り返して思ふ」と暗示するもよし。然ると思ふ通りに精神は沈まり次第に周圍の音も耳に入らなくなり、或は身體は穴の中へでも入る樣に思はれて終に全く何事も解らぬ樣に深く催眠するものあり。又は斯く觀念して居ると身體はフワ〳〵と空間を漂ふ樣に思はれて催眠するもあり。

此催眠法の原理は心に思ひし通りに肉體は變化すると云ふ心身相關の理によりて解釋することを得。

（一）注集催眠の方法及び其理論

第二十二節　注集催眠法

此法は被術者の精神を或る一點に集注せしめて催眠せしむる法なり。心理上より見れば總ての催眠法が皆之なり、然れども此法は殊に此事のみを主として行ふなり。　集注せしむる對象物として被術者の足の先は最も可なり、卽ち被術者をして橫臥せしめ、數回下撫して後兩足の先へパーキンスを各壹個宛載せ、其上に毛布をかけ「身體中の筋を弛めて肉體のあることを忘るゝ」「雜念を拂ふて心を鎭める」「兩足の先に載せある物にのみ心を留めて居る」「頭の血が足の先の方へ下りて行く、下りて行くと繰り返して思ふ」と暗示し「尙頭の血は足の先の方へ下がる」「足の先へ血が下るとのみ思ふ」と數囘暗示し「手も足も重くなつた動かすが嫌になつた」精神はぼーつとして來た、周圍の音は聽えても氣にかゝらぬ、尙心はづーつと鎭まる」と暗示すると其通りになりて催眠するものなり。

パーキンスを載する場所は獨り足の先に止まらず前額に置くも可なり、又は被術者の患部卽ち腕なり胸なりに置くもよし。パーキンスは直接皮膚に觸れて置くを原則とするも場所によりて衣服の上より置くも可なり。又パーキンスを用ひずして單に鼻尖下腹部等に注意せしむるもよし。此法は他の催眠法と兼ね行ふと最も效果多し。

此原理は精神をして或一點にのみ集めさし置く、と其結果として雜念の發生を鎭制す、斯くて遂には其注意し居るものをも忘るゝ其時が卽ち催眠狀態なり。或る一點にのみ注意せしめて他のことを思はぬ樣にするのは雜念の發生を防ぐ手段なり、殊に足の先に注意せしむると血液は其足の先に集まりて腦の血が少なくなる方法ともなる故催眠法として效ある所以なり。

(一)吹息催眠の方法及び其理論

第二十三節　吹息催眠法

此法は被術者の身體の或部へ息を吹きかけて催眠せしむる法なり。先づ被術者を安樂の位置となし置き「身體中の筋肉を弛めて肉體のあることを忘れて心ばかりと思ふて居る」「心をずーつと沈めて居る」と暗示し其如くなさしめ、而して被術者の足の甲、手の甲又は前額へ靜に息を吹きかけつゝ「催眠する」と心力を凝すと催眠するものなり。

息を吹きかくるには術者の口を窄めて距離を一寸位とし暖き息を吹き

かけて暖みを感ぜしむる様にするなり。

此法は催眠法として效力薄し、依て他の法と併合して行ふをよしとす。

此法が催眠法として效力ある所以は、其息を吹きかけらるゝ處に被術者の精神は集りて雜念の發生を止め以て催眠するなり。

第二十四節　暖涼催眠法

(一)暖涼催眠の方法及び其理論

此法は寒きときは暖めて催眠せしめ、暑きときは涼めて催眠せしむる法なり。試に見よ寒き時候に暖爐の傍か或は炬燵に入り居ると眠くなりて終に睡眠することあり。又暑き時候に涼しき風通しのよき室に居ると清々して心機一轉することあり、之等の經驗より此法は按出せしものにして、主として冬季又は夏季に之を行ふなり。冬季なれば殊に施術室を暖にし、被術者を仰臥せしめ足の處に危險の虞なき裝置の行火を入れ、薄き布團をかけ「眠い眠い」と繰り返して思はしめ術者は手掌を火鉢にて焙りて暖め、其暖き手を被術者の前額、手の先、又は足の先きに當てゝ微動を與へつゝ心力を凝すと催眠するものなり。冬季ならざるも寒き日には暖き手掌を前額、手の甲又は足の先に當てゝ心力を凝むるは一種の催眠法なり。

夏季なれば日光の直射せざる方面の障子を開放し風通しをよくし、被術者を安樂の位置に居らしめ「眠い眠い」「最う眠りかけた」「眠つた」「尚づーつと深く眠る」と繰り返して暗示しつゝ被術者の樣子を見、非常に暑くして流汗玉を成す如きときは靜に扇子を以て煽ぎてやるなり、若し其場合に電氣應用の煽風器あらば最も可なり。此法は他の催眠法を行ふ補助法として行ふは最も可なり。

此法が催眠法となる理由の要點は寒に過ぎず、暑に過ぎざらしめ生理的の働を順當ならしめ、以て快感を與へ雜念の發生を防ぎ以て催眠せしむるなり。

第二十五節　不告催眠法

(一)不告催眠の方法及び其理論

此法は催眠術を行ふに當り催眠術を行ふと告げずして催眠せしむる法なり。催眠術を行ふと云ふと都合の惡き場合に此法を行ふなり、即ち今私の行ふ法は催眠術に非ずして靈力感通術なりとか、速急術なりとか、感神術なりとか、感應術なりとか、精神術なりとか、自由術なりとか、氣合術なりとか、思念術なりとか、呼吸術なりとか、靜座術なりとか、禁厭術なりとか、祈禱術なりとか、種々の名稱を附して之を行ふなり。故に此法を行ふ目的は多くは治療にして公然と催眠術と云ふ名を附して行ふに非る故、深く催眠せしめざるも被術者をして信用せしむる口實あり。例へば催眠術と公然云ふと被術者術を受けし上は相當に催眠したと思はるゝ狀態とならざるときは私は催眠せざりしと云ふ、然るに其場合に私は今催眠術を行ふたるに非ず故に催眠せずして可なり、唯君は僕の云ふ通りに思ふてさへ居れば君の病氣は治す、之れ余の行ふ術の殊點なりと説明するなり、然ると被術者中催眠術の原理を知らざるものは其言を信じて其暗示に感應し、以て其病氣は治するなり。故に此法も又或る場合には採らざればならざることあり、此方法として種々の法あり左に之を述べん。

(一)被術者を閉目せしめ置き「深呼吸をする其深呼吸を胸中にて計算して居る」と暗示し其如く行はしめ、次に「私がエイッと一聲叫ぶと君の病氣は取れる」と暗示し其通りにするも一法なり。

(二)被術者に向つて「閉目して居る」と暗示し閉目せしめ「私が君の患部に手を當て撫ぜつゝ精神を凝むると君の患部は治る」と暗示して其如くするも一法なり。

(三)被術者に對して「目を閉ぢて精神を鎭めて居る、其とき私が「ケンゲンコーリテイ」と十五回唱ふると、君の精神はぼうつとして君の身體は私の云ふ儘になる」と暗示し其如くするも一法なり。

(四)自製の護符を持ちて被術者に向ひ「私が霊顯著しき此護符を以て君の患部を撫づると苦痛は立どころに癒る」と暗示し、然かするも一法なり。此法が催眠法たる所以は催眠狀態とは全くの無念無想となりしときのみを云ふにあらざることは暫々詳述せし處なり、此法を行ふときの被術者の精神狀態も或度までは無想卽ち催眠狀態となり居りし故暗示が感應するなり、故に此法も亦一種の催眠法なり。此法の原理の主點は暗示感應の現象と見ることを得。

第二十六節　心信催眠法

(一)心信催眠の方法及び其理論

此法は被術者の信仰心を利用し催眠せしむる法なり。先づ此法を行ふには術者は被術者に向つて豫め質問し、被術者の信仰せる神佛を確め置くを要す、例へば「君は神佛を信仰するの」と尋ね、被術者が「私は基督敎を信仰して居る」と答へたら、術者は「基督敎を信仰するは最もよいことである、私も基督教をば大に信仰して居る、私が行ふ催眠術も基督が昔行ひし重病人を卽治したる奇蹟と原理及び方法に於て似て居る處がある、其れ故私は基督の御教によりて人の病氣を治するのである、故に基督教を信仰して居る人には私の行ふ催眠術治療の效は最も顯著に現はるゝ」と說明し、而して寢臺に仰臥せしむるか、又は椅子に腰をかけさするかして目を閉させ「私がアーメン、アーメンと繰り返し繰り返して唱ふる、と君の精神は次第々々に沈まりて終には何にも譯らぬ樣に無念無想となる」と暗示し置き「催眠する」と心力を罩めて「アーメン、アーメン」と次第々々に聲を細めて長く引きて唱ふると被術者の精神は次第に鎭まりて無想となる、其機を見計らひ「最う眠つた尙深く眠る」等の催眠誘導の暗示を繰り返すと其暗示の通りに催眠するものなり。

之は獨り基督敎を信ずる被術者に就て述べしものなるも、其他佛敎を信仰するものにても、神道を信仰するものにても、又單に弘法大師不動明王或は觀世音或は稻荷大明神、何なりと信仰する者に對しては夫れ〴〵前記の例によりて其信仰心を利用し以て催眠せしむるなり。此原理の主要は日頃信仰せる神佛に對しては自我を働かせず絕對的に其神佛の權威に服從する、卽ち心身を捧げて無念無想になる、其精神作用を利用して、暗示を感應せしめ以て催眠せしむるなり。

第二十七節　視瞳催眠法

此法は被術者に術者の瞳孔を見詰めさして催眠せしむる法なり。此法に三種あり左に之を述べん。

(一)視瞳催眠の方法及び其理論

(一)此法を行ふには光線をば被術者の頭部より或は背部より導く位置に被術者を居らしむるを要す、卽ち窓又は障子に被術者の頭部或は背部を向けて臥さするなり坐せしむるなりして術者は被術者の前に座を占め、被術者の眼より術者の顏を一尺位高くし、被術者の顏と術者の顏とは二尺位離れて被術者に術者の兩眼の瞳孔を見詰めさするなり、其折術者は被術者の兩眼の中央なる鼻上を見詰め居るなり。然ると催眠して自然に眼を閉づる者あり、然らざる者には「眼を閉ぢて眠る」と催眠誘導の暗示をなすと其暗示の通りに催眠するものなり。

(二)術者の顏を被術者の顏に近づけること一尺位とし、被術者に術者の一方の瞳孔を見詰めさし、瞳孔に被術者自身の顏の寫り居るを凝と見詰めさし居ること數分時間(感受性の高低によりて此時間に差異あり僅か一二分時間にて充分なるものあり、或は十分時間以上を要するものもあり)なると、被術者の瞳孔放大して動かなくなる、其れを機として「目を閉ぢて眠る」と暗示し閉目せしめ、兩眼上に術者の指頭を載せ「尙づーつと深く眠る」と暗示すると其暗示の通りに催眠するものなり。

(三)被術者を椅子に凭らし、術者は被術者より三四尺離れし處に直立して印を結び、術者の眼を被術者に見詰めさし術者も又被術者の目を見詰めて居ると被術者の眼球はすわりて涙ぐむ、然らば「目を閉ぢて眠る」と暗示し目を閉ぢさせて後、催眠誘導の言語暗示を行ひつゝ「パッス」を行ふはよき法なり。

此法は催眠法中有力なる方法なるも術者の膽力据らざれば嚴正に行ふこと能はず、又婦女子中には餘り顔と顔とを見合ふことをば嫌ふものあり、斯る兆候ある婦女子に對しては此法をば避くるをよしとす。

術者視瞳法を行ふときは極めて心を嚴格にして被術者の鼻上兩眼の間をのみ見居るを要す、若し輕忽にも眼を轉じて被術者の鼻又は口の邊を眺むることあり、笑みを含む如きことあらんか、術者被術者共に笑ひ出して施法を中止するの止むなきに至ることあり。　一度笑ふて中止することあらば最早二度び三度びするも效果を得ること六ヶ敷し、故に笑ひに終る如き輕忽のことなき樣に注意すべし。

此催眠法は望看催眠法の一種と見ることを得、故に其原理は望看催眠の原理に同じ、望看物體として眼は最も有效なり眼には何んとなく一種莊嚴の威ありて、人の膽を奪ふて精神を無想ならしむる力あり。彼の蛇が蛙を眺めて魔死せしむるは其著しきものならん。

第二十八節　摩按催眠法

(一)摩按催眠の方法及び其理論
(二)輕擦法、揉捏法、重擦法、振顫法、壓迫法及び運動法とは何ぞや

此法は術者が被術者に按摩をなしつゝ催眠誘導の言語暗示をなして催眠せしむる法なり。其按摩法は日本流(神經按摩)にても、西洋流(筋肉按摩)にてもよし。按摩法には數種あり、輕擦法と云ふて手の平にて輕く撫ぜ擦する法あり。揉捏法と云ふて拇指と他の四指とにて筋肉を把り壓搾する法あり。重擦法と云ふて拇指を伸ばし他の四指を皮膚に附け置き拇指に稍々力を入れ左右前後縱横及び輪狀に動かす法あり。叩打法と云ふて手を輪狀になして彈力的に輕く叩打する法あり。振顫法と云ふて手掌を體面に當て又は手にて或る部分を握り或は指尖を或部へ當て

て物に怖れて手足が戰き顫ふが如き動作をする法あり。壓迫法と云ふて一手又は多くの指にて壓する法あり。運動法と云うて被術者の關節を働かす法あり。是等の諸法を詳述すると非常に長くなる、殊に其詳細に至りては實地に研究せざれば紙上にては述へ難き點もあり、依て爰には斯う云ふ諸法のあるとのみを述ぶるに止めむ。

催眠法として其按摩を行ふ場所は、頭部、頸部及び足部を最もよしとす。而して又其場所によりて或る方法が適する場所と否とあり研究を要す。且催眠法として按摩を行ふ場合は成るべく輕く柔かなる力の入らざるものを單調に行ひつゝ「眠い眠い」「ねむーくなつた」「ねむーくなつた」「最う眠つた」「尚深く眠る」と暗示すると其暗示の通りに不知不識催眠するものなり。

此原理の要は按摩をせらるゝと快感を起す、且按摩せらるゝ處に被術者の注意が集りて雜念の發生を防ぎ以て催眠狀態となるなり。

第二十九節　吟呻催眠法

（一）吟呻催眠の方法及び其理論

此法は術者が口中にて一種の唱へごとをなして催眠せしむる法なり。先づ被術者を仰臥せしめ或は椅子に凭らしめ閉目せしめ心を沈めさし置き、術者は其傍に居り精神を罩めたる低聲にて「精神はしづー……まる」「しづー……まる」と繰り返して聲を切らず長く連續して一ト口に暗示するなり。又「フウ、、、、、、、、」と恰も釜鳴の如く口中にて單調に長く唱へつゝ掌を頭部より足部に向て觸れずに螺旋形に運動しつゝ下ぐるも可なり、其聲は初めは比較的高くなし次第々々に低くし終には全く無聲となるなり。而して「最う眠つた尚深く眠る」と反覆して暗示すると其暗示通りに催眠するものなり。

此原理の要は精神が沈まるとの暗示の感應或は一種異様の呻吟に被術者の聽覺を奪ひ其事にのみ精神を集めしめて雜念の發生を防ぎ以て催

眠せしむるなり。

第三十節　喝棒催眠法

（一）喝棒催眠の方法及び其理論

此法は被術者に催眠するとの棒喝を與へて催眠せしむる法なり。此法は曾て催眠せしめしとある被術者か、又は感受性の高き被術者に對してに非ざれば成功すると至難なり、此法としては被術者を安樂の位置となし置き、閉目せしめて數息觀卽ち自分の呼吸を算せしめ置き、被術者の精神沈靜せるを見「私が大聲にて一言催眠すると云へば屹度深く催眠する」と暗示し置き、術者は直立し姿勢を正して機を見計らひ下腹部より出したる力ある强き言葉を以て突然「眠る」と暗示するなり、而して「尙づーつと深く眠る」と反覆暗示しつゝパッスを行ふと催眠するものなり。

其眠るとの一言が單に口先にて大聲を發したるに過ぎざれば、被術者は却て其一言の爲に滑稽の感を起して笑ひ出すことあり。故に其「眠る」との一言は精神力を罩めたる莊嚴の口調にて反對觀念を起す餘地なき樣に與ふるなり。

此原理の要は「眠る」と云ふ暗示が强烈なる故、雜念發生の餘地なくして、暗示通りとなりて催眠するなり。

第三十一節　飛叱催眠法

(一)飛叱催眠の方法及び其理論

此法は被術者を叱り飛ばして催眠せしむる法なり。被術者中稀に不眞面目なるものあり、術者の暗示を輕忽に聞き流し爲に催眠せしむることの困難のものあり、斯る傾向ある者に對しては豫め「君は僕の云ふことをよく守るか守れば施術をする、守らぬならば斷る」と云ふなり、其折被術者が「よく守るから施術して呉れ」と云ふたら「然らば施術してやらん」とて着手するなり。之れ此法を行ふ伏線なり、而して後に施術に着手して後、若し被術者が暗示を輕々しく思うて暗示の通りに全注意を拂はずして術者の施法を心内にて批評し居る如き場合に術者は勵聲一番「君は僕の云ふことを眞面目に聞かぬならば僕は施術を斷る、君は終身病人で居りたいか」と大喝すると被術者其れでは困ると精神に痛く答へて眞面目になる其一刹那に「づーつと深く催眠する」「尙深く催眠する」と暗示すると其暗示の通りに催眠するものなり。

彼の小兒に其父親が何か仕事を命ずる然るに、小兒は其仕事を嫌だとて肯ぜず、其時父親が勵聲一番「まだ仕事を始めぬか、ぐづ〳〵して居ると毆るぞ」と云ひつゝ鐵拳を堅めて振り上げると小兒は「御免〳〵仕事をやります」と云うて仕事に從事すると同一理なり。　卽ち威壓を以て曲れる精神を矯めるなり。

故に此法を行ふには術者は被術者よりは平常、優勢の地位にある人ならざれば行はれず、例へば父が子に對しての叱聲は效を奏するも、小學校生徒が警部に對しての叱聲は效を奏せず、却つて滑稽に終ると同樣なり。

依て術者たるものは此飛叱が行はれ得る被術者なるか否かを洞察して而して後に之を行ふべきなり。

此理は不眞面目なる精神を飛叱によりて眞面目に代らしめ、雜念の生起を防ぎて無念無想卽ち催眠狀態とならしむるなり。

第三十二節　合氣催眠法

（一）合氣催眠の方法及び其理論

此法は氣合の掛聲にて催眠せしむる法なり。先づ此法としては、被術者を椅子に凭らせ術者は被術者より六尺位距てゝ直立し「私が大きな聲にてエイッと一聲叫ぶと君は目を閉ぢ直に催眠する」と暗示し置き、被術者をして術者を眺めさせ置き、呼吸を深かく大きくさせ、術者は直立不動の姿勢をなし、右手を頭上に擧げ左手を左側に垂れ、下腹部に精神を罩め被術者の顔面を熟視しつゝ被術者にも又術者の顔を凝視させ、被術者の精神沈靜の機を見計り且つ靜に被術者の呼吸を窺ひ、被術者呼氣の場合に術者は下腹部より出したる力ある言語にて「エイッ」と一聲氣合を掛くると共に擧げ居りし右手を下に切り落すと共に被術者閉目し催眠す、其時術者は被術者に近より「尙づーつと深く催眠する」と反覆暗示しつゝパッスを行ふなり。然ると其暗示通りに催眠するものなり。

催眠術を行はんとするものは、先づ此掛聲を大に練習するを要す。練習が積まざれば其掛聲は腦に響かず、從て感應せざるものなり。氣合が上手に出來ざれば催眠術を行ふ實力なきものと云ふも過言にあらず、此氣合は催眠法として有力なるのみならず、治療の暗示法としても亦有力なり。熟練すると氣合一つにて覺醒者の步行を止むることを得「エイッ」の掛聲は只一聲のみにて催眠せしむるを本則とするも、一聲のみにて甘く催眠せざる場合は、四五回連續して與ふるも亦一法なり。此法も又前に催眠せしめしことある被術者に就てか、又は性來感受性の高き被術者に就てに非ざれば見事に感應せしむること六ヶ敷し。

此原理は、突然叫ぶ處の「エイッ」の一聲のために、被術者の雜念は停止し以て催眠狀態となるなり。

第三十三節　折指催眠法

(一)折指催眠の方法及び其理論

此法は被術者の手及び足の指を屈伸せしめて催眠せしむる法なり。其法としては被術者を仰臥せしめ又は椅子に凭らしめ置き、其の兩足の指及び兩手の指を一と算して同時に屈し二と算して其れを伸し、三と算して又屈し四と算して又伸す、斯くして一より五十に及び、又一に戾りて五十に至ることを十分乃至二十分時間も行ひつゝ算し居ると雜念消えて催眠する。然らば「尙深く催眠する」「尙づーつと深く催眠する」と暗示する、と其暗示の通りとなるものなり。

此原理の要は其足の先及び手の先の屈伸に注意せしめて雜念を止むる、と共に其處へ血液を循環せしめ腦の血を少なからしめ以て催眠せしむるなり。

第三十四節　數計催眠法

（一）數計催眠の方法及び其理論

此法は術者が被術者に向ひ數計により催眠するとの暗示を與へ置き高聲に數を計へて催眠せしむる法なり。此法としては先づ被術者をして安樂の位置に居らしめ、閉目せしめ置き「私が一より十迄數を計へると君の精神は次第々々に沈まつて、十と呼ぶと共に催眠する」と暗示し置き、而して後術者は一、二、三、四、……最後の十と云ふときは時間を一より九迄を唱へしより間を少く置き一層力ある語を下腹部より出して十と長く語尾を引きて叫ぶと其語が終ると共に催眠するものなり。然らば「尚づーつと深く眠る」「尚づーつと深く眠る」と暗示を繰り返しつゝ下撫法を行ふと益々深く催眠するものなり。此法に熟練すると一、二、三、で三と云ふときに既に深く催眠せしむる事を得。

併し此法は感受性の高き者か然らざれば曾て催眠せしめしことある者に就てに非ざれば見事に感應せしむること六ヶ敷を普通とす。由て他の催眠法と併合して行ふと効用著し。

此原理は被術者の精神を術者の計數にのみ注意せしめ以て雜念の發生を防ぐことゝ、被術者が術者に十と云はるゝときは、必ず自分は催眠すると云ふ强き豫期作用の結果と、術者の精神力の感應とによりて催眠するなり。

第三十五節　握指催眠法

(一)握指催眠の方法及び其理論

此法は術者が被術者の指を握りて催眠さする法なり。先づ被術者を椅子に凭らせ閉目せしめ、術者の兩手にて被術者の兩の拇指の下を各別に堅く握るか、或は被術者の兩手の拇指を除く外の四指を左右別々に堅く握りて電氣の感ぜし如く微動を與へつゝ「眠くなつた」「尚づーつと眠くなる」「眠りかけた」「最う眠つた」「尙一層深く眠る」「尙ゞーつと深く眠る」と暗示すると其暗示の通りに催眠するものなり。此法を行ひ乍ら視瞳催眠法を兼ね行ふと最もよし。而し此法を行はんとして男子の術者が婦女の手をじつと堅く握りてぶる〳〵動かすは異樣の感を起す恐れあり、由て異性の被術者に對する場合は他の催眠法を採るをよしとす。

此原理の要は其握られし處に被術者の注意が集り、其處に血液を集め以て腦の血を少なくならしめると共に、雜念の發生を防ぐ效ありて催眠するなり。

第三十六節　搖動催眠法

(一)搖動催眠の方法及び其理論

此法は被術者の身體の全部或は一部を極く徐々と動搖せしめて催眠せしむる法なり。小兒を守子が負うて靜に動搖して睡眠せしむるは暗に此理に合せり。此法を行ふには被術者を椅子に凭らせ閉目せしめて其兩肩に術者の兩手をかけ「肉體のあることを忘れて心ばかりと思うて居る」と暗示し、被術者の首を肩と共に極めて徐々と左右又は前後に搖かしつゝ「眠くなつた……アー眠い……最う眠つた……尙づーつと深く眠る……」と暗示すると其暗示通りに催眠する者なり。

此法を行ふには普通肱掛椅子を用ふるも、囘轉自在なる高等理髮店用椅子、又は齒科醫療用椅子を用ひ靜に椅子を囘轉するは最も妙なり。

此原理の主點は身體の動搖によりて被術者の精神を其事にのみ集めしめて雜念の發生を防ぐと共に、筋肉を弛め身體外周部の血管を開張せしめて血液を下方に循流せしめ以て催眠せしむるなり。

第三十七節　撫離催眠法

(一)撫離催眠の方法及び其理論

此法は下撫催眠法の一種とも見るべき法にして被術者の身體より遠く離れて下撫の形式を行ふて催眠せしむる法なり。先づ被術者を椅子に凭らしめ開眼せしめ置き、術者は被術者より一間乃至二間位離れし處に直立し、被術者をして術者の顔及び動作を熟視せしめ、術者も又被術者の顔を熟視し居り、兩手を開きて頭上に高く擧げ(掌は被術者に向けて)其手にて恰も撫ぜ下ぐる如くなしつゝ下に下げ、又其手を頭上に擧げ撫ぜ下ぐる姿勢をなすことを繰り返しつゝ次第々々に術者は被術者に近より て、終には被術者の身體に觸れて撫ぜ下ぐるなり。然ると大概の被術者は既に閉目するものなり、若し身體に觸るゝ迄近より撫ぜ下ぐるも未だ閉目せざるものに對しては「目を閉づる」と暗示して閉目せしむ。而して「づーつと精神を沈むる」「尙づーつと精神を沈むる」と反覆暗示すると暗示通りに精神鎭靜して催眠狀態となるものなり。

此原理の要は被術者をして術者の手の運動に注意せしめ血液を下方に導き、且他のことを考ふるの餘地なからしめ、尙催眠誘導の暗示を感應せしめて催眠せしむるなり。

第三十八節　線光催眠法

（一）線光催眠の方法及び其理論

此法は光線を利用して催眠せしむる法なり。此法としては施術室の周圍に藍色の幕を張り、或は電燈に藍色のホヤを掛け、或はランプに藍色の布を蓋ひ以て室内を藍色の薄暗き室となすは最も可なり。藍色は色の中で一番精神を沈むる效あり、從て殊に藍色のホヤをかけたる電燈或はランプを望看せしむるは最も有效なり。

又施術室を暗黑となし其中央に被術者を仰臥せしめ置き下撫しつゝ催眠誘導の暗示をなすとよく催眠する者なり。

又被術者を暗室に置き突然マグネシャに點火して强き光線を以て被術者の眼を刺戟すると忽然强直狀態となることあり。施術室は暗黑とするを可とするも被術者の不安と術者の不便とを避けんが爲に普通は單に室内を薄暗くする丈けにてよし、若し室内明り過ぎるときはハンケチを目の上に覆ひ催眠誘導の暗示をなすと其暗示通りに催眠する者なり、此法中或法は充分に獨立して催眠せしむることを得る效力あるも、概して其催眠せしむる力少なし、故に他の催眠法を行ふ場合に補助法として此法を行ふは最もよし。

此催眠の原理の要は望看催眠法と同一理にして、光線を以て被術者の眼を疲勞せしむるにあらずして、注意を一點に集めしめて忽然又は徐々雜念の發生を防ぎ以て催眠せしむるなり。

第三十九節　面鏡催眠法

（一）面鏡催眠の方法及び其理論

此法は鏡面を應用して催眠せしむる法なり。即ち施術室の左右の壁をば大鏡を以て張りつめ、光線をば前後より導く裝置となし、天井をも又大鏡を以て張りつめるなり。而して其室に被術者を導き被術者をして左右を眺めさすると鏡面と鏡面と相對せる其中央に術者被術者居るを以て、影像は又影像を生じて無數の人影となる、其れを眺むると云ふに言はれぬ神秘的の觀念を生じて無想となる。

依之暫らく左右の鏡面を眺めさせ乍ら病氣の容體を尋ね、稍々無想となりし時兼て裝置せる寢臺の上に横臥せしめて天井を眺めさすると、天井も又鏡面故、被術者自身の影像が寫りて現はる。其影像を初めは普通に開眼せしめて眺めさし次第々々に目を細目に閉ぢさして、今少しにて全く閉づると云ふ處にて暫らく眺めさすると自然に閉目して催眠する者なり。又久しく眺めさするも閉目せず其儘になり居る者には「目を閉ぢて眠る」と暗示しつゝ兩眼瞼に指を當てゝ閉目せしめ、其眼上に輕く指頭を載せ「眠い眠い」「ねーむい」「ね！むい」「眠つた」「尙深く眠る」と暗示しつゝパッスを行ふと其暗示通りに催眠する者なり。

此原理の主要は被術者の精神をして或物に集注せしめ而して雜念の發生を止むるにあり。換言すれば或一物にのみ精神を集め居る、と終には其一物をも忘る、其時を催眠狀態と云ふなり。

第四十節　放香催眠法

（一）放香催眠の方法及び其理論

此法は爽快なる匂ひを嗅がしめて催眠せしむる法なり。卽ち香水の如き麝香の如き香を適度に數分時間嗅がしめつゝ催眠誘導の暗示をすると其暗示通りに催眠するものなり、坐禪を行ふ場合に線香を點ずるは暗に此理に合せり。

被術者中鼻が異常に鋭敏となり居りて少しの惡臭も非常に嫌ふものあり、然るに術者の口中より惡臭を發することあらば、被術者は不快の念にかられて催眠を妨ぐることゝなる。由て施術室內の物品は淸潔とし、術者は施術に先だちてゼムか淸心丹か仁丹か或は口中カオールかを含み居る、と獨り術者の口中の臭氣を防ぐ效あるのみならず暗に放香催眠法を行ふことゝなる。

此法のみにては催眠の效果は甚だ微弱なり、而し他の催眠法を行ふ場合に補助法として行ふには此法は都合よき法にして補助法としては棄つべからざる一法なり。

此原理の要は其匂ひに精神を集注させて雜念の發生を防ぎ、以て催眠狀態とならしむるなり。

(一)單調催眠の方法及び其理論

第四十一節　單調催眠法

此法は被術者に單調不變の音を聽かしめて其音に注意せしめて雜念の起るを防ぎ以て催眠せしむる法なり。　即ち被術者を安樂の位置となしをき、閉目せしめ勉めて精神を靜めさし置き、而して單調不變の音を聽かしむるなり。　單調不變の音として懷中時計の音、又は隣室にある掛時計(スリゲルをよしとす)の戞々の音を被術者の胸中にて一より五十まで繰り返し繰り返して算せしむるとよし、其時術者其傍にて「音を算へることにのみ氣を止め、他のことには少しも氣を止めぬ」「計算を間違へたら一に戻りて正確に算へ直す」と暗示し其暗示の如くならしむると、忽ちにして催眠するものなり。

彼の子守歌がよく幼兒を眠らす計りにあらず、之を聞く大人も又眠くなる、此子守歌は卽ち廣義に於ける調單催眠法の一種と見ることを得。又彼の南無妙法蓮華經或はトウカミヱミタメハラヒタマヘキヨメタマヘを病人の傍にて何萬遍となく唱へ居る、と病人は苦痛を忘れて終に昏睡することあり、之れ暗に調單催眠法と其理を同うす。

此場合に於ける小兒及び病人の眠りは自然の睡眠にして催眠にあらず、睡眠者は術者との間に意志の聯合なきを以て催眠者とは大に其性質を異にするも、無念無想の點に於ては兩者同一にして、雜念の發生を止める原理に就ても又兩者を同樣に見ることを得。此法のみにて充分に催眠せしむることを得るも、此法は他の催眠法と併合して行ふを最も妙とす。

此法の原理の主要は單調不變の音にのみ注意せしめて雜念の發生を防ぎ以て催眠せしむるなり。

第四十二節　調複催眠法

（一）調複催眠の方法及び其理論

前節に述べし催眠法は單調不變の音を聽かしめ催眠せしむる場合なるも、爰に述べんとする法は複調即ち音の高低を著るしく變化せしむる所の音樂を利用して催眠せしむる法なり。音樂の中に興奮律と靜穩律とあり、興奮律を奏すると精神興奮して愉快に堪へず、不知不識踊り出すことあり、之に反して靜穩律を奏すると精神は次第々々に沈靜して眠くなり、終には何時の間にか眠つて仕舞ふものなり。故に催眠法として靜穩律を奏し眠くて堪へられざる樣になりしとき「眠くなつた」「ア、眠い」「其儘づーつと眠る」「尚深く眠る」等の暗示を與へて催眠狀態に導くなり。

昔メスメルは催眠法の一手段としてハーモニカを奏せり、余も又ハーモニカを用ひて自在に催眠せしめしことあり、又余は佛國より自働ピアノを購入し催眠に應用したるに結果存外に良好なり。余の知人某は明笛又は岩笛を應用してよく催眠せしむ。併し此法も又他の催眠法を行ふ場合に其補助法として行はゞ頗る妙なり。此原理の要は音樂に被術者の精神を集めしめて、雜念の發生を防ぎ以て催眠狀態とならしむるなり。

第四十三節　氣轉催眠法

（一）氣轉催眠の方法及び其理論

此法は被術者が或る事を考へ居る其考を他に轉ぜしめ、其虛に乘じて暗示を感應せしめ以て催眠せしむる法なり。先づ被術者を仰臥せしむるなり椅子に凭らするなりして置き、閉目せしめて精神を沈めしめ片手を執らへて高く擧げしむ、而して「其手は次第々々に下る、下ると共に次第に催眠する」と暗示し精神を罩むる、其とき被術者は其手は下らぬと觀念し下らぬ樣に氣を留めて居る、故に其手は下らぬ其場合に術者は被術者の他の片手卽ち擧げ居らざる手の甲に指を觸れ「圓を畫くか四角を畫くかを記憶して居る」と暗示し、指先にて圓形或は角形を畫く、然ると被術者は其畫かるゝ處にのみ全注意を集む、故に擧げ居りし片手をして下げずに居らんとの反抗心を忘る、忘るゝと共に擧げ居りし手は暗示に感應して不知不識次第に下る、其とき術者勵聲一番暗示して曰く「手は暗示の如くに下つた」「周圍の音術者の言葉よく譯りて居りても確に催眠した」「手が暗示の通りに下る如く君の身體は悉く暗示の通りになる」「尙ゞ一つと深く催眠する」と暗示すると其暗示の通りとなるものなり。

被術者の氣を轉ぜしめんとして觸るゝ場所は獨り手の甲に止まらず、前額、耳孔、及び足の平は最もよし。

此原理の要は身體中比較的神經過敏なる場所を刺戟し、其刺戟せる所にのみ精神を集めしめ、今迄起しつゝありし雜念をして忘れさせ、精神に空虛を生ぜしめ、其空虛に暗示を注入し感應せしめて以て催眠せしむるなり。

第四十四節　用利催眠法

（一）用利催眠の方法及び其理論

此法は被術者の特點を賞揚して快感を與へ以て催眠に導く法なり。凡そ人は自分の得意とする處を賞讃せらるゝと快く感ずるものなり、一度び其人の言ふ事をして心よく感じたるときは、終には日頃好まざることにても其人の言ふことなれば心よく感じて同意するに至るものなり。例へば金の無心に行きたるときは、其家の犬猫に至る迄も賞讃して氣に入ることとのみ述べ立て、終に機を見て「時に金を拜借したい」と云ふと「よしよし」と頷くものあり、之れ廣義に於ける用利催眠の應用なり。

先づ被術者を安樂の位置となし置き閉目せしめて「勉めて心を鎭める」と暗示し、其通りになさしめ次に左の如き暗示をするなり「君は人格が高いから直ぐ深く催眠する」「君はよく私の言ふ事を守るからよく感應する」「君は精神の修養が積んで居るから直ぐ無念無想となる」「宗敎上に曰ふ罪深き人は到底君の樣に深く催眠せない」と云ふ類の語を繰り返し暗示するなり。然ると被術者は人格の高き人、修養を積める人、よく遵守する人、罪なき人たらんとして勉めて催眠せんとし感應せんとする、其虛に乘じて「眠くなつた……眠くて堪へられぬ……最う眠つた……尙深く眠る」と暗示すると被術者は暗示の通りに勉めてならんと觀念す、從て容易に催眠する者なり、此催眠法は普通には他の催眠法と併合して行ふをよしとす。此原理の要は被術者の精神の實を避けて虛を誘發し、其虛に乘じて術者の暗示を感應せしめ以て催眠狀態となすなり。

第四十五節　激強催眠法

（一）激強催眠の方法及び其理論

此法は突然被術者に強き刺戟を與へて催眠せしむる法なり。大凡催眠法を二大別することを得、一は徐々と催眠を誘導する法にして他は忽然と催眠せしむる法なり、此法は後者に屬す、此法としては被術者を安靜の位置となし開眼せしめ施術室には明るく電燈を點じ置き、油斷をなさせ俄然電燈を消して暗黑となし「催眠する」「尙深く催眠する」と暗示すると其暗示通りに催眠する者也。又忽然銅羅を鳴らすと共に「催眠する」「尙深く催眠する」と暗示し以て催眠せしむるも一法なり。

此原理の主點は彼の落雷の音に驚き人事不省となる如き、忽然目の前に白刄を飜へされて腰を拔かす如き場合と其理を同うす。卽ち油斷せる處に餘り強激なる刺戟を忽然受けし故、雜念を起す餘地なき一刹那に暗示を與へてラポーの關係を附け以て催眠狀態とするなり。

第四十六節　石藥催眠法

(一)石藥催眠の方法及び其理論

此法は藥石の作用を藉りて催眠せしむる法なり。卽ち藥石の力によりて生理的の機能に變化を與へ魔睡狀態に陷らんとするとき術者は催眠誘導の暗示を與へて催眠せしむるなり。此催眠法は感受性の鈍きものにして外科手術を要する場合に限り醫師が行ふべき法にして非醫者は絶對的に行ふことを得ず、若し非醫者にして藥石を使用することあらんか、醫師法違反として所罰せらるべし。外科手術をなすには被術者は疼痛無感の狀態となり居らざればならず、然るに被術者の感受性鈍くして、疼痛無感の暗示に感應する程度に催眠せしむること能はず又催眠を數囘行うて深き催眠に誘導する餘裕もなき場合に萬止むを得ずして、藥石を使用するなり。然るに治療を目的に受術する被術者中深く催眠せざるとて、藥石の效用を過信して藥石を用ひて深く催眠させて吳れと云ふものあり、其者は藥石の效用は哲學及び科學應用の催眠力に劣ることあるを知らざると、藥石の復作用の恐るべきことを知らずして、唯深く催眠し度いと云ふことのみに心醉して其他のことを顧みざる無謀の考へなり。由之外科手術を要せざる患者なれば藥石を用ふる必要絕對になし、何者藥石を用ひざるも充分に病氣は治し得る程度に十人が十人催眠せしむることを得ればなり。

醫師にして其必要に迫り魔睡劑を應用して催眠法を行はんとするときは、豫め被術者及び其關係人に其旨を嘶し承諾を經、成るべく關係人立會の上にて施術すべし。魔睡劑中「コロ、ホルム」の吸入は最も效顯著し卽ち「コロ、ホルム」を吸入せしめつゝ「眠くなつた」「周圍の音は次第に分らなくなる」「最う何にも譯らなくなつた」「尙深く催眠する」「如何程深く催眠しても私の言ふ事がよく聞える」と催眠誘導の暗示を反覆與へてラポーの關係絕えて純然たる魔睡狀態に陷らざる樣にするなり。魔睡劑に代へて單に催眠劑を用ゆることあり、催眠劑なれば被術者及び其關係人に話して承諾を得る必要なし。催眠劑中「ズルホナール」「臭素ナトロン」「抱水クロラール」「モルヒネ」「クロレトン」等普通に用ゐらる。卽ち之等の藥物の中其一を服用(藥物の量は被術者の身體の强弱及び性質によりて加減を要す、成るべく少量を與へ好果を擧げざる場合に漸次其量を増し極量に至りて止めるなり)せしめ、而して後に其被術者を寢臺に仰臥せしめ閉目せしめて下撫法を行ひつゝ「眠くなる……尙づーつと眠くなる……最う眠つた……尙深く眠る……」と反覆暗示すると其藥物の作用と暗示の作用とによりて催眠するものなり。尙詳しくは拙著「反抗者催眠論」の中に「魔睡藥を用ひて行ふ催眠法」と題したる一章を參照せられたし。

此原理の要は藥物が體內に於て化學的の作用を起し、生理的に變化を生ずる際、心理的に言語の暗示を感應せしめて術者と被術者とラポーの關係を附け以て催眠せしむるなり。

第四十七節　氣電催眠法

(一)氣電催眠の方法及び其理論

此法は電氣を應用して催眠せしむる法なり。電氣は乾電にても平流にてもよし、乾電なれば彼のビービーの音も又催眠を誘導する效あり。先づ被術者を平臥せしめて閉目を命じ微弱なる電流を兩顳顬動脈に通じ、息算法を行はしめ置き、而して催眠誘導の言語暗示をなすと存外早く催眠するものなり。又顳顬動脈に代ふるに足の先に導子を附して通電するもよし。

此原理の要點は通電によりて蓄溺を起し被術者に神秘的の觀念を起さしむると共に、血液の循環が活潑となり、快感を起すが故に雜念の發生を停めて無念無想(顯在精神)即ち催眠狀態とならしむるなり。

第四十八節　瞬一催眠法

（一）瞬一催眠の方法及び其理論

此法は一瞬間に催眠せしむる法なり。一瞬間と云ふ故一秒時間以下の時間にて催眠せしめざればならず、若し一秒時間以上の時間を費さゞればば催眠せしむること能はざる法なれば一瞬間の名に背く。此法は何人に對しても屹度成功すると云ふことを得ず、感性の高き者か又は曾て止動狀態以上の催眠狀態とせしことある者に對して初めて行はるゝ法なり。

先づ被術者をば坐せしむるなり立たしむるなり步行せしむるなり仕事をなさしむるなりして置き、術者の心力を罩めて唯一言「眠る」と暗示すると其一瞬間に深く催眠す、彼の合氣法、口笛法の如きも巧に行ふものは又此法とも見ることを得、單に「眠る」との暗示をなすことは總ての催眠法中殆んど悉くに包合せり、然るに此場合は單に此法のみを以て深く催眠せしむるものの故、被術者の感性高からざれば行ふことを得ざる道理なり。

又他の催眠法によりて深く催眠せしめし催眠者に向ひて「此次より催眠法を行ふときは單に私が一言眠ると云へば直に深く催眠する」と暗示し置くと、次に催眠せしむるときは此法によりて行ふも確に成功するものなり、之れ即ち殘續暗示の應用なり。

此原理の要點は術者の與ふる暗示の感應と被術者が豫期せる作用の結果と見ることを得。

(一)話電催眠の方法及び其理論

第四十九節　話電催眠法

此法は術者と被術者とは遠く離れ居りて電話にて暗示し以て催眠せしむる法なり。　此法も又感受性高き者か左なくば前に施術せしことある被術者に就てに非ざれば完全に行ふことを得ず。　卽ち一度相對して施術したることある被術者にして完全に止動狀態以上に催眠が進みたるものに就てなれば容易に行ふことを得。　先づ被術者を電話口に呼び出して「今之より催眠術を行ふにより君の居間に布團を敷き催眠の妨害となる者を除き準備し置く。愈々準備整はゞ私を電話口に呼び出しなさい」と命じて一旦電話を切り術者は準備の整ふを待ち居るなり。　斯て被術者準備整ひ術者を電話口に呼んで「準備整ひし故施術を賴む」といはゞ術者は電話にて「私が今ワン、ツー、スリーと云ふ、スリーと云ふと共に君は催眠にかゝりて精神がぽーつとなる、次に又私がワン、ツー、スリーと云ふと君の精神は尙一層ぽーつとして眠くて堪へられなくなる、然らば受話器を放して兼て準備し置きし室に入り布團の上に仰臥し、眠い眠い眠るゝと觀念すると尙深く催眠するものなり。斯くて私が二度び電話を掛けてベルを鳴すと君は電話口より遠く離れし室に居りても、私の鳴すベルの音が聞えて起き上つて電話室に來りて私の暗示を聽く、其時私が一、二、三で覺醒すると暗示すると君は直に全く覺醒する」と暗示し置き其如くすると其通りとなるものなり。

此原理の要は語言催眠法と同樣なり、唯言語の媒介として電話を使用すると否との差あるのみなり。

第五十節　地隔催眠法

（一）地隔催眠の方法及び其理論

此法は地を隔てゝ遠方にある者を催眠せしむる法なり。世間の人がよく知り居る如く術者と被術者と相對して、術者が心理的の外に尚生理的の催眠法をも加へて熱心に催眠法を行ふも、尚且感受不充分なるものあり。夫れを數十里或は數百里遠方に居る者を催眠せしむると云ふに至りては頗る困難なる道理なり。而し催眠感性高き被術者に對してなれば家を異にするも府縣を異にするも催眠せしむること決して不能なりとせず。其法は豫め被術者に對して郵書を以て次の如く暗示するなり。「私は爰に居りて催眠法を行ひ君を催眠せしめ君の病氣を治す、私の時計は當地の郵便局の時計と合せ置く故、君の時計も貴地の郵便局の時計と時間を合し置かれたい、然ると私は何月何日の何時より何時迄何時間催眠術を行ふから其時間に近づいたら、君は布團を敷き横臥し呼吸を深く荒くし其呼吸を一より五十迄三回算し、次には呼吸を極く靜になし又一より五十迄繰り返して算し居る、然れば其時間に私は爰に在て精神力を凝して君を催眠せしめ、君の病氣を治する暗示をなし次に覺醒法を行ふて覺醒せしむ、然ると君の病氣は治して居る」

此旨を記したる郵書を送り被術者をして其通りに遵守せしめ、術者は其時間に到らば靜なる一室に入り精神の統一を圖りて「催眠する」「病氣は治す」「覺醒する」と精神力を罩むるなり、然ると想像せし通りの結果を得るものなり。此法は一寸見ると六ヶ敷思はるゝも或る被術者に對しては思ひしよりも容易に效果を擧ぐることあるものなり。

然れども催眠感性の鈍き被術者に對して地隔催眠法を行ひ效果を擧ぐることは頗る至難の業なり。況んや相對して施術せしこともなく未だ曾て被術者を見しこともなくして、其被術者が感受性鈍き場合に於ては實に至難中の至難なり。

此原理を說明するに或人は被術者は豫期作用によりて自己催眠するものにして、遠方にある術者の精神は何等の關係なし、卽ち今先生が施術をなして自分を催眠せしめ自分の病氣を治して下さると豫期して居る故其豫期の通りとなる、なり、と主張するものあるも決して然らず。稀には單に豫期作用による自己催眠の現象に止る場合もあらん、然れども術者の精神力が恰も無線電信の如く空間を傳はりて被術者の精神に及び以て催眠せしむるものなることは哲學上の原理により又實驗上明かなり。即ち術者は數十里遠方に在る催眠者に對し「右手は擧る」と精神力を凝すと其時間に其通りに右手が擧る「笑ひ顏をする」と暗示すると又其通りとなる、之れ確に精神力の感應に非ずして何ぞや。

第五十一節　笛口催眠法

（一）笛口催眠の方法及び其理論

此法は術者と被術者とは數間離れ居りて術者が口笛を吹くと催眠する法なり。被術者は椅子に凭り居るも、直立し居るも、歩行し居るも、仕事をなし居るも、唯術者が口笛を吹くと共に忽然深き催眠狀態となりて、何人が來りて被術者の耳元で如何に大聲を發するも、又被術者の身體に手を掛けて荷ひ行くも決して覺醒せず何事も知らずに居る。術者は其催眠者をして踊らすることなり、體操せしむることなり、病身を健體とすることなり、愚者を智者とすることなり思ふ通りに感應せしむる處の暗示をなすに、又口笛を以てすることなり。口笛に代ゆるに咳嗽を以てするも拍手を以てするも同一の結果を得。之れ余が暫々實驗して學者の淸覽に供したる所なり。

此詳細の方法と理論とは少しく秘密を要する處あり、實地に就き研究する方に限りて其秘訣を教授す。又此法とて別に六ヶ數方法あるに非らず、此書全卷を熟讀含味すると自然に其方法と理論とは考へ浮ぶならむ。

第五十二節　分部催眠法

(一)分部催眠の方法及び其理論

此法は被術者の身體中の或る部分のみを催眠せしむる法なり。普通には身體の全部をして催眠せしむるものなるも、此法は例外にして被術者の半身或は其一局部のみを催眠せしむる法なり、從て感性高くして數回施術せしことある者に對してに非ざれば充分の現象を現はし難し、左に其法を述べん。

(一)半身催眠　此法を行はんと欲せば被術者に向つて「君の右の半身は催眠し左の半身は覺醒して居る」と暗示しつゝ術者の手にて被術者の身體を中央より二ヶに分ける樣に分界線を附して「此側は催眠し此側は覺醒して居る」と手を觸れて暗示し、催眠せしめんとする側に向つては下撫法を行ひつゝ催眠誘導の暗示を與ふるなり。然ると其半側のみ催眠し他の半側は覺醒し居るものなり。故に覺醒し居る半側は平常と異らざるに、催眠せる半側にて催眠中になしたることは覺醒後に知らずに居る、又催眠せる半側に對して無感覺の暗示をなし置き突然針にて突くも知らすに居るものなり。

（二）**局部催眠**　被術者の身體中の或部分例へば右手のみを催眠せしめ他の身體は悉く覺醒の儘たらしめんと欲せば、先づ術者は被術者に向ひ其手を採り「此手のみ催眠して此手の外の全身は皆覺醒して居る」と暗示し、其手に向つてパッスを行ひつゝ「此手のみ催眠する」「君は何にも蚊もよく譯つて居るが右の手は無いと思ふ」と暗示すると其通りになるものなり。從て其催眠せし方の手に對して無感覺の暗示をなし置き其手を突然針にて突くも知らずに居るものなり。　而して催眠せざる處の左手に煙草を持たし「召し上れ」と云へば其れを喫することと殆んど平常に異らず、然し全く平常の通りと云ふを得ず、之れ右手の催眠は其全身に大なる關係を及ぼして居ればなり。

此原理の主要は暗示感應の原理によりて説明じ得らる、卽ち半身なり一局部なりが催眠するとの暗示に感應して其通りとなるものと解するを得。　元來腦神經の働きは全身皆密接の關係を有して居る故、一局部に於ける變化は全身に影響を及ぼすを常とす。然るに此場合は全身中の一局部のみに變化を與へ、他部には獨立の現象を呈せしめんとする者故、絕對的に非ずして、唯相對的に獨立の現象を現はすに過ぎざるものなり。

第五十三節　不知者催眠法

（一）不知者催眠の方法及び其理論

此法は催眠術を施さるゝことを知らずして居る者を催眠せしむる法なり。催眠術を施さるゝことを知らずして居る者、例へば汽車中にて知らぬ者が向ふに腰を掛け居るとき術者は其者に向ひ「催眠する」と精神力を强烈に罩むることと暫時なると、其被術者は目を閉ぢ深く催眠することあり、然らば「手を擧げる」と精神力を罩むると其手が擧り「下げる」と心力を罩むると其手は下がるものなり。被術者の催眠感性高くして且精神が冷靜になり居る場合なれば、何れの場所に於ても行はるゝものなり。殊に汽車中に在る場合は車輪の音響、身體の動搖は自然に或種の催眠法を行ふと同様なる故、他の處にある場合よりも催眠せしめ易し。

又曾て暫々催眠せしめられたることある者は、今術者が自分に催眠法を行ひ居ることを知らずして居る、其場合に術者は隣室に居り又は被術者の後方數間の遠くに在りて「催眠する」と强烈に精神力を罩むると催眠するものなり。

此原理の主要は術者の精神は術者の肉體より發射して空間に波動を起して不知者の精神に影響を及ぼし以て催眠せしむるなり、卽ち其理論は哲學的催眠の原理によるなり。

第五十四節　不諾者催眠法

(一)不諾者催眠の方法及び其理論

此法は催眠術を施さるゝことを承諾せざる者を催眠せしむる法なり。卽ち催眠術を施さるゝことを知らざるにあらざるも催眠術を施さるゝことを承諾せざるものを催眠せしむる方法なり。此場合に於ては被術者の催眠感性低きときは催眠せしむること頗る六ヶ敷し、然れども催眠感性高き者に對しては思ひしよりも容易に行はるゝものなり。此場合の被術者は催眠術を施さるゝことを承諾せざる者故、催眠法を行はんとするも其法を受け入れざる樣に勉めて精神を充實せしむ、精神充實せる處へ催眠法を施すも感應せざるを本則とす。由て其折は被術者の精神を意外のことに轉ぜしめて不承諾てふ精神の充實に空虛を生ぜしめ、其空虛に突然催眠法を進入せしめて終に感應せしむるなり。依て此法は氣轉法の一種と見ることを得、例へば爰に少年の病人あり、其少年の病氣は催眠術によれば必ず全治する見込充分なり、依て少年の父は少年を伴ふて受術の爲に來れり、然れども其少年は催眠せしめらるゝことを肯ぜず、少年の父及び術者は如何にかして催眠術を受くることを承諾せしめんとするも少年は堅く取て動かず、飽くまで不承諾を唱ふ、其場合に止むなく少年は父と共に術者の許を辭して施術室を出でんとする、其折術者は忽然大喝一聲「待て」と叫ぶと少年は事の意外に何事ならんと驚きて立ち止まり後に振り向く、又其一刹那に術者は再び聲を勵まして君の身體は動かぬ」と暗示すると眞に動かなくなる「最う君は催眠したから君の身體は私の云ふ通りとなる」と暗示すると其通りとなるものなり。

此原理の要點は氣合術の極意を應用したるものにして精神の實を避けて虚を誘導し其虚を突き以て催眠せしむるなり。

（一）反抗者催眠の方法及び其理論

第五十五節　反抗者催眠法

此法は被術者が術者の施す催眠法に反抗して催眠狀態とならざる樣に勉むるものをして催眠せしむる法なり、其反抗の仕方に二樣あり。

（イ）腕力を以て反抗する場合　術者が催眠法を行はんとするも、被術者精神病者にして拳を握りて振り廻し、暴言を吐きて術者の暗示に反抗するのみならず、傍に有合の棒或は椅子を取て術者を打ち殺さんとし暴れ狂ふ者をしてピタリと催眠せしむる方法はなきか。

斯る被術者に對したるときは、先づ被術者の身體に太き麻縄の綱をかけ、而して堅く寢臺に縛し附けて暴ばるゝことは愚か身體を少しも動かすこと能はざる樣にし、コロヽホルムを吸入せしめつゝ催眠誘導の暗示をなし催眠せしむるか。又は電燈に藍色のホヤを掛けて點じ置き其れを久しく凝視せしめて注意を集めしめつゝ催眠誘導の言語暗示を行ふて催眠せしむるなり、此催眠法に限りて非常に長く時間を要することあり時に三四時間を費すことあり。佛蘭西又は獨逸に於ては此法によりて暴行をする精神病者をして催眠せしめ暗示を感應せしめて其疾患を治したるもの頗る多しと云ふ。
(ロ)精神のみ反抗して肉體のみ術者の云ふ通りとなし居る場合　被術者催眠法を覺えんが爲に術者を訪ひ虛僞の症狀を訴へ治療を乞ひ、施術を受くるに當り術者が命じたる通りに萬事守ると催眠術に罹りて何事も譯らなくなる、由て催眠法を覺ゆること能はず、故に術者の云ふことを守る如く見せて其實守らざるなり。代言すれば表面は遵守する如く見せて心竊に施術に反抗するなり、斯る者に對するときは如何なる方法を以て催眠せしむべきか。

術者は此場合には殊に被術者の精神狀態を看破して其反抗精神を挫きて暗示を感應せしむる樣の手段を採るなり、例へば催眠法として術者が息算法を行ふ樣暗示せり、然るに被術者は術者の云ふ通りに息算法を行ふ如く裝うて其實行はず如何の形式を行ふかに注意し居る。然ると被術者の口中に唾液が溜りて來る其れを時々飮むものなり、術者其れを看破せば「息算法をよく行ふて居る、他の事に注意せない」と暗示すると被術者は術者がよく己の精神狀態を看破し居ることを悟りて大に驚き膽を奪はる、術者は其虛に乘じて「私の云ふことに反抗すればする程早く深く催眠する」「そら催眠した尙深く催眠する」と催眠誘導の暗示を與へ以て催眠せしむるなり。又此場合に強壓催眠法を行ふもよし。此原理の要は一斑の催眠法の原理たる哲學及び科學の應用に外ならず、殊に氣合術の原理を應用したる處大なり。

第五十六節　睡眠者催眠法

（一）睡眠者催眠の方法及び其理論

此法は睡眠せる者を催眠せしむる法なり。即ち睡眠者を覺醒せしめずして催眠に移す法なり、其法としては心力を罩めて睡眠者の頭部より胸部にかけて手を觸れずに下撫するなり。如斯下撫を行ふこと拾回にも及ばゝ尙下撫を續けつゝ次の如き暗示をするなり「目を醒さずしてよく眠つて居る」「よく眠つて居る」「眠つて居ても私の云ふことがよく聽える」「尙ふかーく眠る」と催眠誘導の暗示を繰り返して與へつゝ下撫する其手を次第々々に徐々と身體に近づけ、終には強く身體に觸れて下撫するなり。然るも尙覺醒せずしてラポーが附き催眠せしと思はゞ、靜に被術者の手を採り擧げて此手は此儘擧つて居る」と暗示し、其儘となり居るものは確に催眠したるものなり。其手が下にぐたりと落つるときは未だ睡眠し居るものなり、手が暗示の通りに擧り居らば「其手が下る」と暗示すると下る、下りし手は「上る」と暗示すると又、其通りとなるものなり、其他催眠術上一般の暗示は感應するものなり。

此法も亦被術者中嚢に催眠狀態となりしことある者なれば行ふに易し、又前の催眠中に暗示を與へ置くと最も容易に行はる。卽ち催眠者に向つて「君が今夜睡眠して居るとき私が催眠法を行ふと君は催眠に移り私の暗示がよく感應する」と暗示し置き、而して其夜の睡眠中に行ふと容易に行はる。被術者覺醒し居るときと雖も豫め被術者に向つて「君が今夜睡眠して居るとき、私が催眠法を行ひ催眠せしむるから其積りにて居られたし、若し施術によりて身體に手が觸れ爲めに睡眠が覺醒せしときは、其覺醒せる一刹那に又催眠法を行ひ、催眠せしむるにより其積りにて居られたし」と暗示して納得せしめ置きて其夜睡眠中施術すると、此約束なくして行ふよりも一層容易に效果を擧げ得るものなり。

催眠感性の低き者に對して種々の催眠法を行ふもよく催眠せざる場合に、此法を行ふと容易に催眠すると思ふ者あるも實際は然らずして此法は餘程熟練せざると成功し難し。初め撫ぜ下ぐることを數回なすと直に目を醒すもの往々あり、若し其下撫により目を覺さば其折卽ち睡眠時より覺醒せる一刹那に催眠誘導の暗示をなし、催眠法を行ふと存外容易に催眠するものなり。

稀には非常に堅く睡眠する者あり、睡眠者の肩に手を掛け強く搖りつゝ高聲にて暗示するも、身體を擔ぎ行くも決して覺醒せざるものあり。斯る者に向つては鼻穴に紙縒を挿入すると刺戟に堪へず首を動かすものなり、其首を動かす一刹那に催眠誘導の言語暗示を與ふると催眠に移るものなり。

此原理の要は被術者は睡眠して精神が無想となり居る、其處へ術者の精神が影響しラポーの關係が附きて催眠狀態となるなり。

第五十七節　BA催眠法

（一）催眠し難き病人を催眠せしむる方法及び其理論

此法は體格弱くして感受性低き者に對して數多の催眠法を併合し催眠せしむる法なり。體格弱き者に行ふて害なき法なるを以て、體格强き者に對して行ふも勿論可なり。本章の第一節以下に述べたる數多の催眠法中何れの法にても其中の一法を僅か二三分時間行ふのみにて催眠せしむることを得るものあり、然し單に或る一催眠法を行ふのみにて深く催眠する者は感受性の高き者か、左なくば前に數回催眠せられしことある者なるを普通とす。依之余は爰に最も感受性低くして今迄一度も催眠せしめられしことなき者と雖も、必ず催眠せしむることを得る方法を述べんとす。感受性の低き者をして必ず催眠せしむることを得れば、其他の者は悉く容易に催眠せしむることを得て便利なり。

(二)施術前の四大要件

先づ催眠法に着手する前に當り、四個の準備事項を踐むを要す、四項の準備事項とは何ぞや左に之を説かん。

(一)術者は被術者の精神狀態を看察し意思の疏通を圖るを要す。先づ術者は被術者と種々の問答を試み、被術者は催眠術に關して如何なる考へを抱いて居るか誤解をして居らぬかを察し、催眠術の眞義に反する考へを抱いて居りしときは其誤解なることをよく親切に叮寧に説破し、被術者をして有益のことを云うて呉れる人であると感ぜしめ、術者の人格に感化せらるゝ感を持たしむるを要す。從て被術者をして假令微少と雖も惡感を起す言行は堅く避くる樣注意し、快感を起す樣に勉むべきなり。

(二)催眠した心持の如何を噺し置くを要す。催眠した心持は夜自然に眠りし睡眠の如く何にも知らぬ樣になるものあり、又催眠中のことをよく記憶し居るものあり、催眠中のことがよく譯り居りても何にも分らざるも共に催眠狀態なり、催眠狀態と覺醒狀態との區別點は專門の學者に非ざれば判定することと能はざる問題なるを以て其事は學者の研究に一任すべきものなり。依て催眠中のことを覺え居ると否とは催眠狀態となりしと否との區別にあらざることをよく說明して納得せしめ置くを要す。

此事をよく納得せしめ置くと否とは斯術の成功不成功の分るゝ上に多大の關係あり。

(三)次に被術者洋服を着し居らばカラーを取り除かしめ、又和服にて帶を後に於て高く結び居る者は其帶を解かしむるをよしとす、然らざればカラー又は帶の結び目が支へて氣にかゝり催眠の妨げとなるものなり。

(四)次に被術者をして仰臥せしむるなり。仰臥せしむるには診察用寢臺の上なれば最もよきも、寢臺なければ座敷の中央へ夜寢る樣に布團を敷き坊主枕を具へ其上に仰臥せしむるもよし。而して「身體中窮屈の處あれば今直して置く」と暗示し、窮屈の所若しある者には其處を直さし身體を撫ぜて位置を定め、脈膊の多少强弱を檢し、薄き布團或は毛布を被術者の上にかけ、曾て述べたる數種の催眠法を次の順序に行ふなり。

(イ)指結法　場所の都合により術者は坐し居るも直立し居るも、胸を張り肩を歛て首も胴も眞直とし、下腹部に精神力を罩め精神統一印(指結催眠法參照)を結び默想すること三分時。

(ロ)令號法　次に被術者をして閉目せしめ、兩側に附け置きし被術者の兩手を持ち擧げ肱にて曲げて胸部と直角に擧げ置き、號令一にて其兩手を兩側に下げしめ、號令二にて元の如く擧げさす。其一二の號令を早くし又遲くし、突然に早くし又遲くし、突然に一にて止め又二にて止めたりして、一々其號令の如くなさしむ。

(ハ)下撫法　次に被術者の身體を下撫するなり、卽ち前頭部より兩肩胛部を經て手の先きを通過し、又腰部より足の先を通過して下撫することを拾數回なすなり。

(ニ)**接掌法**　次に術者は片手の平を被術者の下腹部に置き、被術者の呼吸に伴れて腹が凹むときは少し壓し、腹が脹るときは少し弛めつゝ電氣が感ぜし如く微動するなり。然し下腹部に手を觸ると惡い病氣、卽ち腹膜炎の如き病氣ある者に對しては堅く避くるを要す。

(ホ)**快感法**　次に被術者の膝頭を左右同時に術者の左右の手にて輕く握りて輕く壓迫しつゝ微動を與ふること數分時間にして、其兩手をば兩足の前脛を經て足の指端に至る迄輕く壓迫し微動しつゝ下撫することを數回なすなり。次に顳顬動脈を術者の兩手にて程よく壓迫しつゝ微動するなり。

(ヘ)**硬軟法**　次に被術者に兩手を堅く握らせ、足の先に力を入れさせ、下腹部に力を入れさせ、兩足の膝頭にも力を入れさせ、全身にも力を入れさせ「尙兩膝頭に力を入るゝ尙一層强く力を入るゝ」と暗示し次の法を行ふなり。

(ト)望看法　複式催眠球を箱より出し、箱及び箱の蓋とを重ねて(球載箱と稱するボール製の球を載せる箱あり其箱を用ゆると尤もよし、其箱は高さ三寸あり其上に置くと眺め易し)仰臥し居る被術者の胸上へ置き「眼を細く開いて此球を見る」と暗示し、極く細目にて其球を眺めさし置くなり。斯くなしつゝ次の法を行ふなり。

(チ)息算法　斯くなしつゝ呼吸を算することを一より五十迄二回程非常に荒く早くなしつゝ膝頭を動かさしめ、一より五十に至ること二回に及ばゞ前と反對に呼吸をして極めて靜にし、呼吸をして居るか否か分らぬ樣に靜になし乍ら「頭の血は足の方に下りて精神は沈まる」と繰り返して思はしむるなり。　卽ち硬軟法、望看法及び息算法の三法を一度に行はしむるなり。

(リ)眼指法　斯くて二十分も經過し若し未だ眼を開き居らば「眼を閉ぢて

眠る」と暗示しつゝ(既に閉目し居らば勿論此暗示を要せず)術者は片手の拇指と人指との先にて眼を閉ざしてやり、其兩指を被術者の兩眼上に輕く置き、少しく壓しては弛め弛めては又壓すなり。而して又下撫法を繰り返しつゝ語言法を行ふなり。

(ヌ)語言法　術者は催眠に着手してより終る迄は、他の施法を行ひ居る間も常に言語暗示を用ひて被術者を催眠に誘導し、尚其催眠を深く誘導する所の暗示をなすなり。例へば被術者に向つて精神力を罩めて「眠い」「ねーむーい」「最う眠つた」「尚ふかーく眠る」と繰り返し繰り返して暗示するなり。然ると其暗示の通りに眠くなつて催眠するものなり。

前記の諸法を行ふに大凡三四十分時間を費して行ふなり、然れば大概催眠するものなり。依て前記の方法を行ひ盡さば被術者の片手を撫せ下げつゝ「今私が君の腕を撫ぜて居ることを君はよく知つて居る、知つて居てもよく感應する、私の云ふことがよく譯つて居ても君はよく催眠して居る」と暗示し、次に其手の撓骨動脈を檢し脈膊が覺醒時よりも靜かとなりし者は既に催眠せしものなり。然らば徐々と其手を持ち擧げ肱を突きて擧げさし置き、此手は「輕く擧つて居る」と暗示すると其通りとなり居る。然らば尙精神力を罩めて「此手の先は有るか無いか譯らぬ」と暗示すると又其通りとなるものなり。次に其手の先に一寸觸れて「此手は爰に(此時又腰側に一寸手を觸れて)下る」と暗示すると其手は其處に下るものなり。其下ることが鈍きときは一層心力を罩めて强く「下る」「下る」と暗示し、且足の先を撫ると暗示の通りに下るものなり。斯の如く暗示が感應すれば最早立派に催眠せしものなり。

(ル)力心法　若し前記の催眠法を完全に行ひ盡すも尙未だ催眠せざる者あらば如何。眞に斯る被術者に出會し時は單に力心催眠法のみを行ふなり。前記の諸法を完全に行ふて催眠せざる者は、術者の言に反對の觀念を有する疑心深き者なり。斯る者に向つて「心は鎭まる」と暗示すれば

「何に少しも心は鎭まらぬ」と反對精神を活動さす、術者が「斯々する」と暗示すれば「何にそれより此法が己にはよく適する」と反對觀念を抱く、如斯者に向つて手を觸れたり言語を發したりする催眠法を行へば反對の結果を惹き起すものなり。由て斯る傾き見えたる者に對しては純然たる力心催眠法を行ふと自然に催眠するものなり、即ち「私が目を醒ましてよいといふ迄は決して自分で目を開いたり自分で手足を動かさぬ」「催眠が不充分と思はゞ如何に時間が長くかゝるも充分に催眠せしと思ふ迄は目を醒さぬ」と暗示し置きて、力心催眠法即ち術者は決して被術者の身體に手を觸れず何等の言語を發せず單に「催眠する」と心力を凝むるなり、力心催眠法には被術者が反抗せんとするも反抗する對照物が五官に觸れず故に終に催眠するものなり。

普通は純然たる哲學的の催眠法よりは心理生理に基く催眠法の方が效果あるものなるも、被術者が例外の性質を有する場合は又例外の催眠法が却て效果あるものなり。

(三)千人が千人悉く催眠せしめし方法

余の實驗によれば本節に述べたる催眠法を行うて催眠せざる者は千人に就き一名もなかりき、唯其催眠は人によりて深淺を免れず、稀には催眠程度が極めて淺き者もありしも大抵は豫想通りの深き程度に進めり。

此法は行ふに安くして效果は意外に多かりし、依之本書を讀み本書に基きて實驗せんとする初學者は先づ此法によりて實驗し、充分に成功したる後に他の法を試むるをよしとす。始め第一回の施術の折此法によりて辛くも淺き催眠狀態になしたるに過ぎざる被術者と雖も、再三再四施術すると終には氣合一つによりて忽然深く催眠せしむることを得る樣になるものなり。

此催眠法の原理の要は此催眠法は有力なる催眠法を數多併合したる者なるを以て、其原理は各其催眠法の部に於て述べし處を併合したる者と見るべきなり。

第五十八節　ＫＴ催眠法

（一）催眠し難き健康者を催眠せしむる方法及び其理論

此法は體格强壯にして感受性低き者に對して催眠法を數多併合して行ひ以て催眠せしむる法なり。故に體格弱き者に對しては此法をば行はざるをよしとす、體格弱ければ此法を行はんとするも行ふこと能はざる場合多く、又體格弱き者に此法を强ひて行ふと身體を疲勞せしめて害あることとなしとせざるを以てなり。

催眠感性高き者に對しては簡短なる施法を一寸行ふと直に深く催眠せしむることを得るも、感性低きものに對しては複雜せる催眠法を幾つも併合して行ひ、漸くにして淺き催眠狀態となすに過ぎざる場合あり。感受性低くして體格强壯なるものに對しては如何なる催眠法を行ふを可とするか、其方法としては曾て述べたる催眠法中或る法を數種重ねて行ふなり、先づ其方法としては被術者を直立せしめ置き。

（イ）下撫催眠法を行ひ次に。
（ロ）廻首催眠法を行ひ次に。
（ハ）檢搏催眠法を行ひ次に。
（ニ）指挾催眠法を行ひ次に。
（ホ）忘肉催眠法を行ひ次に。
（ヘ）强壓催眠法を行ひ次に。
（ト）指旋催眠法を行ひ次に。
（チ）撫輕催眠法を行ひ次に。
（リ）息動催眠法を行ひ次に。
（ヌ）語言催眠法を行ふなり。

以上に擧げし種々の催眠法は各々其一方のみにて既に獨立して催眠せしむる價値あり、其法を斯の如く數多重ねて行ふもの故、如何に催眠感性低き者と雖も、必ず催眠せざるを得ざる道理なり。余の實驗上三四十分時間を費して眞に此條件を悉く滿して催眠せざる者に出會しとなし。故に前述の諸法を悉く行ひ盡さゞる中に多くの被術者は深く催眠するを普通とす、既に深く催眠すれば尙他の催眠法を重ねて施すの要なし。依て充分の催眠程度とならば其處にて催眠法は止めて實驗をなし、或は治療の暗示をなすなり。而し稀には前記の諸法を悉く行ひ盡すも未だよき催眠狀態とならざるものあり。催眠狀態となりしか否やは催眠深淺判定法を行ひて知るなり。

前記の(イ)より(ヌ)に至る諸法を完全に行ひ盡して而して尙催眠せざる者若しあらば、前節の(ル)に於て述べし理由によりて力心催眠法を行ふなり。

然らば如何なる人にても屹度催眠するならん。

此催眠法の原理の要は此催眠法は數多の催眠法を併合したる者故、各其催眠法の節に於て述べし原理を併合せし者と見るべし。

第五十九節　WA催眠法

（一）現象暗示感應の催眠法及び其理論

此法は極めて簡易なる暗示より次第に六ヶ敷暗示を與へて感應せしめ催眠を深く誘導する法なり。此法は體格强健なる者にして相當に催眠感性高きものに對して行ふ法なり、先づ此法を行ふには被術者を直立せしめ、術者は其前に直立し精神統一印を結び、下腹部にずつと精神力を罩めて「目を閉ぢて心を鎭むる」と暗示し、又ずーつと精神力を强烈に罩めて「君の精神は確りして居ても君の身體は總て私の言ふ通りになる」と暗示し、被術者の手を採りて前方に水平に伸ばさし掌と掌とは相對して置き「此手は此儘に輕く上つて居る」と暗示すると眞に其手は其通りに擧つて居る「手の先きは有るか無いか譯らぬ樣になつた」と精神力を罩めて暗示を與ふると、眞に其手は有るか無いか譯らぬ樣になるものなり。次に其兩手に術者の手を觸れつゝ「手は斯うなつて居る」と暗示し、其手の位置を覺らしめ「此手は段々よりて掌と掌とは附く」と暗示すると又其暗示の通りとなるものなり。然らば次には「其寄りし二つの手は左右に開く」と暗示すると又其通りとなる、次に「手の先は重くなりて下る」と暗示すると又其通りとなる「下りし手は腰に着く」と暗示すると又其通りとなる「尙其手は腰に堅く附く、尙一層堅く着く、堅く腰に着いたから誰れが引き離さんとしても離れぬ」と暗示し、術者の手にて引き離さんとするも堅く着て離れず、術者が「樂に離るゝ」と暗示しつゝ其手の甲を倒に撫ぜると眞に樂に離るるものなり。尙催眠を深く進めんと欲せば次第々々に六ヶ敷暗示をなし感應せしむるなり、六ヶ敷暗示が感應するに從て催眠は深くなるなり。此催眠法は一寸見ると非常に六ヶ敷法にして、初學者には行ひ難きかと思はるゝも實際は決して然らず催眠感性を相當に具へし者に對してなれば存外容易に行はるゝものなり。

此原理は人は暗示に感應する通有性を有するにより、催眠術一般の原理たる哲學及び科學の應用による處の暗示感應の現象と見るべきなり。

第六十節　○Ｘ催眠法

(一)數十名を一度に催眠せしむる方法及び其理論

此法は數名又は數十名を一度に催眠せしむる法なり。此法は既述せる所の被術者一名の場合に行ふ催眠法を準用するものにして數法あり。

(一)數名の被術者を一室に入れ、其中前に施術したることある感受性の高き者を先に施術す、其施術法は成るべく簡短の語言催眠法を以てし、種々の暗示に感應せしむるなり、其樣子を他の被術者に見せ次第に感受性の低き者を施術し而して感受性の最も低き者を最後に施術するなり。然ると感受性の低き者は高き者がよく感應する有樣を見て自然に感應する樣になるものなり。催眠法は感受性が低き者程種々の催眠法を併合して行ふなり、例へば感受性が稍低き被術者には語言法と下撫法とを行ひ、尚一層感性が低き被術者には語言法と下撫法との上に尚快感法、眼指法、接掌法を兼ね行ふが如し、然ると感性低き者をも確に催眠せしむることを得るものなり。

(二)被術者數名を一室に集め、椅子に凭らするなり、座布團の上に坐せしむるなり、又横臥せしむるなり、各々其好む所の位置をとらしめ置き、被術者に各々複式催眠球を一個宛持たせ、其球を細目にて眺めさしながら呼吸を算へさし置き、被術者中感受性の高きものより極めて低聲にて閉目の暗示をなし、且順次催眠誘導の暗示をなしつゝ下撫法を行ふと其暗示の通りに催眠するものなり。

(三)術者が一個の複式催眠球を手に持ち、被術者一同に見詰めさし置き、機を見計らひ「一同閉目して催眠する」と暗示し、一同を共に閉目せしめ、而して順次に下撫法を行ひつゝ催眠誘導の暗示をなして催眠せしむるも一法なり。

(四)一回に凡そ十五人を一室に集め、各椅子に凭らするか或は坐せしめ被術者の手と手とを互に握らせて閉目せしめ置き「眠くなる」「ねむーくなる」と繰り返し繰り返して思ふと暗示すると、感受性の高き者は既に催眠して他の被術者の手を握る、其握る工合が異様にして感受性の低き者も終に催眠に誘導せらるゝに至るものなり。其折術者は尚一人一人に順次催眠誘導の言語暗示を行ひつゝ、眼指催眠法及び快感催眠法を行ふと皆よく催眠するものなり。

(五)被術者数名を一室に集め、或は横臥せしめ或は椅子に凭らしめ、適宜の位置を採らせ置き、BA催眠法を準用して行ふは最もよき法なり。

此催眠法は既に述べたる所の各催眠法を彼此併合せし者なり、依て其催眠法の部に於て説明せし處と異ならず、卽ち彼の場合は被術者一名にして此場合は被術者数名なるとの差のみにして原理に於ては異ならず。

第六十一節　催眠法選擇に就ての注意

（一）人により催眠法に適不適ある所以

催眠法の種類は數多あり其中孰れの法を用ゐて催眠せしむるを可とするか。　此問題は催眠術を行ふ上に於て最も肝要なり、諺に曰く「人を見て法を說け」と云ふことあり、催眠法も亦然り被術者に依りて適する法と否とあり、之れ恰も酒を好みて菓子を嫌ふ者あり、菓子を好みて酒を嫌ふ者あり、支那料理を嫌ふて日本料理を好む者あり、日本料理を嫌ふて支那料理を好む者あるが如く、催眠法も亦人によりて適不適あり。　或客人に唐辛を出したれば非常に喜びしとて客人と見れば唐辛をさへ出せば滿足するとのみ思ふは大なる誤りなるが如く、催眠法も又或る被術者に對して下撫法と語言法との併合法にて甘く催眠せしめしとて何人に對しても千變一律に下撫法と語言法との併合法を行はんか恰も客人と見れば唐辛をさへ出せば必ず滿足するとのみ思ふて客人には必ず唐辛を强ひると一般なり。

果して然らば施術に着手する前に當つて此被術者には何れの催眠法が

(二)催眠法選擇の三方面とは何ぞや

適するかを選定するを要す、其選定の方法に三あり、次に之を述べん。

(一)第一に被術者の身體の強弱によりて之を定む。卽ち身體虛弱の者には勤めて心理的の催眠法をとり、生理的の催眠法を避けて靜に徐々と催眠せしむるなり。之に反して身體強壯なる者に對しては心理的は勿論生理的の方法中強く身體に觸れて急劇に荒く催眠せしむる手段を採るも差支なし。例へば催眠法中身體虛弱なる被術者に對して行ふことを得る法は、息算法、念觀法、下撫法(強く觸れざる法)語言法等なり。之に反して身體強壯なる被術者に對しては強壓法の如き、硬軟法の如き、強劇なる催眠法を行ふも差支なし、從て身體強壯なる被術者に對しては如何なる催眠法を行ふも可なり。

(二)第二に被術者の催眠感性の高低によりて催眠法を選定するなり。催眠感性高き者に對しては簡短にして荒急なる催眠法にても充分に催眠せしむることを得、例へば喝棒法、合氣法、瞬一法、話電法の如き簡短なる催眠法にて充分に催眠せしむることを得るも、催眠感性低き者に對してはBA法KT法の如き複雜なる催眠法を行はざればならず。

(三)第三に被術者の性質によりて催眠法を選定するなり。催眠感性の高低以外に性質によりて差異あり、同じ感性の低き者の中にても快感法、接掌法の如き身體に觸るゝ法が適するものあり、又は力心法、指結法の如き身體に少しも觸れざる法が適するものあり。

前記の第一、二、三の三方面より被術者を觀察し、此被術者は如何なる催眠法が適するかを判定するなり、然り而して催眠法中何れの法が心理的に屬して生理的に屬せざるか、何れの法が簡短の法にして複雜なる法に非ざるか、又は何れの法が身體に觸るゝ法にして何れの法が身體に觸れざる法なるかを判定するとも又餘程研究を要する問題なり。此問題を解決せんとするには總ての催眠法に就き其系統的本旨を知り置くを要す、催眠法の系統的本旨は種々あるも畢竟は左の數種に大別することを得。

(三)催眠法中簡短と複雑、早急と靜徐、固筋と弛筋、强觸と無觸、注集と放散との區別を問ふ

(イ)簡短法と複雑法　催眠法中施法の形式が簡短なる者と複雑なる者とあり、合氣法、喝棒法等は前者に屬しＢＡ法ＫＴ法の如きは後者に屬す。

(ロ)早急法と靜徐法　催眠法中俄に早速に催眠せしむる法と、靜に徐々と催眠せしむる法とあり。飛叱法、激强法等は前者に屬し、語言法、用利法等は後者に屬す。

(ハ)固筋法と弛筋法　催眠法中被術者の筋肉を强く固くする法と、筋肉を弛め軟かとする法とあり。折指法、强壓法等は前者に屬し、忘肉法、注集法等は後者に屬す。而して硬軟法は前後兩者に屬す。

(ニ)强觸法と無觸法　催眠法中被術者の身體に强く觸るゝ法と、少しも觸れざる法とあり。下撫法(殊に强く觸るもの)摩按法等前者に屬し、力心法、指結法等は後者に屬す。

(ホ)注集法と放散法　催眠法中有意的に被術者の注意を或る一物に集注せしむる法と、何者にも注意せしめず心をゆつたりと持たしむる法とあ

り。注集法、息算法等は前者に屬し、忘肉法、語言法(一事に注意せしめざる者)等は後者に屬す。

催眠法を如斯大別して見ることを得、而して大體此被術者には此催眠法が適し、彼被術者には彼催眠法が適すとの見込は立つも、確然と何れの法が適するか否かは實驗の上ならでは決定することを得ず。依て若し此被術者には何れの法が適するかゞ判らざるときは、先づ或る法を行ひ其反應の工合によりて其人に適する催眠法を選定するなり、故に時には一被術者に對して簡短の法を行ふたり、複雜の法を試みたりして何れの法が適するかを檢し、或は早急法を試み、或は靜徐法を試み、或は固筋法を試み、或は弛筋法を試み、或は强觸法を行ひ、或は無觸法を行ひ、或は注集法を行ひ、或は放散法を行ひ、以て其適否を檢し其中にて最も適したる催眠法を行ふなり。其試驗中に理想の催眠程度となれば、別の催眠法を試むる必要なきも、若し如何の法を行ふも理想の程度に進まざるときは尙種々工風して別の催眠法を行ふなり。

何れの催眠法が適するかを檢するには、一回の施術に一種の催眠法を始終行ふを原則とするも、稀には一回の施術に其二三種を兼ね行ひ、而して覺醒後に被術者に對して斯う云ふ催眠法を行ふときの心持は如何なりしや、即ち心は益々鎭まりしや、又は却て心が新らしく覺むる樣の心持なりしや否やを尋ね、催眠法によりて心は次第に鎭まりたりと答へざるときは、催眠法が不適當なりし故と思ひ、次の施術に於ては前に行ひし催眠法に反對の催眠法を行ふなり。斯くの如くして何回にても改良工風して其被術者に適する催眠法を探り當て、以て理想の程度に深く催眠せしむるなり。

催眠程度淺かりし被術者に向ひては此道理を噺し置くを要す、即ち若し第一回の施術に於て充分の催眠程度とならざることあるも、催眠の回數を重ぬる毎に被術者に適する施術を考察工風しては試みつゝある者故氣を長く持ちて施術を數回受けらるべし、然る中に被術者に適する施法を發見し以て充分によき催眠程度となすことを得べし、と說明し此事を納得せしめ置くことは斯術を成效せしむる上に大關係あり。

試に彼の戰爭を見よ敵城を攻め落さんとするには、先づ敵の兵力を偵察し彼兵力なれば之れ丈の兵力にて勝ち得べしとの見込を立てゝ、後に小銃にて射擊をなし城が落ちざるときは大砲にて射擊をなし、尙落ちざるときは火藥にて堡壘橋墻を爆發せしめ、尙陷ちざるときは猛烈の突擊をなし、尙落ちざるときは機關銃、迫擊砲を以て猛烈に射擊し、尙落ちざれば山砲を以て砲擊すると云ふ風に手を代へ品を代へて奮鬪し、城を落さずんば全軍悉く白骨と化するも止まずとの大決心にて奮鬪し初めて城を占領することを得るなり。　然るに其戰爭の場合に於て初め小銃の射擊にて城が落ちざるとて我には城を落す實力なしとて戰を廢めんか、戰爭に勝利を得ることは斷じてなし。

（四）催眠術家たるには數十種の催眠法を知らざればならざる所以

催眠法を行ふて人を催眠せしむることも亦之と同じなり、初め被術者の性質を觀察し其れに相當と思ふ催眠法を選みて行ひ、思ふ通りに行かざるときは手を代へ品を代へて種々の催眠法を行ふて攻め、以て理想の程度に催眠せしめざれば止まずとの大決心を斷行して初めて意の如く人を催眠せしめ得るなり。故に催眠術家たるには數十種の催眠法を心得置き催眠し難き被術者に對しては千變萬化の祕術を盡さゞればならざる所以なり。

（五）催眠法の形式を練習すると共に精神の修養を要する理由

然り而して試みに見よ、字を書き畫を書く法として姿勢及び筆の持ち方を習ひ、而して筆を動せば萬人同樣に書けるか否々其出來たる書畫に巧拙ある事非常なり。其巧拙は何によりて生ずるか、其人の性質によること大なり、然りと雖も練習の如何が大關係あり、如何程性質上能書の人と雖も一ヶ月や二ヶ月練習せしのみにて書畫の大家となることは不能なり。三年五年は愚か十年二十年の間苦心慘憺して初めて名を成すに至るなり。催眠法も亦然り單に手の動かし方、語の使ひ方を覺えしのみにて直に大家と同樣の成績を擧げんと欲するは、恰も書畫を二三日習ふて雅邦や泥舟の如く書かんと欲すると同樣なり。催眠法を覺えんとする者の中、本を見て其通り二三回やつて見たが好成績を擧げざりしとて、直に大家と同樣に上手に出來る法を嘶せと云ふものあり。催眠法は非常の練習を要するものなることは恰も書畫を學ぶに練習を要すると同理なることを覺らざるが故なり。宜しく催眠法に熟達せんと欲するものは、氣を長く徐々と工夫し研究し練習を積むを要する所以なり。

余は每日患者に接する每に注意し研究しつゝあること十數年、然るに研究の餘地は前途益々遼遠なり、否研究すればする程益々研究の餘地が澤山に見えて來る、余が催眠法を行ふに當りて手を種々に動かし口を種々に利く、其手を動かすや僅に一寸のことゝ雖も非常なる苦心と工風とを凝したるものなり、一言の言葉と雖も又然り、大に研究す可きなり。

又術者は形式に苦心すると共に精神の修養に苦心せざる可からず、即ち施術上に就ては術者は非常なる自信力を以て居ること、施術に當りては胸中をして明月の如くならしめ、以て催眠術を行ふと云ふ一觀念に精神が集注する樣に修養するを要す。若し此修養なくして單に形式のみを行はゞ、好結果を得ると思ふは大なる誤なり。精神集注の結果出でたる形式にあらざれば魂のなき人形の動作に異ならずして、被術者に感應せしむること能はざるなり。

之を要するに催眠法を單に覺えしのみにては書畫の稽古に於て筆の持ち方を覺えしのみに異ならず、依て大に練習し研究すると共に精神の修養を積んで、自在に何人をでも催眠せしめ得る處の實力を養成せられんことを希望するものなり。

又催眠法は日進月歩の勢にて進歩しつゝある者なることを記憶すべし、由て數年前に行ひし法を今日も尚其儘に墨守するは時勢後れの誹を免れず。例へば彼の燈火を見よ、昔は種油を用ひし者なり、其れが石油と代り瓦斯と變じ電氣と代れり、然るを今日尚種油のみを燈火に用ひんか時勢遅れの謗を免れざると異らず、故に催眠法の如きも單に從來行はれたる法のみに依らず新なる施術法を研究し出さんことに日々苦心すべきなり。

第五卷　施法篇下

第一章　催眠狀態の深淺測定法

第一節　催眠深淺の測定は施術上緊要なる所以

（一）催眠の深淺は何故に正確に知るの必要ありや

催眠狀態となれるもの﹅中催眠中のことを覺醒後に於て少しも知らずに居るものあり、又催眠中のことを一より十迄よく覺え居るものあり。或は催眠者に向つて暗示すれば錯覺及び幻覺が自在に行はる﹅ものあるに拘らず、手が動かぬとの暗示にさへ感應せざるものあり、共に催眠狀態なるも深淺によりて斯くの如く甚だしき差異あり。催眠者に就き其深淺を正確に判別し、其狀態に適合する處の暗示を與へざるべからず。若し暗示が其狀態に適合せざれば其催眠術は卽ち不成功に終りしものなり、此不成功を招きたることを耳にすること往々あり、次に其實例を擧げて後車の戒めとせん。

(二)催眠深淺の測定を誤ると如何なる弊害ありや

某術者某地に於て催眠術の講習會を開設し、其地方の小學校敎員村役場吏員其他の有志を數十名集めて催眠術の講義をなし且其實驗を行へり、實驗には小學校の助敎師某を被術者とせり。然ると被術者は術者の暗示通りと一々なれり、術者白墨の空箱を被術者に與へて「之は猫である」と暗示するや、被術者は其箱を猫の如く抱きて撫ぜて喜べり、其他數番の實驗をなし覺醒せしめたり。ときに術者は鼻を高くし催眠術の學說を滔々と辯ぜり、而して「只今被術者に白墨の空箱を與へて猫であると暗示したれば、被術者は猫と思ふて撫ぜたるは學術上錯覺と云ふものである：：：：云々」と說明するや、被術者となりたる助敎師某は質問ありとて起立し曰く「只今御施術を受けし折先生が白墨の箱を小生に持たせ、猫であると暗示を與へられたが、小生には少しも猫と思へず白墨の箱なることはよく分りて居り、其他先生が暗示したことは一つも暗示の様に思はれしことはない、之が卽ち錯覺であるや御教示を仰ぎたい」と質問するや、滿場一時に異口同音に罵りて曰く「何んだ人を馬鹿にして居る…………そんな催眠術の教授を受くることは我輩は廢めだ」と云うて講習生は三々五々と退場せり。あとにて發起人より術者は「先生の御手際には恐れ入つた云々」と嫌や味を幷べられ、止むを得ず其講習會は其れ故中止の姿となり、術者は夜逃げをして上京し余の家を尋ね前記の次第を逐一懺悔し且曰く「催眠術を規則的に研究せずして催眠術大家を氣取りたるは僕の不心得でありしことを悟りました。よりて今より催眠術上の學說經驗を積みて實力を養ひ、斯る失敗を二度びせざる樣に致し度きにより、精神研究會へ入會を許されたい」とよりて余は其男の履歷を尋ねし上直に入會を快諾したれば、其男は余の宅にて大に研究し再び斯る滑稽を演ずることなき樣の立派なる術者となれり。

今一つ催眠術者の失敗談を語らん、之は田舍を巡廻して歩るく催眠術家某が巡り巡つて岩手縣の一村落に至りて旅宿に滯在し、催眠術の治療を盛になせり。偶々其地の郵便局員某が重き神經衰弱にかゝり、催眠術治療を受けんとて尋ねて施術を受けたるに少しも催眠せず。然るに術者は深く催眠したるものと誤認し、被術者の兩手を擧げさし「兩手は左右より集りて合掌する」と暗示したる故、よせばよいに被術者は故意に術者の云ふ通りに左右より兩手を集めて合掌せり。次に術者は「合ひし兩手は左右に開く………開きし手は上に擧る………擧りし兩手は兩側の腰部に下る」と暗示するや、被術者は暗示通りに一々行へり。故に術者はよく催眠しよく感應したるものと誤認し「我輩の催眠術は日本一である、よりて君は深く催眠せり君の身體の惡しき處は取れて健康となつた、催眠中のことは皆忘れて仕舞ふ」と暗示をなし、覺醒せしめたり。被術者は笑止を忍んで何にも語らず其日は厚く禮を述べて歸れり、翌日又其被術者は施術を受けんとて其術者を訪ひ施術を受けたり。然し施術法と云ひ暗示法と云ひ前日と少しも異らず、二日目の日も厚く禮を述べて歸れり。第三日目の日又々其被術者は施術を受けに其術者を訪ひ施術を受けることとなれり、術者の考へでは此被術者は第一回の施術のときよりも二回目はよく感應せり、本日は第三回目故最もよく感應すると思へり。然れども被術者は今迄少しも催眠せざるに催眠した樣な風をして居りしも、考へて見れば笑止でもあり馬鹿々々しくもある、よりて今日は術者の暗示に反對して術者の膽を奪うて呉れん、と心窃に思うて居るとは夢知らず、術者は例の如く一ト通り催眠施法を行ひ、次に兩手を擧げさし置き「兩手は左右より集りて合掌す」と例の如く暗示したり、其とき被術者は暗示に反對して其兩手を尙左右にグイと開けり、術者大に狼狽して「兩手は擧る」と暗示したれば又々反對に下げたり、一々暗示に反對々々と動かせり。爰に於て術者は大に怒れり、此被術者は前に二回施術したるときよく感應したる風をなせし故、今日は最もよく感應すると思ひしに少しも感應せざるのみか暗示に反對反對と行動するとは憎くらし、今迄我は欺かれ居つたるを知らざりしと、無念の齒嚙みをなし、覺えて居よと口には言はざれども心の底にて大に憤りて暗示して云ふに「君は善人である故に催眠術者を馬鹿にする樣のとは決してせない、若し苟も催眠術者を馬鹿にする樣のとあらば、腹痛を來たし其腹痛は次第々々と重くなり仕事は手に附かなくなり、遂に煩悶苦惱の極絕命する」と暗示を激烈なる口調を以て與へたり。被術者は心中にて今迄術者が與へし種々の暗示には少しも感應せざりしが今の一言は痛く肺肝に銘じたと思へり。ときに術者は「我輩の手が君の腹部に觸るれば君は目を醒す歸宅してよい」と暗示し、術者は拳を固めて被術者の腹部を強く突きたる故、被術者は驚きて目を開き怒りて曰く「腹部を斯樣に強く突くとはひどい」「ア、痛んで堪へられぬ」と云ふや、術者は平然として「君の腹部に吾輩の手が觸れたのは覺醒法を行つたのである」と被術者曰く「そんな無法な覺醒法があるものか」と爭論を闘はしたるも、結局施術料を支拂はぬことにして被術者は歸宅せり、術者も亦其日何れへか移轉して行く先は不明となれり。被術者歸宅して其夜就寢するや腹部痛み初めたり、而して其痛みは次第々々に加はりて翌日は仕事は出來なくなれり。よりて醫師に就き診斷を受けたるに醫師は腹部に少しも異狀を認めず、單に神經作用ならんと診斷せり。而し其後痛みは去らざるのみか益々激し、止むを得ず他の醫師に就き又診察を受けたるに醫師は身體中に少しも生理的の異狀を認めずと診斷せり。然し苦痛は益々增して苦惱甚だし、百方考察の上此苦痛は催眠術の爲に起りしものの故、催眠術によりて治する外他に道なからんと考へ、態態岩手縣より上京して余の宅を訪ひ、前記の次第を物語りて施術を乞ひし故、余は快諾して直に施術したれば被術者は眞に深い催眠狀態となり、三回の施術によりて全く腹痛全治し且神經衰弱も根治せり。被術者は

(三)催眠術治療を行ふ實力の有無は何によりて區別せらるゝや

大に喜び催眠術の效果の偉大なるを激賞し、其れより其被術者は尚滯在して催眠術を研究して催眠術治療をなし得る實力を養うて歸られたり。

前述せる二個の失敗談は畢竟術者が催眠術を眞に研究せずして催眠術のことを知らざるにも係らず、自稱天狗となりて無謀的に施術したるにより失敗したるなり。催眠術を眞に研究せしものは斯の如き大なる失敗をなすことなし、催眠術の奧義は爰にあり、術者たるものは常に被術者の精神狀態を看破し、其精神狀態に合ふ樣に暗示することなり。

催眠術を秩序的に研究すると催眠したるか否やは當然に明かとなり、催眠したりとするも被術者の精神が多少働きて周圍の音が聽ゆる程度なるか否か、被術者の手が動かぬと云うて眞に其通りとなる程度なるか否か、催眠者の前に何人も居らざるに君の父が居ると云へば其通りに感ずる狀態なるか否か等のことは正確に鑑別し而して後に其催眠程度に適合し感應する處の暗示を與ふべきなり、其程度を正確に鑑別することの出來ざる者は催眠術の治療をする實力なきものなり、如何にせば催眠程度を正確に知ることを得るか、之れ余が下に述べんとする處なり。

第二節　諸學者の分類せる催眠

深淺の區別

（一）催眠の深淺を主觀的に區別せる説

（二）無我狀態とは何ぞや

催眠の深淺を區別するに主觀的卽ち催眠者の心の狀態によりて定めたる説あり、福來友吉氏は催眠の深淺を主觀的に區別して無我、無想及び滅盡の三狀態となせり。福來氏は其三狀態を如何に說明せるか、解し易く其意を摘めば下の如くなり。

（一）無我狀態　此狀態に在るものは暗示されざる限りは心の働きが殆んど休止す、併し耳はよく聽え目はよく物を觀ることを得、而し何者にも注意することなく凡ての物を一度に見一度に聞くが如き感あり。又自分の肉體が今橫臥し居るとか、腰をかけ居るとかは分り居るも、別段彼と是とを區別して感ずるにあらずして無差別に感ずるなり、彼我の差別を超越し人も我も同一なる物體として感ず、故に此狀態を名けて無我と云ふ。

(三)無想狀態とは何ぞや

(二)無想狀態　此狀態に在るものは暗示を與へられざる限りは少しも自動的に心が働かず、自分が今何處に居るか、自分の身體は何う云ふ位置になり居るかゞ分らざるのみならず、自分の身體のあることさへも分らず。而し此狀態にては絶對的に何等の考へが浮ばざるにあらず、唯々精神が肉體を離れて虛空中を浮遊しつゝあるが如く感ずる狀態なり。

(四)滅盡狀態とは何ぞや

(三)滅盡狀態　此狀態に於ては自分の精神及び肉體のあること、この世のあることも分らぬ狀態なり、從て暗示されざる限りは心の働きは全く休みて何事も考へざる狀態なり。

以上に述べたる三狀態は眞に完全の催眠狀態なりとは福來氏の云ふ處なり。併し乍ら余は研究の結果催眠が最も深くなれば現在精神は無念無想となるも潛在精神は活潑に活働するとは覺醒狀態に於て現在精神が活潑に活働すると異らざることを發見せり。此發見によりて福來氏の區別は其根底に於て既に誤れるものなり、殊に福來氏の區別は主觀的なるを以て今催眠者は無我の狀態なるか無想の狀態なるか、將た又滅盡狀態なるかは何によりて見分けるか、此區別は催眠者の心理狀態のみによりて區別しある故、正確に其狀態を判定することは頗る六ヶ敷し、六ヶ敷と云うて其狀態が判然せざれば狀態に適合する處の暗示を與ふることと不能なり。催眠狀態に適合する處の暗示を與ふること能はざれば、其催眠術は失敗に終りしものなり、嗚呼催眠術も亦至難なるものなるかな。

（五）催眠の深淺を客觀的に區別せる說

余は催眠の深淺を區別するに解し易く客觀的に區別せんとす。一階より三階に達する迄には數多き階段を踏まざるべからざるが如く淺き催眠狀態より深き催眠狀態に進むには數多の階段あり、其階段を余は三大別して恍惚、止動及び眠遊の三狀態となせり。余の區別せる三狀態に就て詳說する前に當りて、之につき諸學者が區別して命名せる處を擧げて

（六）催眠の深淺を客觀的に分類せる諸學者の說

參資に供せん。

(イ)シャルコー博士は三期に區別せり。

第一期　止動狀態。

第二期　昏睡狀態。

第三期　眠遊狀態。

(ロ)シディス博士は二期に區別せり。

第一期　覺醒後催眠中のことを記憶し居る狀態。

第二期　覺醒後催眠中のことを記憶せざる狀態。

(ハ)リエボー氏は六期に分てり。

第一期　淺恍惚狀態と云ひ精神恍惚として居る時期。

第二期　深恍惚狀態と云ひ自動的運動をなす勇氣なき時期。

第三期　薄眠狀態と云ひ止動的暗示に感應する時期。

第四期　深眠狀態と云ひ止動的暗示によく感應する時期。

第五期　淺き眠遊狀態と云ひ覺醒後催眠中のことを少しく記憶し居る時期。

第六期　深き眠遊狀態と云ひ覺醒後催眠中のことを少しも知らずに居る時期。

(二)ベルンハイム氏は甲乙二期に大別し、更に其れを九期に小別せり。

甲
第一期　單に擧りし兩手が集りて合すとの暗示に感應する時期。
第二期　眼瞼は堅く附着して居る故に目を開くことを得ずとの暗示に感應する時期。
第三期　其手は動かぬとの暗示を與ふるも稍動く程度の時期。
第四期　其手は動かぬとの暗示を與ふると其通りとなる時期。
第五期　身體は棒の樣になつたとの暗示を與ふると硬直狀態を呈する時期。
第六期　暗示の通りに手足は速に運動する時期。

第七期　輕度の錯覺は行はるゝも幻覺は行はれざる時期。
第八期　錯覺は完全に行はれ幻覺は僅に行はるゝに過ぎず、且殘續暗示は行はれざる時期。
第九期　錯覺幻覺自在に行はれ殘續暗示も亦速に行はるゝ時期。

（以上　乙）

(ホ)フォーレル氏は三期に分てり。

第一期　を微眠と云ひ、催眠者は暗示に對して少しは批評的の考へを起す時期。
第二期　を淺眠と稱し、催眠者は止動的の暗示にはよく感應するも催眠中のことを覺醒後によく記憶し居る時期。
第三期　を眠遊と云ひ、暗示の通りとなりて催眠中のことを覺醒後に少しも知らずに居る時期。

以上の外尚幾多の學者によりて其分類法を異にす。余は以上に擧げたる諸學者の分類につき一々評論して次に余の採る處の分類につきて述ぶるを順序とするも、斯くては繁雜に失するの嫌あるを以て、直に余の採りし恍惚、止動及び眠遊の三狀態に就て說明する積りなり。爰に注意すべきことあり、余の云ふ恍惚、止動及び眠遊の三狀態は前記の諸學者が用ひし語と名稱は同一なるも、其內容は大に異ることを了承せられたし。余は如何の內容を含ませて此名稱を附せしか次に之を詳說せん。

第三節　著者の分類せる催眠深淺の區別

第一項　第一期の催眠狀態たる

恍惚狀態

（一）恍惚狀態とは何ぞや

此狀態は覺醒狀態に比して精神が無想にあること一步にして、術者の言語も周圍の音響もよく耳に入るも、其音響は左まで耳觸りとならず、而して催眠者の手足は强ひて動かせば動かぬことなきも、動かすが嫌になつて唯眠らうとのみ思ひ居り、精神が恍惚たる狀態なり。

(二)催眠者が恍惚狀態にあるを看破する法

(三)恍惚狀態に在る催眠者には如何なる暗示が感應するか

催眠者が此狀態にあるか否かを見分けるには、催眠者の身體が靜止して少しも自動的に動かず(尤も小兒及び小兒と同樣なる精神狀態の者及び眠遊狀態中の或者は自動的に運動をなすことあるも其場合とは異る)顏がしまりなくだらりとして、呼吸は規則正しくなつて居る、之れ等の徵候によつて此狀態にあることを知る。

前項の鑑別法によりて催眠者は恍惚狀態に在ることを知らば、術者は催眠者(椅子に凭り居るも横臥し居るもよし)の手を持ち擧げて「此手は輕く擧つて居る」と暗示すれば輕く擧つて居る「手の先は有るか無いか分らない」と暗示すれば催眠者は眞に自分の手の先が有るか無いか分らぬ、術者が「手は重くなつて下る」と暗示すれば、其手は言はれし通りに重くなつて下る。而し此狀態中にありし事柄は覺醒後に於て悉く記憶し居るも、精神は覺醒時に比して沈靜し居る故、此狀態にて治療矯癖の效果は充分にあるも、珍らしき現象を呈せしむることを得ず。

第二項　第二期の催眠狀態たる

止動狀態

(一)止動狀態とは何ぞや
(二)催眠者が止動狀態にあるを看破する法

催眠者が此狀態に在る乎否やを確めんと欲せば、先づ前段に述べし恍惚狀態に於ける現象をば完全に呈したるものに就き(イ)其手を執つて持ち上げ、ソット其儘にして置けば何日迄も其通りとなつて居る。(ロ)其手の五指を悉く開かしめ、其指の中藥指のみを屈げて見ると其藥指が屈げし通りとなつて居るものなり、若し止動狀態になり居らざれば藥指を屈げると他の指も共に曲りたり又は曲ぐるも元の位置に伸びたりするものなり。(ハ)催眠者の撓骨動脈を檢し乍ら「君の脈搏は非常に高くなつた」と暗示すると催眠者の脈は高くなるものなり、又「君の脈搏は低くなつた」と暗示すれば低くなるものなり。　斯くの如く暗示によりて脈搏が高低する催眠者なれば、確に完全の止動狀態又は其れ以上の深き催眠程度にあるものなり。脈搏は不隨意筋の働きによるもの故、被術者が故意に僞りて暗示の通りに高低することも能はざるを以て、此法によれば被術者が催眠せざるに催眠したる如く裝うて術者を欺かんとするも直に看破せらるべし。

(三)止動狀態にある催眠者には如何なる暗示が感應するか

此狀態に在るものゝ右手を持ち擧げ其手を堅く握らしめ「此腕は棒の樣になつた」と暗示すると眞に棒の樣に堅くなる、又「腕は柔かとなつた」と暗示すると海鼠の如く柔かとなる「手を開く」と暗示すると直に開く、次に「掌は胸に向つて次第に近づく」と暗示すれば、擧り居る其手は胸に向つて次第に近づく、然ると「手は胸に堅く着いて離れぬ、尙堅く附く尙堅く附く」と反覆暗示を與ふると全く掌は胸に堅く附着して離れず、術者又は立會人が來りて力を凝めて引き離さんとするも離れぬものなり、其手を一寸なで乍ら「此度は樂に離るゝ」と暗示すると直に樂に離るゝものなり、而して此止動狀態は獨り手のみに止まらず、足でも首でも悉く暗示の通りに不

（四）治療矯癖には如何なる催眠程度にて充分の效果あるや

随となるものなり。又此程度にて簡略なる五官の錯覺をも起さしむることを得。

此程度の催眠者は催眠中にありしことを覺醒後に於て一部又は全部を記憶し居るものなり。催眠中のことを覺醒後によく記憶し居るも、催眠狀態中餘程深き狀態なるを以て、此程度にて治療矯癖には充分の效果あり、治療矯癖の爲に催眠せしむるなれば此程度にて充分なり。催眠術を魔睡藥の代に應用して外科手術を爲すにも此程度にて無痛に手術を終ることを得ることあり、卽ち手術せらるゝことは知り居つても痛みを知らずに手術を終りたる例は澤山あり。之に依つて見るも此程度にて病氣の苦痛位は容易に除き得る道理にあらずや。

第三項　第三期の催眠狀態たる眠遊狀態

（一）催眠者が眠遊狀態にあるを看破する法

此狀態にある催眠者は前記の止動狀態の現象は最も容易に現はすものなり、何となれば此狀態は催眠狀態中最も深き狀態なれば、此程度より淺き程度の現象は自由に現出すべき道理なり。例へば爰に大學生あり中學生の學ぶ所の學科は容易に出來得るを當然とするが如し、此の程度にあるや否やを鑑別する方法としては術者は無言にて少しも言語を發せず、又催眠者の身體に少しも手を觸れずして催眠者が膝上に載せ置く手を術者の手にて上に引き擧ぐる姿勢を心力を凝めてすると催眠者の手は上に擧るゝ

第十二圖

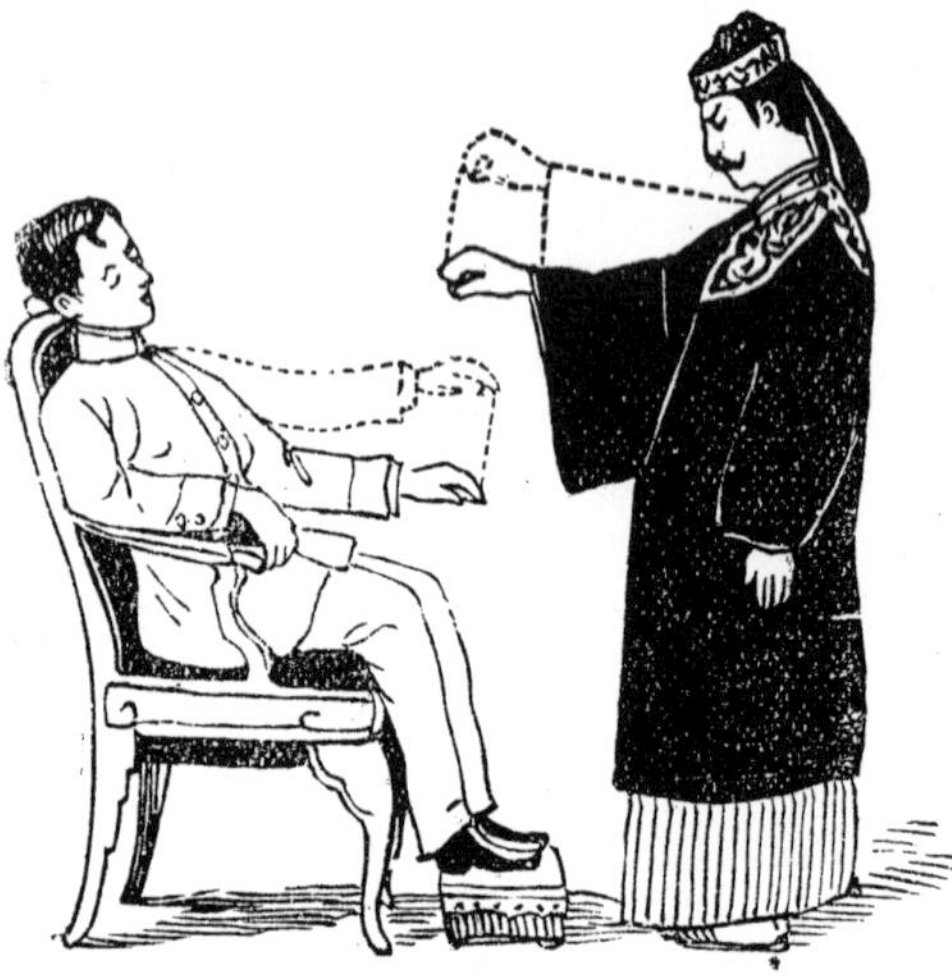

眠遊狀態に在る催眠者の手を術者の手にて無言にて觸れずに引き上ぐる眞似をすると催眠者の手は上に擧る

のなり、擧りし手をば下に引き下ぐる姿勢をなすと下がるものなり。

（二）被術者が催眠せざるに催眠せし如く僞りたるとき直に看破する法

此現象は催眠者は目を閉ぢ居り且術者は無言にて手を催眠者の身體に觸れずして行ふものゝ故、眞に深き催眠狀態に非ざれば行はれず、從て被術者が實際催眠せざるに催眠したる風を裝うて術者を欺くことを得ず。

此法は催眠狀態に在るや否やを檢する法としては最も正確なり。

此法が行はるゝものと雖も、催眠中のことを覺醒後に記憶し居るものあり、隨つて此法が行はるゝも完全の眠遊狀態とならざるものあり、併し乍ら此法が行はれずして眠遊狀態にあるものは先づ〻〻なし。由て此法が行はるゝものに非ざれば眠遊狀態に進み居らざることは疑ひなき所なり。

（三）催眠者は如何なる場合に自動的運動をなすや

完全の止動狀態に於ては催眠者は自動的運動卽ち術者の暗示によらずして自分の考へにて手足を動かすことはせざるものなり。然し眠遊狀態になると術者の暗示によらずして手足を動かすことあり、殊に小兒を

(四)眠遊狀態に在る催眠者には如何なる暗示が感應するか

此狀態となしたる場合には往々見るところなり。

完全の眠遊狀態にある者に向つて枕を與へて「猫である」と暗示し、猫と思はする錯覺の暗示に感應するは勿論のこと「君の前に元帥大山巖閣下が居る(實際は誰れも居らず)深く催眠し居り乍ら眼を開いて見ると大山元帥の温顏が拜せらるゝ」と暗示すれば、催眠者が眼を開き見ると暗示の如く大山元帥が見えるものなり。又催眠者に向つて「君は漢學者だ論語の講義が上手だ」と暗示し論語を示すと催眠者は論語の講義を甘くやるものなり。又催眠者に向つて「君は體操の先生だ體操を上手にやる」と暗示すると、體操を甘くやるものなり、其狀態恰も覺醒者の行動に異らず、故に催眠は最も深くなれば覺醒者と似て居る外形を呈するものなり。此眠遊狀態中に於ける暗示感應の不思議なる現象に就ては、後章に於て模範となるべき實例數多を擧げ其原理を述ぶる積りなり。

第四節　催眠深淺に就ての餘論

（一）催眠感性の高低と催眠深淺とは如何なる關係ありや

（二）如何に感性鈍き者にても屹度深く催眠せしむることを得る事實

催眠術を實驗する場合に於て恍惚狀態には百人が百人なすことを得、又止動狀態には大概なすことを得るも、眠遊狀態となすことは實に困難なり之れ抑も何故なるか。同じ催眠法を同樣に施したるに催眠の程度は萬人萬樣なり、其狀恰も同じ學校を出でたる生徒にして其筆蹟を見れば萬人萬樣なるが如し。之は其人の性質上より來る催眠感性に差異ある故なり、元より術者の技倆の巧拙が大關係あるは勿論なるも、催眠感性の如何によりて定まるものなり。故に或人は初回の施術により容易に完全の眠遊狀態となりしに、或人は數十回施術せし後に初めて眠遊狀態となりしものあり。併し如何に感性の鈍きものにても術者及び被術者共に百折不撓の決心を以て施術を重ぬれば、必ず眠遊狀態となすことを得と信ず、余の家にありし一少年は初めは感性甚だ鈍くして僅に恍惚狀態を呈せしに過ぎざりしも、日々其少年を被術者として實驗することと二ヶ月に及びたれば、遂に眠遊狀態となり催眠術上に於ける總ての現象を悉く現はす樣になれり。斯る例は澤山あり、之に依て是を見るに如何に感性の鈍きものと雖も忍耐を以て施術を重ぬれば必ず理想の狀態に進ましむることを得るものなるを知るべし。

（三）淺き催眠は如何の有樣にて深き催眠に進むや

一回の施術にて催眠者の催眠が次第々々と深く進んで行く順序は、前記の三階段を一段一段に進み行くものなるか如何と云ふに決して然らず。深くなるものは忽然と深くなるものなり、其被術者特有の感性の程度により或る程度迄は忽然進み、其程度より以上に進むことは困難なるものなり。併し前述の如く幾十回となく施術を重ぬると次第々々に深く進むと雖も、其進み方は頗る遲々たるものなり。催眠感性が鈍くして催眠が深く進まざるものをして深く進ましめる樣に施術することが催眠術上の大祕訣なり。

（一）催眠法と覺醒法とは同一法の順逆なる所以

第二章　催眠を覺醒する法

催眠法と覺醒法とは同一法の順逆なり、催眠法は其順にして覺醒法は其逆なり、催眠せしむる方法として單に精神力のみを以てする場合あり、心理的又は生理的の法による場合あるが如く、催眠を覺醒するにも亦此三方法あり、其三法を併合したる法あり、之を表にして示せば左の如し。

催眠覺醒法
- 精神的催眠覺醒法
- 心理的催眠覺醒法
- 生理的催眠覺醒法
- 併合的催眠覺醒法

此四種の催眠覺醒法に就き節を設けて之を詳述せむ。

第一節　精神的催眠覺醒法

（一）精神力のみにて催眠を覺醒する法

此法は催眠を覺醒するに單に精神力のみを以てする方法なり。術者が催眠者に向つて必要の暗示を悉く與へ盡し覺醒せしめんとするとき其方法として、先づ術者は催眠者に向つて身體に觸れずに「覺醒する」と精神力を强烈に集注すれば、術者は毫も手足を動かさず何等の言語をも發せざるに催眠者は術者の意の如く徐々となり俄然となり思ふ通りに覺醒するものなり。

精神力は催眠法として實に驚くべき效果ある如く覺醒法としても亦大に驚くべき效果あり。之に關して數回の實驗を試み同樣の成績を得たり、眠遊狀態にある催眠者に向つて「何人が如何樣にするも覺醒せぬ」との暗示をなし置き、立會人が交る交る耳元で大聲を發し、又は身體を振り動かしたるに少しも知らずに居りて覺醒せざる催眠者に向ひ、研究者八名が一度に「覺醒する」と精神力を集注したれば催眠者は次第々々に覺醒したり、この實驗によりて精神力は如何に覺醒に效果あるかを知るべきなり。又其反對に精神力が催眠法として效力あることを悟るべきなり、然し感性の鈍きものを覺醒せしむる場合、又は普通に治療として催眠術を行ふときは次に述ぶる心理的又は生理的の催眠覺醒法を行ふを便利とす。

第二節　心理的催眠覺醒法

(一)心理學を應用して催眠を覺醒する法

心理的に催眠者を覺醒する法としては、言語にて次の如き覺醒の暗示をなすなり「催眠より醒むる仕度をする……(殊に爰にての……は三四十秒時間暗示の語を休む驗なり)足の先より次第に腰の方に向つて血の循環がよくなつて覺醒する……手の先より頭部に向つて血の循環がよくなつて覺醒する………もう足は動かすことが出來る樣になつた……
……手も動かすことが出來る樣になつた……首も動く樣になつた……」と暗示し最後に「目を開いて見ると精神が快活になつて居る」と暗

示すると其通りとなるものなり。

斯の如く覺醒せしむるには勉めて徐々とし、且足の先より頭部に向けて次第に覺醒せしむるを順序とす。何者催眠者の血液は身體の下部に下りて靜まり居る故、下部より動かして血液を頭部の方へ循環せしむる必要ある故なり。依て若し先に目を開かせ、後に手足を動かさしむるは順序を誤りたる催眠覺醒の仕方なり、此點は注意すべし。

（一）生理學を應用して催眠を覺醒する法

第三節　生理的催眠覺醒法

生理的に催眠者を覺醒せしむる方法として最も便利にして無害有效なる良法は先づ催眠者の足の先きを輕く握りて微動を與へ、次に足の先より腰部に向けて數回撫ぜ上げ、其次に腰部より咽喉部に向けて又數回撫ぜ上げ、其次に手の先より肩にかけて數回撫ぜ上げ、最後に眼瞼より額上を經て上に一回丈撫ぜ上げるなり。

第四節　併合的催眠覺醒法

（一）生理心理及び哲學を併用して催眠を覺醒する法

余が爰に云ふ併合的催眠覺醒法とは、精神的催眠覺醒法と心理及び生理の兩催眠覺醒法とを併合したる法なり。　此法は催眠覺醒法として最も原理に合し且其效果も著し、卽ち胸中にては「覺醒する」と精神力を凝すと共に「目を醒す仕度をする……」「足の先より段々腰の方へ向つて目が醒める、血の循環がよくなつて輕く動く樣になる……」と言語にて暗示しつゝ、足の先より腰部に向つて輕く撫ぜ上ぐることを數回なし、次に「手より頭部に向つて段々目が醒める」「血の循環がよくなつて身體は輕く動く」と暗示しつゝ兩手の先より兩腕を經て首に至る迄輕く撫ぜ上げることを數回なし、次に「首も醒める」と暗示しつゝ首より頭部に向つて觸れずに逆に撫ぜることを數回なし。　而して後に「最早足も手も自由に動く樣になつた……動かせば自由に動く」と暗示し、手と足とを少し動かさしめ最後に「目を開くと爽快になつて居る」と暗示し、暗示の通りに目を開かしむると果して爽快となり居る者なり。其時目を開かんとするも開くこと能はざる狀見えたるときは、術者は「目は樂に開ける」と暗示しつゝ一寸目の上を指先にて上に撫ぜ上げてやると輕く目を開くことを得るものなり。

爰に最も注意すべき事は先にも述べし如く覺醒せしむるには必ず足を先にし、次に手、胴、首の順序に覺醒せしめ、最後に眼を開かしむるなり、反之先に目を開かし次に手足其他を動かさしむるは反則なる事之なり。

淺き催眠者は勿論深き催眠者と雖も、稀には術者の豫期せざる音響其他の刺戟の爲に忽然覺醒することあり。故に催眠を繼續せしめんとする間は、常に術者は催眠法を繼續し居らざればならざるを原則とす、催眠狀態を繼續せしめんとする間は術者は其積りにて次の如くに暗示するなり「尚よく催眠して居る」「私が目を醒してよいと云ふまでは決して目は醒

(二)數十日間催眠を持續せしむる法

めぬ」と暗示し且下撫法を行ひ居ると、其儘數時間催眠狀態を繼續せしむることを得るものなり。最も深き催眠狀態となりし者は單に言語の暗示丈にて催眠を數十日間にても持續せしむる事を得。

第五節　催眠を覺醒せしむることを得る人

(一)術者以外に如何なる人が催眠を覺醒せしむることを得るや

催眠者を覺醒せしむることを得る者は、催眠者と意思聯合が附き居る者に限る、從て此問題は意思聯合の原則によりて定むる事を得、故に初め催眠せしめたる術者に限るを原則とするも、催眠術を知つて居る者なれば他人が催眠せしめし者にても覺醒せしむることを得。又術者が催眠者を覺醒する處の權能を第三者に委任することを得、卽ち術者が被術者に對して「私の暗示通りになる如く何さん(第三者)の暗示通りになる」と暗示し置けば、其第三者は術者と同樣に總ての暗示を感應せしむることを得、

（二）何人にても自在に覺醒せしむることを得る催眠者と何人が如何にしても覺醒せしむることを得ざる催眠者とは何によりて區別するか

從て覺醒せしむることも自在なり、第三者が得たる暗示の權能は更に又別の人に委任することを得。而し催眠が淺ければ誰の行ふ覺醒法にも感ずるものなり、若し催眠者の催眠程度が止動狀態以上に進み感覺脫失の暗示に感應する程度の催眠者なるときは、術者が「私以外の人の言葉は聞えぬ誰が何を云ふても少しも聞えぬ、誰が來て身體の何れの部へ觸れても、抓つても少しも知らずに居る」と暗示を與ふると。最早其催眠者に對しては誰が來て大音を發して其名を呼ぶも身體を荷うて甲室より乙室に移し、日本服を西洋服に着代へせしむるも少しも知らずに居る。此場合には前の術者以外の術者は如何ともすることを得ざるものなり、然しながら非常に催眠の奧義を究めし人なれば、斯る催眠者に對しても覺醒せしむることを得る例外の法あり。其法として前に述べし數名が一度に精神力を凝して感應せしむること以外にあり、其事は讀者の研究問題として說明を省略す。

第六節　催眠の覺醒は徐々と爲さゞればならざる所以

（一）覺醒法を誤ると如何なる害ありや

（二）覺醒法を誤りしより生ずる害を豫防する法

催眠者の腦は少血狀態にあり、體內の諸機能は靜遲の狀態にあり、よりて催眠狀態にあるものゝ生理狀態は覺醒狀態にあるものとは大に異る。故に深度の催眠狀態にあるものを俄然覺醒せしむると生理狀態に急劇なる變化を起し、爲に「覺醒後極々稀のことなるも身體中何れの部分にか倦怠或は痲痺等の後殘症を發することなきにあらず。

是等の弊害を防止せんが爲に覺醒せしむる前に當て必ず與ふるを要する暗示あり、卽ち「精神爽快となりて身體中何處にも惡き處はない」と暗示し、而して後に覺醒の暗示を徐々と與へ、腦中に覺醒の準備をなさしめ、生理狀態をして漸々平常に復さしめ、全く覺醒狀態にある者の生理狀態と同一ならしめ、而して後に初めて目を開かしむるを可とす。　例へば「今より私が一、二、三、四、五と順に十迄數ふる十と云ふと目を開く」と暗示し置き、次に少しづゝ間を置きて一より十迄數へて十と呼ぶとき目を開かしむる樣にするを可とす。余はピアノの音を聽かしめ徐々と覺醒せしむる法を行ひしに頗る結果面白し、特に數名一度に覺醒せしむる方として此法は便利なり。ピアノに代ふるに時計附のオルガンの音、又はハーモニカの音を以てするもよし、又止動狀態以上に進み居りし催眠者なれば今より十分時間の後に目を覺すと暗示し置くと催眠者は時計の時間を知り居りて十分時間を經過すると直に覺醒するものなり。

第七節　治療的と實驗的とにより覺醒法を如何に代ゆべきか

（一）治療的と實驗的とによりて何故に覺醒法を代ゆる必要ありや

催眠者を覺醒せしむるに極めて徐々となすを要すとは原則を述べしものなり。故に若し身心健全のものを被術者として實驗的に不思議の現象を衆人に示すときは、例外の場合と見做して催眠法及び覺醒法をして極めて迅速に行ふなり。例へば被術者を衆人列席の前に伴ひ、術者一寸擧手するや被術者は忽然深き催眠狀態となり種々不思議の現象を呈す、而して覺醒せしむるにも術者が拍手をポンと一つ打つや、催眠者は俄然覺醒して目を開き、莞爾として衆人に向ひ一禮して席を却くと云ふ風に手際よく鮮に行ふなり。然し治療の目的にて病人を催眠せしめたる場合に斯の如く忽然覺醒せしむることあらば、有害の結果萬々一になしとせざることは既に述べたる處なり。之れ覺醒法に就ても治療的と實驗的とによりて斟酌を要する所以なり。

芝居や踊を行ふにも初め下稽古をなし置き而して後に愈々本舞臺に於て演ずる如く、催眠術の實驗を行ひ衆人に示す場合は豫め被術者に就きて準備施術を行ひて感應の程度を確め置き、而して後に行へば誤りなくして見事に實驗を示すことを得。術者が熟練し居れば初めての被術者にして衆人の前にても鮮《あざやか》に實驗を示すことを得べきも、被術者の催眠感性の如何によりては、熟練なる術者と雖も稀には失敗なしとせず。よりて衆人に示す場合は豫め實驗の下稽古をなし置くと其虞れなし。

第八節　如何にするも覺醒せぬ催眠者に出會ひしときの處置

未だ催眠術を研究せざる者の中催眠者覺醒に就き餘分の心配をなす者あり、卽ち人を催眠せしめて恰も死人の如くなしたるに其れを覺醒すること能はざらんか實に危險なり。故に催眠法を行はんと欲せば先づ覺醒法をよく心得置かざればならずと心配するものあり、其心配は一應最ものことなり、而し普通全く之に反して被術者が思ふ樣深く催眠せざるのみか、却て覺醒法を行はざるに覺醒して困ることあるべし。稀に思ふ樣深く催眠したるものと雖も、一言「醒むると暗示すれば直に覺醒するものなり、故に少しも心配するに及ばず。又術者が催眠者に對して覺醒法を行はずとも催眠して居ると精神力を凝さずに他の事を思ひ居れば自然に覺醒するを原則とす、即ち術者が催眠者に對して尙催眠を持續すると精神力を凝さずに心を他に轉じ居ると忽に覺醒するものあり、或は暫く時を經て覺醒するものあり、稀には催眠より睡眠に移りて暫く睡眠して後覺醒するものあり。覺醒法を行ふも稀に目を開かざるものあらば、其者は大概催眠程度淺くして自分の考へにて覺醒せずに居るものか、又は何んとなく嗜眠の狀態にありて覺醒するをものうく思ふ餘り覺醒せざるものあり。極く稀には感性鈍き意地惡き被術者ありて術者を驚かし呉れんとて實際は覺醒し居り乍ら催眠中の如き風を裝ひ居るものあり。又は催眠に睡眠が混入し或は全く睡眠に陷りて術者が覺醒の暗示をするも感應せざることあり。是等の場合中催眠淺くして覺醒せざる場合には術者は催眠者に向つて「手足は何時でも動かすことを得目は何時にても開くことを得る様になつて居る、眠くば此儘眠つて居つてもよい」と暗示すると被術者の心中にて術者は自分の精神狀態をよく知り居ると思ひパット目を開いて起き上るものあり、或は眞に眠くしてそれより自然の睡眠に移り暫く睡眠して後に覺醒するものもあり。若し催眠に睡眠が混入せる場合、或は催眠せずして睡眠し覺醒の暗示が感應せざるとき直に覺醒せしめんと欲せば兩上膊部を術者の掌にて壓し、少し被術者の身體を振り動かすか、左なくば被術者の下腹部を術者の手にて一寸壓しつゝ覺醒すると心力を凝すと忽ちにして覺醒するものなり。稀には深く睡眠して身體を荷ひ行るくも抓るも如何にしても覺醒せざる者あり、其者には鼻孔に紙縒を挿入すると其刺戟には堪へずして覺醒するものなり。

（一）如何にするも覺醒せざる催眠者は如何なる場合に生ずるか

極く稀有のことなるも純粹の催眠者にして如何にするも覺醒せざることあり、余は催眠術を業としてより茲に十數年其間多くの人の催眠狀態を見たる中唯一度斯る場合に遭遇せり。即ち余の宅にて催眠法を研究中の者が一少年を催眠せしめたるに眠遊狀態となりて種々不思議の現象を呈しつゝありし際、偶然に術者と催眠者と意思聯合の關係絕へて催眠者は自動的に手足を動かして止まず、よりて術者が其働作を廢めさせんとし、又其催眠を覺醒せしめんとして種々の方法を採りしも少しも感應せず、殆ど困却せること三時間、依て余は其實驗の次第を尋ね催眠者は幻覺の酒に醉ひし結果と思ひし故、催眠者を强て坐せしめ「精神を靜むる醉は醒めた」と暗示し下撫法を催眠者の背部に施しつゝ尙言語の暗示を以て意思聯合を誘導すること數回、其中に余と催眠者と意思聯合の關係を生じたる故「余が一、二、三と呼びつゝ三回背部を叩くと覺醒する」と暗示し、其通りになしたれば初めて覺醒せり。

其催眠者は何故に術者とのラポーの關係絕えて覺醒法が感應せざりしか、之れ大に攻究すべき價値ある問題なり。其催眠者は精神病の血統にして平常酒亂の癖あり、然るに催眠中に研究生が幻覺の酒を多く飲ましめたり、催眠者は平常酒を嗜む故幻覺の酒を大に喜んで飮むこと夥だし、よりて研究生は酒の度を過して無暗に飮ましめたり、其結果終に其幻覺の酒に醉ふて酒亂の狀態となり、何人の言語も用ひず暴れ狂ふて止まざりしなり。然し酒亂故其醉が醒める暗示をなして醉を醒ましたる故平常に復して無難に覺醒したるなり。

(二)如何なる場合に於ても術者は精神を冷靜に持たざればならざる所以

催眠術上の件に就ては獨り覺醒法の場合に限らず、如何に合點の行かぬことに遭遇するも、術者は決して狼狽すべからず、若し術者が狼狽する如きことあらんか、前後策を誤て被術者の心身を害ひ術者の信用を失墜し、引いては一般の催眠術者の體面或は信用に關する樣のこととなしとせず、愼しむべきは術者の狼狽なり。

第三章　摸範的催眠術の實驗例

第一節　モール氏の實驗例

初學者が催眠術の實驗をなすに當り、摸範となるべき實驗例は枚擧に遑あらざるも、先づ第一に最も世人が信賴する處の獨逸の催眠術家アルベルト、モール氏が行ひし實驗例を擧げん。此實驗例は極々初步の施法なるもモール氏自身も云へる如く、種々の催眠學派の摸範的實驗例にして、催眠學派の異るに從つて施法を如何に異にするかを簡易に知らんとするには此實驗例を見るに如かず。今モール氏の著書より其意を採りて次に掲げ、而して少しく卑見を加へんとす。

（一）ブレート式の催眠術實驗例

（一）ブレート派の催眠法は一名凝視法と云ひ、光輝ある物體を凝視せしめて催眠せしむる方法なり。モール氏は二十歲の青年を椅子にかけさせて一箇の光輝物を與へて手に持たしめ「之を上は眼附にて見て居ると眼瞼が重くなつて目は閉ぢて催眠する」と暗示せり。青年は其暗示の如く光輝物を手に持ちて凝視し居ること三分時間にして、上眼瞼は漸次下つて終に全く目を閉ぢたり。然ると青年は自分で目を開かんとするも開くこと能はず、今迄光輝物を持ちし手は自然に下つて膝の上に落ちたり。由つてモ氏は青年に向つて「君の手は膝に堅く附て離すことが出來ぬ」と暗示せり、併し青年は自由に手を動かすことを得、又自由に談話をなせり、單に自ら目を開くこと能はざりしのみにて其他は平常と左程異ならざる狀態なり。モ氏が「目を醒す」と暗示したれば青年は直ちに覺醒せり、而して其青年はモ氏が催眠中に暗示せしことは、覺醒後も依然として殘らず記憶せり。

此實驗に就きて注意すべきは青年が催眠中自分で目を開かんとするも開くこと能はざりしこと〻、手が自然に膝に下りしことなり、此催眠の程度を恍惚狀態と云ふ、卽ち催眠狀態には相違なきも催眠の程度が最も淺き狀態なり。然し此程度にて旣に充分に治療矯癖の效力あり、普通素人は催眠狀態と云へば夜自然に睡眠せし樣に、前後不覺の有樣に限るものの如く思ふ者あるも、其れは大なる誤りなることを知るべきなり。又其實驗中感應せざる暗示をなしたることは實驗としては失敗したる如くなるも、此れは感應する暗示と感應せざる暗示との境界を示せしものと見るべし。

(二)メスメル式の催眠術實驗例

(二)メスメル派の催眠法は一名下撫法(パッス)と云ひ、術者が被術者の身體を撫ぜ下ぐる姿勢をなして催眠せしむる法なり。　其實例を二種述べん。

其一はモール氏は五十三歳の婦人を椅子にかけさせ置き、其前に座を占め、モ氏は己の兩つの手の平を婦人の方へ向け頭上より鳩尾《みづをち》の處まで恰も撫るが如くして其手を下げたり。　而してモ氏の手と婦人の身體との間には凡そ八九分位の距離を置き、其身體に手の觸れざる樣にして鳩尾の邊まで下ぐるや否や、左右に廣く開き而してモ氏の腰の處に其手を集めて幷べ、手の甲を婦人に向けて復た其頭上に上げ、前の如くに撫ぜ下ぐることを凡そ十分位續けたり。然ると婦人は目を閉ぢて靜呼吸となり催眠狀態を呈せり。其時モ氏は「手を擧げる」と暗示したるに婦人は手を少し擧げしのみにて重さうに下げてしまへり。次に「眼を開くことが出來ぬ」と暗示すると、婦人は眼を開かんと欲するも開くこと能はざりき。又モ氏は婦人の右の手を高く持ち上げて放ちたるに、其手は其儘となり居りて動かず、而し「手を下げる」と暗示したれば忽ち其手を下げたり。又モ氏は婦人の手を持ち上げたれば手は其儘となり居りて動かず、而して婦人に向ひ「手は下ぐることが出來ぬ」と暗示し「試に下げて見るも下がらぬ」と暗示したれば、婦人は力を入れて其手を下げんと努むるも手は依然として動かず、右の手にも左の手と同樣の試驗をなしたるに之れ又同一の結果を得たり。次に其婦人に向ひて「お前は啞である」と暗示したれば、婦人は切に口を動かして語らんと欲するも一言をも語ることを得ざりき、其れより其婦人に向ひ「今度は談話がよく出來る」と暗示したれば、直に婦人は言葉を發することを得たり、又其婦人に對して「音樂の音が聞ゆ」(實際音樂の音が聞えざるに)と暗示したるに婦人は頭をふりて聞えざることを示せり。

以上の實驗を終りて其婦人の催眠を醒ませり、其醒まし方は手の平を婦人の方に向けて前に催眠せしめたる方法に全く反して下より上へ撫ぜ上げたり、婦人は直に目を開きて正規の狀態に復せり。

此實驗に於ける催眠の程度は前記のブレート派の實驗より餘程深し、唯だ目を開くことを得ざるのみにあらずして、術者が其婦人に向つてなしたる運動禁止の暗示はよく感應せり、之れ其催眠程度は止動狀態なるが故なり、依て幻覺の暗示卽ち實際になき音樂の音は暗示の通りに感應せざりし。　此狀態に催眠が進めば治療矯癖を行ふには申分なき狀態にして其效果は充分に表るべし、此程度の催眠者は催眠中のことは覺醒後大概よく記憶して居るものなり。

其次にモール氏が行ひし實驗は屢々施術したることある十六歳の男子を被術者として行へり。モ氏は其男子に向つて「僕の顏を眺めて居る」と暗示し、モ氏も其男子を見詰め、互に見詰ること暫時にして、モ氏は男子の兩手を執りモ氏の身體に近づかせ、其れより其手を離して獨りにて立たせ置き、目は矢張り絶えず互に見詰めて居り、モ氏は「右の手のみ見て居る」と暗示し、モ氏の右の手のみに目を注がしめ置き、突然モ氏は自分の右手を擧げたり、然ると又其男子も右手を擧げたり。次に左の手にも同樣の試驗をなし、次にモ氏は其男子に向つて「僕の全身を眺め居る」と暗示し、モ氏は跪《ひざまづ》くべきことを身振りにて暗示したれば男子は其通りに跪けり。次にモ氏が彼を見詰めて手眞似で彼の身體を床に押し附ける樣子をなし居る間は、彼は切に起たんと欲するも能はざりき。斯くして「目を覺ます」と暗示したれば彼は全く覺醒して正規の狀態に復せり。

此現象は摸擬の作用及び運動禁止の暗示に感應したるなり。此場合は前に述べし二個の實驗例とは全く異りて、被術者は眼を大きく開きて術者を見詰め、術者も亦被術者を見詰め居れり。此實驗の被術者は前に數回催眠せしめられたること有るを以て或物を見詰めさしたり、撫ぜ下げる如き複雜なる方法を行はず、唯術者被術者互に見詰め居たる丈にて深き催眠狀態となれり。

此程度に催眠すれば治療矯癖には非常の效果あることは勿論、學術上の實驗として諸種の暗示を與ふれば餘程參考となる奇現象を呈する者なり。

（三）ナンシー式の催眠術實驗例

（三）ナンシー派の催眠法は一名心理的催眠法と云ひ、言語の暗示によりて催眠せしむる方法なり。モール氏は四十一歳の紳士を被術者として實驗せり、先づ紳士を椅子にかけさせ置き、努めて精神を沈むる樣に準備せしめ「唯精神を沈めむとする外何事も考へぬ」と暗示し、數秒時の後モ氏は紳士に向つて左の如く暗示せり「‥‥もう眼瞼《まぶた》は閉ぢかけて來た‥‥眼は段々に閉ぢて來た……眼瞼は大そう震へて居る……モウ眼は全く閉ぢた……精神はづーつと沈まる……全身穴の中へ沈むやうに感ずる……尚づーつと沈まる……づーつと沈まる……」と暗示したれば其暗示通りになりて催眠せり。依て「眼を開くことは出來ぬ」と暗示したれば紳士は切に眼を開かんと欲するも開くこと能はざりき。次にモ氏は紳士の左手を執つて高く擧げて離せしが其手は其儘に上つて居れり。モ氏は紳士に向つて「催眠して居るの」と問ひたれば「さう」と答へたり「深く催眠して居るの」と尋ねたら又「さう」と答へたり。又紳士に向つて「今カナリヤが啼いて居るが聞えるの」と問ひたれば「聞えてる」と答へたり「今鳴つて居る音樂が聞えるの」と問ひたれば「よく聞えてる」と答へたり(無論實際にカナリャの聲及び音樂はなし)次にモ氏は黑色の小布を採つて其れを紳士の手へ載せて「此犬が能く解る」と暗示したれば「能く解る」と答へたり「眠りし儘眼を開きて見ると此犬が一層明了に見ゆる、併し此犬を見たらば又眼を閉づる、私が目は醒めると云ふ迄は目を開きても醒めずに催眠して居る」と暗示したれば、紳士は直に目を開き幻覺の犬を見て其れを撫ぜたり。其れよりモ氏は其小布を紳士の手より取り離さんとせしに、紳士は其れを離さゞらんとせるを漸くにして全く取れり。次にモ氏は紳士に向つて「今動物園に居る」と暗示したれば、紳士はモ氏の室に座りながら、確に動物園に居ると思ふて「種々の禽獸が見える」と云へり。尚種々の實驗をなしたるに、唯暗示一言によつて催眠者の總ての運動を妨げ得るのみならず、又其外界に對する知覺をも左右したり。而して術者以外の人が暗示をなしたるに少しも感應せざりし、此實驗中甲乙の兩人其席に居り、試みに甲が紳士の手を上げて見たるに直ちに下げてしまへり。依て甲は紳士に「手を上げて居る」と暗示せしに少しも聞えざるものゝ如し、然り而して催眠を醒す法としてモ氏は「醒むる」と一言暗示したれば直に目を醒ませり。醒めし後紳士に向つて催眠狀態中にありしモ氏の言語や音樂のこと及び犬のこと等を記憶して居るか否やを尋ねたるに催眠狀態中にありしことは何にも記憶せず、たゞ眠りかけたるときのみ覺えあるも、其後は全く熟睡と同一にして何等の記憶なしと答へたりと云ふ。

此實驗に於ける催眠者は眠遊狀態にありし故、運動禁止は勿論錯覺及び幻覺を自在に現はせり、以上はモール氏の實驗例なり、之より余の實驗例を述べん。

第二節　著者の實驗例

(一)鐵石式の催眠術實驗例

前節に述べたるモール氏の實驗例は催眠法に重きを置きて示したるも、余は之に反して催眠現象に重きを置きて示さんとす。之れ余は催眠法に就ては別章に於て詳述したるを以て、今又爰に之を述ぶるは重複の嫌あるを以てなり、讀者は其心にて見られたし。

先づ一青年を椅子に凭らしめ余は其前三尺を距てし處に直立して、右手を頭上に擧げ青年をして余の眼を見詰めさせ、余も亦青年の眼を見詰め催眠すると心力を强烈に集注すると數分時にして、余はエイッと一聲氣合をかくると共に、右手を切り下げたり。然ると青年は閉目して催眠せり、余は青年に近寄りて下撫法を行ひつゝ「尙精神を深く沈むる」との暗示を兩三回繰り返したれば、實驗に適する催眠程度に進めり。由て其青年に就て次の如き數多の實驗をなせり。

(二)手足を隨意不隨意自在とせし實驗

(一)余は其催眠者に向つて「君の兩手は動かぬ」と唯一言暗示したれば、催眠者は如何に其手を動かさんと欲するも動かすことを得ざりき。次に「今度は樂に動く樣になつた、盛に上下に運動する」と暗示したれば、其暗示通りに兩手は上下に運動して止まず。尙足に就きても同樣の暗示をなしたるに之れ又暗示の通りとなれり。次に催眠者の左手を持ちて其掌を催眠者自身の胸部に當て、堅く壓し附けて「堅く附着して離れぬ、何人が來て引き離さんとするも離すことが出來ぬ」と暗示し、術者及び傍觀人が交る交る其手を採りて引き離さんと力を込めたるも更に離れず。次に余は其手の甲を擦りて「今度は此手は自然に離れる」と暗示したれば、暗示通りに自然に離れて膝に下れり。

（三）物品の重量を輕重意の儘とせし實驗

（二）次に余は一片の綿を採りて催眠者の掌上に置き「之は大層重い石だ」と暗示したれば、催眠者は力をこめ汗を流して實際重量に堪へざるもの丶如し。又石を掌上に置き「極く輕き綿である」と暗示したれば、催眠者は實際綿の如く輕く取扱ひたり。

前記の實驗（一）（二）によりて見れば、催眠術治療によりて、手足の不隨者が自在に動く樣になり、又少しの勞働にも堪へ難きものをして如何なる勞働も樂にやり遂ぐることを得る樣になし得る道理なり。催眠者に向つて暗示したることは獨り催眠中のみならず、催眠を醒した後も、永く其感應狀態を持續せしむることを得るを以て、催眠術は驚くべき實用的效果を擧ぐる道理にして、又實地擧げ得る處なり。

（四）歩行を停止せしめし實驗

（五）身體を強直せしめし實驗

（三）次に催眠者に向ひ「室内を活潑に歩るいて居る其とき余が一言ヱイッと氣合をかくれば、君の足は床に堅く附着して歩むことが出來ぬ」と暗示し、歩行せしめ其歩行中に突然「ヱイッ」と氣合をかけたれば、果して暗示の如く催眠者の足は床に堅く附着して離れず「余が拍手を二つすると君の足は樂に床を離れて、再び活潑に歩む」と暗示し、拍手をなしたれば果して暗示の如く足は床を離れて再び歩み出せり。

此實驗によりて、武術の奥義として賞讚する處の氣合によりて歩行者の足を留める法は催眠術上の現象と一致することを知るべきなり、氣合によりて病氣の癒るも此道理に基くものなり。　如斯氣合によれば肉體の運動をさへ左右することを得るを以て、精神の疾病は勿論肉體の疾病をも治することを得る道理なり。

（四）次に今度は催眠者を直立せしめ兩手を兩側に垂れしめ「身體は棒の樣になつた」と暗示し、余は背後に廻りて催眠者の頭を引く眞似をなしたれば、催眠者は後へ倒れかゝりたる故、余は其れを手に受けたるに身體は恰も棒の如し。よりて椅子と椅子との上に架して橋となし、其上を渡りたるに恰も橋を渡るに異らざりき。此現象は强直狀態と稱して催眠術上著名なり。

（六）身體を柔軟ならしめし實驗

（五）次に催眠者に向ひ「身體には骨がない、其れ故身體はぐにやぐにやである」と暗示したれば、催眠者の身體は海鼠の如くに柔かとなりてぐにやぐにやぐにやと屈めり。引き立たせんとするも全く骨無しの樣で、ぐにやぐにやとして立たざりき。次に「身體は普通の人の如く骨が出來てしつかりした」と暗示したれば、普通の人と同樣に身體はしつかりしたり。

催眠術の治療によりて數年間硬くなりて動かざりし手や足が嘘を云つた樣に自在に動く樣になり、又は俗に云ふ骨なしと云ふぐたぐたの手や足が催眠術の治療によりて確になることゝあるは事實にして、又然かあるべき道理なることは此實驗によりて合點し得らるゝならん。

以上の一より五に至る實驗は催眠の程度が完全の止動狀態にあれば現はすことを得るも、尚一層深き催眠程度たる眠遊狀態にあらざれば現はれざる所の實驗を之より試みんとす。

爰に於て先づ余は催眠者に向ひ精神を鎭めて疲勞を回復する暗示を與へて四五分時間休息せしめ、而して後尚深く催眠を進めんが爲め「尚一層精神を鎭むる」と暗示すると共に下撫法を行ひたれば、催眠は大に進みて、完全なる眠遊狀態となりし故、次の如き實驗をなせり。

（七）無神論者を有神論者となせし實驗

（六）催眠者は日頃神の存在を認めず、基督教に反對なりとのことを聞き置きし故、催眠者に向ひ「イエスキリストは誠に有難い、爾後大に基督教を信仰する」と暗示したれば催眠者は領けり「君は基督教信者であるから覺醒後も大に基督教を信仰し、日曜日には基督教會堂へ說教を聽きに行く」と暗示したれば、其後催眠者は日曜日には必ず基督教會堂に行き說教を謹聽したり。此實驗によりて催眠術は布教上に驚くべき效果あることを推知すべきなり。

（七）余は名刺大の白紙數枚を作りて催眠者に向ひ「之は花札である、桐は之れ櫻は之れ梅は之れ松は之れ」と暗示し覺えさし置き、更に其れを混合して催眠者をして「此內より桐と櫻との二枚を選り出す」と暗示したれば、先に桐及び櫻として示したる白紙を選び出せり。

此實驗によりて催眠術によれば記憶し難きことをも、よく記憶せしむることを得る道理なり。

（八）幻覺的記憶の實驗

（八）余は催眠者に對して「雀の雛をやる」と暗示して半紙を固めて催眠者の手に持たしたれば、催眠者は雀を持ちしと思へり、次に「雀は飛び去つた」と暗示しつゝ其紙を取り去り、空中を指して「舞ひ居る雛だから捕へる」と暗示したれば催眠者は恰も舞へる雛雀を捕へんとして飛び廻る樣面白かりき。

（九）紙片鳥雀となりて飛びし實驗

此實驗によりて暗示一つにて甲物を乙物と思はしめ、無きものをも實地有るが如くに感ぜしむることを得ると明なり。此作用によりて嫌な物を嗜となし、又は死せし父母と面談せしむることを得るなり、其前者は錯覺にして後者は幻覺なり、然れども、本人自身には實地と少しも變らざる心持がするなり。

（一〇）人工的色盲の實驗

（九）余は催眠者に向ひ「藍色を見ることが出來ぬ」と暗示し置き、藍色と赤色との二回刷の印刷物を讀ましめたるに、赤色の文字のみを讀みて藍色の文字は見えざる故少しも讀まざりし。斯く人工的に色盲の現象を自在に現出するを得るを以て、實際の色盲患者をして催眠術治療によりて治し得る所以なり。

（一一）人工的失語の實驗

（一〇）余は催眠者に向つて「かと云ふことが出來ぬ」と暗示し置き、神田鍛冶町角の角兵衞の堅栗と云はしめたるに、催眠者は辛うじて、

ンダジチョウドノクベヱノタクリ、

と云へり。

斯様に暗示一つによりて或語の發音を自在に止める事を得、此作用と同一理にて吃音者を催眠せしめ「辯者である」と暗示すれば流暢によく談話し得るなり。

（二）催眠者に向ひ「怒り出した」と暗示したれば、催眠者の顏は凄みを帶び、手に拳を握りて立ち既に打ちかゝらんとす。次に「をかしくて笑ひ出だす」と暗示したれば、忽然から〳〵と笑うて腹をかゝへて倒れたり。次に「悲しくて泣く」と暗示したれば、直に聲を出して泣き泪を雨の如くに流せり。

（三）怒を喜びとし哀を樂と代らしめし實驗

又「一と云ふと喜び、二と云ふと怒り、三と云ふと泣く」と暗示し置き、而して一と云ふと喜び二と云ふと怒り三と云ふと泣けり、其れを何回も繰り返したるに同様の現象を生じたり。

此實驗と同一理にて催眠術治療によりて年中くよ〳〵と悲しみて暮す悲觀者をして、目に見るもの耳に聽くもの一として悦ばしきものに非るなしと云ふ樂觀者とならしむることを得るなり。

（三）醜貌を美貌となせし實驗

（三）次に催眠者に向つて「口は右に引きつられて曲る」と暗示したれば、見る〳〵催眠者の口は右の方に吊り上りて物凄かりき、又「美少年である喜色は滿面に溢れて居る」と暗示したれば、眞に愉快なる美少年の相となれり。次に「鬼である顏は凄い」と暗示したれば、目をむき出し口を開き、齒を出し顏をしかめて眞に鬼の如くなりき。次に催眠者に向ひ「目眦は吊り上りて嚴めしい」と暗示したれば其通りとなれり。又「目眦は下りて面白き顏となつた」と暗示したれば其通りとなれり。

此實驗と同一理由によりて催眠術治療にて人の精神を美にし、心身相關の理によりて其容貌をも美にすることを得るなり。

（四）脈膊の高低遲速を意の儘となせし實驗

（四）ポーニス氏の試驗によれば催眠者の脈膊をして九十八より九十二に下らしめ、又百十五まで上らしめたと云ふ。余は催眠者の撓骨動脈を檢しながら「脈は大層高くなつた」と暗示したれば忽ち高くなり、又「脈は靜

（一五）盆は鏡の如く姿を映ぜし實驗

（一六）分泌作用を自在に變ぜし實驗

かになつた」と暗示したれば直ちに静かになれり、又脈膊をして遲く打たしめ、早く打たしむること暗示の儘なりし。

（一四）催眠者に向ひ「之は鏡である」と暗示して盆を示し「鏡に今何物が映るかを注意して居る」と暗示し置き、盆に對したる催眠者の背部に鉛筆を擧げ「何が鏡に映りしか」と尋ねたれば「鉛筆」と答へたり。其他呼鈴、扇子、ハンケチ等何にても手に持ち上ぐるや、其物直ちに盆に映りて答ふる事即問即答なりき。

此現象は感覺鋭敏の理によると思ふ、感覺鋭敏に就ては後に於て詳述する積りなり。

（一五）次に催眠者に向つて「口中には唾液が一ぱいに出た」と暗示したれば、催眠者の口中は見る見る唾液が一杯となれり、よりて痰吐壺に出さしめたれば頗る多量なりき。次に「唾液は少しも出ぬ口中は乾いた」と暗示したれば又其通りとなれり。

(七)知覺神經を左右せし實驗

又余は催眠者に向つて「兩眼に眼脂が出た」と暗示したれば忽ち兩眼に眼脂出でたり。次に「眼脂は出なくなつた」と暗示したれば又其通りとなれり。

此實驗によりて乳の出ぬ婦人をして乳澤山とすることを得、胃液の少なき患者をして胃液を多からしむることを得るなり。

(一六)次に余は催眠者に向つて「腕は切つても刺しても如何なることをしても少しも痛まぬ」と暗示し置き、其腕に大なる針を刺し貫きたるに催眠者は更に其れを知らざりき。此作用を利用して醫師が外科手術を施すに當り、催眠術を魔睡劑に代へて應用し奇效を奏することは人のよく知る處なり。

又余は催眠者に向つて「君の手の此處に(此時余は一寸其處に指を觸れ)芥を附けた痛くてはれる」と暗示したれば、催眠者は眞に其處が痛くなりて赤く腫れ上がれり。次に其處に指を當て「芥は取つたから何ともない」と暗示しつゝ指頭にて其處を撫ぜたれば元の通りになれり。此實驗によりて催眠術治療の效果は獨り器能的の疾病に止まらず、器質的の疾病をも治し得ることを證明して餘りあり。

(一七)食慾を自在に變ぜし實驗

(一七)次に余は催眠者に向つて「久しく食はぬから空腹である」と暗示したれば、催眠者は飢を感じて「空腹でたまらぬ」と云へり。次に「滿腹である」と暗示したれば催眠者は眞に滿腹にたへぬ姿勢をなせり。デボウ氏の實驗によれば、催眠者の食慾を無くする繼續暗示をなしたれば、十四日間の久しき間食物を平常の半分位しか採らざりしといふ。此理によりて實際に滋養物を食せざるも「滋養物を充分に食したから身體が壯健である」と暗示すれば、其暗示通りの結果を得るなり。且依之催眠術治療によれば胃腸病を治することは容易なる所以を知るべし。

(一八)猫の如く耳を動かさしめし實驗

(一八)次に催眠者に向つて「耳を自由に動かすことが出來る、非常に動いて來た」と暗示したれば、催眠者の耳は猫の耳の如く大に動けり。

其他心臟の鼓動、呼吸の囘數等暗示の儘に左右することを得たり。此現象は甚だ不思議なり如何の理にて行はるゝか、不隨意筋と雖も精神の作用によりて左右せらるゝ故なり。正規の狀態にあるときの精神の働きは全く一つのことにのみ傾注すること能はざる故、自分の意の如くに運動せざるなり。然るに催眠狀態に於ては精神が其事にのみ集る故、精神の働きが强烈となり、從て不隨意筋をも左右することを得るものなりと思ふ。

其原理を應用して便祕の患者に對して腸の蠕動をよくして便通をよくすることを得。寢小便の患者に對しては膀胱の括約筋の働きをよくして、寢小便の癖を治することは容易に成し得る道理にして、又實際になし得る處なり。

（二〇）半身のみ覺醒せしめし實驗

（一九）次に催眠者の右半身を頭部より足の方に撫ぜ下げつゝ「此半身は益益深く催眠する」と暗示すること數囘。左半身をば足の方より頭部に向つて撫ぜ上げつゝ「此半身のみ覺醒する」「最う覺醒した」と數回暗示したれば、全く左半身のみ覺醒し右半身は依然催眠せり、卽ち左半身は目を開き手を動かしたるに右半身は目を閉ぢ手は靜止の狀態にありき。依て催眠せる右手にて「天下泰平」と書かしめたるに、覺醒時よりも上手に書けり、次に覺醒せる左手にて「明治大正」と書かしめたり。

此現象を應用して身體中の一局部のみを催眠せしめて疼痛無感となし、醫術上に於ける局部魔睡と同樣の效果を得せしむることを得るなり。

前記の如く實驗したる故、今一つ殘續暗示をなして全身を覺醒することとせり。卽ち催眠者に向つて「精神及び肉體に少しも惡い處はない、精神は爽快である」「私が今手に持てる扇子にて掌をポン／＼と三つ打つと全身目を覺ます」「目を覺ますと前に三歩進み出でニコ／＼しつつ擧手の禮をする」と暗示し置き、後二分時間を經過し掌を扇子にて打つこと三つにして、催眠者は果して全身覺醒してパツト右眼を開きて、起立し前に三歩

（三）無意識的に擧手の禮をなせし實驗

進み出でニコ〳〵しつゝ擧手の禮をなせり。

依て余は催眠者に向ひ「催眠中のことは何を覺え居るや」と尋ねたれば「初め手が動かぬと云はれたときに動かさうとしたけれども動かなかつたこと、手が上下に動いて止まらなかつたこと、手が堅く胸に附て離れなかつたこと、重い石を持つたこと、輕い綿を持たこと、室内を歩るいて居るときエイッと云はれて足が止まつたこと、と明治大正と書いたこととを知つて居る、其他は何にも知らぬ」と答へたり、よりて催眠中書したる天下泰平の四字を示し「之は誰が書きしや」と尋ねたるに知らずと答へたり「身體は棒の樣になつたと云はれたことを知りて居るや」と尋ねたら「其う云はれた樣の氣がする」と答へたり「雀を手に持ちしことを知り居るや」と尋ねたるに「知らん」と答へたり。　催眠中のことを知り居ることあるは其折に於ける催眠は未だ深く進まざりし故なり、催眠が深く進みし際になせし事は何にも知らずに居りしなり、而して半身のみ催眠し居りしとき催眠せし半身にて書せし書は記憶なく、覺醒せし半身にて書せし書をばよく記憶し居りしことは最も注意すべき現象なり。

(三)普通の催眠者と模範的の催眠者とは如何なる區別ありや

以上に擧げし余の實驗例は勉めて奇妙の現象を示さんとしたるにあらず、初學者に催眠現象の一斑を解し易く示さんとしたるなり。尙一步を進めて六ヶ敷實驗不思議の現象は後章に於て更に詳述する積りなり。

一度に斯く多くの實驗をなさば害がありはせずやと心配するものあらんも實驗中時々催眠者に休息を與へて精神の疲勞を回復せしめ、且催眠者の精神を苦しむる暗示を避くれば、四五時間に涉る實驗を行ふも毫も害なし、余は午前八時より午後六時に至る迄實驗を續けしこと數多ありしも毫も害なかりし其場合は催眠して居り乍ら晝飯を喫したり、小用に行つたりするなり。然し小時間の實驗にても暗示法宜しきを得ざれば、催眠覺醒後に於て被害の結果稀になしとせず、注意すべきことなり。

又前記の諸現象を一人にて悉く現はすものは稀有なり、之を悉く現はすものは模範的の催眠者として賞揚するに足る、多くは前記の現象中の或る二三のみを現はすに過ぎざるを常とす。

第四章　自己催眠術

（一）自己催眠術とは何ぞや

催眠術は術者と被術者とありて術者が被術者に對して行ふを普通とす、然るに爰には變則の場合たる處の一人にて術者となり被術者となる所の自己催眠に就て述べんとす。自己催眠は自分で自分を催眠せしむる方法にして彼の俗間に行はるゝ巫子《みこ》、降神術《かみおろし》は自己催眠術の一種なり。之を行ふ原理及び方法は術者と被術者とは別人にして術者が被術者を催眠せしむる場合を準用するなり。催眠法は數多ある中嚢に述べたるBA催眠法を準用して行ふは最もよし左に之を述べん。

（二）自己催眠を行ふ方法

先づ自己催眠を行ふには成るべく靜なる室を選み、晝間行ふ場合には雨戸を閉ぢて室内を薄暗くなし、其室の中央に布團を敷き枕を具へて夜寢る樣に裝置し、其裝置全く整はゞ仰臥して薄き布團を被ひ、手足を伸ばし胸上に複式催眠球の入箱を重ねて其上に其球を置き、細目にて眺め得る樣にし、兩手を堅く握りて力を入れ、次に兩足の先に力を入れ全身に力を入れ、目を成るべく細く開きて瞬をせず催眠球を眺めつゝ呼吸を荒く早くなしつゝ兩膝頭へ力を入れて動かしつゝ其數を算ふるなり、卽ち球を眺むることと呼吸と共に膝頭を動かすこととを同時に行ひつゝ其數を算するなり、其計算を一より五十迄三回正確に行はゞ、次には其反對に目を閉ぢ全身の筋を弛め、膝頭を靜止して呼吸を極めて靜に殆んど止める樣にして「眠い眠い」「頭の血は足の方へ下る」「手足は空間に浮んで居る樣に思はるゝ」「尙精神はヅーッと鎭まる」「ヅーッと鎭まる」と觀念すると其觀念通りに精神鎭まる卽ち催眠狀態となるものなり。

自己催眠をなし居る時間を何時間と豫め確定し豫期して催眠すると、必ず豫期したる時間に覺醒するものなり、又催眠が淺ければ催眠中にいつでも思ふときに覺醒するを得、覺醒するには依他催眠の場合と同じく極めて徐々と足の先より頭部に及ぼし最後に目を開くを順序とす、自己催眠を行ふときの身體の位置は仰臥にかへて椅子に腰を掛け或は端座するもよし。

呼吸及び膝頭の運動の計算は一より五十迄正確に算ふるを要す、其計算中他のことに心を移し計算を誤る樣のことあらば直に一に戻りて正確に計算するを要す。其計算を正確にせずして自己催眠が成功せずと云ふは行ふべきことを行はざる故なり行ふべきことを行はずして成功せざるは當然なりと知るべし。

自己催眠狀態は一般の催眠狀態と同一にしてよく周圍の音が分つて居る程度の者あり、又は睡眠した時の如く何も知らずに居るものあり、自己催眠の方法を行ひ何も知らぬ樣なりしとき、其れは催眠なるか睡眠なるかは術者が傍に居りて睡眠か催眠かを判別する方法を行ふて初めて確に判定することを得るなり。

（三）自己催眠者は如何にして自ら我身に暗示するか

自己催眠狀態は依他催眠卽ち術者に催眠せしめられたる催眠者と異らざるを以て、自己催眠者の多くは恍惚狀態又は止動狀態に在りて周圍の音が明瞭又は不明瞭に分りて居るを常とす。併し稀には眠遊狀態となるものあり、眠遊狀態となれる者は自己催眠に着手する前に自己催眠者自ら自身を强直狀態とせんと觀念し催眠すれば强直狀態となる、人格變換せんと觀念し自己催眠すれば人格變換す、其他催眠術上一般の現象は悉く現はるゝを本則とす、卽ち其觀念が暗示となりて感應するなり。自己催眠に熟達すれば自己催眠を初むる前に觀念して暗示をなし感應せしむるのみならず、自己催眠中に自ら暗示して暗示の通りに心身を働かすことを得。現に余の許にありて硏究したる某は自己催眠に着手する前に椅子と椅子との上に身體を橋に架して觀念を强めて自己催眠し身體を强直狀態となし其上に三人を乘らしむ。又自己催眠中に自己の觀念一つにて人格を自在に變換する、卽ち男が女と換り人間が動物に換る如きことを自在に行ふものあり。

若し他人が自己催眠者の傍に在りて自己催眠者とラポーを附ければ依他催眠の場合に於ける術者に異らざる權能を有す、故に其者が暗示をすれば當然に催眠術上一般の現象を現はすものなり。卽ち自己催眠者が止動狀態にあれば「手を擧げよ」と暗示すれば手を擧げ「擧げし手は下らぬ」と暗示すれば手は下らぬものなり、又自己催眠者が眠遊狀態に在れば幻覺又は錯覺をも暗示の儘に自在に起すことを得るものなり。

（四）自己催眠によりて病癖を治する方法

次に自己催眠によりて病癖を治する方法を述べん。自己催眠者自ら我身に暗示をするには自己催眠を行ふ前に豫期的に行ふを普通とす、例へば記憶力を增進せんとするなれば「今記憶力を增進せんとする爲に吾は自己催眠を行ふなり自己催眠を行ひ終れば屹度記憶力は增進して居る」と確信し豫期して自己催眠に着手し、自己催眠中及び自己催眠が終りたるときは「之によりて記憶力は確に増進した」と觀念するなり、然ると其觀念進りに記憶力は必ず增進するものなり。

又頭痛を自己催眠によりて治せんと欲せば「頭痛は自己催眠によりて必ず癒る」と確信し豫期して自己催眠を行ひ終れば不思議にも其頭痛消え失せ居るものなり。其理由は自己催眠による催眠狀態は術者が催眠せしめし催眠狀態の場合と同一にして畢竟は身心相關の原理に基くものなり、卽ち自己催眠によりて心機の一轉を計り、心機が一轉せる如く肉體をも一轉せしむるなり、心機一轉をして益々强固ならしめんとするには自己催眠をすると共に覺醒時に於ても「心機一轉」「心機一轉」と自己暗示をなすを要す、卽ち覺醒時に於ても堅く手を握り心力を罩めて「心機一轉せり」「頭痛は取れた」「記憶はよくなつた」と確く胸中にて思ひつゝ手を握るとよし、然れば益々健康となるものなり、詳細は拙著「自己催眠」を參照あれ。

（五）自己催眠が容易に成功する者と否とあるは何故なるか

自己催眠は容易に行はるゝものあり、又幾度となく行うても甘く成功せざるものあり、之は何故なるか、其方法宜敷を得ざるに基因することあるも、主として其人の催眠感性が低き爲めなり、其事は曾て詳述したる所の普通の催眠即ち術者が被術者に催眠術を行ふ場合に被術者が容易に催眠し又は容易に催眠せざるものある理由と異らず。彼の劒術を習ふても玉突を習ふても二回や三回行うて其れで甘く成功せざるとて廢めしならば成功する者は此世に一人もあらざるべし。自己催眠も之と同じく何回となく實驗し、練習して初めて理想の域に達するものと知るべし。

第六巻　暗示篇

第一章　暗示とは何ぞや

(一)暗示の意義

術者が被術者に向つて「君の掌と掌とは堅く附着して離れぬ」と暗示すると被術者の兩掌は堅く附着して實際に離れぬ、此場合に於て術者の言葉は卽ち暗示にして、暗示が被術者の精神に觸るゝと被術者の精神は暗示されし通りに確信す、然ると心に思ふた通りに肉體は變化すると云ふ心身相關の原則に基きて暗示の通りとなりしなり。卽ち暗示は術者の精神の働きを其儘被術者の精神の働きとする方法なり。

前述の實例に於て暗示の通りに兩掌が附着して離れざりしは、卽ち暗示の感應なり。此感念の有無に關せずして、術者の精神の働きを其儘被術者の精神の働きとなさんとする方法は獨り言語に止まらず手眞似、手紙、電話等、苟も人の精神を他人に通ずることを得る方法は皆暗示の手段とすることを得。

如斯暗示は術者の觀念を其儘被術者の觀念とする方法なり、一寸見ると言語暗示は談話命令及び說諭と似て居るも其内容は大に異る。

（二）暗示と談話との區別

談話は談話者の意志を單に表示するものなり、例へば歷史を語り地理を談ずるが如き之なり、談話者は聽者をして談話の通りにならしむるとの意志なくしてなすを普通とす、反之暗示は暗示せし通りに被術者をしてならしめんとしてなすを普通とす。

（三）暗示と命令との區別

命令は人のよく知る如く「手を擧げよ」と命令すれば、被命令者は命令に隨ひて手を擧ぐるなり。暗示は反之「手が擧がる」と暗示すると其暗示通りに手が擧がるなり、前者は命令者の意思に强制され止むなく命令通に行ふ場合が普通なるに、後者は術者の觀念を其儘被術者の觀念として被術者自己の觀念にて手を擧げるを普通とす。

（四）暗示と說諭との區別

又說諭と暗示とは大に異る。　例へば飲酒癖を矯正する場合に說諭なれば「酒を飲むと衞生上及び經濟上に害あり、酒の爲に健康を害し家產を傾けたるものあり依て飲酒をば、斷然廢めやう」と決心せしめて初めて說諭の效を奏する者なり。 反之暗示は「酒を飲むと衞生を害し經濟に損ある故一切飲まぬ」「酒は嫌ひだ飲むと不快を感ずるから堅く飲まぬ」と暗示し、被術者をして其暗示の通りにならしむるなり。 一は利害得失を說き害を避けて利を選ばしむるを普通とし、他は術者が「飲まぬ」「嫌ひだ」と暗示し、其合理不合理を問はず暗示の通りとならしむるを普通とす。 然し乍ら稀には談話命令又は說諭が暗示現象を生ずることあり。 換言すれば談話命令又は說諭をなしたるに其れが暗示となりて現はるゝことあるも、之は例外の場合にして原則としては暗示は談話、命令又は說諭とは異るものなることを記憶すべきなり。

（五）暗示の名稱十六種を擧げよ

暗示の意義を尙よく明かならしめんが爲に次に暗示の種類を列擧して之を說明せん。

暗示の種類

（一）他働暗示・自働暗示

（二）覺醒時暗示・催眠時暗示

（三）精神的暗示・物質的暗示

（四）言語暗示・接觸暗示

（五）故意暗示・無意暗示

（六）直接暗示・間接暗示

（七）現在暗示

（八）｛繼續暗示
遡行暗示
殘續暗示

以上の外に尙暗示の名稱は種々あり、暗示の目的によりて名稱を附したるものあり。卽ち治療を目的とせる暗示を治療暗示、矯癖を目的とせる暗示を矯癖暗示と云ひ、覺醒せしめんが爲め與ふる暗示を覺醒暗示、實驗せんが爲め與ふる暗示を實驗暗示と云ふが如く列擧し來れば際限なし。而して以上の種類を說明すれば暗示の何物なるかは充分に了解し得らるゝことゝ信ずるを以て種類の列擧は之にて止めん。

暗示は斯く多數に區別することを得るも、之は一個の者を或は主觀的に見て區別し、或は客觀的に見て區別し、或は手段によりて區別し、或は時期によりて區別したるものなり。故に實際問題に當る場合は一の暗示にして他働暗示、催眠時暗示、物質的暗示、接觸暗示、直接暗示、殘續暗示となる場合あり。此事は云ふ迄もなきことながら初學者の爲に一言するものなり。

(六)他働暗示とは何ぞや

(一)他働暗示と自働暗示　　暗示を他働と自働とに區別せしは暗示する者の主體によりて區別せしものなり。他働暗示とは被術者の身體以外より來る暗示なり、即ち被術者以外に暗示を發する者ある場合なり、例へば術者が催眠者に向つて「君の病氣は治した」と暗示する如きは其適例なり。

(七)自働暗示とは何ぞや

自働暗示とは被術者自身にて自身に與ふる暗示なり、即ち自分で自分に暗示する場合なり。例へば「自分の頭痛は郊外を散歩し適度の運動をなして夜よく睡眠し而して翌早朝に起きると癒つて居る」と自分で自分に暗示し其暗示通りに確信し實行して暗示通りに治する如きは其適例なり。

(八)覺醒時暗示とは何ぞや

(二)覺醒時暗示と催眠時暗示　　此區別は暗示せらるゝ者が催眠して居る時に與へらるゝと、覺醒して居る時に與へらるゝとによりて區別したる

（九）催眠時暗示とは何ぞや

（一〇）精神的暗示とは何ぞや

ものなり。　暗示は術者の精神を被術者の精神とならしむる方法なるが故に、催眠せざる覺醒者に對して與ふるも亦相當に感應するものなり。其**覺醒者に對して與ふる暗示を覺醒時暗示と云ふ**なり。　唯催眠者は覺醒者に比して精神が沈靜し居るが故に覺醒者に於ては想像も及ばざる程不思議によく感應するの差あるのみなり。　例へば診察が上手だとの風說高き醫士の藥は、效能著しきが如きは卽ち覺醒時暗示の感應と見ることを得。

催眠時暗示とは被術者が催眠狀態にあるときに與へらるゝ暗示なり。依て暗示の內容が合理なると否とを問はず暗示の通りになるなり。　例へば深い催眠狀態にある者に向つて「犬である」と暗示すれば被術者の人格變りて犬となり、犬に異らざる動作をなす如きは其實例なり。

（一一）精神的暗示と物質的暗示　此區別は暗示の手段に依りて分類せるものなり、**精神的暗示とは暗示を與ふるに單に精神力のみを以てする暗示**

なり。故意に暗示する場合は普通には精神力を凝めて、言語又は手眞似を以てするものなるに精神的暗示は純粋に精神力のみを以てし、肉體上には毫も暗示するとの動作をなさゞるものを云ふ。例へば術者が深き催眠狀態にある者に向つて何等の形容をも外形に現はさずして單に精神力を罩めて「兩手は擧がる」と強く觀念すれば催眠者の兩手は擧がる如きは即ち精神的暗示の感應なり。

(二)物質的暗示とは何ぞや

物質的暗示とは物理的の働きを以てする暗示を云ふ。例へば術者が言語を以て暗示し、聽覺の作用によりて精神に通ずるが如き、術者が手眞似を行ふて示し視覺の作用によりて精神に通ずる如き之なり。其他の五官も暗示を精神に通ずる媒介をなす働きを有す。次に述ぶる言語、接觸の二暗示は即ち物質的暗示なり。

(三)言語暗示とは何ぞや

(四)言語暗示と接觸暗示　此區別は暗示を與ふるに言語を以てすると身體に接觸してなすとによりて區別したるものなり。言語暗示は暗示の方法中第一番實用に適す、之れ行ふに易くして感應著しければなり。此例は言ふ迄もなく術者が被術者に向つて「手は動かぬ」と言語にて暗示する、然ると其暗示通りとなる如きは、卽ち其適例なり。

（三）接觸暗示とは何ぞや

接觸暗示とは術者が手或は機械を被術者の身體に接觸して行ふ暗示なり。例へば肩の凝つて居る患者の肩を弛めんが爲めに術者が患者の肩へ手或はパーキンスを觸れマッサージを應用して、螺旋形に輕擦し以て肩の凝りを治する如きは卽ち之なり。

（四）故意暗示とは何ぞや
（四）無意暗示とは何ぞや

（五）故意暗示と無意暗示　此二種の暗示は暗示となる行爲を故意になすと無意になすとによりて區別したるものなり。故意暗示とは暗示するとの意志あつてなしたるものを言ふ。例へば手を動かなくせむと思ふて「手は動かぬ」と暗示するが如きは卽ち之なり。無意暗示とは暗示せんとの意志なくしてなせしことが偶然に暗示となりたる場合なり。例へば數名列席ぜる室にて其中の一名が偶然に欠伸をすると、他の人が其れに感應して不知不識欠伸する如き之なり。此場合に於て最初になしたる欠伸は無意にて他の人に欠伸をなさしめんとの意なきに其れが暗示となりし故、無意暗示と云ふなり。

（一六）直接暗示とは何ぞや

（六）直接暗示と間接暗示　此二暗示は術者が被術者に直接に暗示を與ふる場合と、術者の暗示を他人が受け繼ぎて更に其れを被術者に達せしむる場合とによりて區別したるものなり。普通に行はるゝは直接暗示なり、即ち術者が被術者に直接に暗示する場合にして説明の要なし。

（一七）間接暗示とは何ぞや

間接暗示は説明の要ありと認むるを以て解し易き例を示さん。術者が小兒に向つて暗示する場合に術者が直接に小兒に暗示せんとするも、小兒は術者を恐れて近よらず、術者が近よりて何か成さんと欲すると小兒は驚き恐れ泣き叫んで暗示すること能はず、其場合に術者は小兒の母親に向つて小兒に暗示することを母親に暗示し、其母親は寢に就き今や睡眠せんとする時、又は睡眠中或は睡眠より覺醒せんとする時、術者より暗示せられし通りのことを更に其小兒に暗示し以て暗示の目的を達する如き之なり。

（六）現在暗示とは何ぞや

（七）現在暗示と繼續暗示　此二暗示は暗示感應の時期を單に現在のみに限ると將來に繼續せしむるとによりて區別し此名稱を附したるなり。現在暗示は暗示に感應したる狀態をして唯現在のみに止めて直に其現象を消滅せしむる處の暗示なり。感應の良否を試驗する暗示として普通之を行ふ。

例へば催眠者の手を頭に附けて「君の手は頭に堅く附いて離れぬ」と暗示し暗示の通りに手を頭に堅く附着せしめ「堅く着いたから誰が引き離さんとしても離れぬ」と暗示し、其手を握り引離さんとしても離れず。然し「此手は離れる」と暗示すると其手は樂に離れて元の狀態に戻る如き之れなり。此暗示の應用による不思議なる現象は後篇に於て詳述する處あるべし。

（一九）繼續暗示とは何ぞや

繼續暗示とは暗示を感應せしめたる狀態を其儘將來に繼續せしめんとするを云ふ、普通に行ふ治療の暗示は之に屬す。例へば茲に手が自由に動かぬ患者あり「手は自由に動く樣になつた、自由に動くから動かして見る」と暗示し、眞に自由に其手を動かさしめたり、時に術者は「君の手は斯樣に自由に動く樣になつた、催眠が醒めた後も日を經るに從て益々よく動く」と暗示を與へ、催眠中に感應せしめたる暗示を催眠を醒ませし後も尙永遠に繼續し其通りに感應せしめんとする暗示を云ふ。催眠術を應用して實用的の效果を擧げんとするには此暗示の應用に俟たざるべからざるを以て次に其實驗例を一二示さん。

（二〇）酒を用ゐず酒に醉はしめし暗示例

(イ)余は眠遊狀態に在る催眠者に向つて「今君と僕とで麥酒を五壜飮み、且つフォムレッとビフテキとを五皿宛食つた之を何日迄も記憶して居る」と暗示したれば、催眠者は「左樣」と答へたり。而して「覺醒後も麥酒に醉ふてよい心持で居り、西洋料理を澤山に食ひし故滿腹で居る」と暗示し覺醒せしめたれば、催眠者は覺醒後尙麥酒に醉ふて赤面したると同樣の風にて「西洋料理を食ひ過ぎて滿腹である」と語れり。

此實驗によれば飮食をせざるに實際飮食したと同樣の結果を顯はせり。依て「滋養物を食つた」と暗示すると實際滋養物を食したと同樣の效ある道理にして事實上亦然り。之と同一の作用によりて實際大食をしても數日絕食して居りし如く、空腹を感ぜしむることを得。從つて胃腸の働を暗示によりて活潑にすることは容易に出來得る道理にして、又實際容易になし得たる處なり。

（三）掃除嫌ひの女を掃除好きの女と變らせし暗示例

(ロ)先年余の宅に置きし女書生某は掃除を嫌ひて室內を取り亂して其儘となし置く惡癖あり。依之一日其女書生を催眠せしめ「不潔と不整理とは嫌ひだ掃除が好きになつた、每朝室の內外は勿論便所に至る迄叮嚀に掃除をする、叮嚀に掃除をなし終ると精神が爽快だ」と暗示し、且「催眠中の事は何にも記憶して居らぬ」と暗示し後覺醒せしめて知らぬ顏をなし居たりしに、果して暗示の如く其翌朝より室の内外は勿論便所に至るまで叮嚀に掃除し、物品を整理し秩序を正しくなし置く樣になれり。此作用を應用せば惡人をも善人となし、怠惰の者をも勤勉の人と代らしむることを得る道理にして又實際になし得たる所なり。

(三)數學が下手の少年な數學上手と變らせし暗示例

(八)余の處へ十五歳の少年を其父が伴ひて來り「此子は數學が嫌ひで困るから數學が嗜きになり、よく出來る樣に施術し呉れ」とて申込めり。依之其少年を催眠せしめ置き「數學は嗜きになつた、數學をやる時は數學のみに心が集りて他の事に心が移らぬ、故に數學はよく出來る」「父母の命を能く守る」「父母が何なりと命ぜしときは直にハイと活潑に返辭して能く其命を守る」と繰り返して暗示し覺醒せしめて歸宅せしめたれば、其後其少年の父母は來りて大に謝して曰く「お蔭で數學は非常に嗜きになり、數學丈は今度の學期試驗に滿點を取れり、啻に其れのみならず最も不思議なるは以前は父母の命令を少しも守らざりしも、施術を受けてより全く別人の如く父母の命令をよく守る樣になつた、催眠術の效能は誠に大したもので御禮の申上樣もない」と述べられたり。此作用を敎育上に應用せば蓋し其效果の大なる豫想の外に出でん。

(三)遡行暗示とは何ぞや

(八)遡行暗示と殘續暗示　此名稱は暗示感應の體樣を過去に遡らしむる者と未來に起らしむる者とに附したるものなり。

遡行暗示とは暗示を與ふるときの現在より過去に遡りて過去の狀態とする暗示を云ふ。此暗示は普通病氣の治療をなす場合に、病氣の原因除去の爲に行ふ、例へば爰に先年十四五歲の折繼母に叱責せられ、其れを苦にして終に神經病に罹れる二十三歲の娘ありとせんか、其神經病を治する爲めに其娘を催眠せしめ而じて繼母に叱責せられし當時の狀態に精神を遡らしむる暗示をなすなり。假令ば今十四歲で小學校より歸つた處である繼母が可愛いがることは實母の樣である、よい繼母を持たれて幸福である、何にも心配することはない」と暗示を與へて暗示の通りに確く思ひ込ませ、以て神經病の原因を消滅せしむる如きなり。

(二四)過去の記憶を誤らしめし暗示例

又此暗示を實驗的に試みんとするには、術者は眠遊狀態に在る催眠者に向ひ「君と僕とで昨年の春手を携へて上野の公園に遊んだ其時山川博士の一行と圖らず出會ふて一所に精養軒で晩餐を喫した、其席上に君が吟じた詩は實に甘かつた」と暗示し、實際其事なきに其通りに思はしむる如き、又「君は昨日僕の宅へ頗る美しい女學生を伴れて遊びに來たが、彼の女學生は應接が上手で噺が甘かつた」と暗示すれば實際は無論其事なかりしに催眠者は全く其事ありと確信す、之れ卽ち遡行暗示に感應したるなり。

(二五)殘續暗示とは何ぞや

殘續暗示とは催眠中に與へたる暗示を覺醒後に於て感應を發現せしめんとするを云ふ。此暗示現象は催眠術上の一大奇現象として特筆すべき一事實なるを以て、此暗示現象に就ては實驗例を數多擧げて詳細に述べて見んとす。

(二六)吝嗇家を慈善家と變らせし暗示例

（イ）余の實驗に眠遊狀態に在る催眠者に向つて「催眠から醒めて後二日を經ると、妻君に下駄と造花の簪を買ふてやる、又書生には小遣錢として金壹圓〇壹錢五厘を與ふる」と暗示し、且「催眠中の事は皆忘れて覺醒後は何にも覺えて居らぬ」と暗示し覺醒せしめたり。故に被術者は覺醒後催眠中の事を少しも知らず、而して被術者は日常非常の吝嗇にして妻君に品物を買ふてやりしこと、書生に小遣錢を與へしことなし、然るに被術者が覺醒後二日を經るや先に催眠狀態中に暗示せられたる通りの觀念が突然腦裡に浮び出で、唯何となく暗示せられし通りになさんとして止められず、初めの中被術者は其觀念を打消さんと幾度か勉めたるも、遂に其觀念に打勝つ事能はず、暗示せられし通りに妻君に下駄と造花の簪とを買ひ與へ、書生に小遣錢として金壹圓〇壹錢五厘與へたり。此實驗により て催眠術上の暗示が覺醒の後に於ても如何に人の精神を左右するかを推知すべきなり。

（二七）訥辯家を能辯家と變らせし暗示例

（ロ）日常訥辯に苦める催眠者に向つて「一週間の後僕を尋ぬる其時僕の宅に入ると同時に非常なる能辯家となつて講話をやる」と暗示したれば、被術者は一週間の後覺醒の狀態にて余の宅に入ると同時に非常の辯者となり、依賴をせぬに講話を始めたり、其講話は流暢に上手にやりし、依て「君は如何の心持にて講話をやりしや」と尋ねたれば「今日は何日になく辯がよく廻りて講話をやりたくてたまらず終に甘くやつた所以である」と答へたり。此實驗によりて見れば殘續暗示によりて五官の働を左右することの容易なるを知るべきなり。

（二八）不遜者を謙遜者と變らせし暗示例

（ハ）余は或る不遜の癖ある會社員を催眠せしめ、而して其社員に向つて次の如き殘繼暗示をなせり「君が明日會社に出勤して社長の顏を見ると、軍人の如く擧手の禮をなし職務に勤勉す、社員の顏を見ると叮嚀に頭を下げ慇懃に禮を述ぶる」と暗示し、而して後覺醒法を行ふて歸宅せしめたり。其社員翌日會社へ出勤し社長の顏を見るや直に今迄一度もせしことな

(三九)殘續暗示感應中更に又別の暗示に感應する理由

き擧手の禮をなし職務に勤勉せり、社員の顏を見るやいつになく叮嚀に頭を下げ慇懃に禮を述べたり。依之社長は「何故いつになき擧手の禮をなしたるや」と尋ねたるに「別に本日變りし禮を行ひし覺えない」と答辯せり。社員一同は異口同音に「今日は何日になく厚く禮を吾々に向つて述べしは何故であるや」と問ひたれば「諸君を尊敬せんが爲めで別に何の意味はない」と答へたりと。此實驗と同樣の作用によりて懶怠の者を勤勉者となし無禮者を厚禮者とすることを得るなり。

以上述べたる殘續暗示は如何の理によりて斯る現象を呈するか、暗示が感應する一般の原理によりて說明することを得。唯暗示感應の發現が普通の暗示の如く現在に起らず未來に起るの差あるのみ。而して催眠を覺醒せしめし後に殘續暗示に感應して種々の現象を呈するときは、一見覺醒狀態にあるが如くなるも實は其暗示に感應する一剎那に再び催眠狀態となりて感應するものなり。故に殘續暗示に感應して居る其際新に暗示を與ふれば其暗示に感應するものなり。例へば前記の例に就て云へば殘續暗示に感應して社長に向ひ擧手の禮をなし居るとき、術者が突然「犬が來た」と暗示すれば實際何物も來らざるに犬が見ゆるものなり。

又殘續暗示を與へたるときより、其暗示が發現する迄の間は稀には數ヶ月或は數ヶ年を距るも成功したりとの例往々あり。然し其間が遠くなるに從つて感應鈍くなり、普通は二三日を隔つるも不思議な暗示は感應せずして終るものなり。

（三）殘續暗示が完全に行はるゝ催眠程度

殘續暗示が完全に行はるゝには顯在精神は全く無念無想にある所の眠遊狀態にあるを要す。潜在精神は催眠中に暗示せられし事をよく記憶し居るも、覺醒すると共に潜んで顯在精神のみとなる故、顯在精神にては何等の記憶なし、然るにも拘はらず殘續暗示感應の發動の動機となる所の合圖に觸るゝと顯在精神は無想となり、潜在精神が活動を初めて被術者は忽然催眠狀態となり暗示の感應を發現するなり、而して暗示の通りに感應し終れば自然に潛在精神は活動を止めて顯在精神の活動のみとなる、卽ち全くの覺醒者となるなり。

第二章　暗示を與ふる場合に就ての注意點

催眠術は一名を暗示術と云ふものあり、故に暗示を甘く與ふると否とが斯術の成功、不成功の分るゝ所なり。依之以下に暗示を與ふる上に於て注意すべき要點を擧げて之を説明せん。

（一）術者が確信せざることは暗示するも感應せざる理由

（一）暗示せんとする事は屹度感應せしめ得るとの確信を要する事。若し術者が被術者に對して暗示せんとする事柄に就て屹度感應せしめ得るとの確信なくして暗示をなし、而して感應せしめんとするは、己の信ぜざる事を人に信ぜしめんとするものにて背理も亦甚し。催眠術に於ける暗示は術者の精神力が凝り固まりて發動し初めて被術者に影響を及ぼし以て感應せしむるとを得るなり。依て術者は必ず催眠せしむと堅く信じたる後に其暗示をなし初めて催眠せしめ得るを普通とす。又術者は此病氣をば堅く治し得ると信じて疑はず而して後に「病氣は癒つた」と暗示し以て其通りに感應せしめ得るを普通とす。之に就き或る術者の實驗談あり、術者一日公衆の面前にて催眠術の實驗を行へり、術者一青年に催眠法を施し且種々の暗示をなしたるに大概よく感ぜり、故に其術者は其青年に向ひ「目の前に櫻花爛熳たり目を開き見ると櫻花は明かに見ゆる」と暗示したり、青年目を開き見たるに櫻花は見えず、依て「櫻花は見えぬ」公衆は大笑せり、併し術者は平然と構へ指して「其處に櫻花咲けり」青年曰く「何者も見えぬ」公衆益々笑ふ、然るに術者聲を勵まし「櫻花はソレ其處に爛熳たり嗚呼美しい」青年曰く「何處にも櫻花は見えぬ」公衆は益々騒々敷く笑へり、然るに術者は沈着の態度にて勵聲一番して「ソレ其處に

（二）被術者に譯る言語を以て暗示するを要する所以

櫻花が咲いて居る櫻花はソレ其處に」と精神力を非常に凝めて暗示するや其瞬間に青年は幻覺を起して櫻花を見「櫻花が見えた立派である」と答へたり、爰に於て公衆は大に驚き、術者の技倆を喝采したりと云ふ。

此例は術者が催眠淺深の程度を見誤り、不相當の暗示をなしたる故、容易に感應せざりしものなり。　催眠程度は第三期に進んで居り幻覺が現はるゝ程度なるか、將た又第二期にありて止動狀態を呈するに止まる程度なるか、否かを看破する實力を有せず、猥に無謀の暗示をなしたる故、暗示は容易に感應せざりしなり。　然れども暗示は必ず感應せしめざれば止まず、との堅き大決心を以て不屈不撓に暗示を繰り返し感應せしめし點は大に味ふべき處あり。

（二）暗示の言語は被術者の智識によりて斟酌を要する事。

暗示するに言語を以てするは術者の意志を被術者に通ぜんとしてするなり、由りて言語の意味は被術者に解し得るを要す。　論者或は云はん催眠者は人の意志をさへ讀む力を有し居る故、暗示の言語は如何なる語を以てするも解し得られざることなかるべき筈にあらずや、と然し催眠者中術者又は第三者の意思を讀む力を有するものもあるべしと雖も、其れは稀有のことにて普通には行はれざることなり。殊に暗示は深き催眠者に對してのみ與ふべきものに非ずして催眠か覺醒か殆んど分らぬ如き淺き催眠者に對しても又與ふべき者なるを以てなり。

普通覺醒の場合に於ての談話にても相手方に分らぬ言葉を以て噺をなすも、相手方に噺の意味が分らざれば相手方は如何にしてよきか其處置に苦しむなるべし。例へば田舍者に向つて「シ」を貸して呉れと云はんか、何の事やら譯らず、然し「火」を貸して呉れと云へば直に解せらるゝが如きなり。

又無學の者に向つて「閉目する」と暗示せんか何のことやら分らず、然し「目を閉づる」と暗示すれば直に解さるゝ如し。又地方によりては目を閉づゐると暗示するも譯らず「まなこくつちやぶれ」と暗示せざれば解らざる處あり。之に依て暗示の言葉は被術者によく解し得らるゝ言葉を用ゆるを要する道理は明かとなりしならん。

(三)催眠の淺深と暗示の言語の高低とは平行するを要する所以

(三)暗示の言語は催眠の程度と場所とによりて高低を斟酌する事。

暗示の言語は催眠の程度が淺ければ淺き程高聲とし、催眠の程度が深ければ深き程低聲とするを原則とす。之れ催眠が深くなるに從て催眠者は術者の言語にのみ注意し他の事に注意を拂はざる故、術者の低聲もよく聽えて聽き漏らすことなく一々感應する故なり。之に反して催眠が淺きに從つて注意を術者の言語にのみ集むること能はずして、他の物音等に注意を奪はるゝ故、術者が若し低聲にて暗示するときは聽き漏すことなしとせず、故に被術者の催眠程度淺きときは暗示の言語を高聲とするを要する所以なり。

(四)暗示の言葉

併し此原則を實行すること能はざることあり、其場合は暗示の言語が隣

を低聲にて與へざればならざる場合

（五）重聽者に低聲にて暗示しよく聽えしむる法

（六）暗示の言語は精神力を凝めて與ふるを要する所以

室に聞ゆることを憚るとき、若くは數名を一室内にて一時に施術するときには大聲にて暗示することを能はず、一人の被術者に大聲にて暗示すると他の被術者に其暗示が聽えて意外の暗示現象を呈することある故なり。又暗示の言語を他の人に聽かるゝを憚る場合、例へば生殖器病治療の暗示をなすときの如き場合には暗示の言語を斟酌し他の人に聽えざる樣の低聲にて與ふるをよしとす。序に一言すべきことあり、重聽者に對しては低聲にて暗示するも聽えざるを以て、其場合には聽診器を重聽者の耳に挾み、其一端を術者の口に附けて暗示の言語を發するとよく聽えて殊更に大聲するの要なき利ありて便利なり。

（四）暗示の言語は心力を籠めて簡單明瞭にする事。

暗示の言語は口先にて輕々しく發すると無效に終るを常とす。暗示の言語を發するときは氣合術を應用して一々肺肝より力を凝めて出すなり、然るに暗示の言語は被術者の腦裏に深く滲み透りて能く感應する者なり、反之口先にて輕々しく發する處の暗示は感應鈍きを常とす、甚だしきに至つては聽くものをして笑止の感を起さしめ、滑稽に終ることあり大に注意すべきなり。

（七）暗示の言語は簡單明瞭なるを要する所以

又暗示の言語は簡單明瞭なるを要す。餘り長きに失すると被術者の注意力を減じ感應を鈍からしむ、言語が明瞭ならざれば暗示の印象も亦不明瞭にして暗示の效果尠なければなり。

（五）暗示の言語は語尾に注意する事。

（八）暗示の言語は如何に語尾を改良すべきか

暗示の言語を發するときは殊に語尾に力を入れて聲を強むるを要す。而して語尾に方言を附すべからず、之れ暗示は普通の談話や命令や將た又説諭と異りて術者の意思を其儘被術者の意思とする性質を有する者なるによりてなり。

語尾に附する方言中には隨分聞き苦しき者あり「そうじやさかい」「おまへ

ん」「ごいす」「べー」等枚擧に暇なし、暗示は莊嚴を要する者故、如斯野鄙な方言を語尾に附するとの不可なるや勿論、都言葉とも云ふべき「であります」「です」「ませむ」「なさい」等の語尾と雖も附すべからず、例へば「爽快であります」と暗示するに非ずして「爽快である」と暗示するなり、「頭は輕いです」と暗示するに非ずして「頭は輕い」と暗示するなり「衞生に害あることはしませむ」と暗示するに非ずして「衞生に害あることはせない」と暗示するなり、又「精神を沈めなさい」と暗示するに非ずして「精神は沈まる」と暗示するなり。此例に鑑みて暗示の言語は注意して語尾を愼み苟も暗示として發する言語は普通の談話とは全く異にすべきなり、斯くて初めて暗示たる價値あるなり。

（九）暗示の言語は現在的にして確定的なるを要する所以

（六）暗示の言語は現在的にして確定的なる事。

暗示の言語が現在的にして確定的なりとは如何なることぞ、解し易き例を擧げて之を示さん。

先づ催眠者の手が動かぬ様に暗示せんとするには「君の手は動かぬ樣になる」と未來にかけて暗示するにあらずして「手は動かぬ」と現在的に斷言するなり、然らざれば今は動くも後には動かぬ樣になるのかと疑問的に感應する故なり。今現に動かぬと暗示せらるれば其通りに感應し現に動かなくなるものなり、總て暗示は此例に倣ひ苦痛を除去する暗示なれば「苦痛は取れるかも知れん」と未來的疑問的に暗示するに非ずして「苦痛は取れた」と現在的確定的に暗示するなり。然し此現在的確定的の暗示は直に其通りに感應し得る狀態にあるものに對してに非ざれば與ふべからざるを原則とす。

此暗示の語に就て一の疑問あり、病人に向つて「病氣は治した」と暗示する病氣が治したか治さんか不明なり、否現に病氣に苦みつゝある者に向つて「病氣は治した」と暗示する、其暗示の通りとなりし時はまだしもなるも、暗示の通りに感應せざる場合は「治した」と虛僞を云ひしに非るか之なり、之は病氣は治したと嘶したに非ずして、病氣は治したと暗示して暗示の通りに病氣を治せしめんとの術者の意なり、故に毫も虚僞の意を含まず。暗示は現在的確定的なるを原則とするも、此原則に例外の暗示を要する場合往々あり、彼の殘續暗示の場合は暗示の性質より當然生ずる結果にして言ふ迄もなきことなり、尚其他現在的確定的に暗示することを得ざる場合あり、例へば爰に重病者あり苦痛甚し、此苦痛は數十回の施術に非ざれば全く除去し難し、故に將來に跨り「次第に治る」と暗示し、或は「癒ることに決つたから安心だ」との暗示を與ふるに過ぎざる場合あり。若し此場合にも第一回の施術にて「苦痛は悉く取れた」と現在的確定的に暗示せんか、未だ苦痛去らず術者の暗示は感應せぬと思はる、即ち術者の暗示通りとならざる故、術者の暗示の結果に疑問を挾み、遂に有益なる暗示の感應を妨ぐることあり。依之さう云ふ場合には「病氣は確に治る」「苦痛は次第に取れる」「最早大層取れた」「尚一層取れる」「今夜寢て翌朝起きて見ると

（一〇）何故に被術者をば暗示に注意せしむる必要あるか

大層快よくなつて居る」と云ふ風に與ふるなり。

（七）術者は被術者をして暗示せんとする事に注意せしむる手段を取る事。

術者被術者に向つて暗示をする場合に其暗示がよく感應するか否やは被術者が其暗示によく注意し居ると否とによりて岐るゝとは日常の出來事によりても推知せらる、何か人より訓戒を受くる折、其訓戒にのみ氣を止めて居れば、訓戒がよく腦に滲みて其訓戒を遵守することゝなる。然るに身は其人の前にあると雖も訓戒に注意せず、他の事を考へて居れば、何を訓戒せられしか少しも知らずに居る、從て其訓戒を守らざることとなる。 席定の講談にても學校の講義にてもよく其意味を聽者に聽取らせんとするには、其講談又は講義に聽者をして注意せしむる手段を上手にするを要す。 催眠術上の暗示も亦之と同じく暗示する事柄をよく被術者の腦裡に植附けんとするには、被術者の全注意を暗示にのみ集めしむる手段を採るを要す。 其方法として嗅覺に關する暗示をせんとするときは、豫め被術者に對して「鼻に注意して居る」と注意を與へ置き、而して後に嗅覺に關する暗示を與ふるとよし。又聽覺に關する暗示をなさんとするときは豫め「耳に氣を附けて居る」と注意的の豫備暗示を與へ置き、而して後に聽覺に關する暗示を與ふるとよし、斯く豫備的暗示をなし置くと聽官又は嗅官にては何にか刺戟物來ることを豫知して居る故、刺戟が來るときは漏さず受け入れんとして待ち構へて居る、其處へ與へらるる暗示は漏なく受け入れらるゝなり。又暗示の言語に趣味を持たせ、或は成程と首肯せしむる語を用ゆれば、暗示がよく感應するものなり。術者は機に臨み變に應じて被術者をして暗示にのみ全注意を集めしむる手段を上手になすと否とは暗示のよく感應すると否との岐るゝ處なり。

(二)暗示術上の

(八)暗示の事項は被術者の精神に適合するを要する事。

催眠術上に於ける暗示に就ての大奥義は正に之なり、術者被術者に對す

大奥義とは何ぞや

る間は正規の狀態にあるときと催眠狀態にあるときとを問はず、終始被術者の精神は今如何の狀態にあるかを看破し、其狀態に適合する暗示を與ふるなり。重複を顧みず催眠誘導の言語暗示を與ふる例を示さん、先づ催眠せしむる場合に被術者の精神が次第々々に沈まりて行くとき、術者が其通りに「心が段々沈まる」と暗示する如き、又被術者の精神が非常に沈まつて今少しにて何にも分らなくなるとき、術者は「精神は大層沈まつた、今少しで何にも分らなくなる」と暗示する如き、又被術者が全く催眠せるとき、其一瞬間に「もう催眠した」と暗示する如き之なり。又被術者の心にて暗示の通りに感ずる狀態ならざるべからず、例へば術者が「手は段々上にあがる」と暗示すると、今迄は被術者の心にて何んとも思はざりしに暗示の通りに手は次第々々に擧る如き之れなり。之に反して被術者の心にて少しも精神は沈まらぬ吾は催眠には感ぜぬと思ひ居る者に向つて「深く催眠した私の言葉以外は何にも聞えぬ」と暗示せんか、被術者は心中にて笑止に堪へざることあるべし。斯る頓馬の暗示をなさんか其後有力の暗示をなすも最早其術者の暗示は感應せざるを普通とす。然れども被術者が未だ精神は沈まらぬ、之では催眠術が我には感應せないと思ひ居る狀態ならんとせんか、術者は其精神を看破して「まだ時間は僅かしかたゝぬ、之より有力なる催眠法を行ふから屹度催眠し屹度病氣は治るから安心して心を沈める」と暗示すれば、被術者は心中にてア、さうであつたか、もう催眠法は行ひ盡したるに催眠せぬのかと思ひ居つたるに、之より有力なる催眠法を行はるゝのか、夫では屹度催眠するならむと思ふ、其機に乘じて更に催眠法を施すと忽ち催眠するものなり。

(三)暗示の内容は被術者の精神と合致するを要する所以

之より治療の暗示をして被術者の精神に適合する樣に與ふる例を述べん。

頭痛に惱む患者に向つて、頭部に手を當て見たるに顳顬動脈荒く且頭部に熱甚し依て「頭は冷かとなつた」「顳顬動脈は靜まつた」と暗示を與へ而して其頭部と顳顬動脈とを檢したるに頭部の熱は下り顳顬動脈は靜かとなれり、爰に於て「確に頭痛はとれた」と暗示したれば眞に其通りに感ぜり。

又爰に便祕患者あり下腹部に手を當て見たるに下腹部は堅く張れり、依て手を以て下腹部を揉みながら「下腹は柔かとなつた、腸はよく働く、腸の働きは活潑となつた」と暗示し下腹部を檢したるに確に柔かとなりたり依て「便通は日に一回宛確にある」と暗示したれば眞に其暗示の通りに感應せり。

前記二例の場合に於て頭部或は腹部が眞に良好に向ひしことを確めず、又暗示の通りに感應し得る狀態なるか否やに注意せずして、猥に癒つた必ず便通があるとのみ暗示して、其れで能事終れりとせんか、暗示法に未だ缺けし處あるを氣附かざる不備の暗示と云はざるを得ず。　果して然らば如何にして術者は被術者の精神を看破し感應し得る狀態なるか否やを知るを得るか、之れ實に重要なる問題なり。　此看破の方法は多年間之に從事し注意し居ると自然に或る度までは了得し得らるゝものなり。其方法は言はんとしても口に上す能はず、記さんとしても筆に寫すことを得ざる微妙のものなることは、恰も甘いとは如何なる心持なるか、辛いとは如何なる心持なるかを筆にも口にも寫すこと能はざるが如し。然し術者は人にして神にあらず、故に果して眞に暗示の通りに感應するか否や不明なる場合にも例外として暗示すること往々あり。例へば催眠者に向ひ「手が擧る」と暗示すると其通りに感應するか否や不明なるも試に「手が擧る」と暗示し感應することあり、感應せざることあり、其感應の工合によりて催眠の淺深を判定することあり。

(三)暗示は何故に反覆するの要ありや

(九)暗示は反覆して與ふるを要する事。

暗示をよく感應せしむるには幾回となく繰り返して與ふるを要す。彼の染物をなすにもよく染めるには幾回となく染めるなり、然ると濃く染まるものなり、ペンキを塗るにも亦然り、之と同樣に暗示も反覆叮嚀に與ふると、初めは感應鈍かりし者も遂には能く暗示の通りに感應するものなり。普通によくある行商人が何々の品を買ふて呉れと云ふも一應は斷らる、然れども「珍らしき品であるから見る丈でも見て呉れ」と云ひ再三勸めて止まざれば遂に品物を見る氣になり、品物を見るや買ひたくなりてとう〳〵賣り附けらるゝことあり。之と同樣に術者が催眠者に向つて「君の手は動かぬ」と暗示するも動かぬ筈なしと思ふて動かし始むるや、術者は更に語氣を强めて「手は動かぬ動かぬ動かぬ」と再三强く繰り返すと遂に暗示通りとなるものなり。此理に基きて獨り言語暗示のみならず接觸暗示と雖も暗示は總て繰り返して與へ、暗示通りとなる迄は强烈に何回にても反覆して止まざるぞよき。

（一〇）有要の暗示を漏すべからざると共に無用の暗示を避くべき事。

（四）有要の暗示と無用の暗示とは何によりて區別するか

有要の暗示を漏すの不可なるや勿論なると共に、無用の暗示をば堅く避くべきなり。有要の暗示とは何ぞや、無用の暗示とは何ぞや、催眠者に就き諸種の實驗をなしたるときは覺醒法を行ふ前に當りて「精神及び肉體は爽快である」との暗示をば必ず與ふるを要す。之れ卽ち有益なる暗示なればなり。而して實驗中と雖も實驗が少し長くなるときは精神に休養を與ふることに常に注意し時々「精神を沈むる」と暗示し休息を四五秒時間宛與へては又實驗に着手するを要す。特に治療の場合に於て有要の暗示を漏すは尤も不可なり、例へば右手の痛みと左足の痛みと腰痛とある場合に、腰痛と右手の痛みとは治する暗示をなしたるも、左足の痛みの治する暗示を漏したるときは、催眠術治療を終りて後に右手の痛みと腰の痛みとは治したるも左足の痛みは依然として居る如きは必要の暗示を漏したる露骨の例なり。然らざる迄も耳鳴の患者ありとせんか、其原因鼻より耳に通ずるオイサイ管の縮少にありとせば、術者は其患者に向つて「鼻より耳に通ずる管は血液や筋肉の働きによりて大きくなり、よく風が通ずる樣になつた、從つて耳鳴は靜かとなつた、尙次第〳〵に一層靜かとなる、もう全く耳鳴は廢んだ」と暗示するを本則とす。然るを鼻より耳に通ずる管の大きくなるとの原因除去の暗示をなさず單に「耳鳴は止まつた」とのみ暗示する如きも亦有要の暗示を漏したる實例なり。而して被術者の催眠感性が非常に高くして如何なる暗示にも感應して面白いとて、實驗上必要もなき奇矯なる暗示をなすことは堅く禁ずべし。治療が目的の被術者なれば治療に必要なる事の外は確く暗示せざるをよしとす。然れども研究を目的として催眠せしめし場合ならば研究上必要の事は多少奇矯に渉る嫌ある暗示と雖も學術上の研究としてならば有要の暗示と見做さゝるを得ざるなり。

(一五)精神を苦しむる暗示とは何ぞや

(二)精神を苦しむる暗示をば避くべき事。

精神を苦しむる暗示とは何ぞや、喧嘩の嫌な催眠者に向つて「今向ふより來る醉漢が喧嘩を賣らんとして拳を擧げてジリ〳〵と詰めよる」と暗示せんか、大に驚き恐れて精神を苦しむ。又勉學して大業を遂げんとする催眠者に向つて「失明した讀書することが出來ぬ」と暗示せんが、大に歎きて寧ろ死する方可なりと悲觀す、如斯暗示は心身相關の理によりて害あるを以て避くべし、殊に「心臟の鼓動は全く廢んだ」「呼吸は止まつた」と云ふ如き極端なる暗示は堅く避くべし、若し學術上實驗の必要ありて精神を苦しむる暗示をなし感應せしめたるときは、其後に於て精神を苦しめたる暗示現象を消滅せしむる暗示を必ずなし且「精神は安靜である、愉快である、身體中何處も惡い處はない、面白いことのみ胸中に滿ちて居る」と暗示し、曩に與へし惡い暗示を消滅せしめ、而して精神を快活に身體を健康に向はしむる暗示をなすなり。

（六）自分以外の術者の催眠術に感應せざる樣にする法

（三）催眠感性高き者には余以外の術者の催眠術には感應せぬと暗示する事。

催眠感性高き者には如何なる術者が術を施すも忽ち深く催眠し、術者の暗示の儘に行動し而して催眠中の事を少しも知らずに居る。依之餘り

(七)暗示を與ふ

容易に何人にでも突然深き催眠狀態に陷れられ暗示の儘に行動することは絕對的に弊害なしとせず、故に催眠感性高き者が催眠狀態にあるとき、術者は「余以外の術者の催眠術には決して感應せぬ」「幾月經過しても余以外の術者の催眠術には感ぜぬ」と強く暗示し置けば、其被術者は他の術者に催眠せしめらるゝ虞なくして安全なり。

然りと雖も他の術者の術に感ぜぬと云ふ暗示は餘程巧に與へざれば忽にして他の術者の爲に破らるゝを常とす。又催眠程度淺き者に向つては他の術者の術に感ぜぬと云ふ暗示は更に效を奏せず、併し眠遊狀態にある催眠者なれば完全に此暗示に感應するも、日を經るに從て暗示の效力を減じ終に久しき後に於ては其暗示の效力が消滅して何人の術にも感ずる樣になるものあり。故に術者は此點に注意して其暗示を永遠に不變ならしむる樣に反覆して強く堅く與へざれば無效に終ることあり。

以上述べたる處の暗示を與ふる場合に就て注意すべき點として列擧し

る上に於て注意すべき十二大要件とは何ぞや

說明したる要旨を歸納すれば正に左の如くなり。

(一)暗示せんとする事は屹度感應せしめ得るとの確信を得て後に暗示する事。

(二)暗示の言語は被術者によく解せらるゝ言語を用ゆる事。

(三)暗示の言語は催眠が深ければ深き程低聲となし催眠が淺ければ淺き程高聲となし、又衆人を一室に於て一度に施術する場合は低聲にて暗示し、被術者一人なるときは高聲にて暗示する事。

(四)暗示の言語は精神力を凝めて下腹部より出したる莊嚴の語を以てし且簡短にして明瞭なる事。

(五)暗示の言語は殊に語尾に力を入れ且「です」「あります」等の語尾を附すべからざる事。

(六)暗示の言語は現在的にして確定的なるを要する事。

(七)暗示せんとするときは、被術者をして暗示せんとすることに注意せしむる樣にする事。

（八）暗示せんとするときは被術者の精神を看破し、如何なる暗示が感應するかを確め、而して後に暗示する事。

（九）暗示は幾回となく繰り返して與へよく感應せしむる事。

（一〇）必要の暗示をば漏すべからざると共に無用の暗示をば確く避くべき事。

（一一）被術者の精神を苦しむる暗示をば避けて心身を健康にする暗示を爲す事。

（一二）催眠術に感じ易き被術者に對しては余以外の術者の催眠術には感應せぬと暗示し、猥に催眠せしめらるゝことなき樣に豫防し置く事。

此十二ヶ條に注意して暗示を行はゞ暗示を與ふる上に就ての注意としては完全無缺なり。併し尙前記十二ヶ條以外に就ては其被術者に限り特に別段の注意を要する場合あらんも、其折は術者は其被術者に就て臨機應變の處置を採て可なり。

第三章　實驗的暗示を與ふる順序

(一)何故に暗示は簡單より複雜に進むる必要ありや

(一)實驗的暗示は簡より繁に進むる事。

先づ被術者に對して催眠法を行ひたり、然ると其被術者が催眠したるか否か、催眠したりとせば、其催眠程度は第一期なるか第二期なるか將又第三期なるかは記述せる催眠淺深の判定法によりて確め、而して其催眠者に適する暗示をなすなり。去り乍ら催眠者は一見せしのみにて此催眠者には此暗示は感應するも此暗示は感應せずと明に感應の範圍を正確に知ることは不能なり。

依之初めての催眠者に對して暗示するときは、先づ簡易の暗示をなし其れが能く感應せば其れより一段六ヶ敷暗示を試み、其れが又能く感應せば尚其れより一段六ヶ敷暗示を與へると云ふ風に次第〳〵と六ヶ敷暗

（二）催眠者に就き感應する暗示と感應せざる暗示とを區別する法

示を與へて試みつゝある中に、之れ以上六ヶ敷暗示は感應せずとの極點に達することあり。如斯して暗示感應の範圍を知るなり、其範圍を超越したる所の六ヶ敷暗示を突然與へんか、滑稽に終るを常とす。例へば催眠者に向つて枕を與へ「犬である」と暗示したるに其催眠者の催眠程度淺くして、犬に非ずして枕なることを能く知り居りて、笑止に堪へず噴き出すことありとせんか、最早其催眠術は不成功に終れるものなり。

之に反じて催眠の程度及び暗示感性の高低を看破し、催眠者に適する所の簡易の暗示を初めに與へ、其れが能く感應せば、前の暗示より一歩進みし六ヶ敷暗示をなすも、催眠者の心中にては前の暗示が感應せし故、又今度の暗示も感應するならんと思ひ、全く其通りに感應するものなり。如斯にして一歩〳〵と漸次六ヶ敷暗示を與へて感應せしむるなり、斯くして或る程度に至りて止まるを常とす、之れ其催眠者の有する暗示感應の極點なればなり。斯くすると獨り暗示感應の範圍を定め得るのみならず、益々催眠を深く誘導し益々六ヶ敷暗示をも感應せしむる方法ともなるなり。言ふ迄もなきことながら暗示感應の可否は催眠の深淺に伴ふを普通とす、故に恍惚狀態以上に催眠が進まざるものには、止動狀態に於て初めて感應すべき暗示は感應せず。止動狀態以上に催眠が進まざるものには眠遊狀態となりて初めて感應すべき暗示は感應せざるを原則とするも、此原則に對して例外の場合往々あり。

（三）催眠程度同一なるも暗示感應に差異ある事實

同じ恍惚狀態にても止動狀態にても又は眠遊狀態にても催眠者の異るに從て多少催眠の程度が異るものなり。又眞に同一の催眠程度にありても人の異るによりて暗示感應の範圍は異るものなり。例へば眞に同じ催眠程度にありながら甲者は或る暗示にはよく感應するも乙者は其暗示に全く感應せざるものあり。之に反して乙者は其暗示によく感應するも甲者は其暗示には全く感應せざるものあり。故に單に或る一の暗示が感應したると否とによりて

(四)第一期の催眠狀態に在る者に與ふる實驗的暗示の順序

直に此催眠者は何狀態なりと速斷することを得ず、同じ催眠程度にあり乍ら暗示感應の範圍は人によりて異ることを記憶し以て暗示を試むべきなり。　依之重複を顧みず第一期第二期第三期の催眠者に對して各々其れに與ふべき實驗的暗示の順序を擧げて次に示さん。

(二)第一期の催眠狀態たる恍惚狀態の催眠者に與ふる實驗的暗示の順序。

催眠狀態中恍惚狀態は最も淺き狀態なることは曾て詳述したる處にて讀者はよく記憶せらるゝならん、其催眠者には如何の暗示が感ずるか例を擧げて之を示さん。

(イ)先づ催眠者の兩手を前方に伸ばさして水平に保たしめ置き(兩掌は相對して五寸位間を置き)「兩手は輕く此儘となり居る」と暗示し、精神力を凝すと其儘となり居るものなり。

(ロ)次に其手を肩より手の先に向つて撫ぜる姿勢をなし(少しも觸れずして)「手の先は有るか無いか分らぬ」と精神を凝して暗示すると催眠者は其

通りに感ずるものなり。

(八)次に催眠者の擧げ居る左右の手に術者の左右の手を各々觸れつゝ「此兩手は次第に近寄つて掌と掌とは附く」と暗示すると又其通りとなるものなり。

(ニ)然らば「私が今エイッと氣合を掛くると兩手は左右に開く」と暗示し、下腹部より出したる莊嚴の語にて「エイッ」と叫ぶと暗示の通りに兩手は左右に開くものなり「開いた兩手の先は私が今一、二、三、と云ふ、其三と云ふとき重くなりて腰の處に下がる」と暗示し置き、下腹部より出したる强き語氣にて一、二、三、と云ふや、暗示通りに其手は腰部に下がるものなり。

恍惚狀態の催眠者に對して與ふる實驗的暗示の順序は如斯なすを原則とす、然し同じ催眠程度にあり乍ら(イ)のみ感應して(ロ)が感應せざるものあり(イ)と(ロ)とが感應して(ハ)が感應せざるものあり、又(イ)(ロ)(ハ)(ニ)とも皆よく感應するものあり、之れ人によりて暗示感應の範圍に廣狹ある故なり、

（五）第二期の催眠狀態に在る者に與ふる實驗的暗示の順序

爰に（イ）（ロ）（ハ）（ニ）と四個の暗示例を擧げたるも此暗示例は爰に記せし通りのことのみ行へると云ふ主意に非ず、之と同一程度の暗示なれば暗示の内容は異るも感應するものなることは勿論なるも、初學者の爲に殊に此事を一言し置くものなり。以下に述ぶる第二期及び第三期の場合も又其暗示例と同一程度の暗示は形式が異るも感應することは勿論なりと解すべきなり。

（三）第二期の催眠狀態たる止動狀態の催眠者に與ふる實驗的暗示の順序。

前段に述べし恍惚狀態より催眠の程度が一歩進みし、止動狀態にある催眠者に與ふる實驗的暗示の順序を例を擧げて示さん。

（イ）催眠者の片手を水平に擧げさし置き「輕き雜誌を掌の上に載する」と暗示し、雜誌十冊を採りて其掌上に載せ「輕い雜誌だから載り居るか否か判らぬ」と暗示すると實際其通りに感ず。然らば其雜誌を其掌より一旦取りて「今度は重い雜誌を載する」と暗示し前の雜誌の數を減じて五冊となして催眠者の掌上に載すると、催眠者は重量に堪へずして手の先を下ぐるものなり。

(ロ)次に催眠者の兩手を採りて前方に水平に伸ばし、掌と掌とを五寸位距てゝ相對して置き「一、二、三と云ふと三と云ふとき兩手は左右より近か寄りて掌と掌とは附く」と暗示し精神を凝めて一、二、三と暗示すると暗示通りとなるものなり。

(ハ)「寄つた兩手は堅く着く尙堅く着く」と繰り返して兩三囘暗示すると、眞に堅く附着して催眠者自ら離さんとするも離れず、術者或は第三者が其手と手とを堅く握りて引き離さんとするも離れぬものなり。去り乍ら初め「其手と手とは近か寄りて堅く着く」と暗示するも、掌と掌とは接觸せしに過ぎずして全く堅く附着せざるものあり。然る者に對して離れぬと云ふ暗示をするも掌と掌とは離れて其暗示は不成功に終るを常とす、夫れは催眠者が完全の止動狀態となり居らざる故なり。暗示の通りに堅く着いて離れざるときは、術者は其兩手を逆に撫ぜ卽ち手の先より肩の方に向けて撫でること二三回にして「此兩手は次第に離れて開く」と暗示すると又其通りとなるものなり。

(ニ)次に「此擧り居る兩手は私が三回拍手するとバタリと下りて腰部に附く」と暗示し拍手を三回すると暗示せし通りとなるものなり。

(ホ)次に兩側に下り居る催眠者の片手の甲を一寸撫ぜて「此手は次第に上に擧がる」と暗示し、其手が上に擧らば「其手は爰に(此時術者は手の先にて催眠者の胸に一寸手を觸れ)着く」と暗示すると其處へ催眠者の掌は行きて附く、然ると其手の甲を術者の掌にて堅く壓しながら「堅く着く尙堅く着く、堅く着いたから離さんとしても離れぬ、誰が如何に力を入れて離さんとしても離れぬ」と暗示して術者の手にて引き離さんと試むるも離れぬものなり、傍に居る立會人をして其手を握らしめ力限り引かしむるも離れぬものなり。　然らば術者は其手の甲を逆に撫ぜつゝ「此度は此手は樂に離るゝ獨で離れて手は膝に落ちる」と暗示すると其通りとなるものなり。此實驗が速に出來だるときは、其催眠者は完全の止動狀態にあるを以て次の實驗が行はるゝを常とす。

(ヘ)催眠者の手を堅く握らしめ「此手は開かぬ」と暗示すると其通りとなる、術者其手を撫ぜて「今度は樂に開く」と暗示すると開くものなり「開いた手は握ることは出來ぬ」と暗示すると又其通りとなるものなり。又催眠者に棒を握らしめ「私が三回君の手を撫ぜると棒を手より離さんとしても離れぬ」と暗示し棒を握りし手を三回撫ると如何に其棒を離さんとするも離れぬものなり。次に「其握りし棒を離さずに居らうとしても私がエイッと云ふと其棒はバタリと下に落る」と暗示し心力を籠めて「エイッ」と云ふと棒はバタリと落るものなり。

其次には觀念運動(但簡易のもの六ヶ敷觀念運動は眠遊狀態になりて初めて完全に行はるゝを普通とす)其次には輕度の模擬作用、其次には簡易なる感覺の左右、其次には簡易なる五官の錯覺と云ふ順序に暗示を與ふるを原則とす。觀念運動、模擬作用、感覺の左右及び五官の錯覺に就ての暗示法及び其現象に就ては後編に於て詳述する筈なるを以て爰には之を略す。

止動狀態の催眠者に對して與ふる實驗的暗示の順序は前顯の如くするを原則とす、然し同じ止動狀態であり乍ら、前記の暗示中(イ)より(ヘ)に至る迄の暗示が悉く完全に感應するものあり、又は僅に其中の一二が感應するに過ぎざるものもあり、之れ同じ止動狀態中にも催眠に尚多少の深淺あり、且暗示感應の範圍が人によりて異るより生ずる結果なり。

(六)第三期の催眠狀態に在る者に與ふる實驗的暗示の順序

(四)第三期の催眠狀態たる眠遊狀態の催眠者に與ふる實驗的暗示の順序。

眠遊狀態は催眠中最も深き催眠程度なり、故に此狀態に在る催眠者は催眠術上不思議とせる總ての現象を呈するを原則とす。然し同じ眠遊狀態に在る催眠者中にも又其程度に深淺あり、感應の範圍に擴狹あり、之れ暗示を與ふる順序を踏むを要する所以なり。

旣に止動狀態にて不完全乍らも行はれたる現象は眠遊狀態となれば當然に完全に行はるゝを普通とす、依之先づ、

(イ)觀念運動、模擬作用、感覺の左右及び五官の錯覺に就ての暗示をなして感應せしめ。

(ロ)次に五官の幻覺に就ての暗示をなし感應せしめ。

(ハ)次に記憶の左右に就ての暗示をなし感應せしめ。

(ニ)次に精神の移送。

(ホ)次に萬能行爲。

(ヘ)次に千里眼と云ふ順序に暗示するを原則とす。

然し之れ等の順序を踏まずして突然突飛の暗示をなすも稀に感應することありと雖も其は偶然の暗合にして失敗に終るを當然とす、之れ暗示を與ふるに順序を踏むを要する所以なり。而して眠遊狀態に在る者に

與ふる(イ)(ロ)(ハ)(ニ)(ホ)(ヘ)の暗示の方法及び其現象は後編に詳述する筈なるを以て爰には之を略す。

催眠の深淺に應じて實驗的暗示を與ふる順序は大要前記の如くなすを至當とす、然し前にも暫々述べし如く、同じ催眠狀態に在る者と雖も人によりて前顯の暗示を順次悉く感應する者あり、又は其中の一二或は二三が感應するに過ぎざるもの多し、之れ其人の暗示感應の範圍に廣狹ある故なり。

又前に述べたる三階級とも暗示は必ず(イ)(ロ)(ハ)(ニ)と順次六ヶ敷なるに從て感應鈍くなるを本則とするも、稀には例外として(ハ)が不感なるに(ニ)が感應することあり、然し普通には(イ)(ロ)(ハ)(ニ)と順次暗示が六ヶ敷なるに從て感應が鈍くなるものなり。依之(イ)の暗示が活潑に感應したるときに初めて(ロ)の暗示を與へ(ロ)の暗示がよく感應したるときに(ハ)の暗示を與ふべきものなり。故に(ロ)の暗示が不活潑に辛くも感應したるに過ぎざるときは(六)の暗示は不感に終るを常とす。依之術者は暗示が活潑に速に感應するか否やに深く注意して尚一層六ヶ敷暗示を試むるを得る餘地あるや否やを確めて、而して後に次の暗示に移る樣にするなり。斯くして之れ以上六ヶ敷暗示は感應せぬとの極點を確め以て其催眠者の暗示感應の範圍を定むるなり。

（七）暗示感應の範圍を擴張する法

如斯して第一回の實驗にて催眠者の暗示感應の範圍が大要判明せば、第二回以後の實驗の折は此催眠者には如何なる類の暗示は感應するも、如何なる類の暗示は感應せざるとのことが大略明かとなりて便利なり。此暗示感應の範圍を擴張して一層六ヶ敷暗示をも感應せしむる樣にすることは不能のことに非ず、故に其目的を以て數十回の施術をなし、尚一層六ヶ敷暗示が感應すると暗示を繰り返さば暗示感應の範圍を次第次第に擴張して無限に擴大することを得べきも其人の天性によりて或る範圍までは容易に擴張することを得るも、其れより以上に擴張することば非常の困難にして、多くの日子を要し非常の勞力を重ねて僅に牛歩の如く遲々として擴張し得るに過ぎざる者なり。

之を要するに本章に於て述べたる所の要旨は、催眠者に就き實驗的暗示を與ふる順序は簡より繁に粗より細に進めて暗示し、如何なる暗示は感應するも、如何なる暗示は感應せずとの區劃點を知る法を述べたるものなり。此區劃點を明にして置くと實用上の應用又は學術上の研究として催眠術を行ふ上に於て多大の便益あり。卽ち此催眠者に就ては心理學上及び哲學上の實驗的研究として何々をば試むることを得るも何々は試むることを得ずとのことを試みずして既に知ることを得、又病氣の治療に於ても此催眠者に就ては如何なる疾患は治療し得るも如何なる疾患は治療することを得ずとの大體の方針が明かとなりて大に便利なり。

第七巻 現象篇

第一章 催眠者に觀念運動及び摸擬運動を爲さしむる法

第一節 催眠術上の觀念運動

(一)觀念運動の意義

觀念運動とは其名の如く觀念通りに運動するを云ふ、卽ち自分の肉體が動くと觀念すれば故意に動かさゞるに其觀念通りに動くを云ふ、觀念運動に關して余の行ひし實驗例を次に擧げん。

(二)觀念にて手を振らせし實驗

(一)完全の止動狀態にある催眠者の手を執つて數回左右に振り「此手は何時迄も此通りに振れて居る」と暗示し、而して其の手を離したれば、其手は自動的に左右に振れ居りて止まず、余が「廢める」と暗示するまでは其運動を連續せり、斯の如く首なり足なり腰なり全身何れの部にても感應せし

（三）連續運動とは何ぞや

むることを得たり。觀念運動中斯くの如く同一の運動を連續して行ふ場合を連續運動と云ふ。

（四）觀念にて手を擧げさせし實驗

（二）又其催眠者に向つて「君は別段に手を動かさうと思はずして、唯心の中にて右の手は上に擧ると思ふ」と暗示したれば、催眠者は故意に手を擧げざるに無意識的に手を上に擧げたり。又「擧つて居る手は膝に落つると思ふ」と暗示したれば暗示通りに手は膝に落ちたり。

（五）觀念にて書記させし實驗

（三）眠遊狀態にある催眠者に墨の附きたる筆を持たしめ紙を與へて「忠孝の二字を熱心に心の中にて思ふ」と暗示したれば、催眠者は無意識的に忠孝の二字を紙上に書きたり。又催眠者に向ひ「大和魂と言はうと思ふ」と暗示したれば、催眠者は突然に「大和魂」と叫べり。

如斯催眠者に心の中にて確く或る事を思はすれば、其思はしたる通りに其肉體は運動するものなり、此實驗を類推して種々の試驗をなすことを得。

（六）觀念運動の理論

（七）覺醒狀態に於ける觀念運動

此觀念運動は心に思ひし通りに肉體は變化すると云ふ心身相關の現象なり。觀念運動は一面より見れば豫期の作用なり、手は動くと豫期すれば豫期の通りに動くなり。正規狀態に於ても觀念運動は往々行はれつつあり、唯催眠狀態にある者の觀念運動は正規狀態にある者の觀念運動に比して其動作が巧妙なるの差あるのみなり。正規狀態に於ける觀念運動の例を擧ぐれば、吾人が日常熱心に噺をなすとき嫌な者を退くる噺をするときは無意識に手を動かし排斥する眞似をなし嗜な者を引きよする噺をなすときは不知不識手にて引き寄する如き形容をなすことあり、之れ卽ち觀念運動なり。

如斯覺醒狀態に於ても觀念運動は現はるゝを以て、止動狀態にある催眠者は相當に觀念運動をなす、然し眠遊狀態にある催眠者にあらざれば六ヶ敷觀念運動は現はれざるものなり。

第二節　催眠術上の摸擬運動

（一）摸擬運動の意義

摸擬運動とは催眠者が術者の擧動を一々眞似ることなり。之に就き余が實驗したる例を次に擧げむ。

（二）摸擬にて手を上下させし實驗

（一）完全の止動狀態にある催眠者を直立せしめ其の兩手を前方に伸さし置き、余は催眠者より六尺を距てゝ催眠者と同樣の姿勢をなし居り「催眠して居り乍ら、眼を開いて私の手をよく見る」と暗示し、催眠者の眼を開かしめて余の手を見詰めさし置き、余は突然其手を擧げたれば催眠者も亦手を擧げたり、余は其擧げし手を突然下げたれば催眠者も又手を下げたり。

（三）摸擬にて舌を出ださせし實驗

余が右手を以て頭を掻きたれば催眠者も又右手にて頭を掻けり、余が右手にて下腹部を打ちたれば催眠者も又右手にて下腹部を打ちたり。

（二）眠遊狀態にある催眠者に向つて「私の顏をよく見て居る」と暗示し、催眠者をして余の顏を見詰めさし置き、余が俄然大口を開きたれば催眠者も又大口を開けり、余が笑ひたれば催眠者も又笑へり、其狀恰も鏡に映ぜし影像と實體との關係に異らず。　如斯身體の動作をして一々眞似せしむることを得たり。

（四）催眠者を閉目せしめ置き摸擬運動をなさしめし實驗

（三）最も深き眠遊狀態に在る催眠者の目を確く閉ざさしめ置き「私の手に注意して居る」と暗示し置き、余が突然手を擧げたれば催眠者は閉目して居りながら余の手が擧りしことを知り、催眠者も又手を擧げたり、余が手を下げたれば催眠者も又手を下げたり。　其狀恰も催眠者が眼を開きて術者の擧動を見詰め居る場合と毫も異らず、摸擬運動は術者の故意になす暗示に基くを本則とするも、極めて稀には術者が摸擬運動をなさしむるとの意なくしてなしたる動作に感應して閉目せる催眠者が術者の動作を摸擬することあり。

如斯術者の一擧一動は卽ち催眠者の一擧一動となるが故に、術者たる者は一言一行と雖も苟もせず、人格を高め品性を重んぜざればならざる所以なり。

（五）摸擬運動の理論

摸擬運動の現象は一寸見ると不思議に思はるゝも心を潜めて之を考ふれば左迄不思議のことにあらず、之れ又觀念運動の一種なり。前段に述べたる觀念運動の現象は聽覺又は筋覺により暗示に感應したるなり、摸擬運動の場合は視覺により暗示に感應したるの差あるのみなり、催眠者閉目して感應せる場合は肉眼によらず心眼によりたるものと見るべし。

（六）覺醒狀態に於ける摸擬運動

試に見よ二歲位の小兒の前に大人直立して小兒をして大人をよく見詰めさし置き、大人が體操をすると小兒も不知不識體操をなすものなり。又吾人が樂隊を熱心に聞き居ると、不知不識口中にて竊に音樂の音を眞似、終には其手は不知不識音樂につれて動かすことあり、之れ卽ち覺醒時に起れる摸擬運動なり。只催眠術上の摸擬運動に比して程度低きの差あるのみ、何故に催眠狀態に於ては正規狀態に比して摸擬運動が活潑に行はるゝか、催眠狀態は原則として現在的の精神は無念無想となり、潜在的の精神は暗示せられしことにのみ活溌に働く狀態となり居るを以てなり。然るに正規の狀態に於ては種々の事が常に念頭に浮びて一事にのみ精神を注集すること能はざるが故なり。依之摸擬運動の現象も催眠術上一般に暗示に感應する原理によりて說明することを得。

（七）觀念運動及び摸擬運動と催眠術治療との關係

催眠術を施されて催眠し、又は催眠術治療によりて疾病の治するも畢竟は此觀念運動又は摸擬運動の行はるゝと同一理由による。卽ち被術者は術者の暗示通りに觀念し、其觀念したる通りに運動し摸擬する如く被術者をして催眠する病氣は全快すると觀念せしめ、其觀念の通りに筋肉や血液を働かせ以て催眠せしめ以て健康とするなり。故に術者は被術者をして暗示通りに觀念せしめ觀念の通りに運動せしめ摸擬せしむることが催眠術の效果を擧ぐる上に於て最も必要なり。余は自ら被術者となつて之に就き幾回となく硏究して大に得たる所あり、今其次第を語らむ。

余は被術者となつて某氏の催眠術治療を受けたり、某氏は余に向て「精神を鎭める」と暗示せり、余は胸中に於て暗示せられし通りに精神を鎭めると確く觀念し勉めて其通りに運動し摸擬せんとせり、然ると其通りに余の精神は鎭まりて催眠狀態となれり。ときに某氏は余に向つて「君の手は上に擧る」と暗示せり、余は其時手は上に擧る、手は上に擧ると幾度となく胸中にて繰り返しつゝ確く觀念したり、然ると觀念通りに余の手は無意識的に上に擧がれり、卽ち觀念運動行はれたり、其他術者の暗示通りに觀念したれば、悉く暗示通りに感應せり。

此實驗は卑近なるも催眠術研究上大に味ふべきものあり、卽ち被術者をして術者の暗示通りに堅く觀念せしむることを得ると否とが斯術の成功不成功の分るゝ所なるを類推すべし。

第二章　催眠者の感覺を左右する法

（一）催眠者は暗示なくても覺醒者に比して感覺を異にする理由

（二）閉目し居り物品に手を觸れずして品名を當てさせし實驗

催眠狀態は顯在精神が働きを止め潛在精神のみ働く狀態となり居るを原則とす、故に催眠せしのみにて何等の暗示を與へざるに既に或る感覺は遲鈍又は脫出することあり、或は却て銳敏となることあり。而して普通には暗示を以て感覺を左右するなり、耳の感覺を銳敏ならしめんと欲せば「耳は銳敏となつた、小さき音もよく聽える、音に注意して居る」と暗示すれば、催眠者の聽官は非常に銳敏となり、覺醒時に於ては到底感知すること能はざる微細の音響を明白に感別することを得。之に反して「聾となつた故何の音も聽えぬ、如何に大なる音がしても少しも聽えぬ」と暗示すれば耳元で短銃を鳴すも少しも知らずに居る者なり。其他の五官をして銳敏又は遲鈍ならしめんとするには此例によるなり。今各五官に就きて感覺銳敏の實驗をなしたる次第を述べん。

（一）觸官銳敏の實驗　眠遊狀態の催眠者を手拭にて目隱をなして步行せしめ、或は暗黑中を步行せしむるも物に衝突せざるを常とす、之は空氣の抵抗の工合に依つて物の存在を感別する故なり。又皮膚は非常に鋭敏となり極微細の凹凸をも明に感知し、或は皮膚に近き處に皮膚と溫度を異にする物を置くと明に其物を覺知す、余の實驗によれば、催眠者に目隱をなして印刷せる字と筆記せる字とある紙を與へ、指先を以て探らしめて當てしめたるに其字を當てたることあり。催眠者に向ひ「何うして字が分る」と尋ねたれば「印刷せし字は字の處のみ窪み、記せし字は字の處のみ凸くなり居りて解る」と答へたり、以て如何に觸覺が鋭敏なるかを知る可きなり。又或る催眠者の手より一二寸離れたる處に鉛筆を支え置き「之は何に」と問ひたれば、毫も皮膚に觸れざるに「鉛筆」と答へたり。之と同樣の方法によりて種々の物品につき試驗したるに大概當てたり、之は觸覺の鋭敏によりて知るものなるも、廣義に於ける千里眼の現象と見ることを得。

（三）五官の移轉と感覺鋭敏による現象との差異

或人は此現象を見て皮膚が眼の働をなすものにて五官の移轉即ち鼻で音をきゝ、口で嗅ぎ眼で聽くが如く五官の働を眞の五官にあらざるものが司る現象なりと云ふも、余は感覺の鋭敏による現象なりと信ず。

(四)心眼顯微鏡的の働をなさしめたる實驗

(二)視官鋭敏の實驗　正規狀態に於ては顯微鏡を用ふるに非ざれば視ることを得ざる微細の物をも、催眠者は肉眼を閉ぢ居りても心眼を以て自在に見。又は普通不透明體とせる物をも催眠者は透明體の如くに見ることを得、余は蠶種數粒を乳鉢に入れ乳棒にて潰し、加性加里の稀薄液を混じて臺硝子に載せ蓋硝子を覆ひ、鏡檢する如く裝置し其れを催眠者に與へ「微粒子毒即ち楕圓形の小粒が見えるか」と尋ねたるに「澤山見える」と答へたり、次に他の蠶種を同樣にして示し又微粒子の有無を尋ねたるに「見えぬ」と答ふ。依て後に右の二液を顯微鏡に照し見たるに果して催眠者の答へ通りに前者は微粒子毒甚だしく多かりしも、後者は更になかりき。

(五)透視の實驗

又西洋トランプ五十二枚の中より二枚を引き拔き机上に伏せて裏面より示し「之は何に」と尋ねたれば「一はクラブの五、他はハートの八」と答ふ、表面を見たるに果して其通りなりし。之は視力非常に鋭敏となりX光線が不透明體を通過すると同樣の理なり、所謂透視とは此現象にして廣義に於ける千里眼の一種なり。

(三)嗅官鋭敏の實驗　催眠者に向て「君の鼻は非常に鋭敏である」と暗示を與ふると覺醒時に於ては想像の及ばざる程不思議の働をなすものなり。カーペンター氏の實驗によれば、六十人の手袋を集め、嗅官によりて一々其所有主を識別せりと云ふ。

（六）嗅覺により品名を當てさしたる實驗

余の實驗に豫め香水の罎、薄荷水の罎、醬油の罎及び石鹼の罎の四種を準備し置き、而して閉目せる催眠者の眼の上に數枚のハンケチを覆ひ「鼻は鋭敏になつた、依て今此室內に持ち込む者は何であるかを嗅ぎ分ける」と暗示し、助手をして別室より香水の罎を持ち込ましめ、催眠者より二間離れし處に置き(勿論罎の蓋は取らず)「今何の匂ひがする」と尋ねたれば「香水が匂ふ」と答へたり、斯の如く薄荷水、醬油及び石鹼の各罎をもなしたるに

（七）線香の灰の落る音を聽かせし實驗

（八）僅少の酸味を非常に強く感じさせし實驗

（九）感覺を脫失させし實驗

一々違はずに答へたり。

（四）聽官銳敏の實驗　余は催眠者に向て「今何の音がするか注意して聽き分ける」と暗示し置き、燃えつゝある線香の灰を金の香爐の緣へ落したれば、催眠者は「チリンと音がした」と答へたり。又十間を距てし處に懷中時計を置きて「懷中時計の音は何の方向にてする」と尋ねたれば眞に懷中時計を置きし方向を指したり。

（五）味官銳敏の實驗　冷水一升に梅漬汁を耳搔に一つ混じ攪拌して「此水には何が混じ居るか飲みて當てる」と暗示して催眠者に飲ましめたれば、催眠者は酸味に堪へざる表情を呈しつゝ「酸くてたまらん」と答へたり。

次に冷水一升に食鹽を耳搔に一つ投じ攪拌して「此水は如何なる味がするか飲んで當てる」と暗示して與へたれば、鹽辛き表情を呈しつゝ「鹽水」と答へたり。

以上述べたる實驗例の如く、催眠者の感覺を銳敏ならしむることを得る

（一〇）催眠者の感覺は何故に暗示によりて左右せらるゝか

と同一理由によりて催眠者の感覺をして遲鈍とすることなり、或は全く無感覺とすることなり意の儘なり。其法は他なし唯暗示を與ふるにあり、余は「君は聾である」と暗示し大鼓を鳴らし鐵砲を放ちしに少しも知らずに居たり。又「目鼻口及び皮膚は悉く無感覺となつた」と暗示し、眼前でマグネシユームを燃やし、鼻孔にアンモニアを近づけ、口中に唐辛を投じ、皮膚を錐にて刺したるに少しも知らずに居たり。

如斯催眠者は暗示によりて感覺が左右せらるゝは實に不思議に堪へざる如くなるも、能く其現象を考察すれば左まで不思議のことにあらず。催眠狀態に就ては幻覺と云ふて何物もなきに暗示によりて實際にある如く五官に感ぜしむることさへ出來得るを以て單に感覺を鋭敏にし又は脫失せしむる如きは容易なる道理にあらずや。

感覺鋭敏の理を一言に云へば催眠者の注意は暗示せられしことにのみ集りて他のことには少しも散らざる故、極めて微細の刺戟にも感應するなり。感覺脫失の理を一言に云へば催眠者の注意は刺戟せらるゝ處に少しも集らざるを以て假令大なる刺戟あるも其刺戟を感ぜずに居るなり。

(二)解剖上に異常なくして感覺が左右せらるゝは何故なるか

單に解剖上のみより感覺機關の働きを考ふれば、感覺機關に何か解剖上の障害があれば外來の刺戟を感ぜざることあるべきも、少しも解剖上に障害なき限りは刺戟あれば必ず感覺すべき道理なり。然し精神的に之を見れば決して然らず、感覺機關には解剖上少しも異常なしと雖も、精神の如何によりて感覺は左右せらるゝものなり、即ち「イ」の刺戟を「イ」と知覺せずして「イ」の刺戟を「ロ」と知覺(錯覺)し、或は「イ」の刺戟を少しも感ぜぬこと(無感覺)あり、或は少しも刺戟なきに知覺(幻覺)することあり。故に刺戟の度が一なるを十に感ずることあり、(感覺銳敏)刺戟の度が十なるを一にしか感ぜぬことあり、(感覺遲鈍)又刺戟が十なるを少しも感ぜざることあり。(感覺脫失)

（三）注意の强弱は刺戟の多少と同一の作用を肉體に及ぼす事實

試に見よ芝居見物に行きたる折、幕合の時友人と談話し居ると、友人の噺のみ耳に入りて他の人の話は耳に入らず。然し友人の默せる折、其芝居の見物人一同の噺に耳を傾けて聽き居ると、其處でも此處でも喋々喃々として八釜敷こと一と通りならず。依之感覺機關を刺戟する者あるも、其れに注意し居ると否とによりて其刺戟を知覺し或は知覺せざることとあるを知るべし。知覺するも注意の高低により刺戟を感ずることの鋭鈍ある理を知るべきなり。

之れ等の實驗と理論とによりて催眠術を應用して魔睡藥に代用し外科手術をなすことを得、又は催眠術治療によりて神經の過敏或は遲鈍を治し得る所以なり。

第三章　催眠者に幻覺錯覺を起さしむる法

第一節　幻覺錯覺の意義

（一）幻想とは何ぞや
（二）幻覺とは何ぞや
（三）消極的幻覺と積極的幻覺とは何ぞや

幻覺とは實地存在せざる者が存在する如く知覺し、又は實地存在する者が存在せざる如く知覺するを云ふ。錯覺とは實物に異りて知覺するを云ふ。幻覺と錯覺とを併せて幻想と云ふ。

余の實驗に眠遊狀態にある催眠者に向ひ、「君の前に帝國大學生渡邊芳雄が居る」と暗示したれば、其實何人も居らざるに催眠者には大學生見え大學生と握手し噺をなしたり「催眠して居り乍ら目を開き見ると尙よく見える」と暗示したれば催眠者は目を開きて眞に大學生と對坐するに異らざる表情を呈せり、卽ち催眠者は幻覺の大學生と握手し談笑せり。其握手談笑は覺醒者が實地に握手談笑すると毫も異らざる感を生ずるものなり、之れ卽ち積極的幻覺なり。又實驗室には數名の立會人居るにも係らず余は催眠者に向ひ「此室は君の書齋である、今君獨りで誰も居ない」と暗示したれば、催眠者は暗示せられし通りに感じ「さう」と答へたり。之れ即ち消極的幻覺なり。

（四）錯覺とは何ぞや

錯覺は眞實に異れる感じなり、余は催眠者に向ひ「之は重い石である」と暗示し、マッチの箱を其掌上に載せたれば、眞に重き石と感じ力を込め汗を流して辛くも擧げ居たり。又圓めし布呂敷を與へて「之は美しい人形である」と暗示したれば、催眠者は眞に美しい人形と思ふて愛玩せり、之れ即ち錯覺なり。

（五）偶發的の幻覺錯覺とは何ぞや

幻覺錯覺は催眠術によらざるも精神の變調により偶發することあり、殊に精神病者には此現象多し、催眠術を以てすれば幻覺なり錯覺なりを人爲的に意の儘に起すことを得、之れ催眠術上不思議の現象として人の嘖々する所なり。催眠術によれば如何に不思議なる現象を呈するかに就き重複の嫌あるも初學者に解し易からしめんが爲に、錯覺及び幻覺の實驗を各五官に就きて行ひし實例を示さん。

第二節　幻覺錯覺の現象

第一項　各五官に就ての錯覺

（一）人間を妖怪に見せたる實驗

（二）口笛を驚聲と聽かせし實驗

（一）視官の錯覺　余は複式催眠球を手に持ち催眠者の眼前に支え「眼を開いて見ると眼の前に光る球がある、此球をジット見詰めて居ると球の形が大きくなつたり光が消えて黑くなつたりする」と暗示し、球を見詰さし置き「球は何う變つた」と尋ねたれば「形が大きくなつた、球の光りが消えて黑くなつた」と答へたり。次に余は「眼を開いて私の全身を見詰め居ると、私は變つておばけとなる」と暗示し、催眠者に余の顏を見詰めさしたるに催眠者は「恐ろしいおばけになつた」と云へり。

（二）聽官の錯覺　余は催眠者に向ひ「今遠寺の鐘が鳴るから幾つ鳴るか耳に注意して居る」と暗示し置き、其室内の一隅にて呼鐘を鉛筆にて極めて靜かに四つ打ち「鐘は幾つ聽えた」と尋ねたら「四つ」と答へたり、「鐘の音は幾

（三）冷水を麥酒に飲ませし實驗

（四）腋臭を麝香と香らせし實驗

（五）木葉を紙幣に見せし實驗

里位遠く聽えた」と問ふたら「三里位」と答へたり。又余は催眠者に向ひ「鶯の鳴く聲が聞ゆる」と暗示し、余は余の口笛にて鶯の鳴く眞似をなしたれば耳を欹てゝ「ほんとによい鳴聲である」と云へり。

（三）味官の錯覺　余は生薑を持ちて催眠者に向ひ「ビスケットを食べる」と暗示して與へたれば、催眠者は生薑をビスケットの味にて食へり。又唯の水をコップに注ぎ「惠比壽麥酒を飲む」と暗示して與へたれば、催眠者は其れを麥酒の味に飲み酩酊して赤面せり。

（四）嗅官の錯覺　余は石鹼を持ち催眠者の鼻孔に近づけ「此薔薇花はよい香がする」と暗示したれば、催眠者は石鹼を嗅ひで鼻をうごめかし薔薇花の香を嗅ぐ表情を呈せり。時に偶々腋臭の患者來り居りて腋臭甚だし「今麝香の香ひがする」と暗示したれば、催眠者には腋臭が麝香の香に感じて喜び鼻を鳴らして嗅ぎ込めり。

（五）觸官の錯覺　余は枕を持ちて「赤子を抱く」と暗示し催眠者に抱かしめ

たれば、催眠者は枕を抱き赤子と思ふて愛撫せり。次に余は木葉を持ちて「十圓紙幣をやる」と暗示して催眠者に與へたれば、催眠者は眞に十圓紙幣を貰ひしと思ふて、滿悦の表情を呈して懐中に納めたり。

以上にて五官の各感官に就ての錯覺の實例は一と通り擧げ盡せり。次には五官の幻覺に就て述べん。

第二項　各五官に就ての幻覺

（一）空間に帽子を浮べて見せし實驗

（一）視官の幻覺　余は催眠者に向ひ「僕は古屋鐵石ではない内務大臣である」と暗示したれば、催眠者は全く内務大臣と思ひ容を改めて叮重に再拜せり。次に「僕は君の親友某である」と暗示したれば催眠者は「ヤー君失敬今日は何處へ行く」と語れり。次に助手に帽子を持たしめ催眠者の前に立たしめ「此席には誰も居らぬ帽子が空中に浮んで居る」と暗示したれば其帽子を持てる人は見えざるも其人の持ち居る帽子のみ見え、其帽子の

(二)無き琴の音を面白く聽かせし實驗

(三)錢入らずの美味を振舞ひし實驗

(四)薔薇花の香を自在に發せし實驗

動くを見て大に驚きたり。

(二)聽官の幻覺　余が今實驗せる室の內外寂として何等の音なきに、催眠者に向つて「今隣家で琴を面白く彈じて居る、君にもよく聞える」と暗示したれば、催眠者は「よく聞えて面白い」と答へたり。次に「琴の音止みて何の音も聞えぬ」と暗示し、拍手を數回なしたるに「何にも聞えなくなつた」と答へたり。

(三)味官の幻覺　余は催眠者に向つて「壽司をたべる」と暗示し、唯與ふる手眞似丈せしのみにて何物も與へざるに、催眠者は幻覺の壽司を手に持ちて甘さうに食せり。又「正宗の酒をおあがり」と暗示し、唯與へる手眞似を而已なしたれば、催眠者は想像の正宗を甘さうに飮んで酩酊し、さも愉快らしき表情を呈せり。

(四)嗅官の幻覺　余は何物をも持たずして催眠者の鼻に薔薇花を近づくる眞似をなしつゝ「此薔薇花はよき香がする」と暗示したれば、催眠者はよ

（五）居らぬ虱に喰はせし實驗

（六）全身幻想と局部幻想との區別

き匂ひがする表情を呈せり。次に「アンモニャを嗅ぐ」と暗示しつゝ催眠者の鼻にアンモニャ入の壜を近づくる姿勢（實際には何も手に持たずして）をなしたれば、催眠者は顔をしかめ鼻を抓みて其臭氣を防ぎしも尚堪へざるもの〻如くなりき。

（五）觸官の幻覺　余は催眠者の額に一寸指を當て「爰に大なる虱が喰ひ附て居る痒い痒い」と暗示したれば、催眠者は手を以て其處を幾度か掻きしが、眞に虱が喰ひし如く赤く高く腫れ上れり。又時恰も嚴寒なりしが「今は暑中で暑い、寒暖計は百十度に昇つた、非常な暑さだ」と暗示したれば、催眠者の全身に汗は流れて玉の如くなりき。

以上述べたる處は各感官に就て別々に幻想卽ち錯覺及び幻覺を生ぜしめたる實例なるも、一時に數多の感官に錯覺及び幻覺を生ぜしむることを得。卽ち一人の催眠者に對して耳には音樂の幻覺を生ぜしめ、目には形.狀の錯覺を起さしめ、鼻には香、口には味、皮膚には寒暖等の幻覺或は錯覺を一時に生ぜしむることを得。又其幻覺及び錯覺は催眠者の身體の全部に同様の現象を生ぜしむるに止まらず、亦よく半側幻想を生ぜしむることを得。例へば術者が催眠者に向つて(イ)「君の右の耳には音樂が聞え、左の耳には鳥聲が聞ゆ」と暗示すれば其通りに感ず、又(ロ)右の眼には萬物悉く赤色に見え、左の眼には萬物悉く青色に見ゆ」亦(ハ)「右の手は棒の樣になり且無感覺となり、左の手は柔軟となり且感覺過敏となる(ニ)「鼻には香水が感じ口には甘味を覺ゆ」と暗示すれば又其通りとなるものなり。而して其(イ)(ロ)(ハ)(ニ)の四暗示を個々別々に與へて感應せしむることを得るは勿論、一度に(イ)(ロ)(ハ)(ニ)の四暗示を與へ一度に感應せしむることをもなし得。

第四節　幻覺錯覺の原理

術者が催眠者に向つて暗示すると何故に暗示の儘に幻覺錯覺が現はる

(一)催眠者が暗示の儘に幻覺錯覺を起す理由

(二)正覺の原理

るか、此問題を明かにせんと欲せば、正覺の場合卽ち吾人が覺醒時にあるとき物の存在を知覺する原理を明かにし、次に幻覺及び錯覺の場合に論及するを順序とす。

先づ吾人が普通物の存在を知るは外部に存する物が眼を刺戟すると、其刺戟が視神經を傳はりて腦の中樞に傳達す、然ると腦は初めて物の存在を知るなり。其場合に腦の中樞が統一せられて物の刺激が來らんことに注意し居る狀態にあれば、其物はよく印象して忘れざるなり。吾々が普通に眼を以て物を視、物の存在を知るは此道理による。此現象を錯覺及び幻覺に對して正覺と云ふ、爰には單に視官の働きのみに就て述べたるも其他の五官の働きも皆之と同一理由による。

之を圖解すれば左の如し、(甲)は意識域卽ち精神の働き居る所(乙)は五官卽ち目、耳、鼻、口、及び皮膚(ヰ)は外來の刺戟卽ち形狀音響嗅味等(イ)は神經の解發卽ち形が眼を刺戟したり音響が耳を刺戟したりすると、其刺戟を電線の如き神經を傳はりて中央政府とも見るべき腦の中樞に傳達す(ロ)は即ち腦の中樞が神經の傳達によりて(ヰ)なる外來の刺戟ありしことを知覺したる處なり。

(第十三圖)

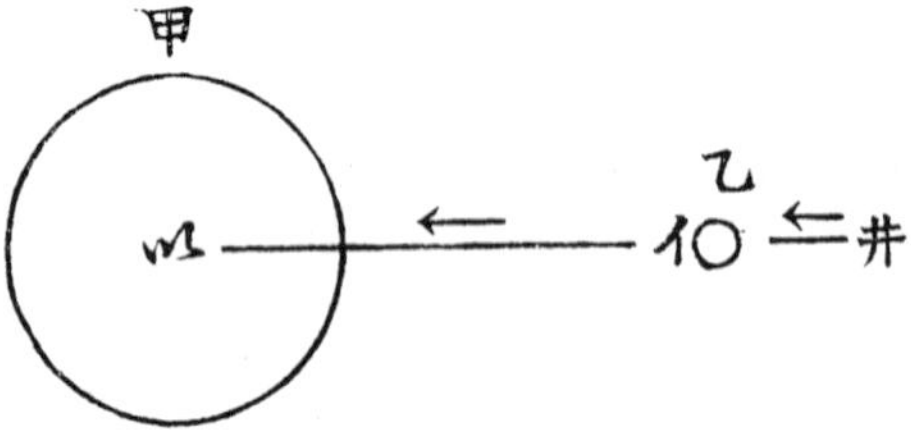

正覺の圖解

(甲)は意識域(乙)は五官器(ヰ)は外來の刺戟(イ)は神經の解發(ロ)は知覺なり、例へば幽靈の畫(ヰ)が目(乙)を刺戟すれば神經解發(イ)せられて腦(甲)に傳達す、然ると腦(甲)は幽靈の畫(ロ)を知覺す。

(三)幻覺の原理

幻覺は感覺機關を少しも刺戟する者なきに觀念一つにて起る處の現象なり。例へば催眠者に向つて「君の前に梅花が爛熳と咲いて居る」と暗示すれば催眠者の腦の中樞に於ては梅花爛熳たる觀念を生ず、其觀念は覺醒者の觀念と異りて精神統一せられし處の觀念なり、從つて其觀念は確くして腦の中樞を刺戟することは眞に梅花ありて外來より刺戟したると異らず、故に實際梅花を見たると同樣に知覺するなり。試みに吾人が正規の狀態にあるとき瞑目して精神を沈め、梅花を想像すると梅花が心に浮ぶものなり、其想像の程度の高きものが卽ち幻覺なり。

（第十四圖）

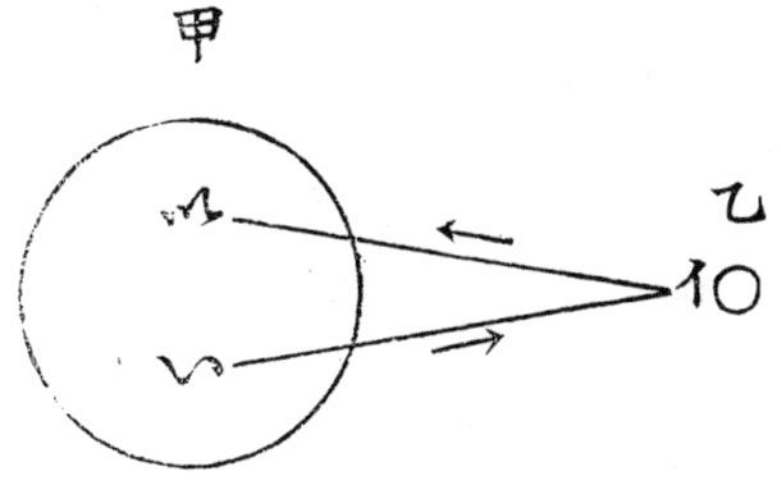

幻覺の圖解

（甲）は意識域（乙）は五官器（い）は觀念（イ）は神經の解發（ろ）は知覺なり、例へば晝にて見たる幽靈の觀念（い）は目（乙）を刺戟すると神經解發（イ）せられて腦（甲）に傳達す、然ると腦（甲）は幽靈（ろ）を知覺す。

之を圖解すれば左圖の如し（甲）は意識域（乙）は五官にして（い）は觀念卽ち晝にて見たる幽靈の形を確く心に思ふと實際に幽靈を見たると同じ樣に其人の五官を刺戟す、其刺戟が正覺の場合には外部より來るに幻覺の場合には內部より來るの差あるのみ、然ると神經解發（イ）せられて其事を腦に傳達し、實際に幽靈を見たると同じ知覺（ろ）を生ずるなり。之に依て幻覺上の感覺も正覺上の感覺も、感覺上に於ては差異を認めざるなり。

（四）錯覺の原理

錯覺は外來の刺激と腦中樞の觀念とによりて生ずるなり、例へば催眠者に「猫を抱く」と暗示して枕を抱かしめると、催眠者の腦中樞には猫は斯く斯くの物なりとの觀念が確く浮ぶ、其觀念が腦中樞より手に傳達すると共に、枕を手に持たせられし處の外來の刺戟が手より腦中樞に傳達す、然ると腦中樞は全く猫を抱きしと同樣の知覺を生ずるなり。

之を圖解すれば次の如し(甲)は意識域にして(乙)は五官器なり(い)は觀念卽ち幽靈を確く觀念すれば其觀念が五官(乙)を刺戟し神經解發(イ)さる(ヰ)は外來の刺戟卽ち白衣を着し髮を振り亂せる女來て親官に觸れて又神經を開發(イ)さる然ると其れを腦中樞に傳達す、爰に於て腦は全く幽靈を見たりと知覺(は)するなり。　斯の如く錯覺は正覺と幻覺とを折衷したる理由によるものなり、從て暗示によりて錯覺を起さしむる催眠の程度は幻

（五）錯覺及び幻覺の效果

（第十五圖）

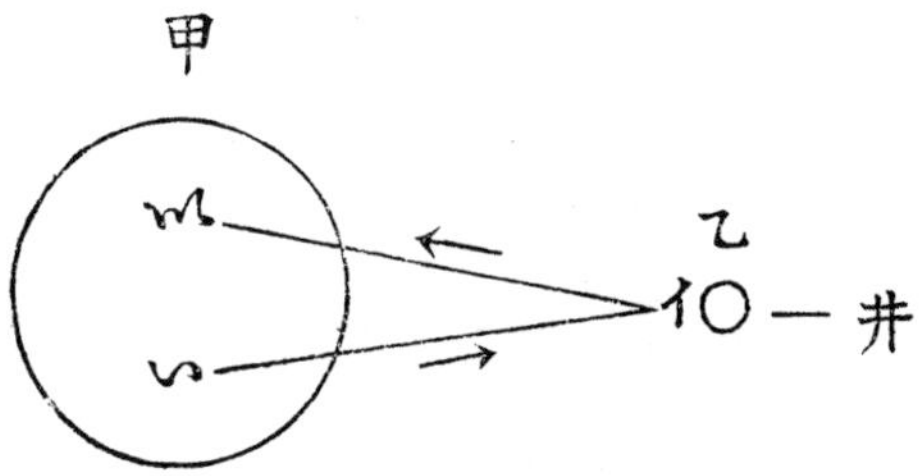

錯覺の圖解

（甲）は意識域（乙）は五官器（い）は觀念（井）は外來の刺戟（イ）は神經の解發（ろ）は知覺也、例へば幽靈の觀念（い）と白衣の女（井）とが五官器（乙）を刺戟すると神經解發（イ）せられて腦（甲）に傳達す、然ると腦（甲）は幽靈（ろ）を知覺す。

覺が感ずる催眠の程度より淺くして感應する理由なり。

抑も催眠術を行ふて被術者に錯覺或は幻覺を起させ奇妙の現象を生ぜしむることは、學術研究の方法として行ふべき者にして苟も娛樂の意にて爲すべからざるものなることは敢て喋々する迄もなし。

錯覺或は幻覺の現象に依て哲學或は科學上の學說を確むることを得、且催眠術によりて病氣或は惡癖を治し得る根據を明にすることを得。例へば好きな飲酒を嫌にする如き、又は嫌な仕事を嗜にする如きは卽ち暗示によりて錯覺を起すと同一理由に依りてなし得るなり。又催眠術によりて彼の死せる父母と會談せしめ、居ながら轉地療養をなさしむる如きは卽ち幻覺を應用するなり。

（六）體内の諸機能にも錯覺幻覺を起さしめ得る事實

暗示により催眠者の起す錯覺及び幻覺は單に身體外部の感覺機關たる五官器に止まらず、身體内部の生理的機能にも錯覺或は幻覺を起さしむることを得。例へば胃に不消化物が滯積して苦む患者に向つて空腹であると暗示して空腹と思はしむる如き。又は腹中に彈丸が入り居る其れを苦にして堪へられざる者に向つて彈丸は拔き取つたと暗示し、腹中の彈丸は除かれしと思はし安心せしむることを得。之れ催眠術治療によりて生理的に障害ある疾病を治し得る所以の一なり。

第四章　催眠術にて記憶を左右する法

（一）記憶の意義

記憶は把住と喚想との二過程よりなる、喚想とは從來見たり聽いたり味ふたりした事柄を思ひ出すとを云ふ、把住とは從來見たり聽いたり味ふ

（二）一度耳目に觸れし事は終生腦髓に印象する事實

たりした事柄を保持するを云ふ。卽ち記憶は從來經驗したる時より、喚想する時までの間之を心に保持し居らざるべからず此保持を把住と云ふ。凡そ何事によらず一度五官を刺戟したることは終生其人の腦に印象し居るものなることは、彼の木皮に文字を彫刻せんか、其木の存在せる間は何時迄も其彫刻は消えざるに異らず。吾人が多くの話を聽き多くの書を讀むも聽きし語の萬分の一だも覺え居らず、讀みし書の億分の一だも覺え居らず、然しながら吾人の腦中には其書と其話とは確に印象し居るも、其印象を喚想することを得ざるなり。換言すれば一度腦に印象したることは普通は喚想し得ざるも潛在精神となりて居る、故に何等かの方法を以て其潛在精神を現在域に浮び出さしむれば卽ち記憶となるなり。

或る一婦人某氏の邸內に至りて其庭園を見たるに、此庭園は曾て見しことある樣感じたり、岩石の配置と云ひ樹木の有樣と云ひ確に見しことある様感じたれば、不思議に堪へずして其事を學者に語るや、學者は其理由を段々取調べたるに其婦人が生れて漸く一年位の折其母親に抱かれて其庭に遊びしこと有りし事實明かとなれり。生れて僅か一年位の子供の脳に印象したる潛在精神が數十年の後に再び其庭園を見るに及んで觀念聯合によりて現在域に現はれ出でたるなり。之は正規の狀態に於て現はれしこととなるも、次に催眠狀態中に於て現はれし著名の例を語らん。

（三）無學の下女催眠中外國語を語りし理由

或る學者が無學の下女を催眠せしめたるに、突然英語を巧に語れり、其下女は無教育にして曾て英語を學びしこととなし、然るに英語を上手に話し出せしこそ實に合點行かず、段々其所以を取り調べたるに、其下女が年少の頃英國人の家庭に子守をなし居たることありし其折奥さんが英語を話すを常に聞き居りしも別に心に止めず、從つて正規の狀態に於ては少しも英語を解せず、然るに曩に耳にしたる英語は潛在精神となり居り、催眠狀態となるや、現在域の精神が全く無念無想となりて潛在域の精神が現在域に浮び出でゝ語り出したるなり。

此例によりて、一度耳目に觸れしことは潛在精神となりて終生腦に印象され居るものにて、普通忘却せしとか記憶せずとか云ふは潛在精神を現在精神となすことを得ざる、卽ち喚想することを得ざるものなることを知るべし。

（四）催眠中の事を覺醒後に少しも記憶せざる者と悉く記憶し居る者とある理由

催眠者が暗示に感應して種々不思議の動作をなし、其事を覺醒後によく記憶し居るものあり、又全く催眠中の事を覺醒後に少しも記憶し居らざるものあり、或は催眠中の事を覺醒後に於て半ば記憶し居るものあり、之れ抑も何故なるか。此問題に就ては屢々述べたる所にして讀者はよく其原理を了知せらるゝならんも、爰に又順序上一言せん。催眠中の事を覺醒後に於て記憶し居るは、催眠中に於て現在精神が全く無念無想にならずして幾分か活動して居りし故なり。而して其催眠程度にて治療上の効果は充分にあることも屢々述べたる處なり。催眠中の事を覺醒後に於て少しも知らざる程度に催眠せしものは、催眠中は全く現在精神が無念無想となりて何等の自發的活動をなさずして、潛在精神のみ活潑に働き而して覺醒すると共に潛在精神は潛みて働かず、現在精神のみ活動する故なり。催眠中は現在精神は何等の活動なかりし故活動なきと信ず、卽ち何等の記憶なきなり。第一回の施術より催眠中の事を覺醒後に於て少しも知らざる程度に催眠するものは催眠感性の高き者なり、感性低きものをして第一回の施術より催眠中のことを覺醒後に於て、少しも覺え居らざる程度に催眠せしむることは、巧妙なる術者と雖も六ヶ敷事なり。

（五）催眠中の事を覺醒後に半記憶し半記憶せざるは何故なるか

又催眠中の事を覺醒後に半ば覺え半ば忘れ居るものは、其催眠程度が催眠中の事を悉く覺え居る程度と、少しも覺え居らざる程度との間に位する故なり。

（六）催眠中の事を覺醒後に少しも記憶せざる程度の催眠狀態

「催眠中のことを覺醒後に於て覺え居る」との暗示は何れの催眠者にも感應せしむることを得るも、之に反して「催眠中の事を一部或は全部忘れて知らずに居る」との暗示を感應せしむるには催眠の程度が深くして人格變換が行はるゝ狀態に進み居らざれば行はれざるを普通とす。

人格變換が行はるゝ催眠程度に在る者に就て、種々の面白き暗示をなし感應せしめて「覺醒後は何も知らずに居る」との暗示をなせば其暗示通りに覺醒後は何も知らずに居るものなり。又「覺醒後は何にも知らずに居る」との暗示をなさゞるも當然に少しも知らずに居るものあり、而し覺醒後再び催眠術を施して前の催眠狀態中の事を尋ぬれば一々明白に答ふるものなり。又催眠中の事を覺醒後に何にも覺え居らざる者と雖も、覺醒後に於て術者が催眠中斯く〳〵の事はなかりしか、斯く〳〵の事を覺え居らざるかと尋ぬれば催眠中の事を次第に廻想して答ふるものなり。ヴォルファルド氏の實驗によれば、催眠せしめ置きて覺醒中は少しも知らざる十三年前の催眠狀態中に於て爲せし事を一々答へさせたりと云ふ。而し「此催眠中に於て爲せし事は一切忘れて仕舞ふ、私なり他の術者なりが二度び三度び催眠せしめて、此事を尋ぬるも思ひ出す事は出來ぬ」と强く暗示し置けば次回の催眠狀態に於て前の催眠中の事を尋ぬるも喚想することを得ずして答ふる事能はざるものなり。而し記憶を絕對に消滅せしむる暗示をなしたる術者より一層術が長じて居る術者が來りて非常の手段を施し前の術者の與へし暗示を取り消して、而して前の催眠中にありし事を語らしむることを得。催眠術と記憶との關係に就て參考となるべき實驗例二三を次に列擧せむ。

（七）忘却せし夢を廻想せしめし實驗

（一）或日某氏余を訪ふて曰く「昨夜睡眠中に有利の夢を見たるも覺醒後忘れて其夢の次第を如何に考へ出さんとするも浮ばず催眠術によりて其夢を知る方なきや」と依て余は某氏を催眠せしめ眠遊狀態となして「昨夜睡眠中見た夢はよく知つて居るから其有樣を詳しく噺す」と暗示したれ

ば、催眠者は其夢の有樣を詳細に語れり。

睡眠中夢を見居るときは睡眠に催眠が混入せしものにして、催眠狀態と睡眠中夢を見居るときとは共に同一狀態なるを以て後の催眠にて前の催眠中のことを知り得ると同一理由によりて催眠にて睡眠中の夢の内容を語らしむることを得るなり。

（八）或事を忘却せしめたり記憶せしめたり意の儘とせし實驗

（二）余は眠遊狀態に在る催眠者に向ひ「君は何も知らぬ此世に於て知つて居るものは何もない」と暗示し置き、而してマッチを示し「之は何」と問へば「知らぬ」と答へたり「君は男か女か」と問ひたれば又「知らぬ」と答へたり。其他何を聞いても皆知らぬ、知らぬと答へたり。

又催眠者を幻覺にて上野公園に遊ばしめ、動物園とパノラマとを見、且精養軒にて晝餐を喫せり、其內、動物園を見しことは覺醒後も覺えて居るも其他の事は皆忘れて仕舞ふ」と暗示したれば其通りに感應せり。

此實驗によりて見れば記憶し居りて惡しき事、卽ち精神を苦しむる如き事をば一切忘れしめ、記憶し居りて善き事、卽ち學問技藝の事等はよく記憶せしめて忘れしめざる樣にすることを得る道理なり。

（九）記憶力弱き者を強くせし實驗

（三）日頃記憶力弱しとて困難せる者を眠遊狀態となし「君は記憶力が強くなつた記憶力が強いから私が此新聞の記事を讀むのを一回聽くと悉く諳誦する」と暗示し置き、余は新聞の雜報を二段程一讀し「今私が讀みし新聞の記事はよく記憶して居る、覺醒後もよく諳記して居る」と暗示し、覺醒後に催眠中に聽かしめたる新聞の雜報を諳誦せしめたるに、少しも文句が違はずに原文通りに答へたり。此實驗は催眠術治療によれば記憶力が如何に增進するかを證明して餘りあり。

（一〇）催眠者に秘密を語らしめたる實驗

（四）催眠者に自己の秘密を語らせんとするには其催眠者が眠遊狀態にありて言語を自在に發し得る程度ならざるべからざるは勿論、催眠中の事を覺醒後に少しも知らざる程度の催眠狀態となり居るを要す。而して催眠者に秘密を語らしめんとして、術者が催眠者に對して其秘密を正面より直接尋ぬるも決して語るものにあらず。余の實驗に憂鬱症に罹れる患者の病源は戀にあると思はれたるも更に語らず、依て余は其患者を催眠狀態となして「貴孃は今何をくよ〳〵思ふて居る」と尋ねたるも催眠者は「何にもくよ〳〵思はぬ」と云ふて語らず、由て余は患者に向ひ「僕は猫である、貴孃の家に愛育せられて居る三毛だ、此室はお孃さんの御居間、今此御居間にはお孃さんと此三毛ばかり、他に誰も居らぬ、お孃さんの意中の人はAさんBさん」と問ふと患者は「Hさんよ」と答へたり、「Hさんはほんとによい人」と言ひたれば、患者はニコ〳〵しておまへにはさう見えるの嬉しいわ」「お孃さんはHさんとは何處で遊んだの」「妾は赤十字社の總會の折日比谷公園で御目にかゝつたのよ、そのとき優しい言葉で嘶されたのよ」と答へたり。斯う云ふ風にして秘密を尋ぬるとどんな秘密でも語るものなり、假令催眠狀態中と雖も覺醒時に於て確く語りてはならぬと心に誓ひたることとは其通りに潛在精神が働くを以て正面より尋ぬるも決して語るものにあらず。併し如何なる秘密の事にても自分獨にて誰も聞き居らぬ處で獨語をするなりと思はしめて語らしむるか又は聞き居るも差支のなき者のみが居る處なりと錯覺せしめて而して後に語らすと存外容易に肝要の秘密をも語るものなり。

前記(一)乃至(四)の實驗に鑑みて潛在精神と現在精神との關係如何を知り、之を醫療上敎育上及び宗敎上等に應用せば、其方法は至て簡易なるも其效果は實に驚くべきものあらむ、現に余は多年間之を實地に應用し至大の效果を擧げ得たり。

第五章　術者の精神を被術者に移送する法

(一)精神の移送とは何ぞや

術者の精神を被術者に移送する現象を精神移送と云ひ、術者の精神を五官の媒介によらずして被術者に通ずるなり。即ち術者と被術者とは多少離れ居りて術者が被術者に對して通ぜんとする精神を强烈に集注すると、其術者の精神は術者の肉體より延長し空間を傳はりて被術者の精神に觸る、然ると被術者の精神にては術者が今自分に向て何んと思ひ居るかを知りて術者の思ふ通りとなること、恰も術者が催眠者に向て言語暗示にて手を擧げよとか下げよとか暗示すると、催眠者が暗示せられし通りに感應すると同樣なり。

精神移送の現象を明瞭に現出せしむるには被術者は理想的の深い催眠狀態にあるを要す、理想の催眠狀態は無念無想なるを以て、術者の精神がよく感應するなり。然し事更に催眠術を施さざるも精神がよく統一せられて居るものに對しては、正規の狀態にあると雖も、術者の精神はよく感應するものなり、左に其實例を述べん。

(一)西洋の或る紳士は其令孃との間に精神の移送が不思議によく行はる

(二)心力にて人を呼び寄せし實驗

るとの評判高し、一日數名の心理學者相談して其紳士が市中を散歩せるとき突然精神移送の實驗を依賴したき旨を述べ、其紳士が未だ曾て出入せしことなき家に誘ひ入れ、精神移送の實驗として其家に其紳士の令嬢をして聖書と讚美歌とを持ち來る樣注文したるに、紳士は其れを快諾し一室に閉ぢ籠りて專心一意精神を集注するや、暫時にして尋ぬる人あり。其人を迎ふれば其令嬢にして「妾の父は貴家に居りませんか」と尋ねたるに一同は大いに驚き其仔細を問へば、令嬢は答へて云ふに「妾は先刻友人と樂しく遊んで居ると父が此家に居て妾に急ぎ來る樣にと命ずる考が起きた故飛んで參つた次第で」と答へたり、立會の心理學者は令嬢の持てる包みを見て「其包は」と尋ねたれば、令嬢は「父が持參せよと命じた聖書と讚美歌」と答へつゝ聖書と讚美歌とを差出したるを見て心理學者一同は顏を見合はせて大いに驚きたりと云ふ。

（三）心力にて人の歩行を停めし實驗

（二）余一日道を歩むに當り余より五六步先に進み行く知らざる女學生あ

り、余は「後ろに振り向く」と窃に胸中にて精神を集注したれば、果して後ろに振り向けり、「三度振り向く」と心力を凝めたれば三度振り向けり、「上向になる」と心力を籠めたれば上向となれり、下向きとなると心力を籠めたればト向となれり、立ち止まると心力を凝らしたれば立ち止まれり、急ぎ進むと心力を凝らしたれば急ぎ進めり、向ふより來る犬に言葉をかけると心力を凝らしたれば果して其の通りなせり。

（四）精神移送は如何なる催眠程度にて行はるゝや

次には催眠者に對して行ふ精神移送の法を述べん、催眠者に對して精神移送を行はんとするには、催眠者の催眠程度は深くして催眠中のことを覺醒後に知らざる程度に進み居らざれば絶對に行はれざるが如く考ふるものあるも決して然らず。稀には催眠の程度は淺くてもよく感應する性質を有する者あり、此事は前段に述べし正規狀態にあるものと雖も感應することあるを以て推知すべきなり、併し乍ら理想の催眠程度になりて初めて充分に行はるゝを普通とす。

（五）術者の味覺を催眠者に移送せし實驗

余が催眠者に對して行ひたる精神移送の實驗例を述べん、余は數名の立會人列席の上、豫め鹽と砂糖と、香水と薄荷水と、ブラシと綿と白紙と筆墨と、二個の懷中時計とを準備し置き、眠遊狀態にある催眠者に向ひ、余は二間離れし處に直立し居りて實驗せり。

（一）先づ味覺に就て精神移送の實驗をなせり、卽ち催眠者に向ひ「今私が何を嘗めるかに注意して居る、私が何をか嘗めると君の口に感ずる」と暗示し置き、余は立會人の指定したる（立會人が指定するときは筆談にて催眠者に見えざる樣になせり、以下皆同じ）砂糖を嘗めたれば、催眠者は余が嘗めると同時に口を動かし何物か味官に感ぜしもの﹅如き表情を呈せり。余は「口は今如何樣の味がする」と尋ねたるに、モジ〳〵して暫く返辭なかりし故、再三返事を促したれば「甘い」と答へたり。また「口に注意して居る」と命じ置き、立會人の指定せる鹽を余は嘗めて「口は今如何樣の味がする」と尋ねたれば「鹹い」と答へたり。

（六）術者の嗅覺を催眠者に移送せし實驗

（七）術者の觸覺を催眠者に移送せし實驗

（二）次に嗅覺に就て精神移送の實驗をなせり、卽ち催眠者に向つて「鼻に注意して何の匂ひがするかを當てる」と暗示し置き、余は立合人の指定せし香水を嗅ぎたれば催眠者は「よき香がする」と答へたり。また立會人の指定せし薄荷水を嗅ぎたれば催眠者は直ちに「鼻にスット通つた」と答へたり。

（三）次に觸覺に就て精神移送の實驗をなしたり、卽ち催眠者に向ひ「君は頰に注意して居る、何物か觸れたら直に高聲にて觸れたる心持を嘶す」と暗示し置き、余は立會人の指定せしブラシを持ちて自ら我頰に當てたれば、催眠者の頰には何物も當てざるに催眠者は直に「強き、バリ〳〵した物が當つた」と答へたり、余が自ら我頰に痛む程ブラシを強く押し附けたれば、催眠者は「痛い〳〵」と叫べり。また余は立會人の指定せし綿を持ちて我頰に當てたれば、催眠者は「柔かき物が當つた」と答へたり。余は其綿を強く我頰に押し附け、余の首が傾く様なしたれば催眠者の首も同様に傾けり。依て「君は今首を何故に傾けた」と尋ねたれば、催眠者は「柔かき物にて強く押されたから」と答へたり。

（四）次に視覚に就て精神移送の實驗をなせり、卽ち余は催眠者に向ひて「目を堅く閉ぢて居てもよく物が見える、何が見えるかに注意して居る」と暗示し置き、余は机上に備へし白紙に筆を以て立會人の指定せし「天」と云ふ字を書して其れを一心に見詰むるや、催眠者は「天の字が現はれた」と答へたり。また別の立會人の指定せし「紅葉」の二字を記し、其字を催眠者の精神に移さんと心力を凝めたれば催眠者は「紅葉」と答へたり。

（五）次に聽覺に就て精神移送の實驗を試みたり、卽ち二個の懷中時計を机上に置き、余は催眠者に向つて「懷中時計が何個あるかに注意して居る」と暗示し置き、立會人の指定せし通りに其中の一個の時計のみに余は熱心に注意し居りたれば、催眠者は「一個の時計の針の音のみ聞ゆる」と答へたり。また余は立會人の指定せし通りに二個の時計の戞々たる音に注意

（八）術者の視覺を催眠者に移送せし實驗

（九）術者の聽覺を催眠者に移送せし實驗

（二）心力にて肉體を左右せし實驗

し居りたれば、催眠者は「二個の懐中時計の音が聞ゆる」と答へたり。

（六）次には精神力のみによりて肉體を左右せし實驗談を語らむ、余は催眠者に向つて「精神を靜めて私の云ふことによく氣を附けて居る、兩手を活潑に高く擧ぐる」と暗示したれば、催眠者は兩手を高く擧げたり「擧りし兩手は元の通りに膝に落る」と暗示したれば、又其通りとなせり、「擧る」と暗示したれば催眠者は兩手を擧げたり「下る」と暗示したれば兩手は下れり。今度はイッと喉元で唱へて心力を凝めて上れと云ふ手附きをしたれば催眠者の兩手は擧れり。又イッと喉元で唱へつゝ心力を凝めて下れと云ふ手附きをなしたれば催眠者の兩手は下れり。今度は單に上れとい ふ手附きをなしたれば催眠者の手は上れり、下れと云ふ手附きをなしたれば催眠者の手は下れり。愈々今度は單に心力のみにて「擧れ」と胸中にて確く思ひたれば催眠者の手は確に上に擧れり、擧りし手は下ると心力を凝めたれば果して下りたり。如斯して余は幾多の練習を積み置きし被術者あり、其被術者に就て余は立會人の指定せる通りに、右手のみにても左手のみにても左右共になりと擧ぐることとなり下ぐることとなりを心力のみにて自在になすを得。此現象は左程練習を重ねずとも初めより甘く出來る被術者往々あり、幾多の練習を積まば大概の人が此現象を呈するものなり。

余が屢々實驗し練習したる被術者に對しては、獨り被術者の兩手の上下を意の儘にすることを得るのみならず、被術者の眼を白眼とすることとなり、黑眼とすることとなり、口を開かしむることとなり、閉づることとなり、喜びの顏色とすることとなり、怒りの顏色とすることとなり、傍にある雜誌を開き見ることとなり、椅子を取り片附けることとなり、立會人の前に進み再拜することとなり、心力の儘に一々行動せしむることを得たり。

（二）心力にて畫を書かせし實驗

（七）次には精神移送によりて畫を書かしめたる實驗を語らむ。先づ前段に述べし精神移送の被術者を養成する方法に從ひ、初めの内は言語の暗示によりて催眠者に書を書かしめ、遂には精神的暗示にのみよりて自在に畫を書かしむるに至れり。先づ催眠者をば椅子に腰をかけさせ、其前にテーブルを置き、其上に硯箱と白紙とを置き、催眠者に筆を持たせ、余は催眠者より二間を距てし處に置きしテーブルの傍に立ちて、テーブルの上には同じく硯箱と白紙とを備へ、立會人が催眠者に見えぬ樣に紙に書いて此畫をと指定す。然ると余は催眠者に向ひ「今私が何を考へるかに注意して居る、私が何物かを考へると私の考へが君の精神に移りて君の考へとなる、何かの考へが起きたら其考へを直に机上の紙に書く」と暗示し置き、余は立會人の指定したる十字形を思念したれば催眠者は直に十字形を記せり。又別の立會人の指定せる△を心に強く念じたれば催眠者は直に△を記せり。又別の立會人の指定せる雀の畫を思念したれば催眠者又直に雀の畫を書けり。又立會人の指定せる軍人の畫を思念したれば催眠者は又其指定通りに軍人の畫を書きたり。其畫は立會人が

第十六圖

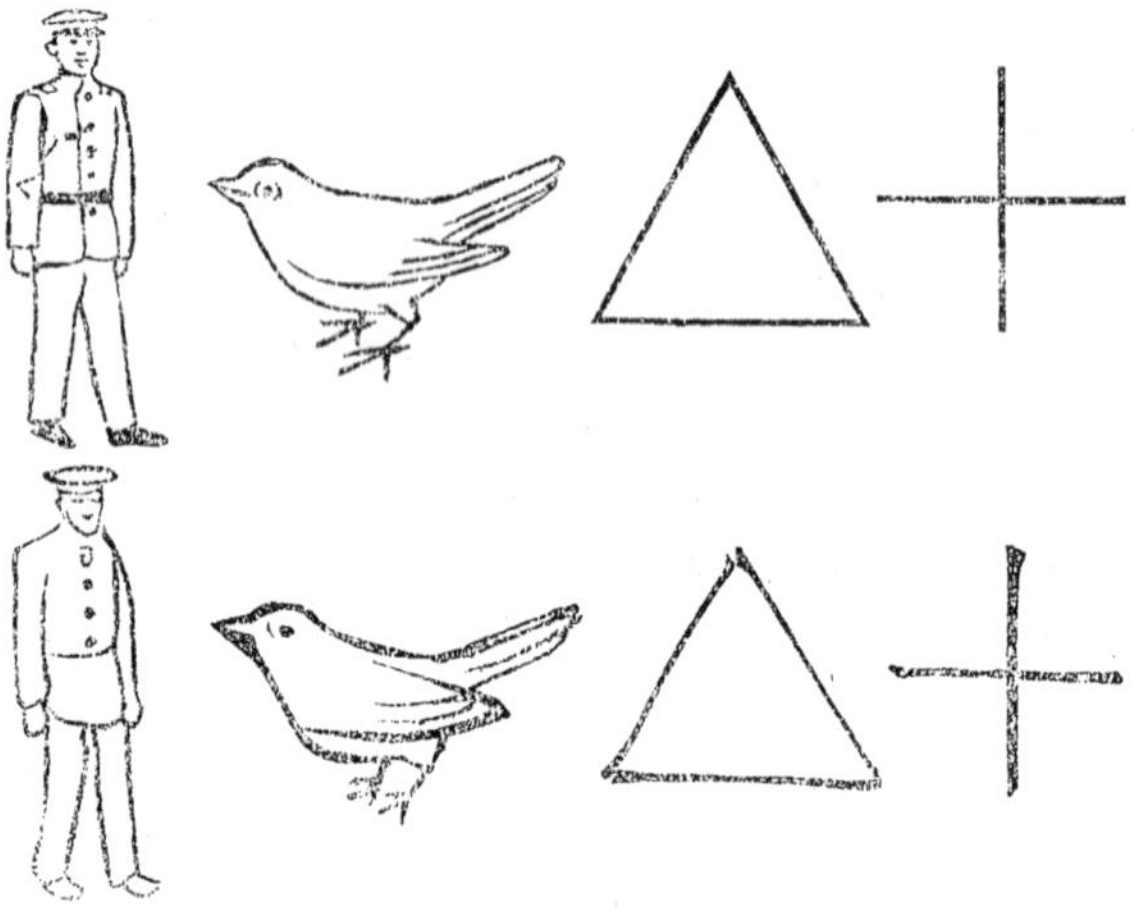

上段一列の畫は術者が被術者に精神を移さんと精神を凝らせし畫、下段一列の畫は被術者の精神に感應して被術者が書きしもの原圖は四倍又は六倍の大きさなりしを縮めし者也

指定せし筆鋒に違はざる様書けり、即ち其指定せし畫を手本として其通りに眞似たるに異らざる樣記せり。

此實驗につき注意すべきことは初め練習したる範圍内のことに就ては實驗が容易に成功するも其範圍を超ゆると實驗の成效六ヶ敷ものなり。又實驗中十が十悉く毫厘も違はずに術者の精神通りとなることは稀有の例と心得べきなり。

(三)精神移送の効果

以上に述べたる精神移送の實驗は催眠術の原理を哲學上より解釋せざ

ればならざる一大事實なり、此事實は科學を以ては到底說明すること能はざる一大現象なり。此現象が實用上何の效かある、此實驗は精神は肉體と別物にして肉體內に存する無形の者にて肉體より延長して影響を他に及ぼす作用を有することを立證したるものなりと思ふ、從て此實驗は宗敎上に於ける靈魂問題を論ずる上に於て有力なる論據ともなり、哲學上の諸問題も此現象によりて類推することを得、此現象を深く研究せば一大眞理を發見する端緒となるを得ん。實に此實驗に依て考ふれば人を善化せんと欲せば先づ其人に同情し其人を善化せんとの精神を强烈に凝むれば遂に其人をして善化せしむることを得る道理なり。之に反して世人より怨みを受くる行爲をなさんか、世人の多くが「彼は惡人故災難を受くればよい、不幸の人となればよい」と腦中にて熱烈に祈らんか、遂に其精神が感應して憎まれ者は災難を受け不幸の人となる道理なり。

精神の移送は覺醒狀態に在る者に對しても行はるゝことは前述せる實

例に依て明かなり、故に精神治療を行ふ場合に催眠法を行はずして單に治療の暗示のみを行ふも相當に效果ある所以なり。俗に生靈と云ふ者あり人を呪ひて疾ましめ又は殺すと云ふ、生靈なる者も精神移送の一現象と見ることを得、又彼の病氣平癒を神に祈りて效果ありしも或點は同一現象と見ることを得、平癒を神に祈りて貰ひし病人は治するであらうと豫期したる其豫期の作用による場合もあるべしと雖も、病人の知らざる中に神に平癒を祈りしに非常の效果ありしと云ふ例も多々あり、之に就ては稀には偶然の暗合もあるべけれども、祈禱者の精神が確に病人に感應して平癒したるものなり。尙此外に眞に神が病人を救ふと云ふ眞理も含まるゝならんも、祈禱者の精神が病人に感應したることも確に一原因をなしたるならん。

（三）精神移送の事實は催眠術治療上に如何なる關係ありや

之に依て催眠術の治療をなす場合に於ては術者は被術者の病身に同情じて如何にかして健全の人となる樣にとの熱誠が籠りて初めて效果が

現はるゝを原則とす。術者は只金取主義にて施術料さへ取れば其れにて後は用は無いとの考にて施術をなさば其施術は無効に終るか又は效少なきを當然とす。併し稀に術者の心力を要せずして單に被術者の豫期作用にのみよりて非常の效果ありたる場合あるべしと雖も其れは例外なり。故に術者たる者はよく此道理を辨へ、施術せんとするときは精神の統一を妨ぐるものをば勉めて斥け、專心一意熱誠を籠めて施術すべし、其熱誠さへ屆けば施術の形式は少しは誤りても效果を擧ぐることを得べきや明かなり。

若し術者の暗示がよく被術者に感應せざることある場合には、術者の熱誠が未だ不充分なりと思ひ、非常に强烈に心力を籠めて暗示するとよく感應することあるものなり。術者の暗示がよく感應せざるは種々の事情によることあり、卽ち被術者の信念の不足によることあり、誤解に基くことあり、感受性の鈍きによることあり、或は術者の行ふ施法が不完全なるによることありと雖も、主なる點は術者の精神力の强弱如何にあり。斯るが故に被術者も亦術者に對して熱誠を籠めて術者の意を迎へ、術者の精神が統一する樣にせざるべからず。若し被術者にして術者の感情を損するが如き言行假ひ僅少と雖もあらんか、術者は被術者の爲めに熱誠を籠めて精神の統一を計らんとするも、人は感情の動物故其れが爲に精神の統一計れずして遂に御役目的に施術することあり、其場合に於て催眠術治療の效果をなからしめたるは被術者自身なり、然るに被術者は其事を悟らずして施術の效なきは其罪術者にありとのみ思ふものあり。斯の如き考へ違ひなき樣、術者は施術に著手する前に於て被術者に對してよく其道理を說破し置くべし、其れを甘く說破し了解せしむる人が卽ち催眠術治療家として效を擧ぐる人なり。

第六章　催眠者の人格を變換する法

（一）人格變換とは何ぞや

人格變換とは如何なることなるかを明にせんと欲せば、先づ人格とは如何なる者なるかを明にするを要す。爰に云ふ人格は人格修養など云ふ場合の人格とは其意味を異にす、修養上に云ふ人格は精神學上より見れば性格なり。爰に云ふ人格の意味は各自自體が小兒のときより今日に至るまで知り得たることを悉く綜合し統一したる唯一の人格的意識の團體を云ふ。解し易く云へば我の知りし事我の爲せし事、其我なる考へを人格と云ふなり、然るに此人格が變換すると精神は全く一變して第一人格の我と第二人格の我とは全く別人なりと思惟するなり。卽ち過去の記憶の連鎖を失ふなり、男でありながら女であると暗示さるれば、女であると確信し行動して實際男であることを少しも知らずに居る、人間を机であると暗示すれば机であると信じて人間であることを少しも知らぬ、此記憶の變化を稱して人格の變換と云ふ。

（二）人格轉換とは何ぞや

人格變換は唯一回變換するのみならず其變換は幾度にても暗示の儘に

自在に轉換するものなり、例へば男が女に變換し、其女が狐に轉換し、其狐が雞に轉換し、其雞が汽車に轉換し、又其汽車が初めの女に轉換する如き何回にても暗示の儘なり、之を人格轉換と云ふ。

（三）故意的人格變換と偶然的人格變換との區別

人格變換の現象は故意に催眠術を以て起し得るのみならず、偶然に一種の病的現象として人格が變換することあり、彼の神が乘り移りたりと云ふ現象、或は狐が憑きたりと云ふ現象の如きは卽ち偶然に起りたる人格變換なり。

（四）人格變換の行はれ得る催眠程度

催眠者に人格變換の現象を呈せしめんと欲せば先づ深い眠遊狀態となし置くを要す、催眠者が催眠中の事を覺醒後に於て少しも知らずに居る程度に催眠し居らざれば人格變換は行はれず。故に催眠中の事を覺醒後に知り居る程度の催眠者に人格變換の暗示をなすも感應せず、又人格變換が行はれざる催眠者は催眠中の事を覺醒後に覺え居るを普通とす。

（五）人格を變換せしむる二種の暗示法

人格を變換するには深い眠遊狀態にある催眠者に向つて單に暗示を與

ふれば暗示の儘に自在に變換する者なり、其暗示を與ふる法に大凡二種あり、先づ老人の人格を幼兒に變換せしめんとする場合なりとせんか、其一は直接に催眠者に暗示を與へて幼兒の人格中の記憶を惹き起さしめて全く其人格の人とするなり。其二は先づ幼兒によくある狀態を演じて夫れを階梯として其幼兒の全狀態に復せしむるなり。第一の例としては催眠者に向ひ「君は今十二歲の子供である」と暗示すれば、其催眠者は實際八十歲の老人なるにも拘らず、十二歲當時の人格狀態となりて、或は獨樂を廻さんとし、或は鞠を投げて遊ばんとするものなり。第二の例は催眠者が幼時に於て小學校に在り、常に成績優等にて先生に褒められたることあり、今は成長して久しき以前のこと故全く其れを忘れ居るも、其者が催眠狀態にあるとき「君は今小學校で敎授せられて居る」と暗示すれば、其れに依て遂に其幼時に於ける記憶を呼び起して、全く小學校時代の兒童の精神に變り、先生に賞められしときの狀態となるなり。由之普通には催眠者が嘗て何れかに於て五官に觸れ、潛在精神となり想像し得るものに限り變換するものなり、併し稀には催眠者が覺醒時に於て全く經驗せざるものに變換することあるは千里眼的現象加はるならむ。人格變換に似て非なる現象あり、催眠者中人格が變換せずして暗示せられし通りに外形のみ其現象を呈する者あり。彼の甲俳優が乙女役を演じたり丙男役を演じたりする、其れを外形上より見れば人格變換と似て居るも、其精神狀態は全く異る、甲俳優の行ふ演劇は甲の精神にて乙又は丙の言語動作を爲すなり、依て精神上より見れば乙女役も丙男役も甲俳優と同一人格なり、然るに人格變換の場合は全く精神を異にする別人となるなり、故に甲俳優が乙女役と人格が變換すれば其乙女役は甲俳優の精神より見れば全く別人なり、催眠者中に眞に人格が變換せずして單に暗示せし通りに芝居をなし居る卽ち單に外形のみを眞似居る者あり、彼と此とは大に異ることを實驗を行ふに際して注意し區別すると必要なり。

次に余の行ひたる人格變換の實例中興味ある者一二を擧げて參考に供せん。

(六)少年を老父に變換せる實驗

(一)余は十四歲の少年を催眠狀態となし「九十五歲の老人である」と暗示したれば、老人の如く腰を曲げ長き鬚を撫ぜ、杖を突きて步む姿勢をなせり、其風采實に老人に異らざりき。次に「齒缺け婆々である此澤庵をたべる」と暗示して眞の澤庵の香物一片を與へたれば、齒は健康であり乍ら、恰も齒は一本も無くして齦にて辛くも咀嚼する有樣を呈しつゝ暫くにして漸く食ひ盡せり。

(七)小學生を海軍大將に變換せる實驗

(二)余は小學生の催眠者に向つて「君は海軍大將東鄕平八郎である」と暗示したれば、催眠者は東鄕大將の姿勢となり東鄕大將が露國の東洋艦隊を全滅せしむるときの有樣となり、幻覺の部下に向つて「皇國の興廢此一戰に在り」と命令を嚴正に下せり。次に「君は東鄕大將ではない總理大臣桂太郎である、今帝國議會に臨席し政府の方針を演說する所である」と暗示したれば、總理大臣桂太郎の姿勢となりて雄辯滔々と大演說をなせり。

（八）無音樂者を音樂者と變換せる實驗

（三）余は音樂を少しも稽古せしこと」となき者を催眠せしめ「君は月琴引である曾我の五郎十郎を歌ひ乍ら引く」と暗示し、月琴を與へたれば自ら調子を直して本業者の如く上手に歌ひ乍ら引けり。次に「君は音樂學校のバイオリンの先生である、故にバイオリンは上手だ、『飛行機上の女』と云ふ題で新體詩を作りて其れを歌ひ乍ら彈く」と暗示し、バイオリンを與へたれば、自ら其調子をよく合せて即座に立派の新體詩を作りて歌ひながら實に甘く彈けり。

（九）學生を浪花節の藝人と變換せる實驗

（四）余は中學生を催眠せしめて「君は浪花節の藝人である、今席亭に出でたる處である、得意の浪花節を一席演ずる」と暗示し扇子を與へたれば、眞の浪花節の藝人も及ばざる如く面白く上手に語れり。次に「君は活動寫眞の辯士である、映し出す畫に就て一々說明をする」と暗示したれば、催眠者は立つてホト、ギスの活動寫眞の處を幻覺し、其れに就て順序正しく滔滔と説明せり。

(一〇)中學生を藝者に變換せる實驗

(五)余は中學生の催眠者に向ひ「君は藝妓である、カッポレを歌ひ乍ら踊る」と暗示したれば、今迄踊を稽古せしことなきに甘く歌ひ乍ら上手に踊れり。 次に「君は日本一の劍舞術師日比野雷風である殘月滴露の劍舞を吟じながらやると暗示し、眞の刀を與へたれば日比野雷風の態度となり上手に吟じ乍ら舞へり。

(一一)老母を學生と變換せる實驗

(六)八十五歳の老母を催眠せしめ男子の小學校生徒に人格を變換してイロハニホヘトチリヌルヲワカヨタレソツネの二十字を書かしめ、次に其小學校生徒を中學生に人格を變換して同字を書かしめ、次に又其中學生を大學生に變換して又同字を書かしめ其れを比較して見るに小學校生徒に變換して書きたる書は中學校生徒に變換して書したる書に對して稚氣を帶びて拙し、中學校生徒に變換して書したる書は大學校生徒に變換して書したる者に比して稚氣を帶びて拙し、尚其者を大書家に變換し

て書かしめたるも大學生に變換して書かしめたる者より僅に優りたるに過ぎざりし。（口畫參照）

（三）無筆者を畫家に變換せる實驗

（七）催眠者を畫家の人格に變換し、筆と紙とを與へ「目を開いて山水を書く」と暗示し書かしめたるに覺醒時に於ては畫に就ては全く無筆なるに、催眠時の人格變換中に於て書きし者は可なりに出來たり。

次に別の催眠者を同じく畫家に變換して人物及び動物を書かしめたるに之れ又覺醒時に於ては畫に就ては全く無筆なるに一寸見られる者を畫けり。（口畫參照）

（三）人間を獸類に變換せる實驗

（八）人格の變換は甲の人間が乙の人間に變換するのみならず、人間以外の動物にも變換することを得。余の實驗に催眠者に向つて「汝は猫である」と暗示したれば、催眠者は全く猫の積りにて這ひ廻れり。鼠が來たと云ひつゝ紐の先に紙を縛して引き廻したれば、催眠者は飛びかゝりて想像の鼠を捕へり。次に「隣の猫が來て喧嘩をしかけた」と暗示したれば、催眠者は猫の怒り聲を出して怒りの姿勢をなせり。次に余は「君は猫に非ずして馬である」と暗示したれば、立髪を左右に振る如き風をなせり。其馬に乘りたれば活潑に步み出せり。

（四）人間を無生物に變換せる實驗

（九）人格の變換は甲人が乙人に換り人間が動物に變るのみならず、人間が無生物に變換す。余の實驗に催眠者に對して「君は椅子である」と暗示したれば、催眠者は全く椅子の積りにて身體を椅子の形となせり。試みに腰を掛けたれば恰も椅子に異らざる樣に少しも動かず。立會人をして變る〳〵腰を掛けさしたるに少しも動かずに居たり。次に「此の椅子は片脚壞れた」と暗示したれば、其催眠者は忽ち一方の膝を地に附けて片脚にて立てり。次に「君は敷物である」と暗示したれば忽ち平伏して動かずに居たり。

（五）一人が同時に二人に變換せる實驗

（一〇）余は催眠者に向て「君の右側半身は納豆賣にして左側半身は緣日露店の商人である、口は一分時間每に納豆賣となり、又は緣日露店の商人となる」と暗示したれば、右手にて納豆を荷ふ風をなしつゝ口にて納豆々々と呼べり、其呼ぶ聲眞に納豆賣の聲に異らず。其呼聲は一分時間にして終り、縁日露店の商人と代り手品をなしつゝ口上を述べて小册の種本を賣る有樣眞に迫れり。斯の如く一分時間毎に代りて止まず、次に「納豆賣と縁日露店の商人とは兄弟故互に握手し喜び合ふ」と暗示したれば、左手と右手とは互に握り合ひ顏には喜びの狀を呈せり。

又余は「君の右側半身は文章の上手な人である、左側半身は筆算の上手な人である」と暗示し置き「文章の上手な此方(此時余は一寸催眠者の右手に觸れ)は『憲法上より見たる催眠者の地位』と題したる論文を認める」と暗示し、筆と紙とを與へ「此筆算の上手な方(此時余は催眠者の左手に一寸觸れ)は如何なる難問の算術も卽座に間違ひなくやる」と暗示し、萬位の加減乘除の問題を出し、鉛筆と紙とを與へたれば、右手にては文章を認めつゝ左手にては算術を同時になせり。而して出來上りし文章は美事にして算術は少しも間違はざりし。

(六)一人が同時に二種の動物と變換せる實驗

(二)余は催眠者に向ひ「君の左手は鷄で右手は犬である、口は一分時間每に鷄となりて時を告げ、又は犬となりて吠える」と暗示したれば、催眠者は左手を動かしつゝ時を告ぐること一分時間。次に右手を動かしつゝ吠えること一分時間交る〱に行へり。次に「鷄と犬と喧嘩を始む」と暗示したれば、左手と右手とは爭鬪を初めて益々其度を高めたり、依て余は催眠者の兩手を握りて「鷄ではない犬ではない、○○君(催眠者の實姓)である」と暗示したれば、直に爭鬪は止みて靜まれり。

(七)一人が同時に數種の樂器と變換せる實驗

(三)余は催眠者に向ひ「君の左手は音樂隊で右手は三味線引である、口は一分時間每に音樂隊の音を發し又三味線の音を出す」と暗示したれば、催眠者は左手を動かしつゝ口にて音樂隊の音を出すこと一分時間にして止み。次に右手を動かしつゝ三味線の音を口にて唱へること一分時間にして又音樂隊の音を出せり。斯く一分時間每に交代して止まず、其音は實に音樂隊及び三味線の音を聽くに異らずして眞に迫れり。

次に「君の右足は藝妓の太皷で、左足は皷である、左手は鈴で右手は三味線である、其四ヶの音は同時に起る、其音は口にて出す」と暗示したれば、左右の手足を動かしつゝ（此催眠者は椅子に凭れり）口にて四ヶの樂音の混同せる音を辛くも出して妙を極めたり。

（六）一人が同時に四名に變換せる實驗

（三）余は催眠者に向ひて「君の右手は佛教の僧侶である、左手は耶蘇教の宣教師である、右足は佛教嫌ひの車夫である、左足は耶蘇教嫌ひの漁夫である、口は一分時間每に耶蘇教の宣教師となりて讃美歌を歌ひ、又は佛教の僧侶となりて法華經を讀む、然ると耶蘇嫌ひの漁夫は耶蘇の宣教師に喧嘩を吹きかけ、佛教嫌ひの車夫は佛教の僧侶に喧嘩を吹きかけ、遂に四名は組打をする」と暗示したれば口が佛教の僧侶となりし折は、法華經を唱へたり、其唱へ方は眞の僧侶が上ぐる御經に異らず。　又耶蘇の宣教師の口となりて讃美歌を歌ふ折は實に甘く歌へり、而して間もなく漁夫と宣教師即ち左足と左手とは喧嘩を始め、車夫と僧侶即ち右足と右手とは爭鬪をなせり。斯くて其爭鬪は次第々々に激烈となりて停止する所を知らず、依て余は「君は宣教師ではない、僧侶ではない、漁夫ではない、車夫ではない、一人の催眠者である」と暗示しつゝ余の手を催眠者の手足に觸れたれば其爭鬪は忽然止みて催眠者の人格は元に戻れり。

次に「右の手は俳優で左の手は踊子である、口は淨瑠璃語と噺家との二人である、此四人は藝を一度に始むる」と暗示したれば、右手にては俳優が舞臺に演ずる姿勢をなし、左手にては踊子が踊る處の姿勢をなし、口では淨瑠璃と噺家とを一度に混じたる音を出さんとせしも、此音は實に流石の催眠者も六ヶ敷と見えて舌を出して動かし、暫時苦悶の狀なりし、故に一寸の間淨瑠璃と噺家とを更代に發聲せしめ、終には一度に發聲せしめたるに辛くも其音を發したり。

(一九)小僧を文士に變換せる實驗

(一四)余は催眠者に向ひ「君は文士である」と暗示して文士に人格を變換し、

筆と紙とを與へて「催眠術と云ふ題で文を作る」と暗示したれば其語の未だ終らざるにすら〳〵と左の如く記せり。

(三)催眠者の作りたる文

催眠術

雨の降る夜はいとどなを、物凄さまで皆淋し、軒端に傳ふあまだれの、ひびきはいつからとく〳〵と、ゆめ路へ誘ふまがつみと、我に應ふるくらき世や。

花耻ぢらはんやさすがた、何處ともなく我前に、立ちしは奇しき事ながら、さまで思はぬ訝しさ、幾久しかる繰言を、述べつ怨みつ其果ては、互に心打ちとけて、話せばあやにく窓の上に、かゝる時計の其音に、破られけりな我がゆめを。

夢かいな〳〵彼君が、殘し置きたる花の香は、今も尚身に香るなり、これぞ正しく傳心の、妙あらはせし彼人の、魂魄めぐり今こゝに、來りしものを知るぞ知る、奇しきは心のはたらきぞ。

（二）店員を噺家に變換せる實驗

（三）催眠者の噺せる噺の筆記

次に「春雨と云ふ題で、發句を作る」と暗示したれば左の如く記せり。

若人のほてりさますや春の雨

（一五）余は廿歳の商店員を催眠せしめ「肩を一つ打つと君は噺家と變換する」と暗示し、肩をポンと一つ打ちたれば催眠者は噺家の人格に變換せり、依て「此處は定席である金儲の秘訣と云ふ題で一席辯ずる」と暗示し扇子を持たしたれば、催眠者は次の如く噺せり、噺は衆議員速記技手齋藤增吉氏が筆記せし者にして一言一句も違はず。

金儲の秘訣を話しましよう、昔非常に有福の旦那さんがあつた、元は酒屋の小僧であつたが、老年の頃には一廉の財產家になつた。すると其家の下男の喜八、何うせ下男になる奴だから碌な奴でない、それが家の旦那さんは何う云ふ方法で金儲をしたんだらうか聞て見やうと思つて喜「旦那さん、一寸伺ひますが金儲けの秘訣を敎へて下さい」旦「喜八金儲の秘訣と云つて別に乃公は手品を使ふのではない、お前がそれ程迄に敎へて呉れと云ふから、私も永年使つて居るお前の頼み聽かずばなるまい、聽かせてやらうが此事は世間の者に話しては可かぬ」喜「有難うございます、決して話しは致しませぬ」旦「それぢやァ喜八敎へてやらう、彼處の井戸端に樽がある、あの樽に一杯になるやうに水を汲んで呉れ」喜「畏りました、」旦「それが一杯になると金が儲かるゾ」サァ喜八喜んだ、早速水を汲込むと其樽は底の無い樽でございますから幾ら汲んでも一杯にならない、後ろ鉢卷で十分に力を盡くしても溜らない喜「旦那さん」旦「何んだい」喜「何うしても一杯になりませぬ」旦「さうか、それぢや今日は儲ける方法を敎へてやらう、其代り私が時々用を言付けるから工合よくやつて呉れ」今度も亦水を汲せる、すると今度のは樽に底がある、其代り釣瓶の方に底がない、幾ら汲んでも水が揚らない、其中に旦那が飯焚を言ひ附ける、それでも構はず喜八は用をしながら底のない釣瓶で汲んで居ると、其の雫が樽に溜つて仕舞ひに一杯になつた、喜八は喜んだ喜「旦那さん一杯になりました」旦「喜八そこだ、それが金儲の秘訣だ」喜「へイ……」旦「ヘイではないよ、世間の者はドシ／＼金を取るけれども費す所が多いから、金は溜らない、丁度底の無い樽に水を入れるやうなもので、何杯汲んでも一杯にはならない、それを假令僅か許りの金でも少も費す所が無ければ底の無い釣瓶で汲んでも其雫が仕舞には溜る樣に金も溜る、さうかと云つて人から頼まれた用事もしないで一心に金許り溜めやうとしても世間で許さない、世間の評判が惡くなれば自分の損だから世間の者には能く交際もして、自分の身は節儉にして居れば金は溜る、金儲の秘訣は此處だ」と言はれて喜八も感心したと云ふことであります。 中々金を儲けるなんて容易なことではありませぬ、少し油斷すれば無くなつて仕舞ふ、彼の相場で金を儲けた成金の末路などは分つて居る、何でも自分が辛苦して溜めたのでなければ駄目だ、賢明なる諸君は十分に呑込んで呉れ玉へ、何うも失敬しました。(此實驗に

（二三）下女を雅客と變換せる實驗

（二四）催眠者の作りし詩歌

十分時間を費せり）

（一六）無學の下女を催眠せしめ「私が拍手を一つ打つと貴孃は雅客と變換する」と暗示し、拍手をなしたれば雅客に變換し其風采と變れり。依て「樂天觀と云ふ題で狂詩を作る」と暗示したれば催眠者曰く、

蒼々天漠々此土　青巒紅峰在二左右一　天日灼灼春風靜　何處見無二我身敵一」

余曰く「其意味を話す」

「天は蒼々として天地をすつかり包んで仕舞つた、山は青々として峰は紅葉で紅になつて居る、上は萬世一系の　天皇陛下が此世をしろしめして下さる、實に極樂世界である、それであるから自然自分の心ものび〱として世間に敵がないと云ふ意であります」

余「今度は樂天觀と云ふ題で和歌を詠ずる」

催眠者曰く、

青柳の絲に心が習ひなば
さぞや浮世も樂しかるらん

余「其解釋をする」

催眠者「柳の葉は眞直で枝は垂れて居る、幾ら風が吹いて來ても其風を友として遊んで居る、人間の心も斯う云ふやうでなければならぬ、柳のやうにして居れば始終心も愉快で浮世も樂しい、少しも悲觀することはない。

余「樂天觀と云ふ題で新體詩を作る、成るべく短く」

催眠者曰く、

天津空照る日の光り　池には黄金の波ぞよる
木々の梢も音をさめ　枝も鳴さぬ風ぞ吹くなり

余曰く「其解釋は」

催眠者「つまり枝を鳴さぬ御代なれや、矢張樂天觀である、池には黄金の波がより、四海波靜にて枝を鳴さぬ御代なれや、木々の梢は少も風がないから音もしない、平和の樣が現はれて居る」

余「今度は樂天觀と云ふ題で都々逸を歌ふ。大きい聲をして」

催眠者歌ふて曰く、

かけても消えても後にはきつと
丸くかゞやく月ぢやもの

余「其意味は」

催眠者「是は悲觀に沈んで居つて苦んだり悲んだりする者があるが、誠につまらないことで、丁度月が缺けたり消えたりするが仕舞には圓くかゞやくやうなもので、人間も少し辛棒して居れば屹度運が向いて來るものである」

余「今度は樂天觀と云ふ題で發句を作る」

催眠者曰く、

釣の絲是ぞ我が身の心かな

余「其解釋は」

催眠者「昔大公望は浮世を捨てゝ釣を垂れて居つた、實に釣魚程呑氣なものはない、細い絲は眞直に川に垂れて居る、ゆらめく心は少もない、自分の心も此釣絲に能く似て居る」

余「樂天觀と云ふ題で川柳を作る」

催眠者曰く、

旦那さん饅頭あついと小僧いひ

余「其意味は」

催眠者「直覺的に言ふと小僧が旦那に向つて饅頭があつくて甘いと言つたのである、自分に何か仕事をして苦しい、苦しいけれども後で饅頭が食へる、何事も悲觀しては可けない」

余「樂天觀と云ふ題で一口噺をする」

催眠者「與太や、樂天かん樂天かんと無闇に言ふが樂天かんと云ふのは什麼な物だエ」與太「知れたことよ樂天かんと云ふのは羊羹の上等だ」

余「其の意味を話す」

催眠者「樂天觀々々々と云つてニコ〳〵して居るから、大方羊羹でも頬張つてニコ〳〵して居るのだらうと思つて言つたのである。（衆議院速記技手齋藤增吉氏速記）此實驗に着手より終迄に十五分時間を費せり」

（三五）老婆を論客に變換せる實驗

（一七）余が暫々實驗したることある老婆を催眠せしめ置き「余が口笛を一つ吹くと演説家となる」と暗示し、口笛を一つ吹きたれば演説家の態度となれり、依て「君は演説家だ、催眠術に掛つて居つた時の心持を演説する、卽ち催眠せしめらるゝ時の心持、暗示に感じて止動狀態を呈する時の心持、血液及び聽覺に變化を來す時の心持、治療的の暗示に感應する時の心持、内臟機關の暗示に感應する時の心持、及び錯覺及び幻覺に感ずる時の心持を成るべく短く二十分位の時間で濟むやうに演説する」と暗示したれば、催眠者は次の如く演説せり。

（三六）催眠者のなせる演説の筆記

今日はチト風變りの演說で催眠中の感想に付いて一言申します、今迄屢々催眠術の演說をしましたが、それは皆術者の方の側から說明しましたもので、催眠者が自ら催眠中の感想を十分に說明したのを聞かなかつた、是から私は催眠中自ら我心に感じたことを極くスラ〳〵と、僅ばかりでありますが申述べやうと思ひます。扨私が催眠狀態に落ちいる心持を申上げます。（著者曰く催眠狀態中斯くの如く演說する狀態は最も深き狀態にして、爰に云ふ催眠者の心持は潛在精神の感じたる所にして今既に潛在精神を働かして噺し居るなり、故に覺醒して現在精神のみとなれば催眠中の心持は勿論演說せしことも皆忘れて仕舞ふなり）

先づ眼を開いて居る時催眠せしめらるゝ心持から噺しましよう、最初一物を凝視して居る、其時に術者が種々の暗示を施します、自分は催眠術に掛ることを豫期して居りますから直ぐ掛ります。さうすると不思議ぢやございませぬか、其見て居るものはヒラ〳〵と何だか目先にチラ付いてぼんやりして見えない、自分の總身は何だか繩を以て縛られたやうな氣がする、不動の金縛りと同じだらうと思ひます。手は一種こはばつた感じがする、動かさうと思つても何うしても動かすことが出來ない、總身動かさうと思つて努力しても動くことが出來ない。同時に頭から足の爪先に掛けて一種の幕を被せられた心持が致します、さうすると同時に瞼がはれぼつたいやうな具合になつて非常に重く感じます、ビリ〳〵ッ、ビリ〳〵ッと一種の微動を起すと同時に幾ら努めて開き居らうと思つても駄目です。さうすると五里霧中に彷徨うやうな氣になつて耳の邊りでズン〳〵と一種の音調が聞えるやうになります、さうなると前後不覺に眠つて仕舞ふ。

其次に初めから眼を閉ぢて居る時に催眠せしめらるゝ心持は何うかと云ふと、矢張術者が暗示を與へまするると夫と同時に矢張手足が萎れる感が生じます、目をつぶつて水中深く潛る感想と髣髴たる者です、足が重くなると同時に、千尋の海のどん底奈落の底迄も下つて行く感じがする。 其時にドーッと落ちるハッと思ふ、其時が催眠狀態のどん底に達した時でございませう、是が催眠狀態に陷る時の感想であります。

其次は暗示に感應して止動狀態になる時の心持を申上げます、自分の手が膝に付いて居る時に、術者が手が上らぬと云つた時は什麼な心持であらうか、其時の感想を述ぶれば斯う云ふやうに膝に手を置いて居る(此時催眠者兩手を膝上に置く)其手が堅く附着したと云ふ暗示を與へられます、さうすると最初此毛穴がビリ〳〵ッとする感じが起る、身體の中に一種の動力が起りビリ〳〵ッと萎れて來ます。 ハテ變な心持になつたな、それから何うかして此手を擧げやうと思つてもくッ付いたきり、幾ら擧げやうと思つても擧げる勇氣が無くなる、丁度鐵槌を持て上から叩き付けられた如き思がする、力を入れやうと思つても入れる氣力が無い、手を引伸ばすことも出來ない、是が卽ち止動狀態である。（著者曰く催眠者は催眠術上の知識を多少持てり、故に催眠術上の用語が時々演說中に現はるゝ故ならんか）

其次に血液及び聽覺は如何になるかと云ふに頭の血が次第に下る、それから頭から胸に掛けて一種の唸りを覺えます、同時に其唸りが暫く經つと腰の方に廻はつて腰が麻痺を感じます、手が暗示に依て下つて來る、頭は輕くなつて來る、自分は何う云ふことも考へない、唯だ術者の聲が聞えて他の者の聲は耳に入らない、そこが不思議です、丁度蟬の蛻のやうに何事も一切聞えないと思はれるが、事實さうでなく、時々フッフッと耳に這入ることがある。是は餘り深く催眠に陷つて居らぬ爲であらうか、又は眞の催眠狀態の事實が斯う云ふ工合であるか私には分らないが兎に角さう云ふ感じがする（著者曰く深き催眠狀態にあるときは現在的精神は無念無想にして潛在的精神は活潑に活動す、從て其際は暗示せられしとにのみ注意し其事のみ聞え他の事は少しも聞へざる者に非ず、潛在精神にはよく分り居る者なり、然し覺醒すれば何等の覺えなきも再び催眠せしむれば又其事を明に知り居る者なり、今其潛在精神にて知りしとを語り居るなり）それから頭の血が下ると脈搏が靜になる、丁度身體の中には針金でも差込まれたやうな感じがすると同時に血管の中を廻る心持がして、身體は弱わつたやうな心持がして血が流れて居るか居らないか其樣なことは分らない、さうすると耳元で術者の暗示が聞える、それ此通り脈搏が緩くなつたと聞えます、成程此時に暗示の通に感應したと思ひます、一種激しい唸りが耳元で聞えます、ブル〳〵手足が慄える斯う云ふのが私の心持でございます。

其次には治療的暗示が感應する工合を語らん、今迄自分の齒が痛い、其折に術者が大喝一聲痛は取れたと暗示すると、今迄痛かつた齒が直に癒る。今迄は熱を帶びて居つたものが朝日に雪が消える如くとれて仕舞ふ、今迄日夜苦みに苦んで居つた痛みがすつかりとれて仕舞ふ、夢ではないかと思ふ誠に不思議なものでございます。斯樣な工合に總ての治療も功を奏するのであります、外の人は何うか知れませぬが兎に角私は語氣を鋭くして暗示を與へられた方が何だか腹のどん底へ突き込むやうな感じがして宜い、緩やかにやる奴は感じが鈍い、是が私が催眠によつて病氣を癒した時の感想であります。

其次に內臟機關が暗示に依て左右される有樣を語らむ、胃の消化の鈍い時に胃の消化を完全に行はしめる暗示をするとき、お前の胃は非常に働きが活潑で消化力が盛んだと暗示されると、今迄胸に支えて居つたものがグーッと下る。例へば夏の夕立の折空に漲つて居る黑雲がサーッと一陣の風が吹くと同時に吹拂はれ、一天拭ふが如き靑空になると同じやうに胸がさつぱりする。

それから今度は錯覺の行はれる時の有樣であります、私は一番鼻がよく利く、例へば術者から其處に薔薇の花があると暗示さるゝと直ぐと其匂ひがする、線香の匂ひがすると暗示さるると非常に高尙な奧床しい匂ひが鼻を打つのであります。其次は枕を抱かせられる、さうして術者が今お前は猫を抱いて居ると暗示せらるゝと枕と思つたのが猫になる、其暗示の瞬間に枕が猫と變るのであります。さう云ふやうに錯覺が行はれます。

其次は幻覺を實驗せらるゝ時の心持を申ます、自分は眠つて居る其折術者が向ふに富士の山が見えると暗示すると、直ぐ周圍は田子の浦の景色になつて、自分は何時田子の浦に來たのであらうと云ふことは知らない。事實妙なものであります、總てさう云ふ具合に總ての暗示が感應するのであります、誠につまらないお話でございますが是だけに致して置きます。（此實驗に二十五分時間を費せり、此演說筆記は衆議院速記技手齋藤增吉氏の速記なり）

此他尚種々の實驗をなせり、道樂坊主に人格を變へて意外なる新しき題を出し、其題にて道樂寺の御經を讀ましめたるに節面白く上手に讀みしことあり。佛敎の僧侶と人格を變へて大般若經を讀ましめたる事あり。薩摩琵琶師に人格を變へて琵琶を持たせて彈かせつゝ謠はしめしことあり。一トロ狂言師と人格を變へて手拭と杖とを與へ、新舊兩派演劇の各種を一トロ宛行はしめたることあり。劍舞術師と人格を變へて「支那革命」と云ふ題で漢詩を作らせ其詩を吟じつゝ即坐に劍舞を行はしめたることあり。又は覺醒時に於て寄席に伴れ行き見聞せしことを、催眠中に其藝人に變換して其藝人同樣に演ぜしめたることあり。又覺醒時に於て音樂大會に伴れ行き其音樂を聽かしめ、催眠中其音樂者に人格を變へて其音樂者の通りに音樂をやらしたることあり。以上に述べたる處を準用し工風すれば未だ〳〵面白き有益なる實驗をなすことを得。此不思議なる人格變換の現象に就て尚深く考ふれば幾多の疑問を生ず、即ち其疑問に就て以下少しく述べて見んとす。

(三七)催眠者の知らぬ者に人格が變換するや

(イ)催眠者の知らぬ者に人格が變換するや。

爰にて催眠者の知らぬ者とは催眠者が正規の狀態にあるとき知らぬ者を云ふ、例へばスプリングとは如何なる者なるかを知らぬ者を催眠せしめ、其者に向つて「君はスプリングである」と暗示すれば、果してスプリングと變換するや否や。又術者も催眠者も知らぬ處の立會人たる第三者の指定せる人「望月梅太郎と變換する」と暗示すれば、果して其望月梅太郎と變換するや否や。余の實驗によれば望月梅太郎は右手と左手とが不隨の人なり、其事を術者も催眠者も知らず、只第三者のみ知つて其れを指定せり。然るに催眠者に向つて「君は望月梅太郎である」と暗示したれば、眞の望月梅太郎と同樣なる姿勢の人となりたり。

又「スプリング」とは如何なる者なるかを覺醒時に於ては更に知らぬ催眠者に對して「君はスプリングである」と暗示したれば、螺旋のバネの如き形

(六)身體にて形容する能はざる者に人格が變換するや

となれり、而して余の行ひし數多の實驗成績によれば、暗示通りとならざりし催眠者もありたり、暗示通りとなりし者は千里眼的現象加はりて暗示せられしことを知る故ならんか。

(ロ)**身體にて形容する能はざる者に人格が變換するや。**

例へば催眠者に向つて「君は東京市である」と暗示すれば如何。余の實驗によれば二樣の結果を得たり、其一は催眠者は只モジ〳〵して居るのみにして何等の形容をも呈さゞりし、之れ思ふに身體にて東京市の有樣を現はすと云ふことは不可能なる故ならむ。其二は催眠者は唯口にて東京市の有樣を語りたるに止まれり、之れ身體にて形容すること能はざるも口にては其有樣を語ることを得る故ならむ。又余は催眠者に向つて「君は鳶である、今空中を舞て居る所だ」と暗示したれば、催眠者は兩手を擴げて立ち空中を舞ひつゝ下界を眺むる姿勢をなせり。故に余は「君は鳶にて今空中を舞ひをるに足が地に着いて居る、足は地より離れて空中に

(二九)變換せる人格を又他の人格に變換する事を得るや

(三〇)變換せる人格者と第三者とは談話し得るや

上る」と繰り返して暗示したれども、足は疊より離れざりし、之れ思ふに人の肉體が空間に浮ぶことは不可能なる故ならむ。

(八)**變換せる人格を其儘又他の人格に變換することを得るや。**

催眠者を狐の人格となし、狐の人格を元の催眠者の人格に戻して、又別の馬の人格となすことを得るは疑ひなきも、催眠者を狐の人格となし、其儘にして置き「君は馬である」と云へば狐が直に馬に換るものなるや否や。

余の實驗によれば確に狐が馬に代れり、唯に然のみならず、一の催眠者を夫より其れへと何者にでも何回でも變換することを得たり。又其れを元の順序を追ひ或は順序に基かずして元の人格に轉換せしむることも自在になし得たり。

(二)**變換せる人格者と第三者とは談話し得るや。**

例へば催眠者を徳川家康に變換せしめ、其實驗を見物し居りし甲乙丙の三人が術者よりラポーの關係を附けて貰はず、突然に其家康に向つて「徳川家康さん今日は結構な御天氣」と云ふと、家康は其れに對して挨拶するものなるや否や。此場合に於て變換せる人格者と第三者とは變換せる人の資格内のことに就ては談話するものなり。余の實驗に一書生を催眠せしめ、德川家康に變換し置き、傍に居りし立會人をして「德川家康樣茶を召し上れ」と云ひて湯を出さしたれば、催眠者は其茶を飮み且立會人と種々談話せり。然し立會人が「君は家康ではない催眠者である」と暗示するも催眠者には少しも感應せず、之につき余が行ひし實驗中最も解し易き例を示さん。書生を新聞賣に變換せり、新聞賣は「新聞々々一枚一錢」と客を呼べり、其場合に第三者たる立會人が「新聞屋さん新聞を一枚賣て呉れ」と云へば、新聞賣は喜びて立會人に幻覺の新聞を渡し幻覺の金錢を授受せり、其場合に其新聞賣は新聞の代價殘錢の返却等のことに就ては第三者とよく談話せり、然し第三者が「君は新聞賣に非ず書生である」等の暗示をするも毫も受け入れずして知らぬ風をなせり。此實驗によりて人

(三)變換せる人格と人格との間には幻覺錯覺が共通するや

(三)一人を同時に二人に變換し東西兩所に遊ばしむることを得るや

格變換者と第三者とは變換せる人格の權能に屬することに就ては自由に談話し行動することを知るべきなり。

(ホ)變換せる人格と人格との間には幻覺錯覺が共通するや。

余の實驗に日本人を支那人に變換せしめ、又其れを獨逸人に變換せり、其獨逸人に向つてハンケチを圓めて「之は雀」と暗示して與へたり、獨逸人は其ハンケチを雀と潛覺せり。而して其獨逸人を元の支那人の人格に戾らしめ、其支那人に向つて前に用ひたる圓めしハンケチを示して「之は何に」と尋ぬれば、其支那人は「雀」と答へたり。第一人格と第二人格とは全く主觀的の記憶を別にし全然別人の觀あるに、此場合のみは人格と人格との間に互に相影響するは實に奇妙の現象なり。

(ヘ)一人を同時に二人に變換し東西兩所に遊ばしむることを得るや。

例へば甲を催眠せしめ乙丙の兩人に變換し同時に乙をば大阪に遊ばせ、丙を「札幌に遊ばしむることを得るか、此問題は一人を同時に二人に變換して或る現象を起さしむると原理同一にして余の實驗にて當然なし得たり、唯だ口を利かしむる場合は交代に語らしむる外道なし。

（三）人格變換を覺醒後も尙繼續せしむるを得るや

（卜）人格變換は覺醒後にも繼續せしむるを得るや。人格變換せる者に向つて「君は覺醒後も尙人格が變換して居る」との暗示を與ふれば、其通りに感ずる者なるや否や。例へば書生を催眠せしめて軍人と變換せしめ置き、其者に向つて「君は覺醒後も尙軍人である」との繼續暗示を施さば覺醒後も果して其書生は軍人で居るや否や、余は之につき實驗したるに覺醒すると共に書生の人格に戻れり。其れは其筈なり、軍人の人格に變換し居りしは書生の潛在精神の働きなり、然るに覺醒せしむると共に現在精神の働き盛んとなりて潛在精神は働かざる狀態となる、從つて潛在精神の働きによりて成る處の人格變換は繼續せざる理由なり。併し「君は催眠覺醒後暫くの後に余がする咳拂を聞くと君は犬になる」との殘續暗示をなし置き、覺醒後暫くの後に咳拂をなしたれば催眠者は犬に變換したり。此現象は殘續暗示の感應にして前記の催眠中の人格を覺醒後迄繼續せしむるといふ問題とは全然別異なることを記憶すべきなり。

（三四）催眠者に人格變換中の事を覺醒後迄記憶せしむるを得るや

(チ)催眠者に人格變換中の事を覺醒後迄記憶せしむることを得るや。例へば催眠者を總理大臣に變換して演說をなさしめ、次に女優に變換して芝居をなさせ、其催眠中に於て「催眠中の事は覺醒後に於ても悉く記憶して居り其噺をする」と暗示すれば、其被術者は覺醒後催眠中に人格變換して種々のことをなしたることを記憶し居りて其噺をするものなるか否や、と云ふに余の實驗によれば其場合に被術者は催眠中に總理大臣が演說をなし、女優が芝居をするのを見たと語れり。卽ち人格變換中の活動は他人の活動と心得居れり。人格變換の性質より考ふるに斯くあらざるを得ざるなり。

（三五）人格變換者を其儘何日迄も棄てゝ置かば如何

(リ)人格變換者を其儘何日迄も棄てゝ置かば如何。

此問題は催眠者を其儘覺醒せしめずに置かば如何との疑問と同様の如くなるも然らずと信ず、催眠者を覺醒せしめずに棄てゝ置けば如何、余の實驗によれば催眠者が人格變換の暗示に感應せざる程度の催眠狀態なれば、催眠狀態を持續する樣に施術を繼續せずして放任し置きたれば、早きは五分時間遲くも二時間の後には自然に覺醒せり。而し人格變換の暗示に感應する程度の催眠狀態にある催眠者に向つて「僕が覺醒法を行ふ迄は何日迄も催眠して居る」と強く確く暗示し置きたれば、其儘何日迄も覺醒の暗示をする迄は催眠して居たり。之と同じく變換せし人格を何日迄も暗示によりて持續せしむることを得。

余は人格變換が自在に行はるゝ催眠者に向ひ「僕が覺醒法を行ふ迄は何日迄も催眠して居る」と暗示し看視者のみを傍に置き余は別室に退き書見をなし居りて、少しも催眠者のことに意を留めずして居ること一日間なりしに、依然催眠を繼續して居り、決して獨りで覺醒することなかりし。

其翌日其被術者を又催眠せしめ今度は人格を變換せしめて仕事をなさせ、看視者を傍に置き余は別室に退き書見をなし、少しも催眠者に意を留めずして其儘置きしこと一日間なりしに、其催眠者は人格變換の儘にて仕事をなしをり、晝飯を喫し小用に行きたることありしも、覺醒法を行ふ迄は其狀態を持續し居たり。唯仕事をする間時々居眠りの如き風をなして仕事を休むことありし外、別に變りしことなかりし。是に由りて之を觀れば人格變換の暗示に感應せざる程度の催眠者は例外として催眠が持續する間と人格が變換し居る間とは被術者同一なる場合は同樣なりと推察せらる。

（三六）人格變換は實用上如何なる功果あるや

（ヌ）人格變換は實用上に如何なる效あるや。人格變換と云ふ奇妙の現象を現はさしめて其れが何の效あるか、唯奇妙とか不思議とか人に思はしむるに過ぎざる者なれば甚だ詰らぬことなり。併し乍ら決して人格變換の効果は斯の如き淺薄なるものにあらずして之によりて以て精神學上幾多の重要なる問題を解決し得る處の好資料なるのみならず治療矯癖をなす場合にも人格を變換せしめて暗示をせしならば其效果の擧がること實に至大なり。人格を變換し得る被術者に對しては其精神なり肉體なりを自由に如何樣にても變らしむることを得るを以て催眠術上の人格變換は單に變換せし間のみ人格は變り居るに過ぎざるも其作用を利用して數回施術を重ね覺醒時に於ける缺點を矯正し理想の人となし得るなり。

第七章　催眠者を千里眼者とする方法

(一)透視、天眼通、神通力又は千里眼とは何ぞや

千里眼とは肉眼を以て見ること能はざる處の者を精神を以て視る現象にして天眼通神通力又は透視の名あり。例へば紙片に文字を認め木箱或は鐵箱中に入れ嚴封し置きたるを見當てる如き之なり。又は甲家に居りて乙家の模樣を見る如き甚だしきは千里眼の名の如く千里も遠く

の出來事を居ながら眼前に於ける出來事の如くに見ることを得る不思議の現象なり。此千里眼的能力は偶然に得らるゝことあり、修養の結果初めて得らるゝことあり。自働的に之を得ることあり、他働的に之を得ることあり。

此現象を呈すると否とは偶然的と故意的とを問はず、自働的と他動的とを問はず、先天的性質が預つて力あり、其人の性質如何によりては如何に苦心を重ぬるも其境を得ること能はず、先天的に其性質備はり居るものは存外容易に其現象を現はすことあり。勿論修養法の巧拙如何によりて現象を呈する上に遲速精粗の別は免がれざるも主として先天的性質によりて定まるものなり。

（二）千里眼の出來る催眠程度

催眠術を以て千里眼の實驗を爲さんと欲せば、先づ催眠者は眼を開きて自在に步行し談話し得て、而して催眠中の事を覺醒後に少しも知らざる程度に深く催眠し居るを要す、斯る催眠者に對して余が行ひし實驗例を次に列擧せむ。

（一）先づ余は催眠者に向つて「君は目を閉ぢて居てもよく物を見ることが出來る、此室内に掛けゐる時計の時間は今何時」と尋ねたれば、催眠者は閉目の儘「三時五十分」と答へたり、其とき眞に三時五十分なりき。

若し其場合に催眠者が直に答をなさゞる時は如何にせば可なるか、其ときは術者は再三再四其答をなす樣誘導するなり。例へば「君は目を閉ぢて居るもよく彼所に掛けゐる時計が見える、時間は今何時だかよく見える、分つたら答をする、言葉は樂に出來る」と再三再四暗示すると終にはよく答ふるものなり。

若し其答へが實際に相違し居りたる場合は如何にせば可なるか「猶よく時計を見る間違つて居りはせぬかよく見る」と念には念を推して暗示すると催眠者は更によく氣を附けて視、（閉目の儘精神にて見るなり）適中の答をなすものなり。

（三）催眠者を閉目せしめて時計の時間を當てさしたる實驗
（四）催眠者答をなさゞる場合に答をなさしむる法
（五）催眠者の答が當らざるとき當る樣にする法

（二）催眠者を閉目せしめ其上にハンケチ數枚を重ねて蓋ひ、其面前數尺を離れし處に鉛筆を手にし「之は何に」と問ひたれば「鉛筆」と答へたり。其他呼鐘、雜誌、マッチ、火箸、コップ等何にてもよく當てたり。然し催眠者によりては實物に似よりたる答をなしたるもありき、例へば鉛筆を示したる場合に「細き棒」と答ふるが如し。

（六）催眠者に別室の模樣を語らしたる實驗

又催眠者の居室と異る別室の机上に帽子一個のみを載せ置き、催眠者に向ひ「今別室の机上には何が載つて居る」と問ひたれば、催眠者は「帽子」と答へたり。其他別室にある人の擧動物品の置き工合等尋ぬるに從つて實地見たる如く適中したる答をなしたり。

（七）催眠者に箱中の文字を讀ましたる實驗

（三）狀袋の中へ（木下藤吉郎）と記せる名刺一葉を入れ嚴封の上催眠者に示し「此狀袋の中には何が這入て居る」と問ひたれば、催眠者は暫く默想して曰く「名刺が一枚入り居る」「名刺には何と記してある」催眠者曰く「木下藤吉郎」と其他種々の名刺を一枚宛厚き木箱の中、或は茶筒の中に入れて同樣に尋ねたるに多くは適中せり。又或時一枚の紙片に數個の文字を認め、其紙を十二に折りて木箱中に入れ置き其文字を讀ましめたるに違はずに讀みたることありし。

(八)催眠者に遠方の狀況を語らせたる實驗

(四)或日精神研究會の一室に於て山梨縣の○○○○の宅にては今何をして居るかを知らんと欲し、余は先づ催眠者に向つて「君は神樣であるから何事でも出來ないことはない、山梨縣の○○○○の宅の有樣を見て御知らせ下さい」「神さんだから雲に乘る、サー雲に乘る」と暗示したれば、催眠者は雲に乘りて行く姿勢をなせり。依て「爰が山梨縣の○○○○の宅だから雲より降りて宅の有樣を見て御噺下さい」と暗示したれば、催眠者は首を伸べて左右を見廻し「○○○○の宅にては今留守居の女が庭園の掃除をして居る、馬子が馬を宅前に繫いで庭園に入り女と噺をして居る、其所へ大きな犬が來た、女は犬の背を撫ぜながら庭木の噺をした、其處へ郵便配達が來た、犬が配達夫を吠えた、留守居の女が犬を叱つた、庭前に布團が乾してある、室内には茶飲茶碗が散亂して居る、掛時計は止つて動かない、床の間に蛙の置物がある、傍らに花立がある」と語れり。「其外に目に附くものは何」と尋ねたれば「南瓜が一つと火鉢と座布團とがある」と答へたり。余は早速手紙を認め貴家にては何日何時には斯々なし居らずやと問ひ合せたれば、先方にては大に驚き實地見たる如くにて寸分も違はずとの返書ありたり。

（九）催眠者に人の懷中物を當てさしたる實驗

（五）人の懷中せる品物を當てる法は千里眼の現象中最も六ケ敷し、余は屢々精神研究會の實驗會に於て此實驗を學者の淸覽に供したることあり。余は催眠者に向ひ「〇〇さん（立會人の指定せる人にして數間の遠くに居る）の懷中には何がある」と問ひたれば、催眠者は「黃色の風呂敷」包と答へたり、「黃色の風呂敷に包まれて居る物は何」「錢入、錢入の中には米國紙幣一弗が一枚、日本紙幣五圓が三枚、一圓紙幣一枚、五拾錢銀貨二枚、五錢の白銅一個、五厘錢二個、電車切符壹枚、寫眞撮影割引劵一枚」と答へたり。其人の懷中には果して黄色の風呂敷包入りあり、其風呂敷包を開き見たるに錢入包まれてあり、其錢入中には催眠者の語りし通りの品物入り居りたり。

(一)千里眼は如何なる順序に實驗すべきか

以上に述べたる千里眼の實驗一より五迄は、簡より繁に進む順序によりて記述したるものなり。故に初學者が千里眼の實驗をなさんと欲せば、先づ(一)の實驗を試み、成功せば(二)の實驗に移り(三)より(四)(五)と次第に高尚の實驗を試むるを順序とす。然るを若し其順序を誤ると實驗不成功に陷り易し。

(二)千里眼の原理

此不可思議なる千里眼の現象は如何なる原理によりて現はるゝか、此現象の事實をば一般に認むるも、其學説に至つては未だ一定せず、種々の臆説を立てり。曰く催眠者の腦髓より極く微細の光線が、發射し不透明體をも通過して影響するものに非ざるか、曰く催眠者の腦の働きによりて眞實のことが幻覺となりて現はるゝには非ざるか、曰く靈魂が肉體を離れて宇宙を遊離して實地に見聞し來るものに非ざるか等諸説紛々として歸一する處を知らざる有樣なるも、余は曾て原理篇に於て述べたる所の哲學上の一元二面論を以て解說するが比較的眞理に近いと信ずる者なり。

第八巻 治療篇上

第一章 催眠術にて治し得る疾患

第一節 催眠術と治療との關係

(一)催眠術の効用

催眠術應用の範圍は頗る廣大にして其中主なる者は催眠術の實驗によりて古來不思議とせる處の狐狗狸術、降神術、禁厭術、見神術、眞言秘密術、不動金縛術、天眼通術、火渡術、忍術、仙術及び宗教上の奇蹟等の原理を學理的に解釋することを得(拙著「驚神的大魔術」及び「宗教奇蹟研究」參照)精神の働きを客觀的に見るには之ほどよき法は他になし。其他生理學、心理學、哲學及び宗教を研究する上に於て的確なる根據を與ふる等、斯術の效用は一々枚擧に遑あらず、殊に尤も特筆大書すべき實用的の効果は治療矯癖なり。

催眠術研究の目的は人によりて異ると雖も、其多くは催眠術治療を行はんが爲めなり。依て本書の卷頭より爰迄述べたる處の幾多の議論、幾多の施法及び暗示法等は悉く催眠術治療を完全に行ふ必要條件と見做すべきものなり。換言すれば催眠術治療を行はんとするには本書全卷をよく熟讀咀嚼し全卷の記載事項を彼此應用して缺くる處なきに至り、初めて催眠術治療を完全に行ひたりと言ひ得べし。

第二節　催眠術治療にて治し得る疾患なるか否やを定むる標準

（一）催眠術治療にて治し得る疾患と治し得ざる疾患

疾患とは人體の機能が正常を失ひたるを云ふ、催眠術治療にては如何なる疾患を治し得るやに就ては、諸說紛々として歸する所を知らざる有樣なり、諸說中稍々有力なる者を擧ぐれば左の如し。

第一說は先天的疾患と後天的疾患とによりて區別する說。

第二說は機質的疾患と機能的疾患とによりて區別する說。

（二）疾患が先天的と後天的とによりて治療上に如何の差あるや

第三説は催眠感受性の高低によりて區別する説。

第四説は疾患の種類によりて區別する説。

第五説は前記四説の折衷説。

之なり、以下此五説に就きて説明し卑見を開陳せむ。

(一)先天的疾患と後天的疾患とによりて區別する説。

疾患に先天的と後天的とあり、先天的とは生れぬ前に母の胎内にあるときよりの疾患俗に云ふ遺傳病なり。後天的疾患とは生れし後に生じたる疾患なり、催眠術治療は患者の精神をして一變せしめ惹て其肉體を一變せしむる法なり。依之疾患は先天的と後天的とを問はずして治療することを得る道理にして又實驗上確に遺傳性の疾患を治し得たり。加之患者に就て何れの點が先天的にして何れの點が後天的なるかは實際に於て確實に區別することは能はず、患者自身の云ふ處、患者の父母等の語る處は只一の參考となるのみにて其云ふ所が果して疾患の原因なるか否やは研究すべき問題なり。

然れども疾患が急性なれば普通直に治することを得るも、慢性なれば治し難きを常とす。此事實は免れざるを以て先天的疾患は後天的疾患よりも比較的治すること困難なるは明なり、卽ち治療の上に難易の別は免れざるも共に治療し得ることは明白なり。故に先天的と後天的とによりて治療し得る疾患と否とを定むる絶對的の區別とするは誤りなり、只治療の難易を定むる參考とするに止むべきなり。

(三)疾患が機質的と機能的とによりて治療上に如何の差異あるや

(二)機質的疾患と機能的疾患とによりて區別する說。

疾患に機能的と機質的とあり、機能的とは肉體に變化なき精神上の疾患なり、換言すれば解剖上に於ては何等の變化なくして身體の機能が正常を失ひたるなり、例へば腦病の如き、神經衰弱の如き之れなり。機質的とは解剖上に傷害ある疾患にして、例へば肺結核の第三期の如き、硬性下疳の如き之なり。催眠術は人の精神を左右する術なり、依て精神の病氣とも云ふべき機能的疾患は治し得るも、肉體の病氣とも見るべき機質的疾患は治することを得ずとの說なり。

此說は昔時大に流行したるも、催眠術治療が段々盛んとなるに從つて機質的の疾患を確に治し得たる事實續々現はれたるを以て今は此說を主張する者殆んどなし。實驗上暗示によりて催眠者の肉體に生理上の變化を來たさしめ得ることによりても明なり。

然し催眠術治療によりて機質的疾患が治し得ることは勿論絕對的におらずして相對的なり、機質的疾患中催眠術治療のみにては不完全なるものも無論數多あり。例へば梅毒の第三期の如き、重き癌腫の如きは是非醫術治療を受くるを要す。併し梅毒の第三期又は重き癌腫の患者と雖も催眠術治療によりて其疼痛を去り疾患を苦にせざる樣にする效果あり。疼痛を去り疾患を苦にせざる樣にならば治療上既に大なる目的を達したるなり。由て如何なる機質的疾患にても醫術治療を行ふと共に催眠術治療を行はゞ全快を早むるや勿論なり。殊に醫術治療は充分に盡したるも效果が見えざる疾患には是非催眠術治療を試むべきなり。然ると意外の大效を現はしたる例尠なからざればなり。

(三)催眠感受性の高低によりて區別する說。

此說は催眠術によく感ずる性質を有する患者の疾患は容易に治することを得るも、催眠術に感じ難き性質の患者の疾患は治し難しと云ふにあり。此說にては疾患の種類は問はずして感受性の高低にのみよりて區別するなり。此說も一面に於ては眞理を包藏せり、例へば爰に强迫觀念の患者と脊髓炎の患者と二名あるとせんか、脊髓炎は脊髓に機質的の障害を來し居りて醫術治療にても殆んど治療の道なし、反之强迫觀念は肉體には何等の障害なく單に精神の障害のみなり。故に催眠術治療にては脊髓炎よりは强迫觀念の方が容易に治療し得べき筈なるに實驗上之に反對の結果を見るは抑も何故ぞや。現に余の實驗に或る强迫觀念の

(四)機質的疾患よりも機能的疾患を治するに困難なることあるは何故なるか

患者は拾數回の施術を重ねて未だ根治するに至らず、然るに梅毒に原因せる脊髓炎にて半身不隨となれる患者が僅か三回の施術によりて全治したることあり、斯る實例は枚擧に遑なし。催眠術治療の適應症としては普通脊髓炎よりは强迫觀念を推さざればならず、然るに强迫觀念は容易に治せずして脊髓炎が容易に治したるは何故なるか、之れ即ち其患者の感受性の强弱によりて別るるなり。感受性が高ければ機質的の重症も即座に治し、感受性が低ければ機能的の輕症も容易に治せず、依之催眠術治療に不適當の病症と思はるゝ肉體に變化ある疾患にても、其患者の感受性が高ければ容易に全治す。故に催眠術治療によりて治し得る疾患なるか否やは疾患の種類及び輕重によりて區別せずして、患者の感受性の高低によつて區別すべきものなりと云ふにあり、余は此説は絕對的には不贊成なるも相對的には贊成なり。

(四)疾患の種類によりて區別する說。

此說は從來諸大家が催眠術治療を行ひ確に治し得たる疾患の種類を羅列し、之れ是れの疾患は治し得ると主張する說なり。此說に基き催眠術治療家として名高き人々が治し得たる疾患を擧ぐれば左の如し。

(五)ベルンハイム氏が治し得たる疾患

(イ)ベルンハイム氏が催眠術治療によりて治し得たる疾患中、最なるものを抄出すれば左の如し。

腦溢血、半身不隨、半身感覺脫失、顫動痙攣、腦脊髓病、尺骨神經炎、外傷性癲癇、僂麻質斯、半身麻痺、慢性僂麻質斯性脊髓炎、多發性腦脊髓硬變、膊神經叢神經障礙、上肢外傷性麻痺、鉛中毒に起因せる上肢の麻痺及び感覺脫失、男子の歇私的里性癲癇、神經性失音症、意志沈降、頭痛、不眠症、神經性胃症、神經性疼痛、右脚の弛緩及びダルキ感覺、右脚の疼痛、食慾缺乏、思考困難、怠惰、不柔順、舞踏病、書痙、夜中睡遊、尿失禁、酒精中毒による胃炎、慢性胃炎、胃擴張、嘔吐、身體各所の疼痛、麻痺、神經痛、月經不順、月經遲滯、月經過多。

(六)リンギエール氏が治し得たる疾

(ロ)リンギエール氏が催眠術治療に依りて治し得たる疾患は左の如し。

（七）チコベンベルグ氏が治し得たる疾患

（八）ウエッテルストランド氏が治し得たる疾患

（九）フォーレル氏が治し得たる疾患

神經病、神經痛、不眠症、一般の腦神經症、僂痲質斯、中毒症。

（八）チコベンベルグ氏が月經の疾患に關して催眠術治療を行ひ治し得たる者は次の如し。

月經不調、月經過多、月經困難。

（ニ）ウエッテルストランド氏が諸種の中毒病に就て治し得たる者は次の如し。

莫爾比涅中毒、酒精中毒、古加乙涅中毒、阿片中毒、格魯兒中毒。

（ホ）フォーレル氏が治し得たる疾患は次の如し。

自發性睡遊、諸種の疼痛、頭痛、神經痛、座骨神經痛、齒痛（但し膿瘡に基かざるもの）不眠、趁跛及び筋肉强直、萎黄病（此れには極めて效驗あり）、月經不順、食慾缺乏、諸種の神經性消化不良、大便秘結、下痢（但し加答兒及び醱酵に基かざるものに限る）精神的陰萎、遺精、手婬、反性色情（及び此類のもの）、アルコホール中毒、モルフイネ中毒、慢性の筋肉及び關節リユーマチス、神經衰弱性疾患、神經性視力障害、眼瞼痙攣、小兒の夜泣き、嘔氣及び船暈、妊婦嘔吐、寢小便、舞踏病、神經性咳嗽、諸種のヒステリー性障害、諸種の歇斯的里癲癇性發作、知覺脫失、諸種の惡習。

(へ)余が催眠術治療によりて治し得たる者の中、確實に同種の疾患につき拾名以上治し得たるものゝみを左に擧げん。

(一〇)鐵石が治し得たる疾患

腦病、脊髓病　腦貧血、腦充血、頭痛、頭重、眩暈、耳鳴、重聽、脊柱彎曲症、脊髓炎。

神經病　諸種の神經痛、神經性の諸症、振顫、痲痺、諸種の疝痛、齒痛、神經衰弱、歇私的里、依卜昆埵里、不眠症、舞踏病、鬱憂症、多汗症、書痙、半身不隨、關節强直、吃逆、知覺異常、僂痲質斯、脚氣、癲癇、神經性痙攣。

精神病　誇大妄想狂、被害妄想狂。

胃腸病　食慾不振、胃痙攣、胃擴張、腸胃加答兒、便秘、嘔吐。

呼吸器病　呼吸困難、喘息、咽喉加答兒、喉頭痲痺。

眼病　眼瞼痙攣、眼筋痙攣、眼精疲勞、結膜充血、色盲、夜盲症、近視、遠視、斜視。

泌尿生殖器病　膀胱加答兒、膀胱痙攣、子宮病、白帶下、膣痙攣、子宮痙攣、月經異常、妊娠嘔吐、常習性流產、分娩苦痛、不妊症、早漏、陰萎、遺精。

全身病　諸種の貧血、諸種の慢性中毒。

惡癖　吃音、遺尿、鬪齒、寢語、魔夢、小膽、强迫觀念、記憶減弱、船車暈、赤面癖、座睡癖、飮酒癖、喫煙癖、阿片嗜癖、潔癖、倦怠癖、毛嫌癖、交際下手癖、父兄不尊癖、意志不述癖。

前記の外治し得たる疾患數多あるも一種の疾患につき拾名以下のものは省きて掲げず。

前記諸氏の成績表が皆一致せざるは施術したる患者の種類と人數とが異れる故なりと思ふ、故に前記の疾患に限りて治し得るも、其他の疾患は治し得ざるとするは誤なり。

催眠術治療に就て余は正確なる實驗成績を作らんと欲したるも、意の儘ならざること數多あり、夫れは催眠術にて治するか治せざるか、總ての疾患に就て試み度くも患者が催眠術にて治すると思ふ疾患に罹りたる者か、然らざれば醫術治療を受けたるも寸效なくして如何ともすべからざる者が、初めて催眠術治療を受くるのみなるを以てなり。而して患者中今少し施術を受くると充分に治する見込あるものも、患者自分の考へにて受術を中止するものあり、爲に充分の效果を擧げ得ずして終るものあり。又確に全治しても其事を報告せざるものあり、由て充分に正確なる成績表を作ることを得ず、大要を擧げしに過ぎざるものと知るべし。

(五)上擧四説の折衷説。

(二)催眠術にて治する疾患なるや否やを定むる五大條件

上擧四説中孰れの説が正當なるか、思ふに各説皆多少の眞理を藏せることを認む、由之余は其各説の長所を採りて彼此折衷したる一説を建つることが最も肯綮に當れりと信ず。

例へば爰に一患者あり、其疾患が催眠術によりて治するか否やを決定せんと欲せば先づ其患者の疾患は、

(イ)先天的なるか後天的なるかを察し、先天的なれば後天的よりは治するに困難なるも共に治し得と判じ。

(ロ)次に其疾患は機質的なるか機能的なるかを定め、機能的なれば機質的よりは治するに容易なるも共に治することを得と判ず。併し爰に機能的及び機質的の疾患をも共に治することを得と云ふは勿論絶對的にあらずして相對的なり。何者機能的疾患なりと雖も或る種の精神病者は全く催眠術治療の道なし、又機質的疾患中肺結核の第三期の如きは全く催眠術治療の道なければなり。

(ハ)次に患者の催眠感受性が高きか低きかを檢し、高ければ低きものより治すること容易なりと斷ず。然し感受性低きものと雖も治するに困難なりと云ふに止まりて絶對的に治することを得ざると云ふにあらず。

(ニ)次に患者の疾患と同様の患者を曾て催眠術治療にて治し得たることあるか否かを檢し、曾て治し得たることある疾患なれば確に治すと斷定するなり。併し今迄に催眠術治療にて治したることなき疾患と雖も容易に治して記錄を破ること敢て珍しからず。如斯余は前記の四說を折衷し以て治し得る疾患なるか否かを定めんと欲するものなり、卽ち前記四個の條件を如何樣に具備するかによりて判定するなり。例へば患者の疾患は後天的にして機能的で曾て治し得たることある疾患で、且患者は感受性高きときは治し得る條件悉く具備せるを以て確に容易に治し得と斷定し。之に反して患者は感受性低く曾て治し得たることなき疾患に罹り、其疾患は先天的にして機質的なれば治し難き條件悉く具備せるを以て治することと困難なりと斷定するなり。尙正確に患者の疾患が治するか否かの判定を下すには後に述ぶる檢診法を應用して以て診斷するなり。

（三）疾患の如何を問はず施術すべき場合

催眠術治療を受けて萬一無效に終ることあるも有害の結果を來すことは斷じてなきを以て安全なり。學理上實驗上斯る疾患が催眠術治療によりて治するとは思へざるに、意外にも忽然治したる實例に乏しからず。故に催眠術治療以外の治療法は悉く行ひ盡したるも治せず、終生病人で終る外道なしといふ患者に對しては其疾患の種類如何を問はず催眠術治療を試むべきなり。 現に余の實驗に次の如きことありたり。

(三)食道狹窄病全治の實驗

五十七歳の老人食道狹窄病に罹り、專門の博士に就て治療を受くること數ヶ月なるも毫も快方に赴かず、却て益々病勢募りて最早流動物さへも咽喉を通ぜざるに至り唯死を待つのみなり。 故に諦めの爲め余の治療を受くることとなり、余が其患者に施術すること唯一回にして流動物は樂に咽喉を通過し、二回の施術にてカステラを食し、三回の施術にて粥を食し、四回の施術にてパンを食することを得、五回の施術にて米飯を食することを得、爾後數回の施術にて全く健全體となりて、今尚大に實業界に活動しつゝあり。

(四)化膿性膝關節炎全治の實驗

二十四歳の婦人化膿性膝關節炎に罹り、兩下肢强直して患部腫起し、疼痛甚だし、大醫に就き醫術療法を爲すこと久しと雖も寸效なく、終生不治と斷念したるも、念の爲めに余に施術を乞へり。余が其患者に施術すること一回にして大に輕快せり、由て爾後六回施術せしに全く健康に復せり。如斯催眠術以外の治療は行ひ盡したるも治せざる患者に對して施術し、意外なる大效を奏して全治したる實例は一々枚擧に遑あらず、之れ眞の事實なり。由て醫術治療を行ひ盡して治せざる患者に對しては如何に大なる解剖的の傷害ある患者と雖も施術を試むべきなり。勿論此場合に必ず治すると斷言して施術するは僭越なり、治するか治せざるか疑問なるも試に施術して上げると斷りて而して後に着手するを要す。

(五)催眠術治療の大特色

若し施術したるに治せざるとて害となることは絶對になきを以て安心なり。殊に催眠術治療にては如何なる患者に對しても次の如き利あり、患者中疾患其者は左程にあらざるも其疾患を苦にして精神を苦しむる結果、益々疾患を重からしむるものあり。病氣其者の苦悶よりは疾患を苦にする即ち神經を病む其苦悶の方が大なるものあり、疾患は十に對する二三位なるを四十も五十もある如く心配し苦惱し、其心配苦惱の爲めに益々大病人となるものあり。然るに催眠術治療の大特色として屢々述べし如く患者の精神を轉換し慰安を與へ疾患を苦にせざる樣にすることを得。患者にして疾患を苦にせず安心することを得ば其幸福幾何ぞや。

(六)何病は何回の施術にて全治するや

催眠術治療に依れば普通何病は何回の施術にて全治するやと尋ぬる者多し、然れども其患者を實地檢診せずして唯何病とのみ聞きし丈にて直ちに何回にて治すると斷言することは無責任の言たる誣を免れず。同じ程度の神經衰弱患者であり乍ら唯一回の施術にて根治するものあり、數十回の施術を重ねて尙治せざる者あり、其原因の多くは其患者の感受性の高低によりて別るゝなり。故に此疾患は何回の施術にて全治するかを確定するには、患者に就きて檢診するを要す、單に何病に罹り如何樣の容態なりと聴きし丈にて何回の施術にて治すると云ふは大凡の見込を述ぶるに過ぎず。諸種の疾患に罹れる患者中一回の施術にて全治したる者あるも普通六回乃至九回位施術して根治せしめたるもの多し、稀には四十回五十回乃至百回二百回の施術を重ねて初めて全治したるものあり。患者中術者の意見を聴かずして單に自分考へにて施術を受くることを突然廢める者あり、爲めに折角現るべき施術の效を無にする者あり、甚だ嘆ずべきことなり。卽ち六回施術を受くれば全治すべき患者四回施術を受けしのみにて廢める者あり、又三回引き續き施術を受くれば全治すべき患者一回施術を受けしのみにて廢め以て施術の效を完からしめざる者あり。一回施術を受くれば一回丈の效は確にあるも全治せざる中に施術を受くることを廢め治療の效を完からしめずして終るは甚だ遺憾なり。

藥物療法を受くるときは一ヶ月二ヶ月乃至一年二年に渉ることあるも

敢て不思議と思はず、重病故癒り難しと思ひ居る。然るに獨り催眠術治療にては一二回も施術を受けて全治せざるときは治療の效なきものと早合點して受術を廢め、施術の效を無にするものあり。依之必要なる回數丈受術せずして中途にて廢むる位なら寧ろ少しも受術せざる方得策なることを患者に說明して首肯せしむること必要なり。

第二章　治療暗示に就き注意すべき點

（一）治療の暗示は實驗の暗示より如何に代ゆべきか

（一）治療の暗示と實驗の暗示とは異にせざればならざる理由。凡そ何事と雖も其目的異れば從て其手段を異にせざるを得ず、催眠術の施法も其目的が實驗なると治療なるとによりて異る如く、暗示も又其目的が治療なると實驗なるとによりて異らざるを得ず。治療の場合に於ては被術者は患者なるを以て、感應の程度を試驗する暗示は勉めて避くるを要す、被術者健者なる場合は研究の爲に奇矯なる暗示をなし、感應せしむるも敢て不可なかるべしと雖も、身體衰弱せる患者に對しては斯る暗示は堅く避くべし、身體衰弱せざる患者と雖も治療が目的なる場合は治療に必要ならざる暗示は避けざる可らず。依之被術者健者なると患者なるとによりて暗示の形式及び内容に就き大に斟酌を要す、催眠術治療が效を奏すると否とは暗示が宜敷を得たるか否やにあり、之れ余が曩に暗示に就ては詳述したるにも拘はらず、爰に又治療を目的とする暗示に就て更に注意すべき事項を述べんと欲する所以なり。

(二)治療暗示に十大形式ありと云ふが何々なるや

(二)治療暗示の十大形式。

實驗の暗示は感應せしめて奇現象を呈せしむるも其現象は一時的にして永遠に繼續せしむる必要なし。然るに治療の暗示は感應せしめて疾患なり惡癖なりをして消滅せしめ、其消滅をして永く繼續せしむる必要あり、斯の如く一は一時的にして他は永遠的なるの差あり、治療の暗示は最もよく感應せしめ疾患をして再發することなからしむるを要す。依て治療暗示の目的を完全に達せんには種々の形式による暗示を併用するを可とす、暗示には如何なる形式あるか、其中の尤もなるものを大別して十種とす卽ち左表の如し。

治療暗示の十大形式
- 類似法
- 心力法
- 口頭法
- 合圖法
- 氣合法
- 觸手法
- 波金法
- 音樂法
- 發聲法
- 變換法

(三)類似法とは何ぞや

(イ)類似法　此法は或る暗示を感應せしめ、其暗示と類似せる暗示故又よく感應すると觀念せしむる法なり。卽ち聯想作用の應用なり、例へば左手が不隨の患者ありとせば、其患者の右手をして暗示により隨意不隨意自由になし「私の云ふ通りに右手が隨意不隨意自由となる如く左手の不隨は取れて自由となる」と暗示し、右手が暗示の通りに隨意不隨意自由になりし如く左手の不隨は確かに除かれて自由に動くと確く觀念せしむ、然ると其觀念の通りに左手は自由に動くなり。又頭痛と腹痛と齒痛と吃音との四ヶの症候に惱める患者あり、第一回の施術にて齒痛は全治したるも他の三症候は依然たる場合に第二回目の施術に於いて「第一回の施術によりて齒痛が治したる如く今回の施術にて頭痛も腹痛も吃音も悉く治する」と暗示し、第一回目の施術に於ける暗示の感應と第二回目の施術に於ける暗示の感應と類似すると觀念せしめ、以てよく暗示を感應せしむるなり。

類似法上より見れば暗示には最も注意を拂はざればならず、卽ち「手は堅

(四)心力法とは何ぞや

く胸に附て離れぬ」と暗示したるに其手は少しも胸につかざりしとか「深く眠つたから何の音も聞えぬ」と暗示したるに患者は少しも眠つたとは思はず何も蚊もよく聞えて居つた、と云ふ如きことあらば病氣は癒つたと暗示するも、手が堅く附いて離れぬと暗示したるに少しも附かず、故に病氣は癒らぬと觀念す、深く眠つて何にも聞えぬと暗示したるも、少しも眠れず何も蚊もよく聞えて居る故病氣は治したと暗示されたるも治せずと觀念す、斯く觀念すると觀念通りに治せざることとなる。依之暗示は最も愼重を要して、輕微なる暗示と雖も不感に終らしむることなき樣に注意すべきなり。

(ロ)心力法　此法は術者が心力を凝して患者に感應せしめ以て疾患を治するなり、卽ち精神的暗示なり總ての暗示は悉く心力が凝りて成れるものならざるべからず。然し爰に云ふ場合は何等有形的の行爲を爲さずして單に心力のみを以てするなり、卽ち術者は患者の「痛みは取れた」「疾患は癒つた」と強烈に心力を凝すなり、然ると心力を凝したる通りに感應して治するなり。

（五）口頭法とは何ぞや

（ハ）口頭法　此法は普通に行ふ處の言語を以てする暗示なり、説明する迄もなく口頭にて「痛みは取れた」「健康となつた」と暗示する類なり。

（六）合圖法とは何ぞや

（ニ）合圖法　此法は合圖を以て暗示とするなり、例へば「今私が一より五迄數を算ふる、其五と云ふときに君の病氣は取れる」と豫告的暗示をなし置き、而して後に下腹部より心力を凝めたる莊嚴の口調にて「一……二……三……四……五」と言ふなり、然ると其五と云ふと共に眞に病氣は取れるなり。此數算に代へて「拍手を三つすると君の病氣は取れる」と豫告的暗示をなし置きて後に拍手を三つするも可なり。

（七）氣合法とは何ぞや

（ホ）氣合法　此法は氣合を暗示とするなり「私が今大聲にてヱイッと云ふと君の病氣は取れる」と豫告的暗示をなし置き、術者は直立し姿勢を正して下腹部より大山をも覆すばかりの力ある語を以て、ヱイッと一聲叫ぶなり。　然ると其暗示通りに病氣は取れるなり、一聲にて不充分なる場合は再三一聲宛エイッと叫び、又は一聲二聲三聲を連續して與ふるもよし。亦は豫告的暗示をなさずして突然にエイッと叫ぶも可なり。

（八）觸手法とは何ぞや

（ヘ）觸手法　此法は患者の身體に手を觸れて行ふ暗示なり、例へば頭痛に惱む患者の局所に術者の手を當て少し壓迫し微動を與へて電氣が感ぜし如くなすと、頭痛は不思議に消失するものなり。　又便秘に苦しむ患者の下腹部に手を當て少しく壓しては弛め、又壓しては弛め、人工的に腸の蠕動を助けると腸の蠕動は活潑となりて便祕は治するものなり。　殊に手足不隨の患者に暗示する場合に、術者が其不隨の手足を持ちて動かすとよし、足が強直して屈せず手が屈曲して伸びざる患者の手足を持ちて人工的に伸ばしたり屈めたりするとよし。

（九）波金法とは何ぞや

（ト）波金法　此法は原名バーキンスと稱する軍扇形なる金屬の小板を以て、患部を輪狀或は直狀に輕擦し、又は其患部に當て靜止し或は微動するなり、然ると不思議に痛みは消失するものなり。例へば頭部に充血して痛む患者には其處に波金斯を當て居ると、其充血は散じて清潔の血液がよく循流して頭部は爽快となるものなり。又脚氣にて足が痲痺せる患者に對しては其痲痺せる處に波金斯を當て居ると、其處によき血液が循流して其痲痺は取れるものなり。

(一〇)音樂法とは何ぞや

(チ)音樂法　此法は音樂を以て暗示とするなり、患者の妄想を拂ひ精神を鎭めさせんとして靜穩律を奏し、苦痛を愉快に悲觀を樂觀に轉換せしめんが爲めに興奮律を奏する如き之なり。例へば腹痛に苦しむ患者に對して「私が今歌を謠ふ其歌を聽くと愉快になつて腹痛は消える」と豫告し置き、快感を起す唱歌を歌ふ如き之なり。又神經衰弱にて心配すべからざることを心配して心を苦しめつゝある患者に向ひて「私が今ヴァイオリンを奏する、其音を聽くと心身は爽快となつて心配事は皆忘れて愉快なる心を樂ましむることのみ思ひ出す」と豫告し置きヴァイオリンを執つて心を樂ましむる愉快の曲を奏する如き之なり、然ると其豫告の通りに感應するものなり。

(二)發聲法とは何ぞや

(リ)發聲法　此法は術者の命令通りに患者に聲を發せしめて暗示とする法なり。此法を完全に行ふには患者は眠遊狀態に進み居るを要す、然し止動狀態又は恍惚狀態にても變則として患者によりては此法を行ふ事を得。例へば足の痛みを除去せんと欲せば、患者に向ひて「足の痛みは取れたと心力を凝めて三回云ふ」と暗示し、患者に「足の痛みは取れた」「足の痛みは取れた」と三回云はするなり。又心配事を忘れさせんが爲に「都々逸を三つ謠ふ然うすると心配事は皆消えて仕舞ふ」と暗示し、患者に都々逸を三回謠はしむるが如き之なり。

(三)變換法とは何ぞや

(ヌ)變換法　此法は人格變換を應用して治療の暗示を行ふなり、人格が變換する程度に催眠すれば、其患者の疾患は必ず誓て全治せしむることを得。然し患者にして人格が變換する程度に催眠が進む者は十に對する四乃至五位の割合なるを以て、殘る五乃至六の患者に對しては、此法を應用すること能はざる憾みあり。

此法を行ふには先づ爰に悲觀せる患者ありとせんか、其患者を樂觀者に人格を變へるなり。然ると悲觀せる患者は樂觀せる健者の人格と一變す、時に「見る者聽く者皆悉く愉快に感ず嗚呼愉快である、覺醒して元の○○君に人格が轉換すると尙一層愉快の人となつて居る」と暗示するなり。然ると全く理想の通りに悲觀者をして、樂觀者に變らしむる事を得。此例を應用して諸種の疾患を治するなり。

以上に擧げたる十ヶの暗示形式中其一を行ふのみにて充分に治療の效あるも、其中の或る二種又は三種四種或は十種を悉く併用して行ふと最もよし。此十ヶの暗示形式中口頭法は患者が聾者に非ざる限りは必ず行ふ法なり、然し口頭法以外の暗示形式は行ふべき場合と否とあり、其事は患者の性質と疾患の輕重とによりて斟酌するなり。例へば患者の性質によりて氣合法の適するものあり然らざるものあり、觸手法の適するものあり然らざるものあり。又催眠程度の深淺によりて發聲法及び變換法は行はれざる場合あり、如何なる患者には如何の形式が適するかを知ることは最も必要なり、其適否は如何にすれば知ることを得るか、術者は常に爰に注意して患者の樣子を見、又は施術後に暗示に對する心持如何を尋ねて知るなり、而して十種の暗示形式中最も其患者に適合する形式を行ふなり。

(三)絶對法とは何ぞや

既述せる十種の暗示形式を悉く完全に幾回ともなく繰り返して與へたるも暗示はよく感應せず、卽ち治療の效を完全に擧げ得ざりし場合あらば如何。其時には最後の手段を探るなり、最後の手段とは何ぞや、絶對法を行ふなり、如何に感應の鈍き者と雖も絶對法には感應せざるを得ず、然らば初めより絶對法を行はゞ可ならんと思ふものあるやも知れざるも、其は絶對法の性質を知らざる故なり。絶對法は他の暗示形式を悉く行ひ盡して絶對法に依る外、道なき場合に限りて初めて行ふべき法なり。然らば絶對法とは如何なる暗示なるか、此暗示は非常に感應鈍き者に對して萬止むを得ず用ゆべき者にして濫用すると非常の弊害あり、從て此法を猥に人に噺すことは公安上害なしとせず。故に此法の如何は爰に之を述べず、余に就き實地に深く催眠術を研究する人にして、猥に行はぬとの誓約をなしたる者に限り始めて此法を直接口授することあるべし。

(三)治療の暗示は病症に適合するを要する所以。

何故に治療の暗示は患者の病症に適合せざればならざるか、治療の暗示にして患者の病症に適合せざるときは、其患者の疾患を治すること能はざればなり。先づ疾患の原因を除去し現在の苦痛を除き、將來健全で居る樣に暗示するを本則とす、例へば爰に失戀の極煩悶に煩悶を重ねてヒステリーに陷り手足不隨となれる患者ありとせんか「彼の男のことは皆忘れて少しも思はぬ、何事でも皆思ふ通りになる」(原因除去)「由て愉快だ」(煩

(四)疾患の原因除去の暗示例

（五）現在症除去の暗示例

（六）將來健康の暗示例

（七）原因不明なる疾患を治する暗示例

（八）醫學を知らざる者が行ふ治療の暗示例

悶の消失）「病氣は癒つた健康だ」（ヒステリー治療）「健康だから手足は意の儘に動く」（手足不隨の除去）「覺醒後は益々健全無病となる」（疾患再發の防止）と暗示するなり。此暗示例を何病に對しても準用して行ふなり。

然し醫學の素要なくして醫學上に關することにて不明なる點に就ては暗示を避け、單に對症療法卽ち頭痛患者に對しては「頭痛は取れた」と暗示し、耳鳴患者に對しては「耳鳴はせない」と暗示すれば其暗示の通りとなるものなり。治療の目的は患者の訴ふる苦痛を除去することが主なり、苦痛を除き得れば既に治療の目的は或る度まで達せられたるものなり。去り乍ら治療の暗示を患者の病症に適合する樣に完全に與へんとするには、醫學の一斑に通じて病症の原因及び其性質を明知し、生理解剖に照し心理病理に鑑みて暗示せざる可らず。

（四）疾患により異る觸手暗示法。

治療の暗示形式中、類似法心力法及び口頭法は如何なる疾患に與ふるも

（二九）大概の疾患に對して一樣に與ふることを得る觸手暗示點

毫も害なしと雖も、觸手法及び波金法は疾患によりては與ふることを得ざる場合なきに非ず。即ち或る種類の疾患は其局部に少し強く手又は波金斯を觸るゝと害ある場合あり、而し大概の疾患に對して極めて輕く頭部を撫づる事は害なくして利あり。催眠術治療は精神の働きを能くする法なり、精神の働きは即ち頭腦の働きなるを以て其頭腦の働きをよくせんとして頭部を輕擦するは可なり。合圖法及び氣合法は疾患の輕重よりは患者の精神狀態の如何によりて斟酌するなり。總て疾患が重ければ重きに從ひて身體に強く觸るゝことを避け言語も低く柔くするを可とす、而して患者の訴ふる患部に觸手法又は波金法を行ふを普通とす、故に患者の患部の位置をよく聞診し之を記憶し置きて其處に觸手法又は波金法を行ふなり。併し單に患者の訴ふる患部のみに觸手法又は波金法を行ふに止めずして病症によりて各々其觸るべき局所あり、即ち何何の疾患には何處に觸れべきか、疾患が異るに從て其觸るゝ場所を異に

（三）腦病、頭痛、頭重、眩暈、耳鳴、重聽、神經衰弱、不眠、歇私的里に對して觸手暗示の點

せざるべからず、其觸るゝ場所は解剖生理及び病理の學理に基き、且つ幾多の實驗に鑑みて定むるなり。余が多年研究の結果何種の疾患には何處に觸れべきかを定めて試みたるに、實に不思議によく治癒せり、圖解を以て主なる疾患に就きて其局所を示さん。

(イ)腦病、頭痛、頭重、眩暈、耳鳴、重聽、神經衰弱、不眠、歇私的里。

此等の疾患に對しては前額(い)頂部(り)(頸椎神經)兩顳顬部(ろ)兩耳後部(へ)(延髓)反對側の頸部(ち)之なり。例へば爰に頭痛に惱む患者ありとせんか、術者が其患者を催眠せしめ、而して暗示するに「清潔の血液が頭をよく循環する、從て頭痛は取れて頭は爽快となつた」と口頭暗示をなしつゝ、兩顳顬部に兩手の先を各々輕く觸れて、少しく壓迫しては弛め、又壓迫しては又弛めつゝ電氣が感ずる如く微動を與ふること數回、次に兩耳後部へ兩手の先を各々觸れ、又壓迫しては弛めつゝ電氣が感ずる如く微動を與へ、又反對側の頸部に兩手の先を各々觸れて壓迫したり弛めたりしつゝ微動

することと數回、又前額と頂部とへ手を當て壓迫しつゝ微動し「頭痛は取れた」と暗示するなり。此手を觸るゝに代へてバーキンスを以てせば、尚一層效果著し、以下皆此例によるものと知るべし。

(ロ)脊髓諸病卽ち脊髓膜炎、脊髓炎、脊髓癆、脊髓膜出血、脊髓性出血、脊髓性神經衰弱。

の諸症には背部(ふ)腰部(お)

(ハ)諸種の神經筋肉の痲痺、痙攣、神經痛、僂痲質斯、脚氣。

(1)患部面部なるときは頸部(ち)(り)(頸椎神經)面部(は)(顏面神經幹)

(2)患部上肢なるときは頸部(ほ)(膊神經叢)上肢(ぬ)(る)(正中神經幹)(お)(わ)(尺骨神經幹(か)(撓骨神經幹)

(3)患部下肢なるときは腰部(お)(腰椎)下肢(く)(座骨神經幹)(や)(腓骨神經幹)

(4)患部胸部なるときは、背部(の)(脊椎神經)

(5)患部背部と腹部なれば、腰部(お)(腰椎)背部(ふ)(背椎神經)

(三)脊髓諸病に就ての觸手暗示點

(三)諸種の神經筋肉の痲痺、痙攣、神經痛、僂痲質斯脚氣に就ての觸手暗示點

第十七圖

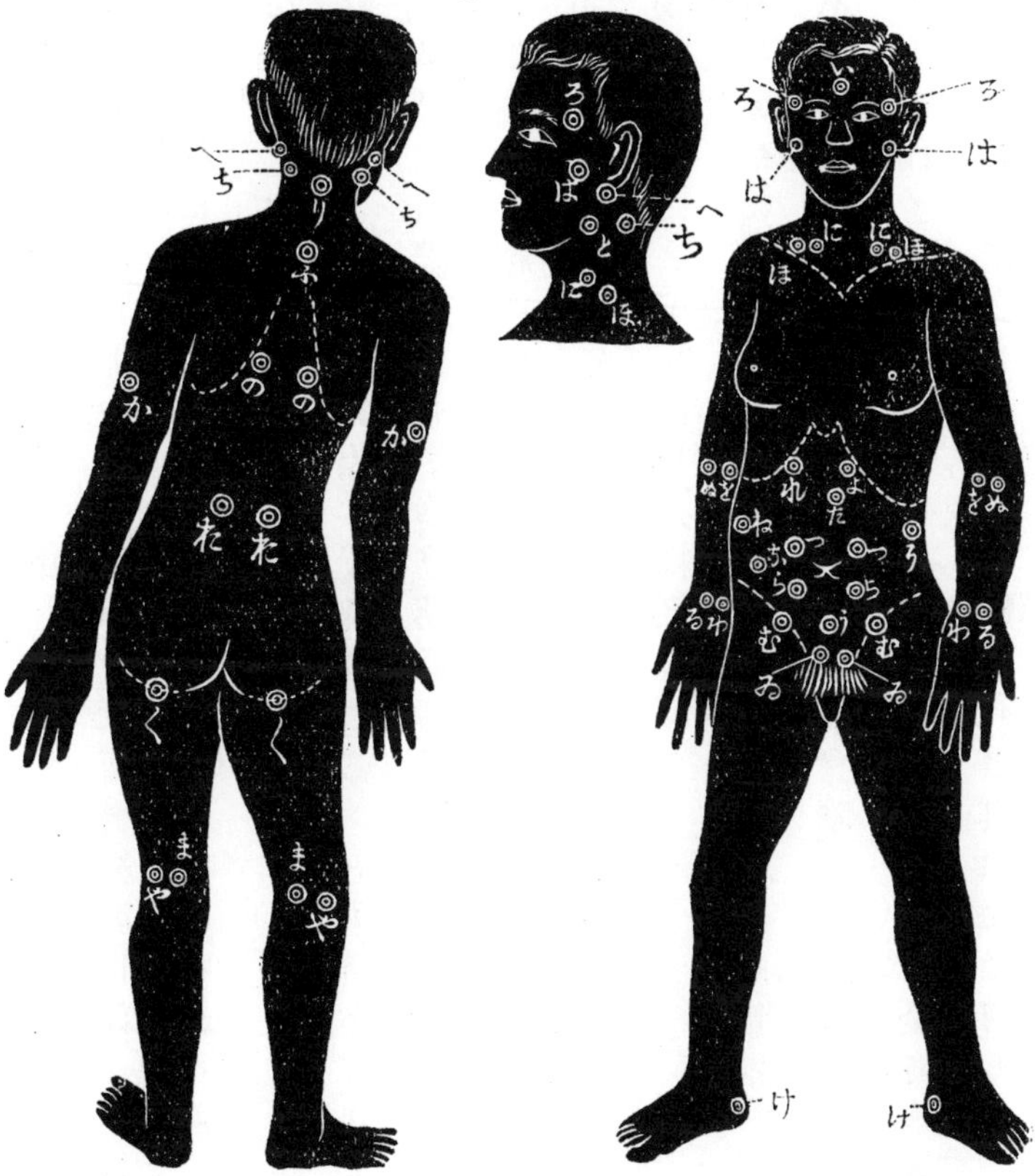

暗示するに疾患の異るによりて患者の身體に觸るゝ場所を異にす其場所を示したる者なり

顏面	い ろ は	前額　顳顬部　顏面神經幹
頸部	に ほ へ と ち り	横隔膜神經幹　膊神經叢　延髓　交感神經節　頸椎神經
腹部	ふ た れ つ そ ね ら な む う ゐ	胃　肝　腸　子宮　股神經　膀胱　外精系神經
上肢	ぬ る を わ か	正中神經幹　尺骨神經幹　撓骨神經幹
背部	ふ の お	脊椎神經　腰椎
下肢	く や ま け	座骨神經幹　腓骨神經幹　脛骨神經幹

（三）胃腸病、糖尿病及び便秘に就ての觸手暗示點

（四）陰萎、夢精遺精、早漏睪丸炎、子宮病に就ての觸手暗示點

（ニ）諸種の胃腸病、糖尿病、便秘。

(1) 胃腸病には腰部(お)(腰椎)頸部(と)(交感神經節)腹部(よ)(た)(胃)(れ)(肝

(2) 糖尿病には兩耳後部(へ)(延髓)腰部(お)(腰椎)肝臟部(れ)肝

(3) 便秘には腰部(お)(腰椎)下腹部(な)(ね)(つ)(そ)(腸)

注意、腹膜炎、胃潰瘍、胃癌の局部に觸るゝと大害あり、決して觸るべからず。

（ホ）泌尿生殖器病、卽ち陰萎、夢精、遺精、早漏、睪丸炎、子宮病。

(1) 陰萎には腰部(お)(腰椎)會陰(肛門と陰莖との間)龜頭頸。

(2) 夢精、遺精、早漏には會陰、下腹部(ゐ)(外精系神經)腰部(お)(腰椎)龜頭頸。

(3) 睪丸炎には下腹部(ゐ)(外精系神經)

(4) 子宮病には下腹部(ゐ)(外精系神經)會陰、腰部(お)(腰椎)

患者の承諾を經し上にあらざれば、會陰、龜頭頸等には衣服の上よりなりとも觸れざるをよしとす。其他呼吸器病及び全身病等に就ては患者が單に苦悶を訴ふる處に輕く觸るれば其れにて可なり。

（五）患部數ある患者に對する暗示法

（三）患部數ある患者に與ふる暗示法

一人の患者にして疾患一個にて患部一ヶ所なるときは治療の暗示をなすに其患部が治する暗示をなせば卽ち足る、然し一人の患者にして數多の疾患に罹り、患部數多あるときは患者の感受性の工合と疾患の如何とによりては數多の疾患に就き總括的に全治又は輕快の暗示をなし、或は部分的に其中の或る二三の疾患のみに就て治療の暗示をなし、其他は次回の施術に於て暗示するなり。例へば一人にて僂麻質斯、淋病、胃病、腦病、神經衰弱、吃音及び遺尿に罹り、僂麻質斯にて兩手が痛み、淋病にて排尿に苦しみ、胃病にて腹痛がし、腦病にて頭痛がし、神經衰弱にて强迫觀念が起き、吃音で言語が澁る、其上に遺尿にて苦しむと假定せんか、卽ち一人にして一時に七種の疾患に襲はれたる患者ありとせんに、其患者の感受性高きときは總括的に病氣は悉く治つた病氣は輕くなつたと暗示する丈にて其通に感應する場合あり。併し患者の感受性が不充分なるときは其

（𠀋六）數十回の施術を要する患者に與ふる暗示法

悉くの疾患を一々擧げ「癒つた」「癒つた」と暗示するも斯く多くの患部を悉く一回の施術にて全治せしむることは至難なり。由て此場合には其中の尤も苦痛多き症候或は數多の疾患を惹起するに至りし原因と思はるゝ症候を主として消滅せしむる暗示をなして一回の施術を終り、次回の施術にて又別の症候を主として消滅せしむる暗示をなし、如斯順次悉くの症候を消滅せしむる暗示をなすとよし。

治療暗示は本則としては「癒つた」「痛みは取れた」と現在的確定的に與ふべきものなり、而し患部數多あり又は疾患重くして斯く暗示するも暗示の通りとならざること明なるものに對しては、疾患中の或る症候が或程度まで治したと暗示するなり。又或る場合には「病氣は治することに決まつた」「安心だ」と暗示し病氣は治すると云ふ確信と安心とを與ふるに止まる場合もなきにあらず。

凡そ如何なる疾患に罹るも症候が一つしかなしと云ふことは甚だ稀な

り、大概疾患は一個にても症候は數多現はるゝものなり。例へば一個の神經衰弱にして記憶が減じたり、頭がぼんやりしたり、物事に驚き易くなりたり、心配せでもよいことを心配したりするものあるが如し。而し此場合は一個の神經衰弱症より生じたる症候なるを以て、一回の施術にて悉くの症候が消える樣に暗示するを普通とす。要は患者の感受性と疾患の難易とによりて臨機應變の處置を採るなり。

（三）如何なる患者にも與ふるを要する七大暗示

（六）如何なる患者にも與ふるを可とする暗示。

治療の暗示は患者の症候に適合するを要するを以て、患者が異れば疾患同一にても暗示の内容を異にするを本則とす。然し爰にては如何なる疾患に惱める患者に對しても一樣に與ふるを可とする暗示を述べんとす。即ち其暗示は左の如し。

「病氣は確に癒ることゝ決まつた」

「身體中何處にも惡い處はない」

「胃腸はよく働くから食物は進む」

「夜床に就くと直ぐ眠れ、朝迄夢を見ずに確く眠るゝ」

「精神は强固にして動かぬ、善い事は屹度行ひ惡い事は斷然せない」

「私の施術で癒つた病氣は二度び起きない」

「精神も肉體も爽快で活潑である覺醒後は尙一層愉快でニコ〳〵して居る」

此七種の暗示は如何なる疾患に罹れる患者に對しても一樣に與ふるを可とす、次に其理由を詳說せん。

(六)全治を確信せしむる暗示法

(イ)「病氣は確に治ることゝ決まつた」と暗示するを要する所以。

患者中施術をば受くることゝなりしも、自分の病氣は果して催眠術治療によりて治するや否や疑はし、と思ひ居るものあり。由て催眠せしめて感應の試驗をなし其の試驗によく感ぜしめ、其虛に乘じて病氣は治ることに決まつた」と暗示するなり。例へば「君の手は動かぬ」と暗示し實際に患

（二九）苦痛を悉く除去する暗示法

（三〇）胃腸を健全にし食慾を

者の手をして動かぬ樣に感應せしめ、其處で「手が動かぬ」と暗示すれば眞に手が動かなくなる、此手が暗示の通りに動かなくなる如く足でも首でも胴でも皆暗示の通りになる、病氣は確に治る、治ることに堅く決つた」と暗示するなり。然ると初めて今迄の疑心は消えて病氣は治すると觀念す、斯く觀念すれば心身相關の理によりて觀念通りの效果を現はすなり、卽ち類似法の應用なり。

（ロ）「身體中何處にも惡い處はない」と暗示するを要する所以。

患者に患部が數ある場合には患部を一個每に暗示するを本則とすれ共、然ると稀には誤りて其中の或る者を漏らすことあり。又患者の訴ふる苦痛を除く暗示をなして其大なる苦痛を治すると、今迄氣付かざりし小なる苦痛が身體各所に、現はれて苦しむことあり。故に概括的に「身體中何處にも惡い處はない」と暗示すれば前記の弊に陷る虞なくして可なり。

（ハ）「胃腸はよく働くから食物は進む」と暗示するを要する所以。

増進せしむる暗示法

食物が進むと否とは治療上に大關係あり、食物が進むと元氣を回復し身體の惡しき處も消え去るものなり。よりて患者の胃腸部に手を當て輪狀に輕察しつゝ「胃腸はよく働くから食物は進む」と暗示すれば、暗示の通りに胃腸は働きて食物を消化し、飯が甘く喰べられて元氣が附き疾患は消え去るものなり。

(二)夜能く睡眠し夢を見ざる樣にする暗示法

(ニ)「夜床に就くと直ぐ眠れ朝迄夢を見ずに堅く眠るゝ」と暗示するを要する所以。

夜睡眠がよく出來ざるときは精神の休養が不足するを以て、心身不快にして動作は活潑ならざるものなり。健者と雖も不眠が幾日も續けば病人となる、況んや患者に於ておや、夜よく眠るゝと否とは疾患の治すると否との上に大關係あり。依て「夜床に就くと直ぐ眠れ朝迄夢を見ずに確く眠るゝ」と暗示して其通りに感應せしめ、以て早く健全の人とするなり。

(三)精神を强固にし善を行

(ホ)「精神は强固にして動かぬ、善い事は屹度行ひ惡い事は斷然せない」と暗

ひ惡を避けしむる暗示法

示するを要する所以。

精神が强固なれば疾患を助長すべき誘因に接するも感染せずして健康を保持す。 然るに若し患者の精神虚弱なれば忽ち周圍の惡影響に感染し、且有害なる强迫觀念に制せられて治療の妨げをなす。

又病氣の爲に惡いと知り乍ら其事を廢められざるものあり、例へば飮酒は惡い、房事は惡いと知りつゝ、其弊に陥りて身心を傷ふものあり。 又之を實行すれば病氣は平癒することを知りて居り乍ら、克己心乏くして其事を實行せざるものあり、例へば夜は早く寢ね朝は早く起き、勉めて精神を冷靜となし作業は規則的に適度に行ふと良いと知りつゝ、徒に夜更かしをしたり朝寢をしたり、作業を不規則に過度にしたり氣を焦ちたりする、斯の如く自分で惡いと知りつゝ惡い事をする、其不攝生の爲に病人となりたる者多し、既に不攝生の爲に病人となりたるにも拘らず、尚其不攝生が廢められぬものあり。 由て暗示によりて克己心を强め攝生上善い事は必ずなし惡い事は斷然せない樣に暗示するなり。善事は必ず爲すも惡事は必ず爲さずとの暗示は、攝生上肝要なるのみならず、其他の行爲全般に涉りて必要なり。例へば禮儀に戾り人情に反する樣のことは惡事なる故せない樣になり、道德を重んじ慈善を行ふことは善事なる故行ふ樣になる、以て其人の品性を高むることゝなりて大によし。

(三)再發を防止する暗示法

(へ)「私の施術で治つた病氣は二度び起きない」と暗示するを要する所以。催眠術治療にて一旦疾患全治するも患者中稀に再發するやも知れずと觀念し、其觀念が肉體に影響を及ぼして終に再發することあり。又確に一旦全治したる者も長月日の間には意外なる再發の動機に接して終に再發することあり。故に「私の施術で治つた疾患は再び起きない」と暗示し置けば、此暗示は總ての事情による再發を防ぎ治療の效果をして完からしむることを得。

（三四）心身を爽快に活潑となす暗示法

（ト）精神も肉體も爽快で活潑である、覺醒後は尚一層愉快でニコ〳〵して居る」と暗示するを要する所以。

患者の苦痛を消極的に除去するに止まらず、積極的に進んで「精神も肉體も爽快で活潑である」と暗示し、其通りに感應せしめ「又覺醒後は尚一層爽快でニコ〳〵して居る」と暗示し其通りに感應せしめ、以て心身健全の人とするなり。　若し此暗示をなさゞると疾患は治するも爽快と活潑とを缺くこと稀になしとせざるを以てなり。

（三五）何故に攝生法を暗示する必要あるや

（七）攝生法を暗示する必要。

諺に看病七分藥三分と云ふ事あり、藥物療法に攝生の必要ある如く、催眠術治療に於ても又攝生は大に必要なり。　試に見よ胃病が全治せしとて不消化物を過度に食せば胃病を再發するや必せり、極單なる卑近の例を擧ぐれば手に火傷をなしたる患者ありとせんに、火傷は催眠術治療によりて眞に全治せり、然し其手を又熾火に觸るれば再び火傷患者とならざるを得ざるが如し。殊に一度或る疾患に襲はれたることあれば全治するも二度び其疾患に罹り易き傾向を有す、故に一度或る疾患に罹りたる者は何にか其疾患を起すべき誘因に接すれば、忽ち元の如き患者となるものなり。由て消極的に疾患の誘因となることは堅く避くると共に積極的に其誘因に接するも感染せぬ樣に身心を鍛練するを要す。換言すれば疾患治療の助けとなることをば常に遵守し、尚進んで心身を強健にする修養法を實行せしめ、以て其患者をして健康長壽の人となすなり。攝生法を心理的と物理的とに區別して示さん、心理的の方法は何れの疾患に對しても原理と云ひ方法と云ひ千變一律なるも、物理的の方法は疾患の異るに從て異らざるを得ず、左に之を區別して述べん。

（兲）心理的攝生法

(イ)**心理的攝生法**は精神療法の根據にして患者の心機を一轉する方法なり、卽ち今迄は病氣で困るとのみ日夜思ひ居りたるも病氣は確に治す確に治したと確く觀念せしむるなり。　催眠術治療上に於ける種々の暗示は、結局患者に此觀念を起さしめ此觀念を益々强からしむることに歸着す。由て催眠中手を替へ品を代へて此觀念を强むる樣に暗示すべきは勿論なるも、尙施術の前後に於ても攝生法として此觀念をして益々鞏固ならしむる樣に注意するなり。

例へば爰に頭痛持の患者ありとせんか、其患者に向つて次の如く暗示するなり。「頭痛は治つた、頭痛は治つた、頭は爽快だ、頭は爽快だと胸中にて確く思ふ」「頭痛は治つた、頭は輕いと心力を凝めて言ひつゝ手を振り足を動かすことを十分時間宛日に三囘食後に行ふ」「知人に向つても頭痛は少しもせない、頭は爽快であると嘶す」「例令實際頭痛がしても頭痛はせないと人に嘶す」と暗示し、其通りに實行せしむれば確に頭痛はせなくなるものなり。之に反して實際頭痛がするも頭痛がして困ると思ひ、知人に會へば頭痛がして困ると嘶す、然ると知人も其れは困つた物であると心配する、之は患者自身にて頭痛がすると自己暗示をなし、知人は其れは困つた者だと他人暗示をすることとなる、其自他の暗示が感應して全く頭痛が一層激しくなるものなり。

試に見よ商人が我店の商品は少しも賣れぬ、誰れも買はぬと逢ふ人毎に噺すど益々賣れなくなる。然るを實際は賣れぬ商品を此品は非常に賣れる、如何程仕入ても賣るに足りぬと逢ふ人毎に噺す、と其品を買ふ人が多くなるものなり。之は其品が賣れると云ふ暗示に感應したるなり、疾患も之と同じく「全快した悪い處はないと自ら思ひ、又人に噺すと眞に其通りとなるものなり。

(二七)物理的攝生法

(ロ)物理的攝生法は疾患の性質輕重によりて、各々其れに適合する方法を暗示するなり、又は施術の前後に注意して之を遵守せしむるなり。左に其例を示さん。

(二八)腦充血の患者に暗示すべき攝生法

(1)腦充血の患者に對して暗示すべき攝生法の要旨は「暗き靜かの室に横臥し、頭部をば成るべく高くして頭の血を足部に下ぐる樣にし、頭部に熱甚だしきときは氷嚢を當て手足を冷さぬ樣にする、若し手足が大層冷えるときは懷爐にて暖め、便通はよくある樣に心掛くる」と暗示するなり。

（三九）脚氣患者に暗示すべき攝生法

(2)脚氣の患者に對して暗示すべき攝生法の要旨は「乾燥せる清潔の室を選み成るべく橫臥して精神を鎭め、米飯と魚肉とは避けて麥飯と野菜とを食べ、房事と酒とは固く廢め、熱き湯に浴すると衝心する恐れがある故入浴するときは微温湯に浴し、患者が婦人なれば乳を小兒に飮ませない、重症者は身體を動かすと衝心の恐れがあるから身體をば成るべく動かさぬ樣にし、便通は日に一回宛ある樣にする」の類なり。

（四〇）癲癇患者に暗示すべき攝生法

(3)癲癇の患者に對して暗示すべき攝生法の要旨は「過度の勞働と精神を興奮せしむることをば避け、暴飮暴食を愼み、精神を疲勞せしむる處の學問や技藝は出來得る限り控へ、食物は淡白なる物のみを採り、毎朝冷水摩擦をし、食鹽を一日に一食匙宛服し、未婚者は全治する迄結婚をば見合せ、既婚者は成るべく房事を避け、癲癇發作すると危險の恐れある所には近かよらぬ」と暗示するなり。

（四）急性喉頭加答兒患者に暗示すべき攝生法

(4)急性喉頭加答兒の患者に對して暗示すべき攝生法の要旨は「寒き時は溫き室內に靜養し、患者子供なれば寢さして休ましめ、室內の火鉢に鐵瓶を懸けて湯氣を立たして空氣を濕らし、音讀談話等凡て聲を發することを禁じ、布片を微溫湯に浸して頸部に捲き附け、襟は濡れない樣に柔き油紙を其上に被ひ二時間毎に其濕布を取換へ殆んど全快しても外出するときは頸卷をする」の類なり。

以上に擧げたる四種の疾患に對して述べたる攝生法に鑑みて、如何なる疾患に對しても其疾患の性質に適當の攝生法を暗示し、又は斷して遵守せしむるなり。　催眠術治療を完全に行ふには多少醫學の素要がなければならぬとは此例によりても明なり、稀には患者中却て術者よりも醫學に精通せるものあり。　然るに醫學に暗き術者が醫學の明かなる患者に生知りの攝生法を喋々することあらんか、患者が術者に對する信念薄らぎ、其れが爲めに却て暗示の感應を鈍らし不結果を來すことあり。故に術者は常に患者の精神狀態を洞察して患者の智識に應じて臨機應變の說明をなさゞるべからず。之を上手にすると否とは其治療が效を奏すると否とに至大の關係あり、大に注意せずして可ならんや。

以上に述べたる處の治療の暗示に就き注意すべき點を歸納すれば左の七大要件なり。

(四)治療暗示につき注意すべき七大要件

(い)治療上に必要なる暗示のみに止め奇現象を呈せしむる暗示をば避くべき事。

(ろ)治療の暗示形式に類似法、心力法、口頭法、合圖法、氣合法、觸手法、波金法、音樂法、發聲法、變換法の十大形式の外に尙絕對法ある事。

(は)暗示は患者の疾患に適合するを要す、卽ち病氣の原因を除去し症候を消滅せしめ、進んで健全無病の人となる暗示をなす事。

(に)疾患が異るに從ひて其患者の身體に觸るゝ場所が異る事。

(は)患部が數ある患者に對しては、總括的に暗示する場合と部分的に暗示する場合とある事。

(へ)如何なる患者にも與ふるを可とする暗示が七種ある事。

(と)攝生法を遵守する樣に暗示し又は注意する事。

之なり。催眠術治療を行ふ場合に常に此七種の注意事項を遵守せしならば、必ず其治療は偉大の效果を擧げ得ることを信ず。

第三章　催眠術治療檢診法

第一節　催眠術治療と檢診法との關係

(一)肉體檢診法と精神檢診法との區別

催眠術療法(精神療法)と醫術療法(肉體療法)とは其療法の根底を異にす、一は精神を癒して肉體に及ぼすものなるに、他は肉體を癒して精神に及ぼす者なり、卽ち一は遠心性にして他は求心性なり、依之此二者は檢診法をも異にせざるを得ず。醫術療法の檢診は患者の肉體は如何に變化せるか、卽ち解剖生理上に如何なる障害を來せるかを主として檢診するなり。催眠術治療の檢診も亦肉體の變化如何を確むるの要あるも、其は從にして主として患者の精神は如何に變化卽ち健全を失せるか、其不健全の程度を明かにし、健全に復せしむることを得る狀態なるか否かを察し、健全に復することを得ると認むるも如何なる手段方法を以てせば健全に復することを得るかを檢診するなり。之を圖解すれば左の如し。

檢診法
- 醫術治療法 ── 主として肉體上の障害の有無を檢診す。
- 催眠術治療法 ── 主として精神上の障害の有無を檢診す。

（二）檢診を誤りし場合に催眠術治療と醫術治療とに由りて如何なる差異あるや

治療するに若し其檢診法を誤りたるときは如何。此問題に就ては醫術治療と催眠術治療とに區別して論ずる必要あり、醫術治療卽ち藥物療法或は外科手術の場合に檢診法を誤らば其療法が却つて害となる。例へば手に腫物が出來たる場合に其腫物は膏藥を貼附せば全治する者を檢診を誤りて其手を切斷せざれば治療の道なきものとし、其手を切斷したる事ありとせば如何。斯る治療は受けざりし方が却つて優しなり、診斷を誤まりたる結果の怖ろしきこと推して知るべし。之れ醫術治療に就ては檢診を輕忽にすべからざる所以なり。

（三）催眠術治療を行ふ場合に檢診法を誤らば如何

催眠術治療に就ても檢診を誤る事の不可なるや勿論なるも、此場合は萬一檢診を誤る事あるも何等の害なし。催眠術治療にても疾患の原因と性質とを明かにし、其原因及び性質に基きて治療の暗示を施さゞればならざるを原則とす。而し催眠術治療にては疾患の原因と性質とを誤診し、其誤診に基きて暗示するも毫も害なし。例へば爰に腹痛にて苦しむ患者あり、檢診するに其腹痛は蛔蟲なるか胃病なるか分らず、然し催眠術治療にて「腹の痛みは取れた」と暗示し其痛みを取り除けり、痛みが除かるれば其病症は何であありても可ならずや。又胃病を蛔蟲と誤診し原因は甘き物を食せしにありと臆測し「君は甘き物をたんと食はぬ、故に蛔蟲は少くない、今蛔蟲の死ぬ妙藥セメンエンをやる」と暗示し、幻覺の藥を與へ「セメンエンを服んだから蛔蟲は皆死んで大便と共に下る、腹の痛みは取れた」と暗示し、腹の痛みを全く除けり。腹痛の患者に對しては腹痛を除きさへすれば夫れにて治療の目的は達したるなり、蛔蟲の爲めならざるに蛔蟲を退治する暗示をなすも惡いものを除く暗示なるを以て毫も身體上に害あることなし。此誤診が藥物療法なれば害あり、胃病を蛔蟲と誤診して蛔蟲の死する藥を服せしめんか、其藥は蟲を殺す程の力あるもの故衞生上に大害あり、却つて其藥を服せし爲めに胃病を重からしむる事なしとせず。之れ藥物療法に於ては檢診を誤ると其治療が却つて害となる所以なり。斯の如く催眠術治療にては檢診を誤るも害なしと雖も、催眠術治療の效果を充分に擧げんと欲せば催眠術者も又醫學を攻究し醫學の原理に基きて暗示せざるべからず。

（四）催眠術者の修むべき醫學科目

醫學は疾患を治療する學問なり、故に如何なる治療にても治療たる以上は醫學の原理に背反することを得ず、故に催眠術治療を行ふにも又醫學の原理に基くを要す。醫學中催眠術治療を行ふに必要と思はるゝ科目は解剖學、生理學、病理學、精神病學、神經病學、內科學、眼科學、衞生學之なり。之等の學科を詳細に究むることは專門家に非ざれば能はざることなり。故に醫學者に非ざる催眠術者は其大要を心得置くのみにて可なりとせざるを得ず、而して醫學者が行ふ檢診法は頗る六ヶ敷し、卽ち醫學者が行ふ檢診法は聞診、望診、觸診、打診、聽診、檢溫、顯微鏡檢查及び化學的檢查等に別れて居るも、催眠術者の行ふ檢診法は六ヶ敷學理や器械を要せずして簡單に行ひ得る法ならざるべからず。催眠術者が催眠術治療を行ふ爲めの檢診法としては聞診、望診、檢溫、檢脈及び呼吸の檢診にて足れりとせざるを得ず。次に醫學を修めざる人の爲めに之を略述せん。

（一）聞診法とは何んぞや

（二）術者が患者に對する時注意すべき態度

第二節　聞診する法

聞診法とは患者に對して種々の事を尋ねて聞き、之を己の學問經驗に鑑みて檢診する方法なり。

先づ術者が患者に接するときは、身體を清潔にし施術服又は洋服を着し、和服なるときは必ず袴を着し、下腹部に力を入れて姿勢を正し威儀を整へ熱き同情を以て臨むを要す。從つて如何なる場合に於ても術者は患者に輕蔑又は不快の念を起さする嫌ある言語身振は勿論、斯る顔色をもなすべからず。若し輕蔑又は不快の感を與ふる言語身振又は顔色をなす事あらば、其れが悪い暗示となりて患者は不快不安の念を起し、治療上の妨げとなる事頗る大なり。

依之余は催眠術治療を行ふ前には、一寸自己催眠を行ひ、精神の統一を圖りて雜念を拂ふて後に着手するを例とす、術者は斯る態度を以て患者に接し、如何なる事項を聞診する必要あるか次に之を述べん。

（三）氏名聞診の必要

（一）氏名を聞き置くを要す、其所以は其人を記憶し置くの要あればなり、殊にヒヤカシ的に施術を乞ふ者を避くる助けともなる。余は此意を以て初めて來りたる患者には自筆にて來訪者名簿に住所氏名を記入せしめ置き、年に一回宛年賀狀の代りに雜誌を患者に宛てて郵送す、然るに宛名の如きものは其肩書の場所になしとの符箋が附きて還るもの數百通あり。爰に於て斯の如く嚴重に住所氏名を自筆にて記入さしてさへ患者は住所氏名を僞る、其理由は種々の事情によるならんも、術者に虛僞を云ふて施術を受くる如き精神狀態の者に對しては、精神的の治療は充分に效を擧ぐることを得ざるを常とす。然し虛僞を云ふものはよく注意すると其擧動で或る程度まで看破し得らるゝものなり、依て斯る傾向ある者に對しては術者は患者に對して眞意に反する虛僞を告げ、治療を受くる如きことありては治療の效を充分に擧ぐる事能はざる旨を說破し改めさするを要す。

（四）住所聞診の必要

（二）住所を聞き置くを要す、其必要は或る疾患は住所と大關係あり、彼の風土病と稱して一地方に限り或る疾患に侵さるゝ者多きが如き之なり。依之住所を知り其住所と疾患との關係如何を察し、以て適當の暗示をなすなり。又患者の住所を記し置く事は後日種々の場合に於て便利あればなり。

（五）職業聞診の必要

（三）職業を聞くを要す、其は職業と病氣とは大概關係あるものなるを以てなり。終日室外にありて職を執る者が僂麻質斯に侵され易きが如き、過激に勞働する者が循環器の疾患を多く起すが如き、精神的の勞作に從事する者が腦病に侵され、坐業に從事する者が痔疾に罹るが如き關係あるを以てなり。

且治療上に就て攝生法を注意する場合にも、患者の職業を明かにして置くと大に便利なり、例へば患者が醫師なるときは攝生法を喋々する必要なく、患者が無學の勞働者なるときは常識にて譯る事までもよく叮嚀に説明するを要するが如き之なり。

(六)年齢聞診の必要

(四)年齢を尋ねて知る必要あり、其れは疾患中痲疹の如く幼者にのみ發するものと、癌腫の如く老者にのみ見るものとあり、又其人の年齢と外貌とが伴はざるものは既に或疾患に罹れる徴候なり。 例へば早老と云ふて年齢は二十歳なるに外貌は二十六七歳位に見ゆる者あり、之に反して發育遅れて年齢二十歳なるに外見は十二三歳位に見ゆるものあり之れ共に病的なり。 又病氣が平癒する上に於ても、壯年者と老年者とによりて難易遲速の別あり、是等を判斷する上に於て必要なればなり。

(七)現在症聞診の必要

(五)現在症の容態卽ち今治さんとする疾患の容態を尋ぬるなり、然ると患者は腦病なりとか胃病なりとか又は單に手が痛むとか腰が痛むとか答ふ。 然らば其病氣に關係ある諸點を聞診するなり、例へば腦病ならば頭は如何樣に痛むか、記憶は如何に差支へるか、胃病ならば如何に痛むか、食

（八）發病の年月日聞診の必要

（九）發病後經過聞診の必要

物との關係如何を聞診するが如き之なり。

（六）現に今惱みつゝある疾患の起れる年月日を尋ねるなり、疾患が起きて間もなきときは治療するに容易なるも、起きてより三年も五年も經過せし慢性病は治療上に困難なるを普通とす。是等の關係を知らんが爲めに發病の年月日を聞くなり。

（七）現在症が起きてより今日に至る迄の經過、卽ち發病してより今日に至る迄の間に、或時は病勢怠り或時は病勢募り、又以前は痛み所が二ヶ所なりしが、今は五ヶ所になれりとか、又は以前は痛みが少なかりしも今は甚だしとかの類を尋ねて知るなり。

患者は日々業務を執り居るか臥し居るか、又單に遊び居るかを明かにし、患者が攝生法を自ら行ひ得る場合は其向きに噺して其れを行はせ、且催眠法も生理的の方法を強く行ふ事を得るも、若し苦惱甚だしくして臥してのみ居る患者に對しては、攝生法も又臥し居りて行ひ得る方法を噺し、催眠法も成るべく生理的の方法を避けて心理的の方法のみを行ふなり。

(八)發病の原因は何であると思はるゝかを尋ね、患者の語る處を聞くと大に參考となるものなり。例へば神經衰弱患者が過度の勉强と家内の不和との爲めなりといひ、胃病患者が西洋料理の食ひ過ぎよりなりといはば、後に此原因に基きて治療の暗示を施さば其效の擧るや必せり。而し患者の告ぐる原因は一の參考に外ならずして實際には患者の知らざることが原因となり居る場合多し、其事の如何は術者の技倆によりて看破するなり。又現在症を起す原因となることがありはせざるかを尋ねる必要あり、例へば歇私的里に罹れる婦女に失戀或は嫉妬なかりしかを尋ね、吃音に惱める青年に吃音の眞似をせしことなきか煩悶せしことなきかを尋ねるが如し。而して其原因を探知するなり。

(一〇)發病の原因聞診の必要

(九)現に今患者が惱みつゝある疾患は遺傳に非ざるか否かを知る方法として、血續親卽ち父母兄弟祖父母伯叔母等の中誰か疾患に罹りし者ある

(一一)遺傳の有無聞診の必要

か否かを尋ぬるなり。縦令父母兄弟に何等遺傳すべき疾患なくとも、祖父母の疾患が其孫に遺傳することが往々あるを以て注意すべきなり。癲癇及び精神病等は多くは遺傳なり。

(三)既往症聞診の必要

(一〇)幼少の時より今迄病氣に罹りしことあるや否や。有りとせば何病にかゝりしか、其病氣は如何にして治したるかを尋ね、現在症との關係如何を考察するなり。又婦人なれば月經は順調なるか否か、夫の有無子の有無等を聞き置くことは必要なり。

一度疾患に罹りたる事あると、其疾患は例ひ全治するも再び起り易き傾向を有し、又其疾患に關係せる他の疾患が起き易きものなり。依て多くの疾患は既往症と現在症と多少の關係あるものなり。彼の僂麻質斯に犯されたることある者が後日心臓病に罹り、肋膜炎を患ひしことある者が後日肺結核に罹り、梅毒患者が脊髓炎に侵され、淋病患者が睪丸炎に侵さるゝが如きは既往症と現在症と關係を有する其著しきものなり。前に患ひたる疾患が原因にして、若し今尙前の疾患が充分に根治せざるときは、前に患ひたる疾患を根治せしむると共に現在症の治療をなすなり。

（三）嗜好品の有無聞診の必要

（一）嗜好品卽ち酒煙草或は辛味等を過分に攝取せざるか否やを尋ね、其嗜好品と現在症との關係を考へ、嗜好品が病源をなし又は治療上に害ありと認めたるときは嗜好品が嫌になる暗示をなすなり。

（四）食慾の進否及び便通の適否聞診の必要

（二）食物の進否を尋ね、食物が進まざるときは食物を進むる暗示をするなり、食物の進否は疾患の治否に大關係あり。便通は一日に一回は必ずあるを要す、然ればとて一日に三回以上あるは平常を失するものなるを以て、患者につき便通の如何を尋ね、患者が若し平常を失する赴きを答へなば便通を程よく整へる暗示をするなり、便通をして適當ならしむることは健康を速かならしむる上に大なる助けとなるものなり。

（五）睡眠の能否聞診の必要

（三）夜はよく眠るゝや否やを尋ね、夜よく眠れざる者は催眠せしむるに困難なるを普通とす、夜よく眠れず又恐ろしき夢を多く見ると疾患を釀す原因となる、夜夢を見ずによく眠りさへすれば一寸した疾患は治するものなり。故に患者にして若し夜よく眠れず夢を多く見ると答へたら、夜はよく眠れて夢を見ない樣に暗示するなり。

（六）從來の療法聞診の必要

一四　從來の療法即ち現在症を治せんが爲に今迄に何にか治療法を行ひしことあるや否やを尋ねるなり。若し醫師にかゝりしことあらば醫師は何病と診斷せしか、如何なる治療法を行ひしか、其治療の効力の有無を尋ぬるなり。

催眠術治療を受けしことありや否やを尋ね、若し受けしことありとせば、其感受狀態を確め置くことは最も必要なり。前に施術を受けしことあり其時によく催眠し効果が相當にありし者は、今回の施術に於ては一層容易に催眠し効果も亦一層多く現はるゝを本則とす。然るに前に受術せしとき催眠甚だ淺くして効果なかりし者は、今回の施術に於ても又催眠せしむること困難にして効果を擧ぐることも又至難なることを悟り、其場合には其覺悟を以て施術に着手すること、及び前の術者が行ひて不成功に終りし施術法を避け他の施術法を執るなり。

攝生法又は修養法を何か行ひしか否やを尋ね、若し行ひしことあらば其効果如何を聞き置くなり、例へば深呼吸を行ひたりとか冷水摩擦を行ひたりとかの類之なり。若し是等の關係を明にせずして「君の病氣は深呼吸をすると治る」と暗示せんか、患者は心中にて私は深呼吸は三年も續けて行ひしも効果は少しも見えざりし、斯る効果のない方法がよいとて勸むる樣では、此術者の行ふ治療法は無効なるべしと思ふ、依て前に行ひて効のなかりし治療法を明かに知り置きて効のなきことを再び行ふたり勸めたりする愚を避け眞に効果の擧る良法を噺すなり。

（一七）精神狀態看破聞診の必要

（一五）患者の精神狀態中如何なる點を改良すべき必要あるかを確むることは催眠術治療の檢診法としては尤も緊要なり。患者には患者自身にて氣附かざる處の精神上の缺陷あるものなり、中には患者自身にて其缺陥を知り居りて矯正せんと勉むるも矯正することは能はざるものあり。例へば心配すべからざることを心配するものあり、心配せざらんと欲するも心配せざるを得ざるものあり、自分の誤解よりして長上に逆らふものあり、疑ふべからざることを疑ふ者あり。之等の精神上の缺陥は變現出沒千變萬化して種々の形狀となりて精神を惱まし、終に其れが原因にて肉體上に故障を生じ種々の疾患となりたる者多し。依之術者は患者に向つて種々の質問をなし其返辭によりて精神上の缺陥を知得し其れを矯正するなり。

（一六）身體の異狀聞診の必要

（一六）最後に其他尚身體中何處にか異常あらざるか、苦痛の有樣は如何、境遇は如何、等成るべく叮嚀に聞き糺して暗示の方針と豫後を定むるなり。又患者も叮嚀に尋ねらるゝを以て一般に喜ぶものなり、患者は癒さうと思ふことを悉く告げて悉く癒し度きが本意なり。然るを術者が其事は聞く必要なしとの樣子をなし、患者の訴ふる處を悉く聞かずして施術に着手するは最も不可なり。併し患者より聞き得たる處は暗示上一の參考とするに止まりて、悉く其れを信ずべからず、歇私的里性の患者は症候を誇大に訴へ、又若き男女は生殖器の異狀及び原因を隱したり、僞りたりすることあり之等の點に注意すべきなり。此他尙種々複雜せる聞診法あるも、其れは專門の醫學書に讓り次に望診法を述べん。

第三節　望診する法

(一)望診法とは何ぞや

望診法とは患者を望見して疾患の性質輕重を定むる法なり。患者に向ひて患者の年齡と骨骼及び筋肉の釣合、體質營養及び容貌の如何、坐り工合步行振り、談話の樣子等によりて疾患の性質輕重を察し、治療の難易を定むるなり、左に其望見すべき點を概述せん。

(二)體格の良否を知る法

(一)先づ體骼の良否を見るなり、凡そ體骼を分ちて三とす、曰く强健、中等、薄弱之なり。强健は骨骼大にして一般の筋肉堅く締りて發育よく、胸廓大にして胸圍は身長の半を過ぐる者をいふ。薄弱とは骨骼細小にして筋肉の發育悪しく、胸廓狹小なる者をいふ。而して强健と薄弱との中位にある者を稱して中等と名づく。

體骼薄弱なる患者は治療すること困難なるを普通とす、反之體骼强健なる患者は治療すること容易なるを普通とす。體骼强健なる患者に對しては催眠法及び暗示法とも强く烈しく行ふことを得るも、體骼薄弱なる患者に對しては催眠法及び暗示法とも弱く靜に行ふを要す。

(三)體質の如何を知る法

(二)次に體質の如何を見るなり、體質には肺癆質、卒中質、神經質及び腺病質の數種あり。

(イ)肺癆質の者は全身の構造薄弱にして痩せ衰へ、顏及び頸は細く皮膚の色澤は蒼白にして眼球大きく一種の光あり。此質の者は種々の病に罹り易し。

(ロ)卒中質の者は骨骼筋肉逞ましく全身脂肪に富み、顏は大きくて赤く、頸は短く太く肩は高く聳ゆ。斯る人は腦出血卽ち卒中に罹り易し。

(八)神經質の者は容貌怜悧にして敏捷相に見ゆるも、少しの事を氣にし怒り易く疑ひ深し。此質の者は一般に催眠せしめ難し。

(二)腺病質の者は主に小兒にして遲鈍性と銳敏性との二種あり。遲鈍性の者は皮膚蒼白にして潤ひ無く、筋骨瘦せ衰へ、顏面には浮腫あるが如く見へ、鼻低く下唇は厚きものなり。銳敏性の者は顏面小にして身體弱く、皮膚白くして僅少の刺戟で赤くなり易く、靜脈は透見さるゝものなり。遲鈍銳敏共に頸部下顎の隅或は項部又た稀に他部の淋巴腺が腫れて居て往々皮疹特に濕疹を發し、諸粘膜に慢性の加太兒症の出來る質なり。斯る小兒は病氣に罹り易き故大に注意を要す。

(四)營養の良否を知る法

(三)次に營養の良否を見るなり、營養の良否は筋肉皮下脂肪組織及び皮膚の狀態如何に由て判斷するなり。營養佳良なるものは筋肉の發育善良にして緊張力あり、皮下脂肪組織程よく發育し皮膚の色澤鮮やかにして容貌快活なるものなり。營養不良なる者は筋肉の發育悪しくして脂肪組織缺損し削痩せるか、若くは皮下脂肪組織多きに過ぐ所謂脂肪過多なるものなり。若し營養不良なりと認めなば、營養物を攝取することを勸め且暗示に由りて營養を盛ならしむるなり。

（五）容貌により病症を知る法

（四）次に患者の容貌を見て其疾患の種類及び輕重を察するなり、患者の容貌を見しのみにて其疾患の種類及び輕重を知ることを得る道理は心身相關の原理によりて疾患に伴ふて容貌は變化する故なり。彼の觀相術者が人の容貌を見て其人の過去を語り未來を談じて百發百中なることあり、觀相術を學ばざる者と雖も人の容貌を見ると、此人は得意で居るか失意で居るか、又は疾患で苦んで居るか、健康にて樂んで居るか位は判じて過たざるを常とす。依て多年學理上及び實驗上より出でたる方法に基かば、患者の容貌を見しのみにて其疾患の種類輕重を明かに察知し得べき道理なり。次に其方法を一二述べん。

(イ)顏面紅色を呈する者は腦充血、月經不調又は便秘せるものなり。

(ロ)皮膚及び粘膜卽ち唇、眼瞼、結膜等が蒼白色を呈するものは貧血病者なり。

(ハ)人と對談するとき逆上の氣味となりて顏色赤く變じ、眼元を凉しく愛矯に富める顏をなすことを得ず、或は顏色は變らざるも疑ひ深くなり自己の錯誤の爲め人の氣に障る言語動作を何とも思はずなすものは神經衰弱患者なり。

(ニ)瞳孔縮小して居る者は脊髓病患者なり。

(ホ)視力キヨロ〳〵と浮動し、屢々遠方を見るが如き狀態を呈するか、或は眼光爛々として射るが如き恐ろしき樣に見ゆるものは精神病者なり。

(ヘ)笑ふとき顏の左右何れか片面のみ笑ひの表情を呈し、又は一方の口角下に垂れ、一眼は大いに開いて淚を流し、眼瞼を全く閉づることを得ず、其上屢々涎を流すものは顏面神經痲痺なり。

(ト)顔色稍々赤色を帯び、脂肪は過多にして頸部短大なる者は卒中の素因を有するものなり。

(チ)呼吸の都度口角の傾射する者は卒中症なり。

(リ)口、唇、鼻尖、兩頰又は皮膚が藍色を呈するものは心臓の異狀又は炭酸中毒に罹れる者なり。

(ヌ)顏色蒼白にして口角を下げ、疲勞鬱憂の樣を呈するものは慢性の消化器病者なり。

(ル)瞳孔散大せる者は絛蟲が内臓に寄生して居る者か、又は或藥アトロヒネの如きを服したる者なり。

(ヲ)視勢朦朧として眼球光澤を失ふ者は衰弱者なり、衰弱高度となれば眼球陷沒して凄く見ゆる者なり。

(ワ)眼球凹陷し口唇を緊堅して眉間に縱裂の皺襞を作り、苦惱不安の狀を示すものは急性腹膜炎其他下腹部に疾患を有する者なり。

(カ)眼球大きく見えて一種特異の光澤を帶ぶる者は肺癆者なり。
(ヨ)眼光人を射視勢活潑にして眼に潤澤を帶び、兩頰部には美しき光澤ある薄紅色を呈する者は結核素因ある者なり。
(タ)全身薄弱にして頸部細長をなし、皮膚の光澤宜しからざるも顏面殊に兩頰に紅色を呈するものは結核患者なり。
(レ)額及び眼の周圍に腫脹を呈はし且一種の光澤を放ち、睫毛及び眉毛が段々脫け落ち甚だしきは獅子の顏に似たるものは癩病なり。
(ソ)眉毛脫落し易く且疎にして結節の如きものあるは、梅毒患者なり。
(ツ)顴骨隆く起り頸部顳顬部及び眼球陷沒し、眼瞼の周圍に稍々赤色或は青色を呈はし、皮膚に冷汗又は粘い汗を發するものは虎列剌病患者なり。
(ネ)眼球次第に突出し終に眼瞼を閉づることを得ざるものはバセドー氏病なり。
(ナ)額には深い溝を作り、眼は狹く小さくなり、口は左右に牽かれ、外眦は皺を生じ恰も笑ふが如き風を呈するものは破傷風の徴候なり。

（ラ）鼻翼即ち小鼻がピク〳〵動き、又は眼光頗る敏くして恰も畏怖不安の狀を呈するものは強度の呼吸困難症なり。

此他尙容貌によりて疾患の種類を知る方法は數多あるも、其れは專門の書に讓ることとせん。多年間多くの患者に接したる經驗あるものは、患者の顏を一目見ると此患者は何病に罹つて居るかゞ大概譯るものなり。其譯る徵候は口にも筆にも盡せぬ微妙のものにて何となく然か見ゆるものなり。而して其疾患の輕重豫後の良否も容貌によりて殆ど誤たずに判斷し得るものなり。

（六）患部を檢する法

（五）次に患部を檢するなり、即ち患者に向つて患部を尋ね、其患部を丁寧に檢するなり。例へば患者が頭痛に苦しむと訴へたるときは、頭の何處（巓頂か前頭か後頭か耳上部か等）が痛むかを尋ね、其痛む場所を確め其處に術者は手を當てゝ如何に異常あるか否やを檢するなり。足が痛む患者に如何樣になりとせんか、足の何處(大腿か膝頭か膝膕か脛前か腓腸か等)が如何様に痛むかを尋ね、其患部が如何になり居るかを檢するなり。若し又手が不隨の患者なりとせんか、其不隨の程度を檢するなり。頭部なり腹部なり苦痛を訴ふる處を肉眼を以て見ると異狀ある者は其異狀を現はし居るを普通とす、若し肉眼にて異狀が判明せざるときには其處に手を輕く當てゝ精神を統一すると異狀あることが多くは手に答へらるゝものなり。而して疾患に關係のある處を悉く檢するを要す、例へば熱の有無を知らんが爲に舌を檢し、腦充血の程度を知らんが爲めに眼を檢するが如き之なり。併し生殖器病者に對しては患部の實見を避けて單に樣子を聞き置くに止むるを可とす。

以上を以て望診法の大要を述べ盡せり、爰には問診と望診とを各別に說明したるも、實際に檢診する場合は同時に行ふを便利とす。而して催眠術治療を行ふ爲の檢診法としては普通聞診及び望診の二を以て足れりとせざるを得ず。然し檢診法としては尙體溫脈膊及び呼吸を檢する法を大要心得置くを要するを以て次に之を述べん。

第四節　體溫を檢する法

（一）體溫にて健否を定むる標準

人及び多くの動物は生活機能に因つて身體中に於て溫熱を生ず之を體溫といふ、體溫は身體健康なるときは寒暑の爲に殆ど變易することなし。先づ體溫を計らんとするには攝氏の檢溫器を持ち、能く拭ふて其水銀部を腋窩に挾み、上膊にて壓へ十分時間乃至十五分時間其儘となし置くなり。輕症者は午前八時より九時迄の間と、午後五時より七時迄の間との二度行ふのみにて可なるも、重症者は二時間隔てに行ふを可とす。健康者の常溫は三十六度七分より三十七度四分迄の間にして、晝間は引續いて昇り午後五時より八時迄の間が最も高く、八時後は次第に降り午前二時より六時迄の間は最も低し。其他運動飲食物の種類、食前食後に依りて多少異るも前述の度を昇降するに過ぎず。年齢に依ても僅少の差異あり、小兒及び老人は壯年よりも幾分高きものなり。其溫度昇りて四十度五分に達するか、降りて三十五度に及ばゞ患者は重症なり、大に注意を要す。尙進んで四十一度五分に達し或は三十四度に降らば患者の生命は危險なり。尙進んで極度四十二度に達し、或は三十三度以下に降れば最早回復の望み全く絕えて死を俟つの外道なし。其熱の昇降の模樣により病症を定むる法あるも、其等の事は複雜して居り簡易に述ぶることは能はざるを以て專門の醫學書に讓りて爰には之を略す。

第五節　脈搏を檢する法

（一）脈搏にて健否を定むる標準

脈搏は身體を養ふ血液の活動にして、心臟より血液を動脈に送る其壓力に依て進退するなり。故に脈は動脈の搏動する處なれば何れの處にても可なるも、普通撓骨動脈に就て檢するは觸れ易くして便利なる故なり。

なり。

卽ち患者の撓骨動脈の上に示指中指及び無名指の三指を當てゝ檢するなり。

健康なる壯年者の脈搏は一分時間に六十乃至八十を搏ち平均七十乃至七十六を常とす、之より多くも少なくも共に疾患に罹れるかと疑はる。而して老人は七十乃至九十を搏ち、小兒は百乃至百四十を搏つものなり。併し小兒も眠つて居る時は九十乃至百を搏ち、生れてより十歲に至る迄は約九十にて停まり、十五歲乃至廿歲に至れば漸々減つて遂に前記の平均數に至るものなり。

一日中の時期に於て脈の增減することは熱と同一にして食後に增し飢餓時に減り、運動後は大に增し外界の溫度に依て增減することも略ぼ熱と同じなり。而して六十搏より少き所謂減搏は黃疸神經刺戟心臟神經の痲痺、腦膜炎の初期貧血大動脈孔の狹窄及び心筋炎などにて、八十より多き所謂增脈は熱性なり、熱一度高ければ大凡八搏を增すものなり。其他神經の痲痺腦膜炎の末期心臟內膜炎心臟瓣膜病及びバセドー氏病なども其病の輕重にもよると雖も多少は增すものなり。脈には脈調疾徐大小虛實硬軟等の別あるも、專門家にあらざれば之によりて正確に病症を察知すること能はざるを以て爰には之を略す。

第六節　呼吸を檢する法

（一）呼吸にて健否を定むる標準

呼吸は胸廓の縮張及び肺臟の弛張に因て空氣中より酸素を吸入して血液中に送る處の瓦斯交換の現象を云ふ。其狀皮排《ふひご》の作用に異らず、呼吸は健康體にて一分時間に十六回乃至二十回を普通とす、小兒は通常其數多くして三十乃至四十回に至る、之を超過する者を呼吸促迫と名け、甚しきに至りては七十回八十回或は一百回に及ぶことありと雖も、四十回前後の者を多しとす。蓋し呼吸促迫するは虛弱者にして殊に疼痛熱性病心臟、肺臟、及び胸膜の諸病なり。呼吸を測るには患者に知らしめざる樣にするを要す、何んとなれば呼吸は随意其數を增減し得るを以てなり、故に一手の掌を腹部に輕く置き他手に懐中時計を持ち、腹部を檢する如く患者に思はしめて一分時間に起る處の呼吸を數ふるなり。

呼吸には緩徐疾速淺小等あり、呼吸困難の者は促迫し鼻翼運動す、又瀕死者は疾速の呼吸をなし、一定の後休息し又疾速の呼吸をなす、之をシャインストック氏の呼吸と云ふ。

以上に述べたる處の催眠術治療に就ての檢診法を歸納し一覽表として示せば左の如くなり。

- 催眠術治療檢診法
  - 聞診法
    - 氏名、住所、職業、年齢、現在症發病時、經過、原因、遺傳、既往症、嗜好品、食欲及び便通、睡眠、既往の療法、精神狀態、其他の異狀
  - 望診法
    - 體格、體質、營養、容貌、患部

（三）容體（體溫、脈搏、呼吸

催眠術治療をなす爲に行ふ檢診法としては此表に示せる諸項に就きて檢診すれば以て足れりとせざるを得ず。然り而して疾患の性質によりて檢診の項目を增減するなり、或疾患に就いては其疾患に密接の關係ある二三の事項のみを問診するに止めて可なり。尙篇を改め實例を擧げて之を詳述せん。

第九巻 治療篇下

第一章 模範的催眠術治療の實例

第一節 鐵石が催眠術治療を引受くる順序

（一）催眠術治療申込手續を設くる必要

公然職業として催眠術治療をなさんとするものは催眠術治療申込手續を設け置き、其手續を履んで申込たるものに非ざれば施術せざるを可とす。假令日頃は被術者は術者より地位の高き人にても、懇意の間柄にても被術者となつて施術を受くるときは術者は權威者の位置に立つもの故、極めて嚴正なるを要す。若し然らずして輕忽に施術すると治療の效果が擧らずして、術者の信用を失墜するとあり。催眠術治療は無形なる精神を勞して行ふ者にて有形なる物質を費消せず、故に患者中稀には術者が貴重なる精神を勞したることを察せざるものあり。彼の藥物治療は藥と云ふ有形物を與へらるゝ故、藥を飮んで代價を拂はざれば不可なるも、催眠術治療は何も有形物を與へざるもの故、代を拂はざるも可なるべしと思ふものあり。併し催眠術治療は藥より以上に尊き處の精神を使ふ者故、藥物に比して多くの代價を拂はざればならざる道理なり。然るに此道理を誤解して施術を輕視し、無效に歸せしむるものあり、之は獨り其患者の損害なるのみならず、術者の信念を害し惹いては他の患者に惡影響を及ぼすことゝなる、是れ等の惡弊を防がんには、嚴重なる催眠術治療申込手續を設け置くを要す。余は此意を以て次の如き治療申込手續を設け置けり。

(二)催眠術治療券を作り置く必要

余の催眠術治療を受けんとするには先づ患者は余の宅を訪ふて受付所に就き催眠術治療を受け度しと云へば、受付係は疾患の性質及び輕重を聞き、催眠術治療にて治し難き疾患なるときは治療を謝絶し、催眠術にて

(三)催眠術治療券の雛形

治し得る疾患なりと認めたるときは受付係は左の如き治療券を示して「之を御承知の上御希望ならば治療を引受けます」と云ふ。

◉施術は本券と引換に致し升

催眠術治療

治療所 東京芝區琴平町参番地 精神研究會	裏面の規約に基き自記候也	受術者自記						立
		月日	本籍	現住所	職業	年齡	病癖要點	住所
		大正　年　月　日	市縣　區郡　町村字　丁目　番地　方	市縣　區郡　町村字　丁目　番地　方	姓名			市縣　區郡　町村字　丁目　番地　方

劵	
會人自記	
職業	氏名

第　號

◉受術申込の受附時間午後二時

此の治療劵の裏面は次の如し。

施術を受くる前には必ず本規約を

◉月曜日及大祭日は定期休業す

催眠術治療規約

一、催眠術治療は何回受くるも害となること毛程もなくて効のみあること

二、成るべく受術者は立會人を御立て下さい若し御都合御悪くば立會人なくも宜しきこと

但立會人は御一人に限り且施術中は靜肅を御守り下さること

三、施術中は勿論其前後に於ては何事も御自分考へを起さず術者の云ふ通りに心を御集め下さること

四、催眠は睡眠とは性質を異にす故に催眠中の心持は睡眠とは異なるを常とす從て施術中終始術者の言葉周圍の物音一々御耳に入りよく覺えて御出になりましても手や足が術者の云ふ通りになる御方は確に催眠したるものにて治療の效は非常にありますこと

五、治療の效は施術が終りて目が覺むると共に顯はるゝを本則としまするも一夜寢て起き

本券に記載せる事に違反して治療を御受に

三回熟讀して下さい

た後に現はれる御方も澤山ありますこと
六、施術中は勿論御歸宅の後と雖も術者の云ひしことは堅く御守り下さること
七、受術者御來會の日は朝より茶、コーヒー或は酒の如き興奮性の飲料は堅く用ひず入浴して後御出で下さると最も效力あります
八、以上の各項御承諾の上施術を御望みの御方は本券を即金で御需めになり表面の欄内に御記入の上御差出し下さい

◉料金は第一期分（三回の施術料）金參圓第貳期分（六回の施術料）金五圓五拾錢
市内出張施術は第一期分（三回の出張施術料）金拾圓以上

なると無效に終ることあります

此治療劵を見終り單に樣子見に來たりたる者、又は輕忽に治療を受けんとして來りたる者は「今日は都合が惡いから又參りませう」とか云ふて立ち去る。眞に治療を受くる必要迫りて來りたるものは右の治療劵を三枚なり六枚なり將又十五枚なりを現金にて買ひ、而して其治療劵中指定の場所へ記入し其一枚を受付所へ差出すと其の患者を患者待合室に通す。患者待合室には大鏡を備へ且次の如き受術者の御心得を記したる紙を壁に貼り置く。

受術者の御心得

一、受術者は治療劵の表裏を何囘となく熟讀し含味せられ度候
二、受術の爲め御待合せ中は閉目して深呼吸を致されたく候
三、翌日受術の爲め來會致し難き事情ある場合は其日の受術前に術者に其旨を口頭にて御斷し被下度候
四、催眠の程度が淺きとか又は效果が充分に現はれざるとか思ひたる御方は歸宅の上其旨を治療劵に認め翌日術者に提出せられたく候
　但し前項の件を術者に對して口頭にて述ぶることは堅く謝絕致候
五、施術囘數は術者の意見に從はれ度候
六、受術者にして催眠學上の件に就き質問せんとする場合は通學會員に入會せし上にせられ度候然らざれば一切解答いたさず候

月　日　　精　神　研　究　會　印

斯くて待合室に待ち居る患者を余は來會順に施術室に呼び入れ治療劵と患者とを照合するなり。治療劵には患者が自記したる住所姓名年齡

職業及び疾患の大要が記しあるを以て其れ等の事は問はずして判明す。然らば聞診法に着手するなり。

第二節　急性筋肉僂麻質斯治療の實例

第一項　急性筋肉僂麻質斯聞診の實例

(一)住所職業氏名々齡聞診例

(一)余が催眠術治療を行ふに當り聞診したる實例を述べん。先づ余は努めて精神を冷靜とし、爽快なる態度を以て患者に接す。患者は豫め治療劵を需め其れに姓名住所職業年齡及び病症の大要を記入し其れを提出せる故、其治療劵を手に取りて一覽したれば、問はずして患者の姓名は横山〇〇〇住所は東京市本郷區駒込追分町〇丁目〇番地、職業は學生、年齡は廿七才、病症は手足の痛みなることを知れり。

(二)現在症聞診例

(二)「何處が惡うございます」

「兩手と兩足とが痛んで少しも動かすことが出來ません」

「今も痛んで居りますか」

「痛んで居ります」

(三)發病の年月日問診例

(三)「何日此病氣に罹りました」

「一昨日の午後五時頃」

之に依て疾患は急性なることを知る。

(四)疾患の經過問診例

(四)「病氣が起きたときより今迄何う云ふ風に痛みました」

「學校より歸宅したるに何んだか氣持が惡いから書齋に在つて雜誌を見て居ると兩足と兩手とが急に痛み出しをふして發熱し汗がビッショリ出きました、家族一同驚いて隣の○○醫士に來診を乞ひ、醫士が來たときは既に寢たきりで手も足も動かすことが出來なくなりました、醫士は急性筋肉僂麻質斯と診斷し藥を吳れたが痛みが去らず、時々聲を揚げて泣く程痛んで困ります、時に催眠術治療は此う云ふ病氣には效があると云ふことを聞き、參つた次第で」

と語未だ終らざるに附添人曰く。

「當人(患者を指す)は日頃頭痛がすると申し乍ら勉強が嗜きで、夜も十二時頃まで机に凭れて讀んだり書いたりして居ります、日曜日も餘り遊びにも行きませんが、强情で父母の云ふことを馬鹿にして自分は餘程豪い者の如く思つて居ります、同じ兄弟でも此れの姉はお轉婆で芝居と饂飩が嗜きで饂飩と云へば四杯傾けます、其れと異り此れは饂飩は大嫌で「きんつば」が大好物で梅の花の畫を上手に畫きます」

患者又は附添人中檢診上に不必要のことをくだくだしく噺すものあり、而して却て必要のことを噺し漏らすものあり、其場合に術者は不要と思ふことにても患者の云ふことをば眞面目に耳を傾けて聽くを可とす。然ると共に檢診上必要のことをば漏らさず語らしむる樣に誘導するなり。患者或は附添人に多く語らしめ其れを能く含味すると患者の精神狀態が看破し得らるゝものなり。催眠術治療に就ては患者の精神狀態を探ることが最も肝要なり。若し患者が催眠術治療を行ふに不適當の精神狀態なるときは、催眠術治療に適する樣の精神狀態に代らしむる樣に說明するなり。

今噺した附添人の噺の中に患者は日頃强情にして父母を馬鹿にすると云へり。其れは現在症たる急性筋肉僂痲質斯には關係なきも、其れを矯正せざれば例令肉體上の疾患は治するも精神上に斯る缺陷ありては、患者の立身上に於て肉體上の疾患以上に妨げとなる。故に其患者に對して其强情を去り父母を尊敬する樣に暗示する必要あることを確めり。

或種の病人は幻覺錯覺を起すことあり、其場合は健康體の者の感ずる處とは異る事を心得置きて、患者の訴ふる處をよく聽きて其幻覺又は錯覺を消滅せしむる樣に暗示するを要す。

例へば爰に被害妄想患者あり、患者は女が魔法を使ふて自分の手足を痙攣させ、以て自分を苦しむるとて騷ぐ、其患者には幻覺にて其女が見え幻覺にて身體に觸覺を生じ以て痙攣して苦しむ。其有様は健康體の人が實地然う云ふ場合に相遇したると少しも異らず、由て其場合には術者は「如何にも女が魔法を使ふて君を苦しめて居る、其女は實に惡い奴である、私は其女を退治して再び君に害を加へることが出來ぬ樣にしてやる、如何程彼の女が魔法を使ふても君の身體に少しも感ぜぬ樣にしてやる」と云ふて、其通に暗示する如き之なり。若し其場合に單に物質的にのみ考へて「君は女が魔法を使ふと云ふも其んなことが事實あるものでない、其れは君の思ひ違ひである」と云はんか、患者は實在せると同樣に感覺し知覺し居る故、此人には譯らぬ、共に語るに足らぬとして仕舞ふ。即ち患者は其人を信用せざることとなる、從て其人の治療は効果を擧げ得ざることとなる、之れ大に鑑むべきことなり。

(五)疾患の原因問診例

(五)「病氣は何にが原因で起きたと思ひますか」

「何にも心當りはありません」

(六)遺傳の有無聞診例

(六)「血族親の中で病氣に罹りし人はありませんか」

「私の祖父は健康でしたが祖母は年中病人で、常に頭が重いの腰が痛いのと云ふて醫者通ひをして居ります。父は病氣をして寢たことはないが酒飲みで非常な癇癪持です、母は猜疑深くしてヒステリーに罹りて居ります。其他姉一人弟一人妹二人あるも兄弟は醫者にかゝる程の病氣になつたことはありませんが、感冒を引いたことは時々あります。」

此答によりて病氣の素因は遺傳なることを確めたり、よりて遺傳素因消滅の暗示をなす必要あることを心附けり。

(七)既往症の有無聞診例

(七)「以前病氣に罹つたことはありませんか」

「感冒に罹ります位のことで其外別に病氣に罹つたことはありません。先年十六歲の時下男が薪を切る傍に遊んで居り、木片が左手に飛び附きて大負傷をなしたことがあり、今は其處は全治したるも何うかすると其處が今でも少し痛むことがあります」

「感冒《かぜ》は時々引きますか」

「毎年冬春屹度感冒《かぜ》を引きます」

此答によりて現在症たる急性筋肉僂麻質斯の原因は外傷と感冒とにあることを推測す。依て外傷を受けし處は全く根治したとの暗示をなし、又皮膚は強固になつたから感冒にかゝらぬと暗示する必要あることを確めり。

(八)嗜好物の有無聞診例

(八)「酒か煙草か何か嗜好物はありませんか」
「酒は以前五合位飲みしも酒を飲むと惡いことを覺りて斷然禁酒し、又飲み初めしも又惡いと感じ、今では少しも飲まずに居るも、煙草は惡いと思ひつゝ廢められず、今では敷島煙草を日に二個宛缺かさず喫んで居りますから、此煙草が廢む樣に御施術ありたし、又茶を好んで朝夕一二杯宛喫しまするも害はありませんか。」

「茶は朝夕一二杯位なれば敢て害なきのみか却て健康を増す效があります、辛味の物は好みませんか」

「唐辛は嗜きませんが、辛漬及び山葵を嗜きますも、餘り澤山食すると害あると聞きましたから今では成るべく食はぬ樣にして少ししか用ひません」

之れ等の問答によりて喫煙を禁ずる暗示を與ふる必要あることを確めり。患者の中には酒精中毒或はニコチン中毒の爲に皮膚及び眼球に變常を來たせるものあり、注意すると直に其れと判明するものなり。

(九)食慾の進否及び便通の適否聞診例

(九)「食物は進みますか」

「進みませぬ」

「便通は適度に有りますか」

「便通は三日に一度位しか有りませぬ」

此問答によりて食慾を進め便通を整へる樣に暗示する必要あることを

確めり。

(一〇)睡眠ノ能否聞診例

(一〇)「夜はよく眠れますか」

「以前はよく眠れましたが此病氣に罹りてよりは夜も時々劇しく痛む故目が醒めて眠れません」

此問答によりて夜はよく眠れる樣に暗示する必要あることを確めり。

(一一)既往療法の聞診例

(一一)既に患者は醫士にかゝりしことと、醫士は筋肉僂痳質斯と診斷したることをば前に聞きて明かなるを以て此の點に附ての問答は省略せり、
「醫士は何ふ云ふ治療をしました」

「塗擦劑と散藥を與れ、患部に溫罨法を行ひましたが、疼痛甚だしくして堪へられぬと云ひたれば、局部に皮下注射をせられました、注射して貰ふと暫時は痛みを忘れて居るも、又忽ちにして痛み出して困ります」

「今痛んで居りますか」

「宅に居りしときは痛んで堪へられなかつたが、先生の顏を見たら大に快

くなりて今は少ししか痛んで居りません」

此答によりて、醫士は筋肉僂麻質斯の治療法たる塗擦劑と散薬と溫罨法とを行ひ、最後の手段たる「モルヒネ」の皮下注射を行ひたることを知る。稀には醫士中眞に此患者は或病症と信じ居りて其治療を行ひ乍ら、種々の事情により患者に都合のよき病症を云ひて眞に其醫士が信ずる病症を云はざることもあり。其場合をば術者たる者は觀破すべき丈の能力を具ふるを要す。

(二)「催眠術治療を受けしことがありますか」

「昨年或催眠術家に就きて施術を受けましたが少しは手と足が重い樣に麻痺した樣に思はれしも、術者の語も周圍の音もよく判りて居つた、然るに術者は汽車に乘つて大阪見物に行くのだと云ふて、そら汽車に乘つた今汽車の走る音がすると云ひつゝ算盤をがた〳〵鳴らした。私は笑止に堪へなんだけれども、堪へて知らぬ顏をして居りました云々………」

(三)催眠受術の有無問診例

（三）醫術治療と催眠術治療との衝突を避くる法

此問答によりて患者は前に拙劣なる催眠術者に就き施術を受けたることを知る、前に施術を受けしときによく感じたる者は後に術者が代りて施術するも容易に感應するを普通とす、此患者は前の施術に於て感應を充分に認めざる故今回の施術に於て催眠せしむることと困難なることを察せり。即ち此患者は催眠せしむるに困難なると思ひし故困難なる者をして催眠せしむる催眠法を行ふ必要あることを確めり。

爰に一つ注意し置くべきことあり、患者中醫者に就き藥物治療を受けつつ催眠術者にも罹り催眠術治療をも併用せんとする場合には、醫者も術者も共に他の治療を受くることを妨ぐべからざることと之なり。例へば醫者にかゝりつゝある患者にして更に催眠術者に就き催眠術治療を受けんと思ふときは、其旨を主治醫に噺して主治醫の意見を聞く、其時主治醫は催眠術治療を猥に妨げずして却て賞揚する樣にせられたきものなり。又催眠術者につき催眠術治療を受けつゝある患者が更に醫者にかかゝりて醫術治療を受けんとする場合にも、又其ことを催眠術者に噺したるときは成るべく醫術治療を受くることを妨ぐべからざるは勿論、却て醫術治療を併用せしむる樣にすべきなり。催眠術治療と醫術治療とは衝突することは絕對になきを以て安心なり。然るを術者なり醫者なりが單に感情や營利のみによりて他の治療を攻擊し中傷する如きことあらば、其人の品性の低きを表白することとなりて、其結果は其人の信用を缺き效果を揚ぐることを得ずして終るに至るべし。之に由て醫者は催眠術治療を賞揚し、術者は醫術治療を激賞し、以て互に效果ある樣に暗示し合はゞ其結果は必ず大なるものあらん。

余曾て醫者にかゝりつゝある或る患者が出張施術を乞ひしにより「主治醫に催眠術治療を受くることを噺しましたか」と尋ねたるに「噺すと彼の醫者は催眠術治療を攻擊するから噺はしませぬ」と答へたり。由て「催眠術治療に適應せる疾患故、確に癒るから受術のことを主治醫に噺しての

（一四）攝生法聞診例

後に受術するが順序だ」と云ふて其趣を主治醫に噺させ主治醫の承諾を得、主治醫立會の上にて施術し全治せしめたることあり。

（一三）「攝生法を何かやりましたか」

「醫者が命じたる通り消化し易き滋養物を食ひ、牛乳と鷄卵とを用ひて居ります、牛乳は毎朝一合鷄卵は毎食時一個宛を用ひて居ります」

「其他醫者は何にも云ひませんか」

「外には何にも云ひません」

「成るべく室内をば温暖にし空氣を乾燥せしめ置くとよい、私が一回施術すると直に手も足も動く樣になる、然うなつたら動かして見る樣になさい」

「按摩は如何でしよう痛い〳〵と云ふと家族の者が其處を擦つて呉れますが」

「按摩はよい按摩をすると早く治る、然し極めて輕く患部を撫でる丈にするがよい、強く揉むと却て害があります」

「溫泉療法は如何でしよう、或人は溫泉へ行くと直に治ると申しますが」

「溫泉もよいが目下の樣に重症では溫泉へも行けぬ、ずつと治つてから行く方がよい」

是れ等の問答によりて患者の行ひ居る攝生の程度は略々明かとなれり而して患者が未だ行はず氣附かざる攝生法をも注意したり。而して按摩は極く輕く撫づるに止め決して強く揉みてはならぬことと、手と足とは少しづゝ動かして見ると暗示し其通りなさしむる必要あることを悟れり。

（一五）精神障害の有無聞診例

（一四）「精神を苦むることが何かありませんか」

「私は日頃人に噺せぬ女のことで心を苦めて居り、夫れを忘れんとしても忘るゝことが出來ぬ、其れをどうか忘るゝ樣に共に御施術ありたし」

此答によりて患者は戀によりて煩悶せることを知る、此煩悶は現在症とは直接の關係はなきも、催眠術治療は患者の精神の缺陷を治する方法なる故、精神上に缺陷あることを認めたるときは其れを矯正すべきなり。即ち患者が惱める戀の苦悶を消失せしむる暗示をする必要を感ぜり。

「學校は何處の學校へ御通學です」

「神田の〇〇大學校へ」

患者と種々の談話を試むると其噺の中に其人の性質を知ることを得るものなり。長上を侮る性質の者は最も感化しにくき患者なり、長上を侮る癖、人の氣に懸ることを口にするを何とも思はぬ癖、自分勝手の强い癖、人の云ふことに注意せぬ癖、其他の惡癖の有無を探り出し、惡癖あることを確めなば其れを除去する暗示をなすなり。聞診法は之にて止め次に望診法を行へり。

第二項　急性筋肉僂麻質斯望診の實例

望診法は曾て詳述せり依て爰には單に其結果のみを記すに止めん。前項に述べたる如く聞診したる處の急性筋肉僂麻質斯患者を望診したるに左の如くなり。

（一）體格望診の結果

（一）體格は中等にして筋肉の締りも甚だしく惡からず、故に囘復は早きと認めたり。

（二）體質望診の結果

（二）體質は怜悧にして敏捷相に見えたるも、少しのことに怒り腹立ち易き風見えし故、神經質と診斷せり。故にさもなきことを苦にする處の神經質を治する暗示をする必要あることを確めり。

（三）營養望診の結果

（三）營養狀態は筋肉の發育中等なるも皮下脂肪組織缺損し居り皮膚蒼白色を呈せり。故に營養を進むる必要を感ぜり。

（四）容貌望診の結果

（五）患部望診の結果

（四）顏色蒼白にして眉間に縱皺を生じ苦悶の狀歷然たり。故に苦悶除去の暗示をする必要あることを確めり。

（五）患者を寢臺に仰臥せしめ。

「手は何處が痛みます」

「此處」（肘を指す）

其兩肘を檢するに少し腫脹の氣味ありて浸潤を帶べり、其處を輕く壓し試み。

「痛みますか」

「ア、痛い」

「足は何處が痛みます」

「此處」

と云ひつゝ示したる兩足を見れば、下腿部にして、腓腸部より脛前にかけて、筋肉は腫脹し赤色を呈して熱あり且浸潤せり。

由是觀之確に急性筋肉僂麻質斯なることは明なり故に其局部の苦痛を除き腫脹を去り及び熱を去らしむる暗示をする必要あることを確めり。

第三項　急性筋肉僂麻質斯三容態檢診の實例

（一）呼吸脈搏及び體溫檢診の結果

爰に云ふ三容態とは呼吸脈搏及び體溫の容態を云ふ、此三容態を檢診する法は曾て詳述したるを以て、是れ又爰には單に其結果のみを掲ぐることとせん。即ち前項に於て望診せる處の急性筋肉僂麻質斯患者の呼吸脈搏及び體溫を檢診したるに、

一、呼吸は三十回。
二、脈搏は八十回。
三、體溫は三十八度。

を示せり。依之患者は重症なること明白にして次の暗示をする必要あ

ることを確めり。「呼吸の數は減じて二十回になる」「脈搏の數は減じて七十回になる」「體溫は減じて三十七度となる」と暗示する必要あることを確めり。

患者の疾患が治すれば治するに從て三容態は平常に復するを本則とす。然し單に疾患が治すると云ふ暗示に停めずして、此三容態を平常に復する樣に暗示することは生理的の異常を平常に復することとなる、故に實驗上其結果は最も良好なり。

以上にて急性筋肉僂痲質斯患者に對する檢診法は終了せり。此檢診の結果に依れば如何なる催眠法をとり、如何なる暗示を與ふれば可なるか、節を改めて之を詳述せん。

第三節　急性筋肉僂痲質斯治療暗示の實例

余は前節に於て述べたる如く檢診せる處の急性筋肉僂麻質斯患者に對して愈々施術に着手せり。此患者は檢診の結果催眠せしむること困難なりと推斷せる故、BA催眠法を準用して行ひ、催眠程度の深淺を檢したるに止動狀想を呈せり。依て治療の暗示をなすに充分なる催眠程度となれりと認めたるを以て治療の暗示をなせり。

(一)模範的治療暗示例

言ふ迄もなく暗示は悉く學理上の根據あるを要す、一言の暗示と雖も學理上の根據なき暗示をなすべからず、嚴格に云へば唯一言と雖も學理上の根據なき暗示をなさんか、其施術は誤れるものにて其結果は時に寒心すべきものなしとせず、之れ暗示に就ては大に研究を要する所以なり。

余が此患者に對してなせし暗示を三大別して見ることを得、卽ち豫備暗示、本則暗示、警戒暗示之なり以下に之を述べん。

(二)豫備暗示と何ぞや

(一)豫備暗示とは治療暗示中豫備の意にて與ふるものなり。卽ち、

「周圍の物音術者の言葉一々聞えて居ても確に催眠して居る……何に

(三)施術中周圍の音聞え居りても催眠狀態なりと信ぜしむる暗示例

(四)暗示をよく受け入るゝ樣にする暗示例

も蚊もよく分つて居ても確に催眠して居る」

と暗示せり。催眠狀態中恍惚狀態及び止動狀態は未だ現在精神にて周圍の物音術者の言葉聞えて居り、多くは何にも蚊も分つて居る、故に未だ催眠せずと思ひ居るものあり。催眠術治療の效果ある前提條件は催眠することとなり、然るに催眠せざる故無效なりと結論否觀念す。斯く觀念すれば觀念の通りに眞に無效となる。反之周圍の物音聞え何にも蚊もよく分つて居ても確に催眠狀態なり、從て效果は確にあると觀念すれば、眞に其觀念の通りに效果あり、之れ此暗示の必要なる所以なり。

「君の人格は高く品行は方正だ……決して人の感情を害する樣のことは云はぬ……私の云ふことをよく守る……私の云ふことをよく守るから君の病氣は屹度治る」

と暗示せり。

稀には患者中術者の暗示に反對の觀念を抱きて治療の暗示を無效なら

しむるものあり。又は患者中間違つた自分考へが強く働いて、術者の暗示に注意せず治療の暗示を無效ならしむるものあり。自分の不注意不心得より治療の暗示を無效に終らせしことを悟らずして術者の施法を惡評するものあり。其惡評は術者の信念を害し惹ては他の患者の信念をも損し、其害の及ぶ處實に至大なり。由て術者は爰に深く注意し、患者が若し不感に終りしとか無效に終りしとか感ずることあらば、其罪は患者自身にあることを悟らしむべきなり。患者は大に催眠術を信じ催眠術に感ぜんとの熱望は高くとも其患者の性質上感應鈍きことあり。術者は深く爰に注意し施術の前後に於て能く之れ等の事情を説明し、尚施術中にも注意して此暗示をなし、誤解の爲に折角現はるべき效果を無效に終らしむることなき樣にするなり。

（五）疾患は確に全治すると確信せしむる暗示例

「病氣は確に治る……病氣を心配する必要はない」

と暗示し、確に治すると確信せしめ、且病氣を苦にする心配を除去せり。

眞に斯く確信せしめ心配を除去することを得ば最早其施術は半以上成功せしものなり。

（六）本則暗示とは何ぞや

（二）本則暗示とは催眠術治療上主要の暗示にして直接に疾患を消滅せしむる暗示なり。此暗示は曩に檢診したる症候に對して與ふるなり、故に此暗示は前節に記したる檢診の結果と一々照應の關係あり。研究者は檢診の模樣と暗示の内容とを對照し講究するの要あり。

（七）患部治療の暗示例

余は患者の手の患部を露出せしめ（場所によりては患部を露出せしめず、衣服の上又は上にかけし布團の上より撫ぜることもあり）

「よい血液が循環する」

と暗示しつゝパーキンスを其患部の上に極めて輕く置きて微動し、聽て螺旋形に極めて輕く撫ぜつゝ。

「痛みはとれた熱はとれた」

と暗示せり。斯くてパーキンスを飜して裏を輕く當て。

「痛みも熱も取れ腫れも引いた」

と暗示しつゝバーキンスを傍に置き、右手を患部に觸れ。

「私が今十回撫ぜると痛みは悉く取れる」

と暗示し置き。

「一回…二回…三回…四回…五回…六回…七回…八回…九回…十回其れ痛みは取れた」

と暗示しつゝ極めて輕く撫でたり。

斯の如く左手の患部にも兩足の患部にも交々口頭觸手及び波金の三暗示を行へり。而して、

「私がエイッと云ふと全く健康の人となりて身體中の惡しき處は皆癒る」

と暗示し、氣合術を應用して「エイッ」と大喝一聲せり。

次に余は片手の先きを患者の胃腸部に置き、輪狀に極く々々輕く撫ぜつゝ。

（八）食慾を進め便通を整へる暗示例

「胃腸は能く働きて食物を消化する、食物は甘く喰べらるゝ」と數回暗示し。又患者の腸を指頭にて壓して人工的に腸を蠕動せしめつゝ。

（九）不眠治療の暗示例

「下腹部は柔かとなつた、腸は活潑に働く、腸は活潑に働くから一日に一回は屹度便通がある……夜床に就くと直ぐ眠るゝ、夢を見ず朝迄一睡に眠る、私が今精神を凝めて一、二、三と云ふと、夜はよく眠るゝ人となる」と暗示し置き、下腹部より出したる力ある語にて「一、二、三」と叫べり。以上の暗示は此患者に對しては最も重要なり故に反覆叮嚀に之を與へたり。而して以上の暗示が感應せざる場合は以下に記したる暗示は次回の施術に讓りて以上の暗示のみ尚よく感應する樣に暗示するを普通とす。併し此患者は前記の暗示は皆よく感應したる故、尚以下に述ぶる暗示をなせり。

（一〇）病原除去の暗示例

「先年十六歳の時受けた手の傷は悉く治つた、傷を受けたことのない人と

(二)攝生を遵守すべき暗示例

(三)喫煙癖矯正の暗示例

少しも變らない、……皮膚は健康となつたから寒冒は引かない、……按摩には極く輕く揉ませる、……手も足も自由に動く樣になつたから時々手と足とを動かして見る、……女の爲には一生を誤りたる者が多い、故に女は慕はぬ女の事は少しも心に浮ばぬ、……何事も氣にかゝらぬ、何事も安心する、……消化し易き滋養物を攝る、故に益々健康となる、……煙草を喫み過ぎると衞生に害があることをよく君は知つて居る、故に煙草は爾後斷然喫まぬ、煙草は嫌ひだ、煙草はまずくて喫めぬ、煙草の香がすると不快で堪まらぬ、煙草は斷然手にせない煙草を喫まうとして煙草を手にせんとすると手は痲痺する、……强情の人は世に入れられなくて出世が出來ぬ、君は柔順で人の云ふことをよく守るから人に好かれて出世が出來る……父母を尊敬する人は世人の信用を得る、故に君は父母の命をよく守る、……呼吸は緩かになりて一分時間に二十回となる、……脈搏の數は減りて一分時間に七十回となる、……體溫は下りて三十七度となる」

と反覆暗示せり之にて本則暗示は終を告げ、次に警戒暗示をなせり。

(三)警戒暗示とは催眠術によりて治したる疾患をして、再び起ることとなからしむると共に患者をして益々健康の人たらしむる暗示を云ふ。此暗示をなし置けば一旦治したる疾患は二度び起ることとなし。

「覺醒の後は催眠中よりも一層爽快になつて居る……日を經るに從て益益健康となる……私の術で治つた病氣は再び起きない」

と暗示し、治りし疾患をして再び起ることとなからしめ、且益々健康の人とならしめむとせり、而して。

「君は何事でもよいと思ふことは屹度する、惡いと思ふことは斷然せない、其れ故病氣は取れて益々理想の人となる」

と暗示し、修養法をよく遵守せしめ、以て其人の缺陷を補ひ完全の人たらしめんとせり。

以上述べたる所の余が行ひし暗示を歸納すれば正に左の如くなり。

(三)警戒暗示とは何ぞや

(四)一旦治したる疾患の再發を防ぐ暗示例

(五)向上發展せしむる暗示例

第一段に豫備暗示を以て。

(イ)周圍の音響、術者の言語一々聞えて居ても催眠狀態なり、故に確に疾患は癒ると確信せしめ。

(ロ)術者の言ふ事を能く遵守せしめ以て暗示をよく感應せしめ。

第二段に本則暗示を以て。

(イ)主たる疾患の原因及び症候を悉く消滅せしめ。

(ロ)主たる疾患以外に肉體上及び精神上に存する缺陷を矯正し。

第三段に警戒暗示を以て。

(イ)催眠術治療によりて治したる疾患は再び起ることなからしめ。

(ロ)疾患を除去せしに止まらず、精神上に何等の缺陷なき人たらしむる暗示をなせり。

(六)催眠術治療は肉體の缺陷を治すると共に精神

以て患者をして獨り肉體の缺陷たる疾患を根治するに止まらず、進んで精神上の缺陷をも矯正し完全無缺の人たらしむるなり。若し肉體の疾

上の缺陷を治する必要ある所以

患のみ治して健康となるも精神上に缺陷あらば其人は社會に立つて事を成すの資格缺け、其人の不幸なることは肉體の疾患にて苦悶すると大差なし。故に假令其事に就ては殊に依賴なくとも併せて暗示するを要す。精神上の缺陷は常に肉體上に及ぼすもの故精神の缺陷を省みず肉體のみ健全ならしめんとするも能はざる場合多ければなり。催眠術治療は醫術治療とは大に趣きを異にし、或點に於ては敎育及び宗敎に近似せる所あるを知るべし。之れ催眠術者は人格の養成を必要とする所以なり。其は扨て置き前述の諸暗示は悉くよく感應したるとを確かめしにより爰に於て覺醒法を行へり。覺醒法としては精神的心理的及び生理的の諸法を併用して行へり。然ると患者は覺醒して起き上れり。

（一七）施術後に尙痛み殘り居りしとき其痛みを除去する暗示例

「今身體中何處も痛むところはありませんか、若しあれば取り除いて上げます」

「何處にもありません」。

「手は自由に動くから動かして御覧ん」

患者手を頭上に上げ又は背後に廻して試むるに自在なり。

「足もよくなつて居るから歩むで御覧ん」

患者恐る〳〵歩み。

「まだ少し痛い」

「何處が痛む」

「此處」

と患者の示したる處へ余は手を當て、電氣が感ぜし如く微動を與へ、精神を凝むること暫時にして。

「最う痛みは取れた」

と暗示し、患者に向ひ室內に掛けある西洋畫の額面を指し「彼を見て居る」と云ふて見さし置き、患者の手を握りて室內を歩ましめたるに患者は足の痛みを少しも知らずに室內を左右前後に歩めり。

「此通りよく歩ける、之より益々よく歩ける」と暗示したれば、患者は歸るときは痛みを知らずに嬉々として辭し去れり。

（六）第二回目の施術と第一回目の施術とにより其催眠法及び暗示法を代ふべき場合

以上にて第一回の施術をなしたる次第を詳述せり。第二回目以下の施術は第一回に行へる施術法を準用して行ふなり。故に第二回目以下の施術の摸樣は第一回の施術の折と大差なし。故に其顚末の詳記を省略して唯第二回目以下の施術の折殊に注意すべき點のみを左に述ぶることゝせむ。

第一回の施術にて充分の催眠程度に進みたるときは、第二回目の施術の場合には催眠法に就て別に苦心し改良する必要なきも、若し第一回の施術に於て催眠淺くして充分なる催眠程度に進まざるときは、第一回の折行ひし催眠法の形式に對して患者が如何なる感覺を起したるかを訊ね、患者の答に基きて第二回目の施術の折は第一回目の施術に對する感應の工合に鑑み、其患者の性質に適合する催眠法を行ひ、以て治療の暗示をなすに充分なる催眠程度に進むるなり。若し第二回目の施術に於て尚催眠の程度淺くして不充分なるときは、尚更に第三回目第四回目第五回目と回を重ぬる毎に工風し以て充分に効果を擧ぐる迄は改良して止まざるなり。

暗示に就ては第一回の施術の折與へし治療の暗示は如何に感應せしか、患部は如何に變更せしかを檢し、第一回の施術の折に與へし暗示感應の工合に鑑みて第二回目には暗示を改良し工風して與ふるなり。第三回目以下の施術の場合も亦之を準用するなり。

第四節　脊髓癆治療の實例

第一項　脊髓癆檢診の實例

（一）脊髓癆患者に對する問診法

「年齡三十五歲になる某會社員脊髓癆に罹り余を訪ふて施術を乞ふ。

「何處が何う惡ふございます」

「誠に御恥しき次第ですが、今を去る六年前梅毒に罹り、其れが原因で昨年の十一月卽ち今より六ヶ月前に大腿に强度の電氣が感じた樣な痛みを發し、腰より脊にかけて帶にて締めらるゝが如く痛みて堪えられず。由て大に驚きて或病院の診察を受けたれば、脊髓癆にして原因は梅毒であると云はれました故、病院に入院し、梅毒は六百六號の注射を受けて全治し脊髓癆も餘程癒り今では大なる痛みは癒りしも、兩足痲痺して何を觸れても少しも感ぜず、步行は蹣跚として正しく步めず、杖を突いて漸く步ける位で、此頃は又小水が漏れる樣になつて實に困ります。入院中院長さんに何週間位入院して居つたら全快しませうと尋ねたれば、一ヶ年位入院して御覽ん治る見込があるからと申された故、一ヶ年入院して居たら屹度引受けて治して吳れますかと念を推したら、確く引き受けることは出來ぬと云ひました、其れでは私の經濟が續かぬから其病院を退院し、先生の御治療を願ひに參つた次第であります」

「よく譯りました私は日に一回宛施術をなし十二回にて必ず引受けて全治さして上げます」

「誠に有難ふございます、私は十二日間參りて御施術を願ひますから、何卒宜敷願ます、唯私は毎日參れません事情がありますが間をおきては如何です」

(二)毎日受術に來ること能はざる者は如何にすべきか

「間を置きて施術を受けると毎日一定時間に施術を受けるよりも效果が少し減るから成るべくは毎日引續いて參られたし。若し引續いて參られぬときは施術の前に當り明日は參れぬも幾日の日參ると斷されたし、然らば其積りに施術を致しますから」

「明日は休み明後日參りますから、其御積りにて本日御施術を願ひます」

「明日來られませんければ今日其積にて施術します、して催眠術治療を受けたことがありますか」

「一度もありません」

之にて診察を終へ催眠法及び暗示に取りかゝれり。

第二項　脊髓癆治療暗示の實例

患者は催眠感性高きことを外貌によりて推知せり、催眠法は喝棒法を行ひ催眠深淺の判定をなしたれば、眠遊狀態となり居れり。依て次の暗示をなせり。

(一) 類似法の暗示例

(一)患者の兩腕を術者の兩手にて手の先より肩に向つて逆に輕撫しつゝ。
「兩腕は痲痺した動かすことは出來ぬ」

と暗示したら、眞に患者の兩腕は痲痺して動かすことを得ざりき、依て今度は兩腕を肩より手の先に向つて順に輕撫しつゝ。

「兩腕の痲痺は取れて自由に動く」

と暗示したら眞に自由に動けり。

「私の云ふ通りに、兩腕は麻痺したり麻痺が取れたりする、私が脊髓癆は癒ると云へば確に癒る、兩足及び身體の惡い處は悉く癒つた」

と暗示せり、此れ即ち類似法の應用なり。

(二)心力法の暗示例

(二)余は姿勢を正し精神統一印を結び。
「患者の脊髓癆は必ず癒る」

と精神力を强烈に集注せり、之れ即ち心力法を行へるなり。

(三)口頭法の暗示例

(三)「梅毒は根治した、脊髓癆は悉く治つた、兩足の麻痺は取れて輕く歩める、膀胱の括約筋はよく働いて膀胱の口を〆るから小水は漏れぬ」
と暗示せり、之れ即ち口頭法を行へるなり。

(四)合圖法の暗示例

(四)「私が一、二、三、と云ふ三と云ふと共に身體中の惡しき處は悉く消える」
と豫告的の暗示をなし置き、心力を凝めて一、二、三と云へり。之れ即ち合圖法を行へるなり。

(五)氣合法の暗示例

(五)「私がエイッと一聲叫ぶと君の兩足の麻痺は取れて活潑に歩むことが

出來る」

と豫告的の暗示をなし置き、心力の罩れるエイツの一聲を發せり、之れ氣合法を行へるなり。

(六)觸手法の暗示例

(六)「麻痺は取れたから私が手を足に觸れるとよく感ずる」
と暗示しつゝ手を患者の足に觸れたり。

「樂に歩めるから歩む」

と暗示しつゝ患者の手を執りて室内を歩ましめたるに、樂に歩めり。之れ觸手法を行へるなり。

(七)波金法の暗示例

(七)波金斯を以て患者の脊髓を輪狀に輕擦しつゝ「脊髓痨は癒つた」と精神を凝らせり、又麻痺せる兩足を波金斯にて輕撫しつゝ「麻痺は取れた」と心力を集注せり、之れ波金法を行へるなり。

(八)音樂法の暗示例

(八)「私が手風琴を以て鐵道唱歌を謠ひ乍ら彈く、其れを聽くと病氣で困るとの考へは以後起きない」

と豫告的暗示をなし置き、手風琴を以て鐵道唱歌を謠ひながら彈けり。之れ音樂法を行へるなり。

(九)發聲法の暗示例

(九)「脊髓癆は確に癒つた、身體中何處にも惡い處はない、若し何處なりと惡い處があればあると述べる」

と暗示したれば患者ば。

「頂窩《はんのくほ》が麻痺して居る」

と言へり、依て余は頂窩に波金斯を當てゝ輕擦しつゝ。

「麻痺は取れた、取れたでしよう」

「麻痺は取れました」

「脊髓癆は癒つたと力を凝めて十回云ふ」

と暗示したれば、患者は眞に力を凝めて。

「脊髓癆は治つた、脊髓癆は癒つた」

と十回云へり。之れ發聲法を行へるなり。

(一〇)變換法の暗示例

(一〇)「私が君の肩を三つ叩くと君は健全無病なる勇壯快活の人と變換する」

と暗示し、肩を三つ叩きたれば人格は變換して健全無病なる勇壯快活の人と人格一變し、意氣揚々として愉快に堪へざる者の如し。

「君は生れてより病氣に罹りしことは有りませんか」

「ありません病氣とは何んなことか少しも經驗はありません、此通り丈夫の身體ですから」

(二)覺醒後の强烈暗示例

「覺醒すると尙一層無病健全な勇壯快活の人となつて居る、明日施術を休むでも決して施術の效力は消えぬ」

と暗示し、精神的の覺醒法を行ひたれば直に覺醒せり。催眠中は低き柔かなる言語にて暗示せしも、覺醒せしむると同時に余は强烈なる言語を以て。

「脊髓癆は治つた、麻痺は取れた、足は確りして樂に步める、小水は漏れぬ」

と暗示したれば、患者は爽快の動作となり次回の受術を約し嬉々として辭し去れり。

此實例は檢診法は甚だ簡短にして不充分にあらざるかと思はるゝ者あらんも決して然らず、催眠術治療を行ふ爲めの檢診法としては如斯簡單なる法にて充分に事足る場合多し。此實例に於ける暗示は模範的に十個の形式を順次悉く行へり、斯くの如く十箇の暗示形式を悉く行ひ盡して治せざるものは殆んどなし。斯く十箇の暗示形式を悉く行ひ盡すには患者は模範的の催眠感性を具へざれば能はず、然るに模範的の感性を具備する者は實際に於て其數少なし、之れ術者の常に遺憾とする處なり。

第五節　吃音治療の實例

第一項　吃音檢診の實例

(一)吃音の原因と症候とを

年齡十九歳になる某伯爵の令息余を尋ね、吃音を矯正せられたしとて施

明にする聞診例

術を乞ふ。

「如何云ふ風に惡ふございます」

「僕は少年のときは普通の人と少しも變らぬ樣に辯が廻りしも、十七歲のとき友人に吃音の者があり、其眞似をしたら自分も吃音になつて仕舞ひました。而して昨年或る事にて非常に心痛し、加ふるに中學卒業試驗を優等にて受けんと欲し日夜勉强をせし故か、近頃は非常に吃音が重くなり、人と噺をすることが大に苦になり、寢ても起きても吃音のことをのみ苦にして忘れられません。人を尋ねても其人の姓名を云ふことが出來ず、唯ボンヤリ玄關先に立つて口をのみ動かし焦つても少しも言へないことがあり誠に困ります」

と吃りつゝ辛くも述べたり。

「言葉の中にて殊に云ひ難い言葉がありますか」

「別段に云ひ難き言葉はありません、何れも皆同じ樣に吃ります」

「何にか療法を試みたとがありますか」

「何にもありません」

「君一人にて誰も居らぬ處にて發言するときと、大に尊敬すべき人の前にて發言すときとによりて違ひがありますか」

「大に違ひがあります、自分獨で獨演說を試むると、少しも差支なく出來る然るに尊敬すべき人の前とか、又は多人數居る席で吃りて笑はれては困る、と思ふと最早吃りて如何とも言葉が出來ませぬ」

（二）催眠術のみにて治し得る吃音と否との區別

此答によりて患者の吃音は精神的にして生理的にあらざることを知る精神的の吃音は、催眠術治療によりて確に治するも、生理的のもの卽ち發聲器中に生理的の異常あるものは、其異常を治したる後にあらざれば完全に治することを得ず。然るに患者は生理的の異常なきこと明かなる故、余は確に催眠術治療のみにて治し得ることを確めたり。

第二項　吃音治療暗示の實例

（一）術者の言葉周圍の物音よく譯り居る程度の催眠者に與ふる暗示例

此患者は外貌の視察のみによりては、催眠感性の高低不明なる故患者の身體に手を觸れて催眠感性の高低を試驗したるに感性甚だ低し、よりてBA催眠法を行ひ催眠深淺の程度を窺ふに第一期の恍惚狀態となりしに過ぎず。　恍惚狀態にても相當に效力あり、然し恍惚狀態は催眠淺き故被術者自身にては催眠せしか否か殆んど分らぬ位なり、故に余は左の如く暗示せり。

「私の云ふこと及び周圍の音がよく聽えてよく分つて居ても確かに催眠して居る、依てよく感應する、君は人格が高い其れ故よく催眠する、周圍の音や私の言葉が一々よく聞えて居ても確かに吃音は治る。　吃音は治ることに確く決まつた、最早吃りて困るとの心配は無用となつた、君は辯者となつた如何なる人の前に出ても自分一人で居るときと同じ樣にすら

(二)氣合術應用の暗示例

すらと噺が出來る。私が今大聲にてエイッと氣合をかけると君は非常の辯者となり、辯のよいことを人に誇り得る樣になる」

と暗示し置き、エイッと氣合を一聲又二聲三聲かけたり。而して、

「君の身體中何處も惡い處はない、覺醒の後に噺をして見ると、すら〳〵とよく噺せる」

(三)再三覺醒法を行ふも覺醒せざるときに與ふる暗示例

と暗示し、併合的覺醒法を行ひたれども患者目を開かず。再び三たび覺醒法を行ひたるも目を開かず。

「足も手も自由に君の意の儘に動く、目も君の意の儘に樂に開くことが出來る」

と暗示したれども未だ目を開かず、故に。

「目は開けば直ちに開ける、けれども眠くばゆつくり、眠つて居てもよい」

と暗示したれば、患者はパッと目を開き起き上りて。

(四)患者が施術後私は催眠

「今私は少しも催眠したとは思ひません、先生の云ふこと及び周圍の音は

せざりしと不平を漏らせし時は術者は如何にすべきか

よく譯つて居りました」

「君は施術前に比して言葉は甘く出來る、催眠中私の云ふことがよく譯つて居り周圍の音がよく聞へて居りても、確に催眠狀態である。催眠狀態であるか否やは六ケ敷問題にして專門家に一任して顧みない方がよい。唯君は施術を受くると夫れで治するとのみ思ふて居ると必ず治る。彼の耶蘇の衣へ重病人の手が觸れたら夫れで重病人は治したと云ふ奇蹟がある、其奇蹟と催眠術治療の現象は同一である、物質的の目を以て耶蘇の奇蹟を見ると、治する理由は判らぬ。而し哲學及び心理學の上より見れば確に治する根據がある、催眠術治療も又其れと同樣である、故に催眠したとかせないとかの考へは一切去る方がよい。唯術を受けさへすれば治するとのみ思ふて居なさい、然れば屹度君は辯者となる、現に施術前より餘程辯が甘い尚二回施術を受くると全く吃音は悉く取れて仕舞ふ」

「さう云はれると成る程施術前より餘程辯はよく成つたと思ひます」

（五）吃音者の守るべき五ヶ條の攝生法とは何ぞや

「攝生法を守ると早く治する其の法として。

第一にはアイウエオの五十音を縱橫に發音を正しく練習すること、凡ての日本語は五十音を以て成立して居る、故に五十音を連續して正しく發音することを得れば如何なる語にても自在に出來得る道理である。

第二には友人と快談すること、音讀すること、詩歌を高聲にて吟詠することである。さうすると音聲を巧になし得るに至る。

第三には深呼吸をすること、深呼吸をすると橫隔膜の働きが活潑となつて音聲がよく出來る樣になる。

第四には常に精神を下腹部に留めて頭腦を冷靜とすることである。然ると心が落ち附いて自然によく言語を發することが出來る。

第五には自分は辯者となつた、決して吃らない、言語はすら〳〵と出來ると勉めて確信し、人に其趣きを噺すことである。實際自分は吃りで困ると思ふても決して吃りで困ると人に語らず、吃音は治つたと人に噺すと

（六）第一回の施術に催眠淺かりし患者を第二回目の施術に於て深く催眠せしめし實例

よい、然ると眞に其通りになるものである。彼の商人が實際は賣れぬ品をよく賣れる、此品は如何程仕入ても忽ち賣れ盡して何日でも品切だと云ふと、其品がよく賣れる如きは卽ち之と同樣の理である」

「よく御教訓を守りましよう、明日又御願ひに參りますさよなら」

此患者は第一回の施術に於て催眠程度甚だ淺かりし故、其翌日第二回目の施術を行ふに當りて大に苦心して力心催眠法を行ひたれば眠遊狀態に進めり依て、

「私が三回君の頭を撫ぜると君は噺家に變換する」

と暗示し、三回頭を撫ぜたれば全く噺家の人格に變りて、態度一變せり。

「爰は席亭である得意の噺を一席辯ずる」

と暗示したれば、催眠者は流暢に辯ぜり。

「私が一、二、三と云ふ三、と云ふと同時に君は元の○○君に變換する、○○君に變換すると噺家にてありし時より尚一層辯が廻る」

と暗示し、一、二、三と云ひたれば元の○○君に變換せり。

「君は能辯だから演説を上手にやる」

と暗示したれば催眠者は流暢に演説せり。

「覺醒後は催眠中よりも尚一層辯がよく廻る」

と暗示し覺醒せしめたれば、覺醒の後は眞に暗示の如くに能辯者となれり。

此實驗例は獨り吃音治療の參考となるのみならず、第一回の施術に於ける、淺き催眠者に對しては催眠中と催眠後とに如何なる暗示及び說明を要するかを示し。第二回目の施術に於て深き催眠者に對しては、催眠中に言語を發せしめて疾患を治すること、及び人格變換を治療上に應用する例を示せり、讀者は此點に深く御注意ありたし。

第六節　遺尿治療の實例

第一項　遺尿檢診の實例

一日十九歳になる豪農の令孃が其母親と共に施術を受けんがために余を訪ね、令孃は受付所につき治療券を需め指定通りに記入して差出せり余は其治療券を手に取り見たれば其令孃は神奈川縣〇〇郡〇〇村〇〇番地〇〇〇〇子十九歳にして寢小便癖を治せんがためなり。寢小便の如き吃音の如き爪を嚙む癖、毛蟲が嫌ひの癖の如きは癖にして病氣にあらず、從て治療と云ふべきものにあらずして矯癖と云ふべきものなりと云ふ論者あるも、癖も又其心身に異常あるものの故擴義に於ける疾患なり故に治療と云ふて差支なし、之れ余が治療例として前記の吃音及び寢小便を爰に揚げし所以なり、殊に寢小便は癖と云ふより病と云ふ方が穩當と思はる、何者膀胱の括約筋の働きに異常あるものなればなり。

(一)癖と病との差異

「お孃さんは幾歳のときより此病氣に罹りました」

令嬢は默せるも傍の母親曰く。

「小さい時よりです、大きくなつたら癈むと思ひ居りましたに、此年になつても未だ止みません」

「毎夜ですか又は稀にですか」

「大概の夜やります、寢所でしてはならぬと思ひ夜呼び起しても何うしても目が醒めませぬ、色々として起して便所に伴れて行きても寢ぼけて小水をせずして歸りて寢て仕舞ふ、すると間もなく、寢所を濡すと云ふ始末です」

「何にか治療法をやりましたか」

(二)遺尿の症候

「醫者にも永く罹り賣藥も久しく飲み、電氣療法もやり、神信心も致し、其れに肉類を喰べ腰を冷さぬ樣にするとよいと聞き、牛肉を三度三度喰べフランネルの腰卷を三枚もなし、お尻に眞綿の小布團を當てあの通り、お尻がふくらんで居りますから、人が五升臼だなぞと惡口を云ひます。さうして水類と來たら午後より夜にかけては少しも飮まぬ樣にして居ても、少しも效が見えぬ。最う年頃となつたのに此病氣があつては到底嫁にも行けぬと心配し、八卦を見て貰つたら催眠術の治療を受けながら馬肉を喰へば治ると云はれたから、我慢して馬肉を毎日喰つて居ります。そして催眠術は先生が名高いと聞きまして參りました次第であります」

此答によりて、遺尿に就ての攝生法はよく行ひ居るを知る。

(三)遺尿の原因は何にあるかを探知する問診例

「小水に行き度くなつてより、餘程堪へて居られますか」

母親令孃に向ひ、

「何うだ小水に行きたくなり餘程堪へて居られるかと仰しやるが」

「小水に行き度くなると如何程堪へて居やうとしても堪へて居られません、出たくなると急いでかけ付けぬと間に合はぬことがあります」

「生れてより今迄に醫者にかゝる程の病氣にかゝつたことはありませんか」

「此子は醫者にかゝる程患ふたことはありませんが、平常何處となく弱ふございます」

「鼻及び喉には少しも惡い處はありませんか」

「鼻及び咽頭腔は惡くはないかとお醫者さんも尋ねましたが、少しも惡い處はありません」

「下腹が痛む事はありませんか」

「下腹も痛んだことはありません」

「食物はよく進みますか」

「食物は隨分澤山戴きます、二人前位戴きます、餅菓子がすきで拾錢ぶり位は平らげます」

「生殖器には異常はありませんか」

母親令嬢に向ひ。

「生殖器はなんともないかと仰しやるが」

令嬢低聲に。

「何んともありません」

「身體中他に何所も悪い處はありませんか」

「ありません」

「催眠術の治療を受けたことはありませんか」

「ありません、何回施術を受けたら全治致しましょう」

「六回施術を受けると必ず誓て全治せしめて上げます」

之等の問答によりて遺尿の原因が鼻及び咽喉病の反射にあらず、腸蟲消化器病及び生殖器病に基くにもあらざることを推せり、併し患者の骨骼は狭小にして、皮膚は蒼白なり、依て全身虚弱に陷れることを知る。依之遺尿の原因は全身虚弱に基くと推斷し全身を強壮ならしむる暗示を與ふる必要あることを知る。

第二項　遺尿治療の暗示例

（一）遺尿を治する口頭暗示例

（二）催眠中患者に歌を謠はせ疾患を治する暗示例

余は患者の容貌及び態度により、患者の催眠感性は相當に高きと推察せし故、WA催眠法を行ひ催眠深淺の程度を試驗したれば、確に眠遊狀態なり。由りて次の如く暗示せり。

「お孃さんの身體は健康になつた、身體中惡い處は少しもない。身體が健康になつて腰が暖になつた、故に膀胱の括約筋がよく働く、膀胱の括約筋がよく働くから、小水は長く堪へて居ることが出來る。夜如何程堅く眠つて居ても一と口起されると直ちに目が醒める、夜如何程堅く眠つて居ても、小水が出たくなると獨で目が覺めて便所に行きて小用をする、決して寢て居て小用をすることはない。夜睡眠中夢を見ない、殊に小用をする夢をば決して見ない。私が今一、二、三と云ふと催眠した儘梅ヶ枝を謠ふ、梅ヶ枝を謠ひ終ると、寢小便の癖がありて困るとの心配は悉く消えて仕舞ふ」

と暗示して一、二、三、と云ふや、患者は催眠せし儘「梅ヶ枝」を活潑に謠へり。

「覺醒して見ると心身は爽快になつて居る」

と暗示し、併合的覺醒法を行ひたれば直ちに覺醒せり。

「お孃さん今何處にも惡い處はありませんか、若し今身體中何所にかだるい處とか痲痺して居る處とかゞあれば癒して上げます」

「何處にも惡い處はありません、よい氣持になりました」

其處で余は患者に向つて次の注意を與へたり。

（三）遺尿者の遵守すべき攝生法

「私が申迄もなくよく御存知のことですが、就寢前には必ず小用に行くこと、寢所は足の方を高くすること、寢るには仰向とならず横臥すること、午後より夜にかけては水類を嚴禁すること、其他一般の强壯療法をなすこと、殊に冷水摩擦を早朝と就寢前とに行ふこと、精神は何時でも冷靜になつて居る樣に修養すること、然れば屹度治ります。　治つた後も此攝生法を守ると元に戻ることなく益々理想の身體となります。其れから母さんに一つ御注意申上げて置き度きことがあります、之れも申迄もなく御存知のことでしようが、お孃さんが遺尿をなさるのはお孃さんの御病氣なのでお孃さんの心で遺尿をせない樣にと如何程苦心しても、止めることが出來ぬのでありますから、深く御同情をなすつて決して小言は云はぬがよふございます、小言を云ふと却つて精神が曲りて遺尿の癖は益々重くなります。其れから面倒でも夜は二三回宛起して便所へ行かせることです、初め二晩か三晩起してやれば其後は獨で目が醒めて獨で便所へ行く樣になりますから、今夜より二晩か三晩だけは起しておやり下さい」

「委細承知しました之で戻つて宜しう御座いますか」

「ようございます、又明日の午後二時頃御出で下さい」

患者母と共に一揖して辭し去れり。

（四）十九ヶ年間の遺尿一同の施術にて治せる實例

因に曰く翌日患者施術を受けに來りたる時前夜の模樣を尋ねたれば患者の母曰く。

「以前は夜如何程起しても目が覺めませなんだのに、昨夜は目を醒して便所に行くのだと一言起したらパット起き上り、一人で便所に行きて戻り臥しました。其れから又暫く經つて起さうかと思ふて居りましたものゝ、寢過ぎて朝まで知らずに居りましたから、之は惡いことをしたと思ふて娘の寢所を見ると、娘は寢所に居らぬ、如何なしたるかと主人をも起して娘を尋ねたら、娘は一人で起きて便所へ行き居れり、御蔭で昨夜は生れて十九年ぶりにて初めて遺尿をしませなんだ」と語れり。

第七節　神經衰弱治療の實例

第一項　神經衰弱檢診の實例

（一）一回の施術に要する時間

一人の患者を一回施術するに幾何の時間を要するかと云ふに、患者の催眠感性が高ければ高き程短時間にて充分の效果を擧ぐることを得るも、感性が低くければ低きに從て長時間を要するを原則とし、患者の性質によりて長時間の施術を好むものと否とあり、又病氣の種類及び輕重によりても施術時間を伸縮する必要あり。一回の施術に要する時間即ち着手より覺醒迄の時間は五分にても十分にてもなすことを得るも、充分の效果を擧げんと欲せば、三十分以上の時間を要す。余は普通三四十分時間を費す、極く感性の低き者に對しては稀には一時間以上を要することあり、而し患者一名にても二名にても將た又四名五名にても一度に施術すれば殆ど一名を施術する時間にて數名に施術をなすことを得。余は時間と勞力とを節約せんが爲め常に數名を一度に施術す。

余が神經衰弱の患者を三名一度に施術したる顚末が某新聞に掲載ありたり、依て其れを次に轉載して之を示さん。

『神經衰弱は一名文明病と稱す、世が益々文明に進むに從ひ世事は益々副雜となりて種々の事情に餘儀なくせられて、精神及び肉體を過勞するが爲め、終に神經衰弱に罹る者夥し。加ふるに一度神經衰弱に罹ると容易に囘復せず。依之神經衰弱の治療法として種々の方法各所に現はる、而し實際に的確なる效果あるものなし。

然るに先般東京市芝區琴平町精神研究會長古屋鐵石氏が、多年間催眠術研究の結果驚くべき一大發見をなせり。即ち毫も藥物を用ひずして哲學上の一元二面論と心理學上の觀念聯合論とを應用したる催眠術治療にて重き神經衰弱者を治したること數千名。其治療の效果眞に神の如くなりとの評判高し、一日其眞僞を確めんが爲め精神研究會を尋ねて其治療を實見せり、左に其要を記さん。先づ同會を尋ね刺を通じて來意を述ぶるや、暫時此室(應接室)にて御待ち下されと云ふ。由て應接室にて待ち居ること二三十分時間にして、二階の治療室より治療が濟んで階段を

（二）數名一度に施術したる實例

降りたるもの數名あり。其れと入り代りて治療室へ導かれし神經衰弱の患者三名あり、記者も其患者と共に治療室に入り見れば、治療室は十五疊敷の大廣間にして手術用椅子及び寢臺數多並べあり、床に掛けある佛畫と東久世伯爵が爲精神研究會として記したる扁額は最も目を惹けり。古屋氏は古代服の如きものにて縫箔ある衣を着し、莊嚴の風をなして椅子に悠然と凭れり、其前の椅子に三名の患者は腰を下せり。古屋氏は三名の患者が差出したる治療劵(此劵は豫め受付所より求めたるものにして患者の住所、姓名、年齡、職業及び症候を記せり)の中其一枚を手に執り一見して「平田さんは何ふ云ふ風に何處が惡ふございます」と云ふや、十八九歳と思はるゝ勞働者風の青年曰く。

（三）神經衰弱者の症候

「私の身體の惡い處は數多ありて一々云ひ盡せぬから此紙に記して參りました」と云ひつゝ差出したる半切紙を開き見たれば、左の如く記せり。

○矯正されたき惡癖

一、頭がぼんやりする。
一、注意が一つに集まらぬ。
一、物覺えが惡くて忘れ易い。
一、事に當りて是非の判斷に迷ふ。
一、英語が嫌ひで數學が下手で困る。
一、恐れでもよいことを恐るゝ。
一、始終詰らぬことで心を痛める。
一、何事にも飽き易い。
一、談判が下手で自分の意見で人を制服することが出來ぬ。
一、惡いことゝ知り乍ら其れが廢められぬ。
一、些細の事を苦にする。
一、神佛の有りがたいが判らぬ。
一、學力不相應な高尙の議論をしたい。

一、斯うすればよいと譯りて居ることをせぬ。
一、年上の人の意見が氣にくはぬ。
一、父母の膝下にゐるを嫌に思ふ。
一、臆病で小膽。
一、父母、親戚友人及び知人が一として自分の爲めにならぬ樣に思はる
る。
一、汽車や汽船に暈ふ。
一、女の爲に餘分な錢を遣ひ妄想を畫く。
一、少しのことに涙が出る。
一、視力弱く非常に明るい室ではまぶしい。
一、さもなきことに腹が立つて堪まらぬ。
一、美女の云ふことは不道理でも反對が出ぬ。
一、何をしても愉快と思はぬ。

一、未成年であり乍ら紳士の眞似がしたい。
一、父母に心配をかけることを何とも思はぬ。
一、勞働を嫌ひ身體に樂なことで身を立てたい。
一、烟草と酒とを喫み過ぎる。
一、生れは何でも顏の美しい女房を持ちたい。
一、何事でも斯うせよふと思ふとせずには居られぬ。
一、磊落に交際が出來ぬ。
一、身分不相應な甘い物が喰ひたい。
一、人の出世をねたむ。
一、無意義に不平が絶えぬ。
一、無暗に人の物や錢が欲しい。
一、矢鱈に物見遊山がしたい。
一、虚名でもよいから名を擧げたい。

恥し乍ら小生は以上に列擧せる如き不完全なる肉塊にて候、斯樣な惡癖が一つでもあつては到底自分は出世は出來ぬ、精神的の大不具者と思ふ故、是等の惡癖は悉く消え失せ、人並の人間となる樣に御施術ありたし。

(四)患者の外貌を一見せしのみにて病狀を觀破せし實例

之を古屋氏は詳細熱心に見終り、且其青年の外貌を望視せり。

記者が其青年を見たる處では病人と見えず、身體も相當に肥滿し血色もよく言語も明晰で、起居動作一も病人らしき處なし。故に記者は不思議に思ひ虛病を遣ふて來たれるものかと思ひ、古屋氏に向ひ「先生此青年は健康體の如くなるも是で病人ですか」と問ひたれば古屋氏曰く「此青年は非常の大病人である、大病人であることは患者が何にも告げずとも一目見れば明かである、額に此筋の現れしも其一徵候である」と云ひつゝ指したる處を見れば、眞に額の兩側に靜脈の充血せるを見たり。又頭の兩側を手の先きにて壓し此兩側がピク〳〵して居るのも亦其徵候なりと云ひつゝ、古屋氏は兩手にて患者の頭の兩側を壓さへて試みつゝあり。よりて後に記者も其處に手を當て見たれば驚く可し手の先きにビク〳〵とする荒き脈波が響けり。次に古屋氏は患者の頸後を指にて壓し「よき心持がしましよう」と云ふと、患者は「いかにもよい心持がする」と答へたり。尙古屋氏は患者の脈と眼と咽喉及び腹部を檢し「君は藥で治さんとして服むと害になる藥を連用した」と云ふや、患者は大に驚きし面地にてさう云はれて大に思ひ當ることがあります」と答へたり。

次に古屋氏は又別の治療券を手に取り一見して「高木さんば何處が惡ふございます」患者は二十四五歲にして帝國大學の制服を着したる書生にして曰く。

(五)赤面癖の症候

「僕が癒して戴きたき處は赤面癖です、何にも少しも恥づべき原因は無いに、人に顏を凝と見られ、私も又其人と顏を見合すと共に顏が赤くなる癖がある。一日僕の厄介になり居る先生の令孃の金の指環が紛失して所在が分らぬと先生が云ひ乍ら僕の顔を見た。するト其一刹那に僕も先生の顔を見るや否や、僕の顔は眞赤になつた。先生は驚いた風で僕の顔をよく見た、すると益々僕の顔が赤くなつた。僕は實際指環は知らぬ、而し僕の顔が赤くなつたから僕が窃取せしと思ひ居るかも知れぬ、困つたことが出來た、斯う云ふ事が時々ある。

寒中と雖も火氣强き爐邊に至ると顔面忽ち紅くなる、平常少しの刺戟に忽ち逆上して顔は眞赤となる。畢竟此赤面癖あるが故に人と逢ふ毎に感動が烈しく顔面に充血して思ふことの十分の一も述べられぬ。加之記憶力は以前は自分乍ら拔群によかりしと信ぜしも此頃は非常に減じて、今年の學年試驗の成績は甚だ不出來で、此分では將來の成功覺束なき感がする。よりて先程某催眠術家に就き數囘施術を受けましたるも催眠したのかせないのか分らなかつた、從つて少しも效力がなかつた、併し有名なる先生の御施術によれば屹度治することを信じて御願に參つた

(六)不思議なる検診例

次第であります。願くは御施術によりて此苦しき赤面癖を治して、如何なる場所に臨み、如何なる場合に遭遇するも、決して赤面することは愚か、精神は冷静にして大膽となり、自分の意見を充分に述べ盡し、人を説服することを得、且記憶力強くなつて如何程詰めて勉學するも腦の疲勞や記憶力の缺乏を知らない樣になり、優等で學校を卒業し得る樣御施術ありたし云々…………」

古屋氏は「よく譯りました」と云ひつゝ軍扇形の光る金屬製のものを採りて患者の手の甲上に置き「此器を除いて見ると君の手の甲は赤くなり居る」と云ひつゝ其器を患者の手甲より除く、見れば其處は赤くなり居れり。次に古屋氏は光輝燦爛たる球が二個樹枝狀の先に附き居るものを採りて、患者の眼前二尺を距てし處に支へ「此球は何個あります」患者「曩には二個と思ひしが今は五個見える否一、個しか見えぬ、あれ又三個になつた、消えて見えなくなつた球の形が大きくなつた」と答ふ、古屋氏は「譯りました」

と云へり。

古屋氏は又別の治療券を手に取り一見して「吉山さんは何處が何ふ云ふ風に惡ふございます」と云ふと二十二三歳の書生風の男曰く。

「私は三年前より神經衰弱に罹り、種々藥石を試みましたるも少しも效が見えず、勉强も手に附かず、毎日ブラ〱と遊び居り、自然に全治の期を待ち居りましたものゝ、何時全治するか待ち遠くて日夜苦心に堪へませなんだ處。　友人の勸めに先生の行ふ催眠術治療法は神經衰弱には非常に效能があつて、長年間苦んだ神經衰弱も屹度根治するから、治療を受けて早く直り學校へ通ふ樣にと云はれ早速參つた次第であります」

(七)怖ろしき神經衰弱者の症候

古屋氏曰く「其事はよく分りました、君の病氣の容體は何ふです」學生曰く。

「私の病氣は奇病で、一名人嫌病とも云ふべきもので、見る者聽く者一として樂しき者はなく毎日鬱々として一人で奥座敷に引き込み居り、何となく厭世の感に堪へません。　そして夜はよく眠れず、耳鳴がして常に耳鳴が苦になつて忘れられません。 醫師に診斷をして貰ひたれば醫師は神經衰弱であると申されました、併し歩るけば一二里の道を歩むも夫れがために別段に疲勞を感じませんもの丶常に頭が重くて時々は痛みます、少しの仕事にも倦きが來て到底何事もやり遂げられず、元氣は藥にしたくも少しも無い。 初めは或る一二人に遇ふを非常に不愉快に感じて居りましたが、漸々夫れが三人四人と增し、遂には誰に遇ふも皆嫌になり、日中外出すると知人に遇ふ故、外出は夜間にする樣になり、常に下らぬ忘想にかられて寸時も心の休まるときがない、時々胸がだるくて痛むことあり、飯を少し喰過ぎると胸が苦しくてたまらず、腕、足、肩等諸處がチヨイチヨイ痛むことも時々ある。

昨今は他人と直接遇はなんで、少し離れて居つても移心傳心の結果か、不愉快に堪へません。 殊に美しく着飾つた娘が居る所へは、何だか恥しいやうの妙な感がして磊落に近よれぬ、(此時列席の者皆一同ほゝゑめり)お恥しいが生殖器は殆んど不能で、其故か何事も悲觀に堪へず、生きて居ても詰らぬ樣な感じが時々起る。人間は日々同じ事を繰り返し繰り返して日を送り年を迎ふ、無意義な詰らぬ者であると感ずることが度々あります。夜眠つて居るときのみは色々な心配を忘れて居るも、目が醒めると此心配は少しも止んだことはありません。時には此心配を夢にまで見て居ることがあります。耳鳴の治療として耳鼻咽喉科の某大醫につき鼻より耳に通ずるオヒサヒ管に風を通じて貰ひたれば、其時は少しはよい樣でも直に元の通りとなる。其他の治療法として腦神經科で名高き某博士の藥を長く飲み、某病院にも長らく入院して居り、電氣療法をも試み、冷水摩擦や深呼吸など色々やりましたが、一寸はよい樣な氣がしても、又忽ち元の通りとなるのみならず、却て病勢が日一日と募るばかりでありますす云々………」

と一氣可成的に熱心に述ぶ。其間古屋氏は患者の顏をチョイ〳〵と眺

（八）病狀看破の實例

め居りしが、口を開いて曰く「君の神經衰弱は餘程重症である君の手足は冷へるでしよう」と云へば青年は「如何にも手足は冷えて常に氷の樣で」と答ふ。次に古屋氏は立つて青年の耳後部を指頭にて壓し「爰を壓すと妙な感が起き咳嗽が出るでしよう」と語まだ終らざるに咳嗽頻に起る。次に「君は夜寢所で惡い事をしたが、其れが神經衰弱に罹る大なる原因をなした」と云ふや。青年は「私も或る衞生の書を讀んで初めて其害を覺り、爾後非常の克己心を以て斷然廢め樣と勉むるも止まず、よりて此惡癖が消える樣に御施術をして下さい」古屋氏輕く首肯せり。』

以上は新聞記者が余の行へる檢診法を見たる儘を記したる者なり。故に余が自ら記したるものより觀察點を異にし居りて面白し。

第二項　神經衰弱治療の暗示例

新聞の記事を抄錄して前項に掲げしが如き方法によりて檢診したる神

經衰弱の患者三名を、如何の方法によりて催眠せしめ且治療の暗示をなせしか、之に就き其新聞には次の如く記事を連續せり。

(一)三名の患者を一度に治療したる實例

『古屋氏曰く「高木さんは此安樂椅子に腰をかける、吉山さんは此寢臺に仰臥する、平田さんは此處に直立して居る」と命じ、各其如くならしむ。而して古屋氏は患者平田氏の耳元で何をか云ひつゝ指を上下に動かすよと見えしが、患者は閉目して後へに徐々と傾けり。其時古屋氏は倒れんとする患者の身體を手にて支へ寢臺の上に横臥せしめ何にか耳元で低聲に暗示せり。

次に古屋氏は患者吉山氏の傍に近よりて、莊嚴なる手附をなしつゝ何にやら低聲にて暗示すると、患者は閉目し兩手を高く頭上に擧げたり。其兩手は古屋氏が右に左に上に下になれと云ふ手眞似をすると其通りになる。次に古屋氏は患者高木氏の處に至り「片手を其額上に置き又何にやら低聲にて暗示すると患者は閉目して口舌を動かし「愉快々々」「何處も悪い所はない」「頭腦は明快だ」「膽力は据つて來た」と口ばしれり。斯くて稍暫くにして古屋氏は一寸床間にある箱に手を觸れしと思ふや劉々たる音樂鳴り出せり(之は後にて聞けば巴里より買入れたる自動洋琴にて、疣を引けば鳴る仕掛けあるものゝ疣を引きしなりき)

然ると三名の患者は一度に目を開きて一度に起き上れり。　時に古屋氏「悪い處は皆取れた理想の身體となつた」と云ふや、高木と平田との兩患者は申合せた樣に「身體は全く別人の樣になつた、こんなに精神が爽快であつたことは曾て覺えがない、全く生れ變りし樣である」とて欣喜雀躍せり

(二)施術後身體に異常ありしとき其異常を除く暗示例

然るに獨り吉山氏は「足が痲痺して歩むことが出來ぬ手も痲痺して動かぬ」と云ふや、古屋氏吉山氏の手足を手にて輕撫しつゝ何にか口中にて云ふや患者は「手足の痲痺は取れて實によい心持ちである」と云へり。

古屋氏曰く「御三名共確に催眠術治療により益々心身が健康となり、何事も思ふ通りになる又明日四時頃術を受けに御出で下さい」と云ふや。三

名は共に滿身喜悦に滿つる有樣にて辭し去れり。(以下略)』
以上は新聞記者が實地に見聞せる儘を記したるものを其儘轉載したるものにして、三名の患者に各々異りたる檢診法と催眠法と暗示法とを行ひしは何故なるかに論及せず、依て之に就き少しく說明せん。
三名の患者中一名は椅子に腰をかけさし、一名は寢臺に臥させ、一名は直立の姿勢を執らせしは患者の性質と疾患の輕重とによりて斟酌し指定したるなり。暗示の語をして極めて低聲となし他の人に聞えぬ樣になせしは一室にて數名を一度に施術する者故、甲患者に暗示したることが乙患者又は丙患者に聞ゆると甲患者に與へし暗示が乙丙の二患者に感應することありて不可なる故なり。故に數名一同に施術する場合は普通暗示の言語は低聲とせざればならざるなり。且檢診法催眠法及び暗示法も患者の性質及び疾患に基きて臨機應變の處置を採り三名三樣になせり、之等の諸點に注意し含味すると得る處尠なからざるべし。

第八節　無痛分娩の實例

第一項　產婦檢診の實例

（一）無痛に分娩し得る產婦と否との區別點

某大學の敎授某博士の夫人懷妊し臨月に近きたるを以て催眠術を應用して無痛に分娩したき故、出張し施術し吳れとて申込めり。依て余は其博士の家を訪ねたれば、博士曰く「僕は催眠術に趣味を持ち先生の著書數種を讀んで催眠術の效果の偉大なることを確信して居り、先生の御出張を煩はせし次第であります、催眠術を應用すれば姙婦をして少しも苦痛を感ぜしめずに分娩せしむることを得、又暗示に由て產婦の姿勢を正くし、陣痛を加減することを得ると聞きました故、愚妻をして無痛に分娩する樣御施術ありたし」と余之に答へて曰く「催眠術によれば眞に無痛に知らぬ間に出產が終ることが往々あるも、其人の催眠感性の如何によりては無痛に分娩せしむることを得ざる場合も又少なくありません、奥さんは果して無痛に分娩し得る丈の催眠感性を持つて居らるるか、否かを試驗しての上ならでは確答致し兼ねます、故に一回試驗的に施術しての上に確答致します」と云ひたれば、博士は早速夫人を呼べり、由て余は夫人に就きて。

「何日頃出產の豫定であります」

「產婆さんの云ふには來月二十日頃ださうです」

「今度が初めての御懷妊ですか」

「初めてゞす」

「御兩親や御兄弟は御健康ですか」

「皆健康です」

「今迄に患つたことはありませんか」

「ありませぬ」

余は其夫人の體格を見るに强健にして乳房も充分に發達せり、下腹部を觸診するに胎兒は異狀なく姙婦は健康なるを以て催眠術を施して差支なきことを確めたり。

第二項　無痛分娩暗示の實例

（一）準備施術必要の場合

前項に述べたる如く檢診の結果博士夫人に催眠術を施して差支なきことを確めたるを以て、催眠法はＢＡ法を行ひたれば淺き眠遊狀態となれり。依て、「全身は無感覺となつた」と暗示し、鼻穴に紙𢯭を挿入したるに夫人は少しも其れを知らず、傍に見て居りたる博士は「之では無痛に分娩し得る道理である」と感嘆せり、余は尙次の暗示をなせり。

「奥さんは催眠術によく感ずる、明日施術すると今日よりは一層深く催眠する、確に催眠術によりて無痛に分娩することが出來る、私が手掌を奥さんの額上に載せると、何時にても直ちに深く催眠する」と暗示し覺醒せしめたり。此試驗によりて夫人は六七回の準備施術をなさば暗示の如く何時にても余が手掌を額上に載すると直に深く催眠し、無痛に分娩し得ることを推斷し、爾後如斯日に一回宛七回準備施術をなしたれば、全く暗示の如く手掌を額上に載すると深く催眠する樣になれり。依て「爾後は陣痛が始まるまでは參りません、陣痛が初まりしときは直に通知せられますれば直に參りて無痛に分娩せしめて上げます」と云ふて歸れり。

(二)無痛分娩の暗示例

外科手術をなすときも又此場合と同じく準備施術をなし、暗示によりて確に疼痛無感の狀態となることを種々の實驗をなして確め、而して後に手術に着手するを順序とす。

夫れより約一ヶ月を經たる或日の夕方、五時頃より夫人は少しく陣痛を感じ始め、其翌日の夕方六時頃甚だしく陣痛を感ずるとて余に來診を乞へり。余は直に行きて檢診したるに胎兒の頭は未だ骨盤入孔に留まり居る故、未だ分娩には餘程間があると思ふて。

陳痛は苦にならぬ」

との暗示を與へて歸宅したり。

然して其翌日午前三時頃又來診を乞ひしにより、急ぎて博士の家に行きたるに産婆も來り居りて分娩の準備をなし居れり。余は手掌を夫人の額上に載せ「催眠する」と心力を凝めたれば直に深く催眠し、呻吟の聲も次第に低くなりて終に全く苦痛去りて恰も安眠せしが如し。夫より二十分時間を經て胎兒は骨盤廣部に頭を出し初めたるを以て、陳痛益々强くなれり、由て余は陳痛の起る毎に夫人の額に手掌を當て。

「ずつと深く眠る下腹は痛まない、下腹は痛んでも目は醒めぬ」

と繰り返して暗示したり、然ると夫人は恰も睡眠せしに異らず、夫より十五分時間を經て胎兒は骨盤狹部を通過し陰門内に見ゆる樣になれり。

次で胎兒の頭部は骨盤出口に出でたり。此時余は、

「腹の子が出でんとて壓し迫ることが强くなればなる程下腹の痛みは增

す、下腹は痛む方が早く出る」と暗示したるに、忽にして陣痛は長く且つ強くなり、會陰部の破裂を氣遣ふ程なりし、之れ陣痛を強くして一時も早く分娩を終らする方得策と思へる故なり。依之陣痛は暗示の儘なることを確めたり、斯くて胎兒は全く出でたり。此間に夫人は强き苦痛を感ずることなく始終催眠せり、次で後産出で其れと共に出血ありたり。

「赤兒は健康で後産も出た、最う安心だ、何處も痛まない、ゆつくり心を鎭める、覺醒の後は催眠中の事を忘れて心身は爽快となつて居る」と暗示し、後十分時間を經て心理的の覺醒法を施したれば、産婦は始めて覺醒し、己の知らざる間に分娩の了りしとを知り、大に驚き大に悦びたり、而して其生れたる子は健康な女子にして産婦も亦健全にして産後の肥立早かりし。

以上に擧げたる催眠術治療の實例は、催眠術治療は如斯可驚大效果ありとのことを示さんとする意にあらずして、患者に對する檢診法と暗示法とを示さんが爲めに列擧せし者なり。從つて前述の實例中には檢診法及び暗示法が非常に複雜に涉れる者あり。又は物足らぬ感あるかと思はるゝが如き簡短なる者もあり、普通なる者もあり、術者が患者に對する應接ぶり、及び攝生法に就き注意する有樣、殊に患者の催眠程度の深淺によりて治療暗示に斟酌をなすべき點を具體的に知らしめんとせり。讀者は之等の諸點に注意し講究せられなば、前記の實例に鑑みて如何なる疾患にも應用することを得べし。

(三) 催眠術治療を行ひし爲めに却て害ある場合とは何ぞや

催眠術治療を眞に研究せざる者は如何なる患者に對しても千變一律に同樣の檢診法催眠法及び暗示法を行ふ者あるも、其は愚の最も甚だしき者なり。　催眠法及び暗示法の如きは疾患に適合せざること大なるときは却て害ある場合絕對的になしとせず、殊に甚だしく衰弱せる患者に對して强烈なる催眠法及び暗示法を行ふ如きは最も害あり、之れ大に研究を要すべきこととなり。

第二章　催眠術にて疾患の治する理由

催眠術によりて疾患の治する理由を詳細に論述すると此問題のみにても優に一大冊子をなす故、爰には單に其說を歸納したる要旨をのみ擧ぐるに止めんとす。催眠術治療も又催眠現象の一なるを以て第二卷の原理篇に於て述べたる催眠の原理にて解釋し得ると信ず。即ち催眠の原理として哲學と科學との折衷說をとりし故、催眠術によりて疾患の治する理由も又哲學と科學とに分けて、重複を顧みず左に一言せん。

(一)催眠術にて疾患を治し得る哲學上の根據

(一)哲學說としては一元二面論によりて術者の精神力が患者に及びて患者の疾患が治するなり。例へば術者が患者に向つて「君の病氣は治る」と確く心力を凝すと術者の精神力が活働し、延長して術者の肉體より離れて被術者の精神に影響し、術者が心力を凝したる通りとなるなり。

(二)催眠術にて疾患を治し得る科學上の根據

(二)余は曩に催眠の原理として擧げたる科學說を二大別して一を心理說として潛在精神說、聯想作用說、暗示感應說及び豫期作用說の四說を擧げ、他を生理說として腦少血說を擧げて說明せり。而し爰にて催眠術治療の效力ある理由を說明するには聯想作用說のみを以て解說し見んとす、之れ顯在精神にても潛在精神にても同樣に聯想作用をなすものにして、暗示感應說と豫期作用說とは擴義に於ける聯想作用說の一現象と見るを得ればなり。而して生理說は單に催眠に伴ふ一狀態と見ることを得。催眠術治療によりて手足不隨の患者が自在に動く樣になるは手足は自在に動くとの暗示を與へらるゝと手足は動くと觀念す、觀念が確かなれば確かなる程觀念の通りに血液及び筋肉が働きて終に手足は自由に動くなり。此理によりて患者の身體中何れの部にても暗示の儘になることは現象篇に於て述べたる實驗例に依りて明なり。斯の如く觀念にて肉體を變化せしむることを得るもの故、單に精神のみを變化せしむること即ち缺禮者を厚禮者とし悲觀者を樂觀者とすることはなし得る道理にして又實際になし得る處なり。

爰に頭痛患者あり「君の頭痛は取れた」と暗示すると、實際に頭痛が取れる。之れ即ち「頭痛は取れた」との暗示が感應したるなり。即ち頭痛は取れたと暗示すると其暗示の語が患者の聽覺を刺戟するや、聽覺は求心神經を傳りて腦の中樞に其事を傳達す、然ると腦の中樞は「頭痛は取れた」と觀念す、然ると遠心神經は其觀念通りに頭部に其事を傳へ、其通りに活動せしむ。即ち腦の細胞及び血液は頭痛が治する樣に働く、故に實際頭痛がなくなるなり。之れ即ち暗示の感應にして又觀念の聯合なり。患者は名高き催眠術者の治療を受くれば屹度全治すと豫期して治療を受け其豫期の通りに全治す、之れ豫期の作用なり。全治を豫期するは全治を觀念することとなり、故に豫期作用も又廣義に於ける觀念聯合の結果なり。

一言にして云へば催眠術治療は疾患は治するとの觀念を起さしむる法

なり、催眠法も又催眠するとの觀念を起さしむる法なり。術者の意の如く觀念すれば觀念通りの結果を得るなり、其觀念を起さしむる方法として或は哲學を應用し或は科學を應用するなり。而して暗示中手を身體に觸るゝ者は觀念の通りに働く生理的の作用を人工的に助長する意を含めり。催眠術によりて疾患の治する理由は斯の如く簡短に説明することを得、而して尚幾多の疑問あり次に其一二を擧げて説明を試みん。

(三)器質的疾患が催眠術にて治する理由

(イ)肉體に傷害ある疾患が催眠術治療によりて治する理由は如何。

例へば爰に負傷によりて肉破れ血流れ居る患者あり、催眠術治療によりて斯る患者が全治したること往々あるは何故なるか。又腫物が出で化膿し靡爛せる患者が催眠術治療によりて治したること往々あるは何故なるか。之は治するとの暗示を與へられ、暗示の通りに心機一轉し確く觀念したる故觀念通りに生理的の機能が働きて流るゝ血液は止まり、破れたる肉は鎖され、又化膿したる處は癈棄になるも其處に新陳代謝機能によりて新に立派なる肉を生じて健全に復したるなり。其狀恰も植物の枝を切るも又其處に植物は細胞を積み重ねて終には元く繁茂せる枝を生ずるに異らず。單に觀念一つによりて如斯肉體に變化を來すことは不能のことかと思はるゝも、實驗上催眠者に向ひ「君の腕に蝨が今喰ひ附いて居る」と、暗示すれば、實際蝨が喰ひ附いた如く腫れ上りて痒くなるを見ても明なり。又實際蝨に喰はれ腫れ居るも「蝨に喰はれたことはない、故に何等の異常はない」と暗示すると又其通りとなるを以ても明なり。之れ聯想作用は單に精神と精神とが聯想するに停まらずして精神と肉體とが聯想することとある故なり。

(四)傳染病が催眠術にて治する理由

(ロ)傳染性の疾患が催眠術治療によりて治する理由は如何。

總て傳染病の原因は細菌の繁殖にあり、細菌の繁殖による肺結核の如き癩病の如き疾患が、催眠術治療によりて治し得るは何故なるか。其れ等の細菌が體內に入り繁殖せんとするも觀念の作用によりて血液の働き旺盛となり、其繁殖力を殺ぎ終には其細菌をして悉く枯死せしめ以て健全無病の人とならしむるなり。

其狀は恰も臆病にして纖弱なる者が强盜に襲はるゝことあると、忽ち腰を拔かして所持の金品を悉く奪はるゝも、大膽にして武術に長じたる者が强盜に襲はるゝことあるも、强盜の所持せる白刄を奪ひ取りて、反對に强盜を强迫し强盜を捕縛することを得ると同一理なり。强盜に對抗する場合は腕力を主とするも、細菌に對抗する場合は體內の生理的機能の旺盛を要す、其生理的機能を旺盛ならしむるには暗示によりて强烈なる觀念力を養成するにあり。換言すれば觀念力を强烈にし、其觀念通りに肉體を變化せしむることが催眠術治療の根底なり。余は尙他日催眠術治療の方法及び原理に關する一大册子を公にする積りなり。故に催眠術治療の方法及び原理のことは之にて止め次章に於て催眠術治療によりて成功する方法を述べて本篇を結ばんとす。

第三章　催眠術治療成功の極意

(一)催眠術治療家として名聲を轟かし得る秘訣
(二)本書全卷を應用する必要
(三)至誠を以てする必要

催眠術治療家として成功する極意は如何、換言すれば催眠術治療の効果を充分に擧げ催眠術治療家として名聲を宇內に轟かするには如何にせば可なるか、左に其要點を述べん。

(一)本書全卷に述べたる處は要するに催眠術治療の効を完全に擧ぐる方法を述べたるものと見ることを得。依之催眠術治療を完全に行はんと欲せば、本書全卷を熟讀し諳誦し含味し咀嚼し以て其れを實行するを要す。即ち本書の歷史篇及び原理篇にて說きたる學說の變遷及び其原理に基き、施法篇に說きある方法に依て催眠せしめ、暗示篇に述べある方法によりて暗示し、現象篇に說きある如き現象を起し、治療篇に述べある方法によりて治療し、以て治療の効を初めて完全に擧げ得るなり。

(二)諺に至誠天地を動かすと云ふことあり、催眠術治療を行ふ場合に天地をも動かす計りの至誠を以てせば必ず成功すべし。若し請負仕事をする氣になりて精神力を費さずしてなさんか、必ず充分の好果を擧げ得ること難し。余は之を試むるに五丈けの精神力を費せば五丈けの結果を得、十丈けの精神力を費せば十丈けの結果を得、二十なれば二十丈けの結果を得、五十ならば五十丈けの結果を得ること恰も影の形に於ける關係の如くなることを確めたり。依之催眠術治療を行ふ場合には出來得る限り精力の續かん限り、天地をも動かす計りの至誠を以てせば如何でか疾患を治し得ざる道理やある。

(四)金錢を欲しがらざる必要

(三)金錢を餘り欲しがると過ちを生ず、治療料が欲しき爲にのみ施術すると云ふことになれば、其施術は充分の効果を擧げること六ヶ敷し。治療料以外に趣味を以て獻身的に從事する心得にて當らざるべからず。餘り金を欲しがると患者は術者に對して不快の感を起し、稀には爭論をも惹起し信用を失することゝなる。中には無料で骨を折ることもあらん、然し催眠術は人助けの法卽ち仁術であると思ふて、金錢には目をかけざるをよしとす。諺に大欲は無欲に似たりと、又曰く損をして德を取れ、と此諺に習ひ金錢に重きを置かずして施術し、効果を擧げ信用を得ば其れが眞の金錢を儲くる土臺となるべし。

(五)患者に滿足を與ふる必要

(四)術者にして患者に滿足を與ふることを得ば其施術は非常なる大成功をなしたるものなり。從て患者に滿足を與ふることは誠に六ヶ敷し、併し術者は患者の病身に非常なる同情を以て親切に叮嚀に溫顏を以て接したならば、必ず患者も快感を起し術者の親切に感動するならん。故に假令患者が誤解に基き術者に對して失禮の語を漏らすことあるも、彼は病人なり心が平常を失し居るものなり、彼は憐むべき者なりと思ひ、如何なることあるも決して患者に對して敵對的の語を發すべからず。患者中稀には隨分癪に觸ることを云ふ者あり、術者の恩を仇にて報ずるものもあり。患者自身の誤解により治療の效を無からしめ、其れを悟らずして失禮の事を云ふ者あり、爲に他の患者の信念を害し術者の確心を殺ぐことありて、隨分腹の立つ場合もあり。而し其場合にも術者は忍耐して徐に其誤解の所以を說明し、成る程と首肯せしむる樣にすること必要なり。

（五）催眠術は人心を支配する法なるを以て、人心を支配せんとする術者は日常の言行を愼み修養を積み人を感化し得る丈の人格を具ふるを要す。又彼人なれば安心して治療を受け得らるゝとの信用を得ざればならず、尙進んで世人より崇高の念を受くる樣に人格の修養に勉めざるべからず。凡て何業にても信用が第一にして信用は無形の資本なり、此無形の資本が大なれば大なる丈け其營業は盛となる、彼の醫師を見よ、信用ある醫師は必ずしも學術に長じたるものゝみにあらず、信用なくして門前雀羅を張る醫師にして却て大に學術に長じたるものあり。之れ學術のみに走りて人格の養成に注意せざる所以なり。人格の修養を積み居らば

（六）人格を具ふる必要

（七）催眠術治療を行ひたるも效果が擧らず信用を失ひたるものある理由

左まで學術なくとも成功し得る實例なり、若し學術に長じ且人格が高からば實に申分なし。故に人格の修養を度外に置き、素人驚かしの法螺を吹きて客を集むる樣のことあらんか、軈ては世人より其法螺を看破せられて失敗の人となり終るべし。之は恰も盜賊が贓品を積んで成功したると思ふと一般なり、何時か盜賊は天網に罹りて罰せられ、其上に贓品を沒收せらるゝの期あらん。若し其事なくて濟まば世は暗黑なり、嗚呼人格の修養なる哉、人格の修養なる哉、最後の成功は眞に茲にあり。

前記五個の條件を具備したる人は必ず立派の催眠術家として名聲を轟かし效績を擧げ得ることを確信す。若し催眠術治療を行ひたるも、效果が擧らざりしとか、信用を失へりとか云ふ者あらば、前記の五條件に缺けし處ある故なりと見て大差なからん。

明治四十五年七月廿五日印刷
明治四十五年七月廿八日發行

不許複製

著作兼發行人　東京市芝區琴平町三番地　古屋景晴

印刷人　東京市京橋區南小田原町二丁目九番地　中野鉄太郎

印刷所　東京市芝區愛宕町三丁目二番地　東洋印刷株式會社

發行所　東京市芝區琴平町三番地　精神研究會
電話新橋一、八七五番
振替口座東京二三五一番

付録・動物催眠法

動物催眠法

緒言

催眠術は獨り人間に對して施す事を得るのみならず、動物即ち禽獸虫魚にも又之を施して、妙絶奇絶の狀態を現はさしむる事を得べし、催眠術を動物に施したる起源は、遠くして之を知ることを得ざるも獨逸の催眠學者プライエル氏の說によれば、西歷六百三十六年に出版されたるダニエルシユヴエンテル氏の著書中に已に見へ、其後千六百四十六年頃に羅馬のアタナシウスキルヘル氏も又牝鷄に催眠術を施したる實驗を記せり。一千八百七十二年より同三年にかけて、ツエルマツク氏は海老に磁氣をかけることを研究し、次て鷄の催眠狀態を生理的に研究し、尙ほ鴨、鵝、七面鳥の雌、カナリヤ等の鳥類につき實驗したる結果を公にし、同年プライエル氏も又鳥類の外、天竺鼠及び蛙の催眠狀態に就て精密なる試驗をなし、其の成蹟を公にせり。一千八百七十六年ホイベル氏も又蛙の催眠狀態につき大に研究し、一千八百八十六年ダニリユースキ氏は、牝鷄、天竺鼠、蛇、鰐の兒、蟹、蝦、蛙、鶺鴒、雀、コマドリ、家兎、栗兒等に就て研究し、其の後ツエンスキー氏は、犬、猫、猿等に催眠術を施し、ブルノー氏は猫及び鳩に催眠術を施し、ウイルソン氏は象、狼、馬に催眠術を施し、妙々奇々の現象を示し、其の後は催眠術に志あるものは、大概動物に就て之れを實驗せり、飜て我大日本帝國に於ても、人に對する催眠術を研究すると共に、動物に對しても又之れを研究し、其の成蹟を催眠術新報紙上に於て公にしたる學者少なからす、よりて我國人の注意する所となり、今や動物催眠の聲到る處に喧傳せり。よりて動物催眠法に名高き、獨逸國フエルヴオルン博士の所說を主とし、其れに諸學者の明說を參酌し、著者の實驗に鑑みて爰に之れを講述せん。

第一章　動物を催眠せしむる方法

如何なる動物が催眠術に感ずるが、動物に對して催眠術を施す方式は如何。學理家により所説を異にし實驗家によりて其の成蹟を異にすべしと雖も、比較的正鵠と信ずる所を左に述べん。

第一節　雞を催眠せしむる方法

牝雞を催眠せしむるには、兩脚を紐にて一樣に縛り附けて地上或は机上に横臥させ、暫時其の儘となし置きて、牝雞の充分靜かに落ち着きたるを見すまし、其の目の所より眞直に白墨の線を長く畫くか、或は繩を眼の所より長く地上に伸ばし置くなり、斯くして五分乃至二十分時を經て靜かに縛つた繩を解くも牝雞は其の儘となり居りて少しも動かず。之れ即ち催眠狀態なり。其の白墨の線又は繩が催眠を早むるは目が疲勞して催眠するものなりと云ふ説あり。又其の線或は繩を見て己れは縛られたりと觀念する故なりと云ふものもあり。然り而して只牝雞の頭部と腹部とを手を以て堅く摑んで、地上或は机上等へ押しつけて居ると始の間は抵抗するも、忽にして催眠す。其の壓しつけたる牝雞の嘴の處より前段に述べたる如く、白墨の線を長く引くか、又は繩を其の嘴の處より長く地上に伸ばし置くと、最も早く催眠するものなり。東京市内を散歩せる際雞肉屋の店頭にてよく見る處の雞の重量を量るに數羽の雞の足を一束に縛し、而して秤の鉤にかけて吊し量るも、雞は毫も騷がず、之れ又一種の催眠術ならんか。鳥類が催眠術に感ずるは、人間が催眠術に感ずると同一理なり。此事は後に詳述すべきを以て、爰には之れを述べず、已に人間と同一理由によりて鳥類も催眠術に感ずる以上は、鳥類を催眠せしむるも人間を催眠せしむると同一の方式にて行はるゝなり。特に凝視法の如きは人間に對する簡易の催眠法なると共に、鳥類に對しても又然り、其の他撫で下ぐる方法、五官を刺戟する方法は皆準用せらる。リシユー氏の説によると、突然強き光線を以て、雞の眼を刺戟すると催眠すること恰もヒステリー患者に突然強き光線を與へて、催眠せしむるに異らず、と以て凝視催眠法の奏効著しきを知るべし。動物中牝鷄及び蛙を催眠狀態となし置き試驗者が其の動物より手を離すか、或は其處を立ち去らんとすれば、突然起き上らんとし、試驗者又元の座に座すれば、又た忽ち運動を中止することあり。而してフエルブフォルン氏の說によれば、牝雞の眼の感覺は、催眠狀態中は銳敏にして、若し其の眼にて見得る位置に何物をか近づくれば、忽ち其れに反應すと云ふも、余の實驗は全くこれに反せり又フ氏の曰く聽官も又視官に於けると同樣にして、何か高く細い透る聲がすると、其れに反應して覺むるを常とし、嗅官も又銳敏にして、魚肉を紙に包みて、目にては何になるか知れざるようにし、催眠狀態にある鷄の鼻邊に近くれば、其れをよく嗅く樣をなし而して其の嗅甚しければ、其の動物は覺むるものなり。呼吸及び心動は普通の場合に於ては、少しも變化せず、而し唯だ始めには、感動の激しきと、逃げんとする努力との爲めに、一時呼吸及び心動は急速なるを普通とし、體溫には少しも變動なし、外部より強き刺戟の加はることと無ければ、牝雞は平均五分乃至十分時も此狀態に居るものなり、又其れより長く凡そ二十分乃至三十分時も此狀態に止まり居ること屢々あるものなり、其れより牝雞は突然起き上りて飛び去るなり。是に於て催眠狀態は全く覺醒したるなり。

次に何人にても、一讀直に雞を催眠せしむることを得る樣、極く簡易に實驗の方式をべん。先つ机上に古新聞を敷き、之れは雞を其の上に載するも机の汚れざるためなり。其の上に、牝雞を載せ、仰臥伏臥、橫臥等望みの姿勢に置き、左手にて牝雞の胴を抑へ、右手にて其の頭部を抑へ居ると、初めは多少抵抗するも、雞の身体動かぬ樣巧みに堅く壓さへ居るなり。斯くすること五分時間位なれば、最早催眠するものなり。よりて其の手を極く靜かに除々と雞の體より離すなり、然ると雞は其の與へられし姿勢を持續するものなり。眼は閉つることあるも多くは開き居るものなり、目は開き居るも感官の働き無きを以て、眼に近づけて白刃を翻へすも少しも、驚かずして知らざるものゝ如し。又頭部を採りて首を高く擧げ手を放せば擧げたる儘の狀態を持續す、又其の首を机に壓さい置きて手を放せば、其の通りとなり居る、今度は其の鳥の足の指を開かして擧げ置けば、其の儘となり居り、又其の足を堅く握らせて机に壓し附け置けば其の狀態を持續すること恰も飴細工の鳥に異らざるなり。以上の實驗が奏効すれば、其の他人間の催眠狀態に於ける諸種の現象例へば、模擬之作用、强直狀態等一般の現象は其の性質上不能なるものを除きて、他は悉く感應するものなり。本項を終るにのぞみ、二個の注意すべきことを述へん。其の一は多くの學者は牝雞のみに就て研究し、牡雞について研究したる報告なきは何故なるかなり、よりて本會は牡雞に就て研究したるに牡雞も又牝雞と同一の結果を得たり、只其の異る所は牡雞は牝雞に比して、抵抗力强くして催眠せしむるに稍々困難なるのみ、他に何等の異點を發見せず、其の二は牝雞を催眠せしむるには牡雞を遠く離し置くことなり、若し牡雞が牝雞を呼ぶ聲牝雞に聞へんか牝雞は催眠し初むるも、忽ち醒覺して、暴はるゝものなることと之れなり。

第二節　蛙を催眠せしむる方法

蛙は雞を催眠せしむるより、少しく困難なり、即ち蛙は抵抗力甚しくして、暫くの間抵抗して後いつも必ず一樣に靜止するものにあらず、試驗者が之れを掴み、固く之を壓しつけて居るも、多くは長時間抵抗を試み、終に自ら疲れて靜止し終に催眠するなり。然し乍ら試驗者が若し熟練して、催眠の秘訣を悟り居れば、只蛙を一回轉倒せしむるのみにて、俄然催眠せしむることを得べし。蛙は掴りて胴を土に壓し催眠さすれば、蹲くまりたる姿勢にて催眠し。又自然に蹲り居るものを、其の胴、側面或に背部の皮膚を試驗者指にて少しく摩擦すれば、其の蛙は四肢を以て起き上り、其の腹部を決して地面につけることなくして、其の背は恰も弓を張りし如き形をなして催眠するものなり。又蛙を仰臥せしめて而して、壓へ居る指の間を、他の指にて蛙の腹部側面或は頭部の皮膚を短時間摩擦し居れば、忽ち催眠するものなり。又蛙を突然仰臥せしむれば、蛙は直に起き直る、然ると又之を仰臥せしむること數十回に及ぶ時は、蛙は疲勞の爲めと抵抗力の減殺とによりて終に催眠の狀態となるものなり。而して蛙を催眠せしむるに注意すべきことありそは試驗者の手を豫め水にて濡し置くことなり、然らざれば其の手が蛙の皮膚の粘液に附着して、效果を收むること能はざればなり。蛙は雞を催眠せしむる方法より異なる所三あり、其の(一)は試驗者が其の激しき抵抗に打勝つて、催眠せしむるまでには比較的時間を要する事なり。ポイベル氏の實驗によれば試驗者が蛙を仰向にして其れを壓いてより、三十秒或は一分時間を經て一時催眠す、併し其の後五分乃至十分時間は猶ほ絕へず間をおいて起き上らんとして抵抗す、其の運動は段々と弱くなり、終には全く動かざるに致りて催眠す。而して此狀態は平均二十分乃至三十分時間續くものなり、又場合によると尙長時間持續することありといへり、其の(二)は蛙が動けなくなりて、長く續くと蛙の皮膚の色が透明となることなり。其の(三)は不意に突然蛙を摑み或は突然不意に蛙を臥仰して之を壓ゆると其の瞬間に動けなき狀態となることなり。ブレー氏は蛙の催眠狀態に於て、有意運動の停止、カタレプジー、呼吸の緩慢或は靜止心動の緩慢、反射運動及び感覺の減少等の諸徵候の現はるゝことを發見して公にせり。

第三節　蛇を催眠せしむる方法

蛇の種類には數多あるも、普通日本に居る「ヤマツカガシ」及び「アヲダイシヨー」は試驗に適するも「マムシ」は奇險なり、若しあやまつて嚙まるゝことあらんか、毒を汾泌して嚙みたる創口へ其の毒流れ込まんか、其の毒は全身に巡り、肉体を腐敗せしむ、よりて先づ安全なるは「ヤマツカガシ」及び「アヲダイシヨー」なり、「ア」は見た處は甚だ恐ろしき狀を呈するも、決して人を害することなし、先づ手を以て蛇を棒の如く伸ばし、頭部と尾部とを左右の手で暫時壓い居ると、忽ち催眠するものなり、又熟練すれば、蛇に向ひ棒を以て突き蛇を怒らしむれば、蛇は所謂鎌首を立て、人に向つて喰ひ附かんとする狀をなす、其の時試驗者は其の頭の後方を、巧みに摑み、指を以て頂部(ぼんのくぼ)を壓する時は、今迄恐ろしく激怒の狀をなしたるものが、突然催眠の狀態となり。蛇の體は恰も　へコ帶に異ならず、試驗者が長く伸ばし置けば、其の通りとなり居り、又輪狀となしをけば又其の通りとなり、居るものなり。斯かる狀態となりて、蛇は大抵一分時間乃至一時位も經過すると、自然に覺醒するものなり、而し何時にても試驗者の意の儘に、覺醒せしむる事を得、其の方法は胴を一寸壓すか、尾を捻るか、又蛇の目の前で何か物を動かすかなり。然ると忽ち覺醒するものなり。覺醒せしばかりのときは身體は幾分か弱り居るも、暫時經ると活潑に匍匐するものなり。蛇の催眠帶は頭部にあり、故に頭の部分を壓し附ければ催眠す、何でも鎌首をたてた其の曲つた所が第一の催眠帶とす、之れに反して尾部の處を壓すも何の効なきのみならず。却つて激動を高め、振り返りて嚙まんとするの狀を呈するものなり。

第四節　蜥蜴《とかげ》を催眠せしむる方法

先づ蜥蜴を捕へて仰臥せしめ、試驗者は頭部かをとがいの邊を注意して小堅く掴み、其れより他の手を以て尾根を捕へ、之を下に押しつけながら、其の體の向を轉ずるなり。斯くすれば激しき抵抗と嚙みつかんとする樣子をなすも。其の運動は暫くにして止み。終に催眠す、而して一時間或は二時間位は催眠狀態となり居ることあるも、多くは十分間位にして自然に覺醒し步行するものなり。

第五節　魚類を催眠せしむる方法

魚類を採りて側臥にして暫時壓さい居ると催眠するものなり。併し魚類の表らはす狀態と鷄或は蛙の表らはす狀態とが、學理上同一なるや否やに就ては未だ學說一定せず。彼の料理番が生きたる鯉を料理するに先づ其の鯉を俎上に横臥せしめ、頭部より尾部に向つて、一二回撫ると、直に鯉は靜止す、其處を庖丁にあつるなり。又彼の鰻を料理するに、鰻を俎上に載せ、骨を拔くこと實に容易なり、之れ等料理番の手際も又一種の催眠術にはあらざるか。

第六節　犬猫を催眠せしむる方法

犬猫は催眠せしむることを得るや否やに就きて議論あり。催眠せしむることを得るとの論者は、人間を催眠せしむると同一の原理たる暗示に感應して催眠するものなり、故に人間を催眠せしむると同一の方法たる擦過法或は輕壓法によりて、催眠せしめたりとの實例を數多擧げて、而して決して不能のことにあらずと論ず。又催眠せしむることを得ずとの論者は、動物が突然捕へられたる爲に動けなくなるは、中樞神經系に特別の制止的裝置、即ち運動を禁止する機關が備り居る故なり。故に試驗者が突然其の動物を捕へ之れを小堅く摑んで居ると其の强き刺戟によりて、抵抗の反射中樞が刺戟せらる、殊に又た或る部分の制止中樞が激しく刺戟せられ其れが、爲めに制止を脫するに必要なる反射運動は全く禁止せらるゝに至るなり。有意運動も亦之れと同じく、制止中樞の刺戟に依つて、禁止せらるゝなり。之れによりて大に發達せる智力を有し、又强き意志を備へて居る所の所謂高等動物に於ては、意志を制止することは到底なし得ざるなり。之れは全く意思が制止中樞の働きよりも强くなり居るが爲めなり。故に斯の如き高等動物即ち犬猫の如きは、到底之れを催眠せしむることを得ず、之れ等の動物は決して動かずに停まり居ることをなし、之れ彼等が有意的に起き揚ることを得る故なりと論ぜり。以上の二說中何れが正理なるが、諸子自ら實驗して之を決せられんことを望むものなり。

第七節　馬を催眠せしむる方法

猛獸を馴らすには所謂捕心術を應用して動物の目を見つめ居ると、如何なる猛獸も其の猛き心を去りて溫順となり、能く馴るゝに至るものなり。著者一日上野の動物園に至りて、獅子に對して此法を行ひたるに其の擧動は何となく柔順となれり、人のよく知る所の蛙が蛇に見込まれ、進退意の如くならず、忙然たることあり、之れ又捕心術の一種なりと、或る學者は云へり。騎兵士官バラッサ氏は、馬を暫時見詰めて居ると、其の馬は催眠狀態となり、意の儘に活動すと云ふ。又此法を用ゆれば如何に荒馬にても穩かとなり、其れに蹄を打つも、馬は其れを知らざるものの如くなりと云ふ。

第八節　河蝦烏賊を催眠せしむる方法

河蝦（かわゑび）烏賊（いか）クルマ蝦等を催眠せしむる方法は、試驗者が之れを强制的に或る位置を保たしめ動かざるようにして其の自ら遁れんとするを制して、長く其の位置を保つて居れは海老は種々奇妙なる狀態を呈して催眠す、其の狀態は仰向になることの外に、甚だ奇なる位置を保つものなり。其れは頭で立ち居ることとなり、此位置をとるには海老は其の二つの大なる剪刀と、鼻刺とを支柱として其の體を支ひ居るなり。ブエルヴォルン氏の實驗に曰く、長時間頭て立ちし海老を、或は引き張り或は衝き、或は水をかけ、或は水中に投じて、種々試みたるに、猶五分乃至十分時間は覺醒せずに催眠し居たりと云ふ。

第九節　天笠鼠を催眠せしむる方法

試驗者先づ不意に天笠鼠を捕へ、其れを仰臥せしむれば、天笠鼠は一二回自然の位置に起き上らんとして、後催眠狀態となるなり。又細きひもにて吊り下げ置けば、只夫れ丈にて催眠するものり。而して催眠狀態となりし姿勢は、一種特別の有樣をなす其の姿勢は何れの天笠鼠にても何回行ふも同一の姿勢をなすものなり。其の姿勢は如何なる有樣なるかに就ては、實驗せらるれば直に合點することを得べし。爰に其の狀態を記すも、記事にては輻雜して甚だ了解に苦むも。實物を見れば百聞は一見に如かずの諺に漏れず。直ちに了解することを得べし。故に爰に其の狀態を記さず、實驗の上合點せられんことを希望するものなり。

第十節　蟻を催眠せしむる方法

先つ机上に古新聞を敷き其上に蟻を放ち、術者は蟻が今例へば東に向つて遁逃せんとするなれば、其の處に止まれと心力を强烈に集注すると共に、手を以て止まれとの姿勢をなして暗示を與ふれば其の通りに止まるものなり。又東に進むを南へ向き變へて進め、或は西に向き變へよと前記の如く暗示すれば、又其の通りになる。長く靜止し動く勿れと思念すれば、又其の通りとなる、之れは獨り蟻に止らず。蟻の如き小虫には悉く行はるゝものなり。

以上の外種々の動物に就て實驗し研究したるもの枚擧に遑あらず、今爰に其の動物の名と施術法とを一々記すは繁雜に流るゝ虞あるのみならず、又其の必要を認めず、之れ以上述べたる施術法によりて如何なる動物にも應用し試驗すること事を得べければなり。又彼の動物の冬籠なるものは、一種の自己催眠なりとリーポール氏及びフォーレル氏は云へり、夫れ或は然らんか。

動物を催眠せしむる上に、最も注意すべきことあり、开は他にあらず動物を催眠せしむるも、人間を催眠せしむる場合と同じく其の催眠せしめらるゝものゝ觀念は豫期の作用が力あることなり、故に其の試驗者と、被驗の動物とは同一にても豫期の作用の如何によりて、其の動物の試驗に從ふ傾向は變ずるものなり。例へば第一回の試驗に於て、極く容易に催眠したる動物が、第二回の實驗に於て具合がよく行かずして、抵抗し終に催眠せしめざるに施術を中止する事あらんか、其れより後卽ち第三回目以後は、之れを催眠せしむること實に困難なるものなり。其れより一日か或は二日以上經過するとも尙其の傾向は一層強くなるものなり。之れ恰も人間を催眠せしむる場合に、初回に甘く催眠せしむること能はざるときは、次回以後に於て、其の被術者は容易に催眠せしむること能はざると同一理なりフォルヴォルン氏の實驗も、又之れと同一の成蹟を顯はせり。又動物も人間の如く極く生れたばかりのものは催眠せしめ難くして、成長せるもの程催眠せしむること、容易なり。著者の實驗に、雞の雛は催眠せしむること困難なりしも、其の親鳥は容易に催眠せしむることを得たり。プライエル氏の實驗によるも、生れたばかりの天竺鼠は、三日經過するまでは、概ね催眠せしむることを得せざりしと云へり。序に覺醒のことを一言せんに、覺醒法は突然に其の動物の外感を刺戟するなり。例へば呼鐘を鳴らすとか拍手するとか、或は其の面部を強く吹くか、或は手を以て其の動物を動かす等なり。然し時によると容易に、覺醒せざることあり。此時は輕く其の動物の體を一擊して驚かすれば忽然と覺醒するものなり。

以上に述べたる動物催眠法は、極く初步の方法にして、之れが奧義を極めて熟練すれば、飛鳥を只思念によりてバッタリ地に落し、又奔馬をして一指を指すと共に、恰も木馬の如くなし、擲てども引けども更らに動かざるが如き、術も全くなきにあらず、此方法は施術法輻雜して一小冊子の能くする所にあらず、よりて爰には之を述べず。

第二章　動物催眠の原理

第一節　心理學上動物催眠の原理

動物催眠の原理に就て心理學上の說明は、區々なり。今其の著名なるもの一二につき、要旨を摘錄すれば左の如し。

第一說、想像說　之れは動物が或る位置を强制せられて最早遁逃すること能はずと想像し、其の想像の固定によるとの說なり。此說に反對論あり、想像の固定と云ふ以上は、之れを心理的に說明ずることを得さればならず、然るに此現象は心理的に說明することを得ず。即ち小腦及び延髓の處まで、腦の總ての部分が取りさられたる蛙が失張り、健全なる蛙と同樣に催眠狀態に陷りたることあればなりと。

第二說、恐怖說　試驗者が突然或る動物を捕へシッカリ壓へ附けて、抵抗及び遁逃の運動を妨げると其の動物は非常に畏縮し、恐怖す、其の畏縮及び恐怖は運動を制止するものなり。之れ恰も人間が突然落雷に逢ふて非常なる畏縮及び恐怖の結果、絕息すると同一理なりと云ふにあり。此說に反對する論に曰く、畏縮或は恐怖は少しもなくして催眠する動物數多あり。又之れと反對に、畏縮及び恐怖は非常なるも、決して催眠せざる動物數多あり。之れ畏縮及び恐怖によりて催眠するものにあらざる所以なりと。

第三說、睡眠說　動物を催眠せしむるには、人を睡眠せしむる如く、總ての五感を刺戟するものを除くを必要とす、即ち物音及び臭氣を去り、而して薄暗くするを要す。又動物が靜止狀態の末期に於て現はるゝ、筋肉弛緩、呼吸及び心動の緩慢反射運動の減少等の如き、通常の人の睡眠に於ける特長を現はすものなり。故に動物の催眠は即ち睡眠なりと。之に反對說あり、或る動物は如何程騷がしき處にても催眠せしむるに容易なり、又突然動物を摑みて驚かせば、其の感動激しくなりて、決して睡眠するものにあらず、然るに突然動物を摑めば催眠狀態に陷るは、睡眠にあらざる所以なりと。

第四說、暗示說、動物は試驗者が突然之れを强く捕へてシッカリ摑まいて居れば、其れが爲に激しき恐怖的感動狀態に陷るなり。而して此狀態は其の動物をして暗示に感應する傾向を高むるなり、動物の心的狀態が、斯くの如くなりし結果として、試驗者が其の動物をシッカリ抑へて、靜止の狀態となし居ることは其の動物の必に動くことが出來ずとの觀念を暗示するものなり。而して其の動物は全く自分は動くことを得ずと確信せる結果、其の觀念が肉体の上に變化を及ぼして、終に實際動くこと能はざるに至るものなり。よりて試驗者が其の手を放して、自由の境遇となすも、初め試驗者が强制的に置きたる位置に留まり居りて、決して動かざるなり。是れ一度暗示せられたる觀念の働きが尙依然として、續き居る爲めなり。換言すれば人間が催眠狀態となると同一理なり。其の根據として四個の徵候を擧げたり。其の(一)は施術の方法にして動物を催眠せしむるにも、人を催眠せしむると同じく凝視法或は擦過法等行はるゝことなり、其の(二)は運動の停止なり、例へば催眠狀態にある動物の頭上に邪間な指を載するも、其れを取り除けよふとする運動をなさゞることなり。其の(三)は皮膚の感應性の變化なり、例へば催眠狀態にある動物の皮膚を指先を以て少しく突くも、動物は更に知らざるものゝ如くなし居ることなり。其の(四)は不隨意運動なり、例へば動物の頭部を擧げて置けば其の狀態を特續し、又足を伸ばして置けば其の狀態を特續するが如し。此四個の徵候は人間の催眠狀態の徵候と異ならず、故に動物の催眠狀態は、人間の催眠狀態と同一なりと云ふにあり。只人間の催眠狀態と異る所は動物は人間の如くに言語の暗示を理解せざることなり。故に心理的暗示を施すこと能はずして生理的暗示による外道なきなり、即ち强制的に其の運動を禁示する事に依つて催眠すべきことを暗示するなり、唯其の暗示の方法が少しく異なるのみにして、其の結果として生じたる狀態は全く同一なりと此說は以上の諸說中比較的缺點少なくして多數の學者の是認する所なり。

第二節　生理學上動物催眠の原理

動物が前章に述べたる施術法によりて、突然催眠する所以は、生理上如何なる理由によるか下の如き二要素より來る所の結果なりと信ず。其の一は位置に關する反射作用を司る所の腦の中樞が緊張的興奮の狀態にあることなり。他の一は大腦皮質の運動を司る部分が、制止狀態になることなり、即ち動物が起き上らんとする自發的の衝動無くなりて、全く催眠するは之れがためなり。代言すれば身體の位置を司る所の腦の反射中樞に於て、筋肉の緊張的收縮を起す如き、興奮が起き居ることなり。フェルウォルン氏の說に曰く、動物の身體が其の强制せられた儘の位置を保持して居るは、通常の塲合に於て、身體の位置を調節する爲めに、働いて居ると同一の反射作用による、即ち其の反射作用による筋肉は强ひ收縮の狀態になつて居る故なりと云へり。（大尾）

催眠術獨稽古 附 動物催眠法 終

解題

編集部

1　解題

近代催眠術の起源は、オーストリアの医師アントン・メスメルにまで遡る。メスメルは、動物磁気という不可視の流体が、星と人間との間だけでなく、人と人の間にも作用することによって、他人の意志や身体に働きかけて治療的効果を得られるとし、一七七五年に動物磁気説を提唱、様々な患者の治療を行うに至った。ちなみに、霊術家・松本道別は、磁気桶をつかった集団治療など、メスメルの行った治療の多くは、催眠術というより、むしろ帰神交霊法の初期に発動する霊動に近いのではないかと推測している。

その後、メスメルの弟子、ピュイゼギュールによって、動物磁気術を患者に施しているうちに患者が催眠状態に入ることが確認され、透視や未来の出来事を予言するなどの超常現象も発露した。これらの手法や現象は「メスメリズム」と呼ばれるようになり、以降の催眠術研究につながっていく。

十九世紀半ばになると、イギリスのジェイムズ・ブレイドが、凝視的催眠法を案出し、催眠術が磁気によって起きるのではなく、神経疲労によって起こるとする生理説を提唱している。ブレイドは、一八四三年、「眠る」を意味するギリシャ語から催眠術を「ヒプノティズム」と名付けた。実際は、催眠と睡眠は全く違うものであるが、以降、「催眠術」は「ヒプノティズム」のまま現在まで使われることになる。

十九世紀後半になると、暗示による催眠説を唱えた、リエボーを中心とする「ナンシー学派」と、催眠は一種の神経病であるとした、シャルコーを中心とする「サルペトリエール学派」が対立するが、ナンシー学派が優勢となっていった。その他、ビネーによる「第二自我説」、プロスパー・デピンニヌによる「反射的器械的運動説」、サイヂスの「二重我説」、レーヴェンフェルトの「生理的脳貧血説」など、もっぱら生理説、心理説を基にした学説が主流となっていく。

後に、ブロイアーとフロイトによって、催眠術は、抑圧された体験を顕在意識に浮上させるための想起の手段として用いられるが、フロイトは、暗示を用いずに患者の自由連想に頼るようになり、精神治療における催眠術の利用は衰退していく。

日本への伝来については諸説あるが、明治初年に、オランダ留学中の榎本武揚が、欧米での催眠術の流行を東京の友人に伝えたことをもって催眠術伝来の嚆矢とする説を、霊術家の松原皎月が紹介している（『催眠術講義』昭和二年刊）。

もちろん、近代以前の日本においても、宗教的儀礼や医療の場において催眠術的な技法が存在したことは確実である。ただし、それらは他の呪術や手品的技法とともに「幻術」としてカテゴライズされてきたもので、明治初期において、ようやく「催眠術」あるいは「メスメリズム」という名称で対象化されるに至ったのである。

また、「メスメリズム」にどこまでもオカルティックな印象が付き纏ったのに対し、「催眠術」（ヒプノシス）という名称は、欧米での大流行を背景として、文明開化の文脈において受容され、学術的な研究対象となったこともあり、広く普及することになるのである。

日本で最初に「催眠術」という語を冠した書物は、近藤嘉三『心理応用 魔術と催眠術』（明治二十五年刊）であろうと思われる。この書は、霊術家・桑原俊郎が斯道に進む契機ともなった。

明治二十年頃には、馬島東伯（日本初の催眠術病院を明治二十三年に開設）や、井上円了、大澤謙治が催眠術を研究し、医療や演芸などで、催眠術のブームが到来する。

その後、一時期、催眠術を悪用した犯罪が多発したため、しばらく沈静化していたブームも、明治三十六年に大ブレイクする。これは、竹内楠三の著『学理応用 催眠術自在』『実用催眠学』のベストセラー化を契機として、様々な催眠術教授書が巷にあふれ、小野福平「大日本催眠術奨励会」、桑原俊郎「精神研究会」などの民間団体の活動が活発化したことによる。

しかし、明治四十一年の「警察犯処罰令」によって「濫ニ催眠術ヲ施シタル者」は「三十日以下ノ拘留又ハ二十円以下ノ科料」とされたことと、明治四十三～四十四年の「千里眼事件」によって、超常現象が科学によって否定されたとメディアが報じたことが、催眠術ブームを沈静化の方向に向かわせる。

それでも「催眠術」という名称では活動しにくくなった団体は、「霊術」「精神療法」という名称にシフトしていったのである。ちなみに古屋鐵石も催眠術の主宰団体を「大日本催眠術協会」より「精神研究会」に変更している。

なお、この時期に催眠術家として活動した人物に、松本道別、江間俊一、清水英範（芳洲）、横井無隣、田宮馨などが挙げられる。本書の著者・古屋鐵石も同時代に活躍し、一世を風靡した催眠術家である。

本書は、古屋鐵石『高等催眠学講義録』第一～九巻（明治四十五年～大正二年刊）の復刻である。古屋の著になる催眠術書は、『催眠術治療法』『催眠学講義録』（明治三十七年）、『催眠術独稽古』（明治三十八年）、『自己催眠』『反抗者催眠論』（明治四十一年）、『催眠宗教論』（明治四十二年）、『催眠術宝典』（明治四十五年。『催眠術独稽古』を始めとする古屋の著作十冊の合冊）、『催眠術独習自在』（大正七年）、『新催眠療法講義録』（大正十三年）等が挙げられるが、当時の催眠術講義書で本書ほど体系的に催眠術の原理から施行法まで微に入り細にわたって解説を加えた大部冊な書は他になく、本邦催眠術史上における資料的価値はもとより、今なお催眠術の実践マニュアルとしてきわめて貴重なものといえよう。本来は全十巻の構成で、第十巻は「動物篇」と題して刊行されたようであるが、残念ながら原本を入手することができなかった。替わりに『催眠術独稽古』に付されていた「動物催眠法」を急遽収録することとしたが、第十巻「動物篇」をお持ちの方がいたらご一報いただきたい。

本書は桑原俊郎『精神霊動』（弊社刊）のように必ずしも催眠術の霊的側面については強調されてはいないが、徹底的に実用本位の立場から「術者の精神を被術者に移送する法」「催眠者を千里眼者とする法」など、テレパシーや透視などを誘発させる技法についても言及している。

また本書において、物質／精神の二元論でもなく、唯物論、唯心論でもない、一元二面論（物心平行論または平行的一元論）なる独自の説が展開されていることは注目される。

古屋によれば、精神と物質とは一実在の両面に過ぎない。両者は常に平行の関係にあり、一方が原因となり他方が結果となるのではなく、一実体の活動を異なる方面から観たにすぎないのである。おそらく、スピノザの「物心平行論」から着想を得たのではないかと思われるが、後のフォン・ノイマンの「物心平行論の原理」を彷彿とさせ、量子力学にもとづくニュー・エイジ的な宇宙観の先駆と見ることもできよう。古屋は、この一元二面論を敷衍して、催眠術においては、個体精神がその肉体よりその働きを波動的に延長して目的物に影響を与えることがあるとし、催眠中における超常現象発現の根拠とした。なお、本書の後に発行された『新催眠療法講義録』では、より霊学的な言説が展開され、神術、霊動術についても言及している。

催眠術に興味を持たれた方は、弊社刊の松本道別『霊学講座』の「催眠篇」、桑原俊郎『精神霊動』、松原皎月『自然運動法／催眠術講義』をあわせて研究されたい。この種の技法書にはそれぞれ微妙に異なる技法やコツが紹介されているので、いろいろ試すうちにおのずから自分にあった技が身につくというのが斯道先覚者の金言である。

高等催眠学講義録

定価：本体一二、〇〇〇円＋税

明治四十五年七月二十八日　初版発行
平成十九年十月二十六日　復刻版発行

著者　古屋鐵石

発行所　八幡書店
〒141-0021　東京都品川区上大崎二丁目十三番三十五号
ニューフジビル２Ｆ
振替　〇〇一八〇―一―九五一七四
電話　〇三（三四四二）八一二九

印刷／互恵印刷
製本・製函／難波製本

ISBN978-4-89350-645-0 C0014 ¥12000E